데브옵스 2.0 툴킷

데브옵스 2.0 툴킷

컨테이너화된 마이크로서비스로
지속적인 배포 파이프라인 자동화하기

빅토르 파르시트 지음

전병선 옮김

Packt>

| 지은이 소개 |

빅토르 파르시트^{Viktor Farcic}

클라우드비즈^{CloudBees}의 선임 컨설턴트다. 파스칼^{Pascal}(그렇다, 그는 늙었다)로 시작해 베이직^{Basic}('비주얼'이란 접두어를 사용하기 전에), ASP('닷넷'이란 접미사가 있기 전에), C, C++, 펄^{Perl}, 파이썬^{Python}, ASP.NET, 비주얼 베이직^{Visual Basic}, C#, 자바스크립트^{JavaScript} 등 많은 언어를 사용해 코드를 작성했지만, 포트란^{Fortran}을 사용한 적은 없다. 근무 시간에는 주로 자바^{Java}를 사용하지만, 현재 스칼라^{Scala}와 자바스크립트를 즐겨 사용한다.

마이크로서비스, 지속적인 배포 및 TDD^{Test-Driven Development}에 커다란 열정을 갖고 있다.

종종 지역사회 모임 및 회의에서 연설을 하며, 저서로는 『Test-Driven Java Development』(Packt, 2015)가 있다.

| 옮긴이 소개 |

전병선(byungsun.jun@gmail.com)

30년 실무 개발 경험을 바탕으로 CBD, SOA, BPM 분야의 아키텍처 설계와 컨설팅을 수행하고 있으며, 20권 이상의 저서를 출간한 베스트셀러 저자다. 최근에는 다시 개발자로서 직접 실무 개발에 참여하고 있으며 닷넷.NET과 자바 개발 기술을 리딩하고 있다. 또한 유튜브 전병선 IT 아카데미에서 개발 기술과 아키텍처 설계에 관련된 여러 강의 동영상을 제공하고 있다.

IT 기술 분야의 저자로서 1993년부터 C, C++, 비주얼 C++, 객체지향, UML, CBD, SOA 분야의 베스트셀러 IT 서적을 20권 이상 저술했으며 폭넓은 독자층을 갖고 있다. 94년 이후 전문 IT 기술 강사로서 정보기술연구소, 다우데이터시스템, 소프트뱅크코리아, 데브피아, 웹타임, 삼성SDS 멀티캠퍼스에서 강의했으며, 96, 97년에는 마이크로소프트의 초대 리저널 디렉터로서 DevDays, TechEd, PDC 등의 여러 컨퍼런스에서 강연했다.

금융, 제조, 조선, 통신, 정부 연구기관 등 다양한 도메인 분야에서 아키텍트이자 PM으로 참여했다. 삼성전자 홈네트워크 솔루션 아키텍처 구축, STX 조선 생산계획 시스템, 대우조선 DIPS시스템, 삼성생명 비전속영업관리 시스템 등 CBD 또는 리얼타임과 임베디드Real-Time & Embedded를 기반으로 하는 다양한 프로젝트를 컨설팅했다.

또한 SOA 전문가로서 거버넌트 2.0, KRNet 2010 등 각종 SOA 세미나와 강연회를 가졌으며, 조달청 차세대 통합 국가전자조달시스템 구축 사업 서비스 모델링과 KT N-STEPSOA 진단 컨설팅을 했고, KT의 NeOSS 시스템 구축, 암웨이의 AUS 시스템, 대우조선의 SOA 기반 종합 계획 EA 프로젝트 등의 SOA 관련 프로젝트들을 수행했다.

애자일의 등장과 함께 지속적인 통합은 중요한 이슈가 됐다. 지속적인 통합이란 개발 환경 안에서 코드를 통합하고 구축하며 테스트하는 것을 말한다. 그 후, 지속적인 통합은 지속적인 배포, 지속적인 인도 개념으로 확장되며, 생산에 배포할 수 있는 패키지나 아티팩트가 생성된다. 이 개념들이 적용된 자동화로 인해 새로운 기능에 대한 아이디어를 개념화하는 것에서부터 생산에 배포될 때까지의 시간이 대폭 단축된다. 여기까지는 아직 운영 관점에서 시스템을 살펴본 것이다.

개발 관점에서도 시스템을 구축하는 방법에 많은 변화가 있었다. 특히 최근의 핵심 키워드는 확실히 마이크로서비스다. 넷플릭스에서 이 아키텍처가 성공한 이후 전 세계로 급속히 확산됐다. 이전 SOA 아키텍처의 서비스보다는 훨씬 작기 때문에 더 빠르고 테스트와 패키징, 배포하는 시간도 적게 걸린다.

마이크로서비스는 도커 컨테이너에 탑재돼 수송된다. 컨테이너는 설계된 기능을 제공하는 분리되고 불변적인 이미지로 API를 통해서만 접근할 수 있다. 그리고 마이크로서비스가 어떤 환경에서든 안정적으로 실행될 수 있게 한다. 더욱이 컨테이너는 환경 사이에 일관적인 신뢰성을 제공하고, 노력을 들이지 않고도 확장할 수 있으며, 실패 시에 만회할 수 있게 한다. 더 나아가 코드로 인프라를 구성할 수 있는 코드로서의 인프라infrastructure as code를 가능하게 하며, 결국 데브옵스가 추구하는 개발과 운영이 결합될 수 있는 기반이 된다.

따라서 지속적인 인도와 배포, 마이크로서비스, 도커 컨테이너 이 세 가지가 결합돼, 개발자와 운영자가 각기 다른 목표로 인해 갈등하던 시대에서 개발자도 운영을 이해하고, 운영자도 개발을 이해하며, 같은 목표하에 협력하는 데브옵스의 시대를 이끌어가게 되는 것이다.

이 책은 이러한 관점에서 형상 관리 도구로 자동 프로비저닝된 서버에 지속적으로 테스트 및 배포된 마이크로서비스를 불변적인 컨테이너로 패키징해 소프트웨어를 좀 더 효율적으로 설계하는 데 도움이 되는 다양한 기술을 설명한다. 전체 마이크로서비스 개발과 배포 라이프사이클에서 도커^{Docker}, 쿠버네티스^{Kubernetes}, 앤시블^{Ansible}, 우분투^{Ubuntu}, 도커 스웜^{Docker Swarm}, 도커 컴포즈^{Docker Compose}, 컨설^{Consul}, etcd, 레지스트레이터^{Registrator}, confd, 젠킨스^{Jenkins} 등의 도구를 사용하는 방법을 체계적이고 실제적으로 설명한다. 아무쪼록 이 책을 통해 데브옵스를 실천적으로 수행하는 기반을 갖춰 실무에서 활용할 수 있기를 희망한다.

이 책의 번역을 맡겨주신 에이콘출판사 권성준 사장님께 감사드리며, 황영주 상무님을 비롯한 편집 팀 직원들께 감사를 전한다. 데브옵스의 이상을 실천하려는 모든 IT 구성원에게 하나님의 축복이 가득하기를 기원하는 바다.

| 차례 |

내 경력의 시작은 개발자였다. 그 초창기에 내가 아는(그리고 내가 알아야 한다고 생각한) 거라고는 코드를 작성하는 것뿐이었다. 위대한 소프트웨어 설계자는 코드 작성에 능숙한 사람이고, 기술의 숙달에 이르는 길은 단일 프로그래밍 언어에 통달하는 것이라고 믿었다. 나중에 그 믿음은 변했고, 다른 프로그래밍 언어에 관심을 갖기 시작했다.

나는 파스칼에서 베이직으로, 그리고 ASP로 전환했다. 자바에 이어 닷넷이 등장하자 객체지향 프로그래밍의 이점을 배웠다. 파이썬, 펄, 배시, HTML, 자바스크립트, 스칼라. 각 프로그래밍 언어는 새로운 것을 가져다줬고, 다르게 사고하는 방법과 현재 진행 중인 작업에 적합한 도구를 선택하는 방법을 가르쳐줬다. 새로운 언어를 배울 때마다 전문가가 되는 길에 더 가까워졌다고 느꼈다. 수석 프로그래머가 되고 싶었던 내 소망은 시간이 흐르면서 변했다. 일을 잘하려면 소프트웨어 장인이 돼야 한다는 사실을 배운 나는 코드를 타이핑하는 것 이상을 배워야 했다. 한동안 테스트에 집착했으며, 이제는 테스트가 개발의 필수적인 부분이라고 생각한다. 매우 특별한 경우를 제외하고, 내가 작성한 각 코드 행은 TDD^{Test-Driven Development}로 수행된다. 그것은 필수적인 도구가 됐다. 해야 할 일을 정의하면서 동시에 고객과 가까이 있어야 한다는 사실 또한 배웠다. 모든 것이 나를 소프트웨어 아키텍처로 이끌었다. 큰 그림을 이해하고 여러 조각을 하나의 큰 시스템에 맞추려는 시도는 내가 배우고 싶어 했던 도전이었다.

소프트웨어 업계에서 일해온 지난 수년 동안, CI^{continuous integration}와 CD^{continuous delivery} 보다 내가 더 열망했던 단일 도구, 프레임워크 또는 실천방법은 없었다. 이 말의 진정한 의미는 CI/CD가 다루는 범위에 숨어 있다. 처음에는 CI/CD의 의미가 내가 젠킨스 ^{Jenkins}를 알고 있고 스크립트를 작성할 수 있는 것이라고 생각했다. 시간이 지남에 따라 점점 더 복잡해지고 CI/CD가 소프트웨어 개발의 거의 모든 측면과 관련되어 있음을 알게 됐다. 그 지식은 비용으로 왔다.

나는 그때 작업한 애플리케이션으로 성공적인 CI 파이프라인을 생성하는 데 실패했다 (두 번 이상). 다른 사람들은 그 결과를 성공이라고 생각했지만, 내가 취한 접근 방식이 잘못됐기 때문에 실패했다는 사실을 이제는 안다. CI/CD는 아키텍처적인 결정을 내리지 않고는 수행할 수 없다. 테스트, 설정, 환경, 실패 극복 등도 비슷하다. CI/CD를 성공적으로 구현하려면 처음에 직접 관련되지 않는 많은 변경 작업이 필요하다. 처음부터 몇 가지 패턴과 실천방법을 적용해야 하며, 아키텍처, 테스트, 결합성, 패키징, 내결함성 및 기타 여러 가지 사항에 대해 생각해야 한다. CI/CD는 우리가 소프트웨어 개발의 거의 모든 면에 영향을 주도록 요구한다. 그 다양성이 나를 사랑에 빠지게 만들었다. CI/CD를 실습함으로써 우리는 소프트웨어 개발 라이프사이클의 거의 모든 측면에 영향을 미치고 향상시키고 있다.

진정으로 CI/CD에 능숙하려면 운영 전문가 이상의 면모가 필요하다. 개발자 작업은 개발이 가져올 수 있는 장점과 기존 작업을 결합한 중요한 개선이었지만, 그것만으로는 충분하지 않다고 생각한다. CI/CD가 가져올 수 있는 모든 이점을 얻으려면 아키텍처, 테스트, 개발, 운영 및 고객 협상에 대해서도 알고 영향을 미쳐야 한다. 개발/운영뿐만 아니라 소프트웨어 개발과 관련된 모든 것 때문에 CI/CD의 원동력인 데브옵스 DevOps라는 이름조차도 적합하지 않다. 또한 건축가, 테스터 및 관리자까지 포함해야 한다. 데브옵스는 개발과 결합해 전통적인 작업과 비교했을 때 커다란 개선이었다. 이 움직임은 수동으로 작업을 실행하는 것이 현재의 비즈니스 요구사항을 고려할 때 선택 사항이 아니며 개발 없이는 자동화가 없다는 사실을 이해했다. 데브옵스의 범위를 확장함으로써 데브옵스를 재정의할 때가 왔다고 생각한다. DevOpsArchTestManage AndEverythingElse라는 이름은 발음하기가 너무 까다롭기 때문에 **데브옵스 2.0**DevOps 2.0이라고 했다. 매우 구체적인 작업을 수행하도록 설계된 소형 도구를 위해 무거운 물건을 모두 떨어뜨려야 하는 차세대 제품이다. 스위치는 처음부터 다시 시작해야 하며, 스위치 작동이 자동화되어 있는지 확인해야 할 뿐만 아니라, 전체 시스템이 자동화되고 신속하며 확장 가능하고 내결함성이 있으며 중단 시간이 없고 쉽게 모니터링할 수 있는 방식으로 설계됐다. 수동 절차를 자동화하고 만능 도구 하나만으로 이 작업을 수행할 수는 없다. 그보다 훨씬 더 깊게 들어갈 필요가 있으며, 기술 수준과 절차적 차원 모두에서 전체 시스템을 리팩토링하기 시작해야 한다.

▌ 개요

이 책은 형상 관리 도구로 자동 프로비저닝된 서버에 지속적으로 테스트 및 배포된 마이크로서비스를 불변적인 컨테이너로 패키징해 소프트웨어를 효율적으로 설계하는 데 도움이 되는 다양한 기술을 다룬다. 중단 시간이 없고 롤백할 수 있는 빠르고 안정적이며 지속적인 배포에 관한 내용을 다룬다. 또한 서버의 수에 관계없이 하드웨어 및 소프트웨어 장애로부터 회복할 수 있는 자가 치유 시스템의 설계와 클러스터의 중앙집중식 로깅 및 모니터링에 대해 설명한다.

다시 말해, 이 책은 최신의 훌륭한 사례와 도구를 사용해 전체 마이크로서비스 개발 및 배포 라이프사이클을 포괄한다. 도커, 쿠버네티스, 앤시블, 우분투, 도커 스웜 및 도커 컴포즈, 컨설, etcd, 레지스트레이터, confd, 젠킨스 등 많은 도구를 사용한 실습을 담고 있다.

마지막으로 이론도 많이 있지만 실용적인 책이다. 직장으로 가는 지하철 안에서 읽어서는 완성할 수 없다. 컴퓨터 앞에서 이 책을 읽고 실습해야 한다. 결국에는 더 나아가지 못하고 도움이 필요해질지도 모른다. 또는 리뷰나 의견을 쓸 수도 있다. 디스커스 Disqus의 'The DevOps 2.0 Toolkit' 채널에 책 내용에 대한 의견을 보내주기 바란다. 일대일 토론을 선호하는 분은 언제든지 viktor@farcic.com으로 이메일을 보내거나 행아웃HangOuts으로 연락하면 최선을 다해 도움을 약속하겠다.

▌ 이 책의 대상 독자

이 책은 지속적인 배포 및 컨테이너와 결합된 전체 마이크로서비스 라이프사이클에 관심이 있는 전문가를 대상으로 한다. 매우 넓은 범위를 다루므로 대상 사용자는 시스템 설계 방법을 알고 싶어 하는 아키텍트나, 최신 구성 관리 방법을 적용하고 컨테이너에 패키징된 애플리케이션을 지속적으로 배포하는 방법을 알고 싶어 하는 개발자가 될 수 있다. 소프트웨어를 처음부터 끝까지 제공하는 데 사용되는 프로세스를 더 잘 이해하려는 관리자는 물론, 프로세스를 손에 맡기고 싶은 개발자에게도 적합하다. 이 책에서는 시스템을 확장하고 모니터링하는 방법에 관해 이야기하고, 장애(하드웨어 또는 소프트웨어성)로부터 회복할 수 있는 자가 치유 시스템의 설계(및 구현) 작업을 다룰 것이다. 또한 중단 시간 없이 언제든지 롤백할 수 있는 기능을 통해 애플리케이션을 생산 환경에 지속적으로 배포할 것이다.

이 책은 요구사항과 설계부터 시작해, 개발과 테스트를 거쳐 배포 및 배포 후 단계까지 소프트웨어 개발 라이프사이클에 대해 자세히 알고자 하는 모든 사람을 대상으로 한다. 대기업에서 개발한 모범 사례를 고려해 프로세스를 만들 것이다.

▌ 고객 지원

예제 코드 다운로드

이 책에 사용된 예제 코드는 http://www.packtpub.com의 계정을 통해 다운로드할 수 있다. 다른 곳에서 구매한 경우에는 http://www.packtpub.com/support를 방문해 등록하면 파일을 이메일로 직접 받을 수 있다.

또한 에이콘출판사의 도서 정보 페이지 http://www.acornpub.co.kr/book/devops-2.0-toolkit에서도 예제 코드를 다운로드할 수 있다.

오탈자

내용을 정확하게 전달하기 위해 최선을 다했지만, 실수가 있을 수 있다. 팩트출판사의 책에서 코드나 텍스트상의 문제를 발견해 알려준다면 매우 감사하게 생각할 것이다. 그런 참여를 통해 다른 독자에게 도움을 주고, 다음 버전에서 책을 더 완성도 있게 만들 수 있다. 오자를 발견한다면 http://www.packtpub.com/submit-errata에서 구입한 책을 선택하고, Errata Submission Form 링크를 통해 구체적인 내용을 알려주기 바란다. 보내준 내용이 확인되면 웹 사이트에 그 내용이 올라가거나 해당 서적의 정오표 섹션에 그 내용이 추가될 것이다.

https://www.packtpub.com/books/content/support에서 해당 타이틀을 선택하면 지금까지의 정오표를 확인할 수 있다. 필요한 정보가 정오표 아래에 나타날 것이다.

한국어판은 에이콘출판사의 도서 정보 페이지 http://www.acornpub.co.kr/book/devops-2.0-toolkit에서 찾아볼 수 있다.

질문

이 책에 관련된 질문이 있다면 questions@packtpub.com을 통해 문의하기 바란다. 최선을 다해 질문에 답해드리겠다. 한국어판에 관한 질문은 이 책의 옮긴이나 에이콘출판사 편집 팀(editor@acornpub.co.kr)으로 문의해주길 바란다.

01

데브옵스의 이상

작은 신규 시스템 프로젝트에서 작업하는 건 멋진 일이다. 2015년 여름에 내가 마지막으로 참여했던 프로젝트는 여러 가지 문제가 있긴 했지만 그래도 정말 즐거웠다. 작고 비교적 새로운 제품들로 작업을 할 때는 우리가 좋아하는 기술과 실천방법, 프레임워크를 선택할 수가 있다. 마이크로서비스microservice를 사용해볼까? 그래 좋아. 폴리머Polymer나 고랭GoLang은 어때? 좋지! 내려놓을 짐이 없다는 건 얼마나 즐거운 기분인가! 잘못 결정했다면 한 주 정도만 뒤로 가면 된다. 하지만 이전에 누군가가 했던 수년간의 작업이 위험에 처할 일은 없을 것이다. 단순하게 말해서, 신경 쓰거나 두려워해야 할 레거시 시스템legacy system이 없다.

내 경력의 대부분은 이렇지 못했다. 커다란 상속 시스템inherited system에서 작업할 기회, 아니 저주만 있었다. 내가 입사한 회사에는 좋든 싫든 이미 시스템이 있었다. 따라서 기존 비즈니스가 방해받지 않고 계속 운영되는 동시에 혁신과 기능 향상을 이뤄내야만 했다. 그동안 나는 계속해서 이러한 시스템을 개선할 새로운 방법을 찾아내고자 노력했다. 그러나 인정하기는 괴롭지만 이러한 많은 시도는 실패로 끝나버렸다.

이 책을 통해 우리가 논의하고자 하는 발전으로 이끌어갈 동기를 더 잘 이해하기 위해서는 이러한 실패를 살펴봐야 한다.

▌ 지속적인 통합, 인도, 배포

CI continuous integration(지속적인 통합)와 CD continuous delivery(지속적인 인도)는 내 경력에서 중요한 부분 중 하나로, 모두가 완전히 합리적이었다. 그 당시 통합 단계는 며칠이나 몇 주, 몇 달 동안이나 지속돼서 우리 모두가 두려워하는 시간이었다. 다른 서비스나 애플리케이션에서 작업하고 있는 다른 팀이 수행한 몇 개월간의 작업 후 통합 단계의 첫날은 그야말로 지옥이었다. 단테가 개발자라면 통합 단계 동안에 지옥편을 썼을 것이라고 말할 정도였다.

통합 단계의 무시무시한 첫날에 우리는 험상궂은 얼굴로 사무실에 갔다. 통합 엔지니어가 전체 시스템이 설정되고 게임이 시작됐음을 발표하는 동안 속삭이는 소리만 들렸다. 그가 전원을 켰을 때 빈 화면만 나올 때도 있었다. 또다시, 분리하여 작업한 수개월이 재앙이었음이 판명되었다. 서비스와 애플리케이션은 통합할 수 없었으며, 문제를 수정하는 지루한 과정이 시작됐다. 경우에 따라서는 몇 주 동안의 작업을 다시 해야 했다. 항상 그렇듯이 미리 정의된 요구는 다르게 해석될 소지가 많았고, 이러한 차이점은 통합 단계가 아니라면 어느 곳에서도 찾을 수 없었다.

그때 XP eXtreme Programming 실천방법이 등장했고, 이와 함께 **지속적인 통합** CI, continuous integration이 나왔다. 지속적으로 통합이 이뤄져야 한다는 생각은 오늘날에는 너무나 당연해 보인다. 물론 여러분은 통합을 위해 마지막까지 기다려선 안 된다. 하지만 폭포수 시절 waterfall era을 뒤돌아보면 그러한 일은 오늘날처럼 그렇게 분명하지 않았다. 우리는 지속적인 통합 파이프라인을 구현하고 모든 커밋을 검사하고 정적 분석과 단위 및 기능 테스트를 실행하며, 패키징하고 배포해 통합 테스트를 실행하기 시작했다. 이러한 단계 중 어느 하나라도 실패하면 하던 작업을 포기하고 파이프라인이 찾아낸 문제를 수정하는 일에 우선순위를 두었다. 파이프라인 자체는 빨랐다. 누군가가 리포지터리 repository에 커밋하면 몇 분 지나지 않아 무엇이 실패했는지 통지받을 수 있었다. 그 후에 **지속적인 인도**CD, continuous delivery가 등장하기 시작했으며, 전체 파이프라인을 통과한 모든 커밋이 현업에 배포될 수 있다고 확신하게 됐다. 우리는 더 개선하여 각 빌드가 현업에 배포할 준비가 되었음을 입증할 뿐만 아니라, 지속적인 배포continuous deployment를 적용해 누군가로부터 (수작업) 확인을 기다리지 않고도 모든 빌드를 배포할 수 있었다. 그리고 무엇보다 좋은 부분은 이 모든 게 완전히 자동화됐다는 점이다.

꿈이 실현된 것이었다. 말 그대로! 꿈이었다. 그것은 현실로 나타나지 않았다. 왜 그랬을까? 우리는 실수를 했다. 우리는 CI/CD가 운영 부서의 작업이라고 생각했다(지금은 데브옵스DevOps라고 부른다). 우리는 애플리케이션과 서비스로 감싸는 프로세스를 생성할 수 있다고 생각했다. 우리는 CI 도구와 프레임워크가 준비되어 있다고 생각했다. 우리는 아키텍처와 테스트, 비즈니스 협상을 비롯한 작업들이 다른 누군가의 작업이라고 생각했다. 우리는 틀렸다. 나도 틀렸다.

이제는 성공적인 CI/CD가 목적을 달성하기 위해 모든 일을 수행하는 것임을 알고 있다. 우리는 모든 것, 즉 아키텍처로부터 테스트와 개발, 운영을 거쳐 관리와 비즈니스 예측에 이르기까지 여러 가지에 영향을 끼칠 필요가 있다. 그러나 다시 한 번 뒤돌아보자. 무엇이 잘못돼서 나는 실패했는가?

아키텍처

테스트 없이, 밀접한 결합성tight coupling을 지닌 낙후된 기술을 사용해 몇 년에 걸쳐 많은 사람이 개발해온 모놀리식 애플리케이션monolithic application을 적합하게 만들려는 건, 여든 살의 노인을 젊은이로 만들려고 하는 것과 같다. 모습을 향상할 수 있다고 하더라도 우리가 할 수 있는 최선은 나이가 조금 덜 들어 보이게 하는 것이지 어리게 만들 수는 없다. 어떤 시스템은 간단히 말해 너무 오래돼서 노력을 들여 현대화modernization할 만한 가치가 없다. 몇 번 시도는 해봤지만 결과는 결코 예상대로 되지 않았다. 때로는 어리게 만드는 데 드는 노력이 비용 효율적이지 않다. 반면에, 가령 은행 고객에게 가서 전체 시스템을 다시 작성하겠다고 말할 수도 없다. 리스크가 너무 커서 모든 것을 다시 작성할 수는 없다. 그리고 밀접한 결합성과 나이, 낙후된 기술로 인해 일부를 변경하는 일도 노력을 들일 만한 가치가 없을 수 있다. 일반적으로 취하는 선택은 새로운 시스템을 구축하기 시작하고, 이와 병행해 모든 것이 완료될 때까지 이전 시스템을 유지보수하는 것이다. 이것이 항상 재앙이었다. 이런 프로젝트를 끝내는 데는 몇 년이 걸릴 수도 있으며, 우리 모두는 그토록 오랜 시간 동안 계획했던 것에 어떤 일이 일어날지를 알고 있다. 폭포수 접근 방법이 아니라고 해도 마찬가지다. 왜 젖는지도 모르면서 나이아가라 폭포 밑에 서 있는 것과 같다. JDK를 업데이트하는 사소한 일을 하는 것조차도 곡예와 같다. 그리고 이들이 내 스스로 운이 좋다고 생각하는 경우다. 예를 들어, 포트란Fortran이나 코볼COBOL로 된 코드 기반이라면 어떻게 할 것인가?

이때 마이크로서비스microservice에 관해 들었는데, 내 귀에는 마치 음악처럼 들렸다. 작은 팀이 관리할 수 있는 독립적인 작은 서비스를 구축할 수 있으며, 아주 짧은 시간 내에 이해할 수 있고, 시스템의 나머지 부분에 영향을 미치지 않으면서 프레임워크나 프로그래밍 언어, 데이터베이스를 변경할 수 있는 코드 기반을 가질 수 있다는 아이디어는 너무 좋아서 실현될 수 없었다. 마지막으로 우리는 전체 시스템을 (상당한) 리스크에 빠뜨리지 않고서 모놀리식 애플리케이션의 일부분을 꺼낼 수 있었다. 이것도 너무 좋아 보이지만 실현될 수 없었다. 그리고 이것이 사실이다. 이점은 단점과 함께 온다. 방대한 수의 서비스를 배포하고 유지보수하기란 벅찬 일임이 판명되었다. 우리는 타협을 하고 서비스를 표준화(혁신 죽이기)하기 시작해야 했다. 공유 라이브러리(다시 결합성)를 생성하고 그룹으로 이들을 배포(모든 것이 느려짐)하는 등등이다. 다시 말해, 마이크로서비스가 가져다줄 이점을 없애야만 했다. 그리고 서버 안에서 생성했던 설정과 복잡한 부분은 이야기를 꺼내지도 않았다. 이것이 내가 잊고 싶었던 시간이다. 우리는 모놀리식 애플리케이션에 그와 같은 문제점을 충분히 갖고 있었으며, 마이크로서비스도 이들을 배가시킬 뿐이었다. 실패였다. 그러나 나는 아직도 포기할 준비가 되어 있지 않았다. 차라리 나를 자학자라고 불러라.

나는 한 번에 하나씩 문제에 부딪혀야 했다. 그리고 중요한 것 중의 하나는 배포였다.

배포

여러분은 프로세스를 알고 있다. 여러 아티팩트(JAR, WAR, DLL 또는 프로그래밍 언어의 결과로 나오는 무엇이든)를 조합하고, 수용할 준비가 되어 있는 서버에 배포한다… 많은 경우에 서버에 무엇이 있는지 알지 못하기 때문에 문장을 끝낼 수조차도 없다. 충분한 시간이 있다면 수작업으로 관리되는 서버는 여러 가지 것들로 가득 차 있을 것이다. 라이브러리, 실행 파일, 설정, 쓸데없는 이것저것들 말이다. 이것들은 오래되고 까다로우며, 빠르지만 신뢰할 수 없거나, 힘든 것 등등 자신만의 개성을 발휘하기 시작했을 것이다. 모든 서버는 제각기 다르며, 따라서 어느 누구도 가령 운영 이전 환경에서 테스트된 소프트웨어가 현업에 배포될 때 똑같이 작동하리라 확신할 수 없다. 마치 복권 같다. 운이 좋을 수도 있지만, 대부분은 그렇지 않을 것이다. 그리고 마지막에 희망이 사라진다.

그렇다면 그 당시에 왜 가상 머신VM, virtual machine을 사용하지 않았는지 궁금할 것이다. 글쎄, 이 질문에는 두 가지 대답이 있는데, 이들은 '그 당시'의 정의에 달려 있다. 한 가지 대답은 그 당시에는 가상 머신이 없었거나 완전히 새로운 관리 방식이어서 그것을 사용하기가 두려웠다는 것이다. 다른 대답은 나중에 가상 머신을 사용했으며, 정말로 향상됐다는 것이다. 우리는 실무 환경을 복사해 테스트 환경으로 사용할 수 있었다. 그것을 제외하고는 설정과 네트워킹 등을 갱신하기 위한 작업들이 아직 많이 있었다.

게다가, 우리는 여러 해에 걸쳐 이들 머신에 무엇이 축적되는지 여전히 알지 못했다. 그저 복제하는 방법만 알고 있었다. VM마다 설정이 다르며, 복사본이 짧은 기간 동안에만 원래의 것과 같다는 문제를 해결하지 못했다. 배포하고 일부 설정을 변경하는 작업을 뚝딱 해치우더라도, 실무에서와 다른 부분을 테스트하는 문제로 되돌아가고 만다. 사람이 수작업으로 개입하는 대신에 반복 가능하고 신뢰할 수 있는 자동화된 프로세스가 없다면, 시간이 지나감에 따라 변경사항은 축적된다. 그런 일이 일어나면 불변적인 서버immutable server를 생성할 수 있다. 기존 서버에 애플리케이션을 배포하고 변경사항을 축적하는 길로 가는 대신에 CI/CD 파이프라인의 일부로서 새로운 VM을 생성할 수 있다. 따라서 JAR, WAR, DLL 등을 생성하는 대신에 VM을 생성했다. 그러면 새로운 릴리스가 있을 때마다 처음부터 구축된 완전한 서버가 될 수 있다. 이러한 방식으로 테스트된 것이 실무 환경으로 갈 수 있다는 사실을 알게 되었다. 배포된 소프트웨어로 새로운 VM을 생성하고, 테스트한 다음에 이전 것에서 새로운 것으로 실무 환경의 라우터를 전환했다. 굉장한 일이었다. 느리고 리소스가 요구된다는 점을 제외한다면 말이다. 각 서비스에 대해 별도의 VM을 갖는다는 건 지나치다. 그럼에도 불구하고 끈기만 있다면 불변적인 서버는 좋은 아이디어였지만, 우리가 사용하는 그런 접근 방식과 그것을 지원하는 데 필요한 도구는 충분하지 않았다.

오케스트레이션

오케스트레이션orchestration이 핵심이었다. 퍼펫Puppet과 셰프Chef는 큰 도움이 되는 것으로 판명됐다. 서버 설정과 배포에 관련된 모든 일을 프로그래밍하는 것은 커다란 향상이었다. 서버를 설정하고 소프트웨어를 배포하는 데 필요한 시간은 급격하게 짧아졌을 뿐만 아니라, 마침내 좀 더 신뢰할 수 있는 프로세스를 달성할 수 있게 됐다. 사람이 수작업으로 이런 유형의 작업을 실행한다는 건 재앙이었다. 그러면 이 이야기가 행복한 결말로 끝났을까? 그렇지 않다. 이쯤이면 패턴을 눈치챈 독자도 있을 것이다. 한 가지가 개선되자마자 보통은 높은 대가가 뒤따른다는 사실이 판명됐다. 시간만 충분하다면, 퍼펫/셰프 스크립트와 설정은 수많은 ***의 더미로 변하게 만들었다(어떤 특정한 단어를 사용하려고 한 것은 아니다. 여러분의 상상으로 빈칸을 채우기 바란다). 이들을 유지보수하는 일은 그 자체로 악몽이 되는 경향이 있다. 그럼에도 불구하고 오케스트레이션 도구를 사용해 불변적인 VM을 생성하는 시간을 극적으로 줄일 수 있었다. 어떤 것을 하는 것은 아무것도 하지 않는 것보다 낫다.

▍ 배포 파이프라인 끝에서

나는 우리가 직면했던 문제를 계속해서 설명할 수 있다. 오해하지 말기 바란다. 이러한 모든 시도는 개선이었으며 소프트웨어 역사에서 있었던 일이다. 그러나 역사는 지나간 것이고, 우리는 현재에 살면서 미래를 바라보고 있다. 이전에 겪었던 문제들 전부는 아니라고 할지라도 이제는 많은 부분이 해결되었다. 앤시블^{Ansible}은 오케스트레이션이 복잡해서 설정하기 어렵거나 유지보수하기 어려울 필요가 없음을 증명했다. 도커^{Docker}의 등장으로 인해, 불변적인 배포를 생성하는 데 있어 선호하는 방식으로서 컨테이너가 VM을 점차 대체하고 있다. 새로운 운영체제가 등장해 일급 시민으로 컨테이너를 완전히 포용하고 있다. 서비스 발견 도구는 우리에게 새로운 지평선을 보여주고 있다. 스웜^{Swarm}, 쿠버네티스^{Kubernetes}, 메소스^{Mesos}/DCOS는 몇 년 전만 하더라도 상상하기 어려운 영역으로 들어가는 문을 열어주고 있다.

마이크로서비스는 도커^{Docker}, 코어OS^{CoreOS}, etcd, 컨설^{Consul}, 플리트^{Fleet}, 메소스^{Mesos}, 로켓^{Rocket} 같은 도구 덕분에 점차적으로 유지하기 쉽고 확장성이 높은 대규모 시스템을 구축하는 데 선호하는 방식이 되고 있다. 항상 아이디어는 위대했지만 적절하게 작동하는 도구를 갖지는 못했으나, 이제는 갖고 있다! 그렇다고 해서 모든 문제가 사라진 것은 아니다. 문제 하나를 해결하고 나면 장벽은 더 높이 올라가고 새로운 문제가 출현한다.

나는 과거에 대한 불만으로 시작했으나, 그런 일은 다시 일어나지 않을 것이다. 이 책은 과거가 아니라 현재에서 살기를 원하는 독자를 위한 것이다. 이 책은 미래를 준비한다. 이 책은 과거를 거울 삼아 새로운 영역으로 모험을 떠나며, 새로운 각도로 사물을 바라본다.

이번이 마지막 기회입니다. 이후에는 되돌아갈 수 없습니다. 파란색 알약을 삼키세요. 그
러면 이야기는 끝나게 되고 잠에서 깨어나 믿고 싶은 것은 무엇이든지 믿게 됩니다. 빨간
색 알약을 삼키세요. 그러면 이상한 나라에 머물게 되고 토끼굴이 얼마나 깊은지 알게 됩
니다.

– 모르페우스, 〈매트릭스〉 중에서

여러분이 파란색 알약을 삼켰다면 이 책을 사지 말고 무료 샘플을 읽어도 여기까지는
올 수 있다. 별로 어렵지 않다. 우리 모두는 각기 다른 열망과 목적을 갖고 있다. 그 반
대로 빨간색 알약을 선택했다면 여러분은 이미 여행 중이다. 마치 롤러코스터 같겠지
만, 이 여행의 끝에서 우리를 기다리고 있는 것을 발견하게 될 것이다.

02

구현 타개책:
지속적인 배포, 마이크로서비스, 컨테이너

지속적인 배포CD, continuous deployment와 **마이크로서비스**MS, microservices, 컨테이너container, 이
세 가지는 처음엔 서로 아무런 관계가 없는 주제처럼 보인다. 결국 데브옵스DevOps 운
동은 마이크로서비스가 지속적인 배포에 필요하다거나 마이크로서비스가 컨테이너에
패키징돼야 한다고 규정하는 것이 아니다. 그러나 이 세 가지가 결합될 때 우리가 전
진해나갈 수 있도록 기다리고 있는 새로운 문이 열린다. 컨테이너 영역에서의 최근 개
발과 불변적인 배포 개념은 마이크로서비스가 이전에 경험했던 많은 문제를 극복할
수 있게 한다. 한편 이들은 CD가 가능하지 않거나 비용 효율적이지 않고서도 유연성
과 속도를 얻을 수 있게 한다.

이런 방향으로 더 나아가기 전에, 각 용어를 정확하게 정의해보자.

▌ 지속적인 통합

지속적인 배포를 이해하려면, 선배 격인 지속적인 통합continuous integration과 지속적인 인도continuous delivery를 먼저 정의해야 한다.

프로젝트 개발의 통합 단계integration phase는 소프트웨어 개발 라이프사이클에서 가장 고통스러운 단계 중 하나로 간주된다. 애플리케이션과 서비스를 분리하기 위해 할당된 별도의 팀이 작업하는 데 몇 주나 몇 달, 또는 심지어 몇 년이 걸릴 수도 있다. 각 팀에는 저마다의 요구사항 집합이 있으며, 이를 충족시키고자 최선의 노력을 다한다. 이러한 각 애플리케이션과 서비스를 별도로 정기적으로 확인하는 일은 어렵지 않지만, 이들을 하나의 고유한 인도물로 통합할 시점을 팀 리더들이 결정해야 하는 순간을 모두들 두려워한다. 이전 프로젝트에서 얻은 경험으로 무장되어 있기 때문에 통합에 문제가 많이 발생하리란 사실을 알고 있기 때문이다. 충족되지 않은 의존성이나, 서로 정확하게 통신하지 않는 인터페이스도 있을 수 있으며, 관리자를 실망시키거나 당황하게 하며 신경질적이게 만드는 일도 있을 수 있다. 이 단계가 몇 주나 몇 달이 걸리는 건 이상한 일이 아니다. 최악의 경우는 통합 단계에서 버그가 발견되는 것으로, 이때는 다시 뒤로 돌아가 며칠이나 몇 주에 해당하는 작업을 다시 해야 할 수도 있다. 지금과는 완전히 다른 시대였다. 우리는 그것이 애플리케이션을 개발하는 '올바른' 방법이라고 생각했다.

그 이후로 많은 것이 변했다. XPeXtreme Programming를 비롯한 애자일 방법론이 유행하게 되었고, 자동화된 테스트가 자주 수행됐으며, 지속적인 통합이 시작됐다. 오늘날에는 예전에 우리가 소프트웨어를 개발했던 방식이 틀렸음을 알고 있다. 그 이후로 산업은 먼 길을 걸어왔다.

지속적인 통합CI, continuous integration은 보통 개발 환경 안에서 코드를 통합하고 구축하며 테스트하는 것을 가리킨다. 보통은 개발자가 코드를 공유 리포지터리 안에 통합해야 한다. 얼마나 자주 해야 하는가는 여러 가지 방식으로 해석될 수 있고, 팀의 크기와 프로젝트의 크기, 그리고 코딩하는 데 걸리는 시간에 따라 다르다. 많은 경우, 코더가 직접 공유 리포지터리에 푸시push하거나 그 안에 자신의 코드를 병합merge한다. 푸시하든 병합하든 상관없이 이러한 행위는 대부분 기껏해야 하루에 한두 번 정도만 이뤄진다. 공유 리포지터리에 코드를 두는 것으로는 충분하지 않으며, 최소한 코드를 체크해서 리포지터리에 대응되는 코드에 직간접적으로 관련된 모든 테스트를 실행하는 파이프라인이 필요하다. 파이프라인의 실행 결과는 빨간색이나 초록색이 될 수 있다. 어떤 것이 실패할 수도 있고 전부가 문제없이 실행되기도 한다. 전자의 경우에는 최소한 코드를 커밋한 사람에게 통지해야 할 것이다.

지속적인 통합 파이프라인은 모든 커밋이나 푸시 때마다 실행돼야 한다. 지속적인 인도와는 달리, 지속적인 통합은 이 파이프라인에 명확하게 정의된 목표가 없다. 한 애플리케이션을 다른 것과 통합한다고 해서 생산 준비가 되었다는 뜻은 아니다. 코드가 생산으로 인도되는 단계에 도달하기까지 얼마나 많은 작업이 필요한지 모른다. 우리가 진짜로 얻고자 애쓰는 건 커밋이 기존의 어떤 테스트든 깨지 않는다는 것이다. 그럼에도 불구하고 CI가 올바르게 행해진다면 거대한 향상을 가져올 수 있다. 구현하는 것은 아주 어려운 일이지만, 일단 모든 사람이 익숙해진다면 아주 인상적인 결과를 가져올 수 있다.

통합 테스트는 이전에 하지 않았다면 구현 코드와 함께 커밋될 필요가 있다. 이점을 최대화하고 싶다면 **테스트 주도 개발**TDD, Test-Driven Development 방식으로 테스트를 작성해야 한다. 이런 방식으로 한다면 테스트가 구현과 함께 커밋될 준비가 되어 있을 뿐만 아니라, 이들이 잘못되지 않았으며 우리가 무엇을 하든 통과시키지 않을 것임을 우리는 알고 있다. TDD가 제공하는 그 밖의 이점도 많이 있으며, 그 이점을 여러분이 채택하기를 강력하게 추천한다. https://technologyconversations.com/category/test-driven-development/ 블로그를 참조하자.

CI 전제 조건이 테스트만은 아니다. 가장 중요한 규칙 중 하나는 파이프라인이 실패할 때 다른 작업들보다 문제를 우선적으로 해결해야 한다는 것이다. 이 행위가 연기된다면 파이프라인의 다음 실행도 마찬가지로 실패할 것이다. 사람들은 실패 고지를 무시하기 시작할 것이며, 점차적으로 CI 프로세스는 그 목적을 잃어버리게 될 것이다. CI

파이프라인의 실행 중에 발견된 문제를 빨리 고치면 고칠수록 더 나아진다. 시정 조치가 즉시 취해진다면 문제의 잠재적인 원인에 대한 지식이 아직 머릿속에 남아 있고 (결국 커밋과 실패 고지 사이에는 단지 몇 분 간격이 있을 뿐임) 그것을 고치는 건 사소한 일임이 틀림없다.

그러면 어떻게 작동할까? 세부적인 사항은 도구와 프로그래밍 언어, 프로젝트를 비롯한 많은 요소에 따라 다르다. 가장 일반적인 흐름은 다음과 같다.

- 코드 리포지터리에 푸시하기
- 정적 분석
- 사전 배포 테스트
- 패키징 및 테스트 환경 배포
- 사후 배포 테스트

코드 리포지터리에 푸시하기

개발자는 별도의 분기branch에 있는 피처feature에 작업을 한다. 일단 자신의 작업이 안정적이라고 느껴지면 작업하고 있던 분기가 간선mainline(또는 트렁크trunk)과 병합된다. 좀 더 진보한 팀은 피처 분기를 모두 건너뛰고 직접 간선에 커밋할 수도 있다. 요점은 간선 분기(또는 트렁크)가 (병합이든 직접적인 푸시든) 자주 커밋을 받을 필요가 있다는 것이다. 몇 날이나 몇 주가 지난다면 변경은 누적되고 지속적인 통합을 사용하는 이점은 감소한다. 이 경우에 다른 사람의 코드를 통합하는 일이 지연되기 때문에 빠른 피드백은 사라지고 만다. 반대로 CI 도구는(나중에 살펴보게 될 것이다) 코드 리포지터리를 모니터링하여, 커밋이 발견될 때마다 코드가 체크아웃(또는 복제)되고 CI 파이프라인이 실행된다. 파이프라인 그 자체는 자동화된 작업들로 구성되며, 이 작업들은 병렬 또는 순차적으로 실행된다. 파이프라인의 결과는 각 단계 중 하나에서 실패로 끝나든가 프로모션promotion이 된다. 실패하게 되면 최소한 실패한 파이프라인을 야기한 커밋을 푸시한 개발자에게 일정한 형식의 통지를 보내야 한다. 문제를 고치는 일은 개발자 자신의 책임이다(결국, 단 몇 분 전에 만든 문제를 고치는 방법은 자신이 잘 알고 있다). 문제를 고치면 리포지터리에 다른 커밋을 수행하여 또 다른 파이프라인의 실행을 트리거해야 한다. 개발자는 문제를 고치는 작업을 최우선순위로 고려하여 파이프라인이 '초록색'으로 유지되게 함으로써, 다른 개발자가 커밋한 것이 실패하지 않게 해야 한다. 실패 고지를 받는 사람의 수를 최소한으로 유지하게 해야 한다. 문제를 발견했을 때부터 고칠 때까지의 전체 프로세스는 가능한 한 빨라야만 한다. 더 많은 사람이 관련될수록 더 많은 관리 작업이 발생하며, 문제가 수정된 것이 커밋될 때까지 더 많은 시간이 소요된다. 반대로 이 모든 작업을 통해 파이프라인이 성공적으로 실행된다면 이 과정에서 생성되는 패키지는 다음 단계로 진행되어, 대부분의 경우에 테스터가 수작업 확인을 하도록 제출된다. 파이프라인(분 단위)과 수작업 테스트(시간 또는 일자 단위) 사이의 속도 차이로 인해 QA가 모든 파이프라인 실행을 넘겨받지는 않는다.

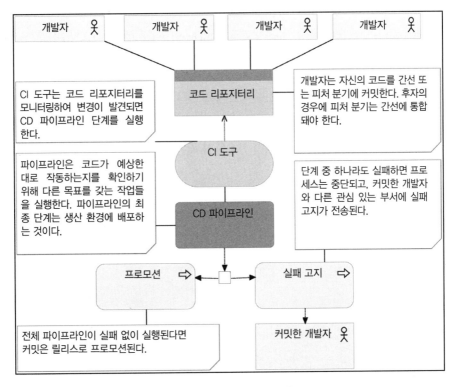

그림 2-1 지속적인 통합 프로세스

지속적 통합 파이프라인의 첫 번째 단계를 보통 정적 분석이라고 한다.

정적 분석

정적 분석static analysis은 실제로 프로그램을 실행하지 않고 수행되는 컴퓨터 소프트웨어 분석이다. 이와는 반대로 프로그램을 실행하는 동안에 수행되는 분석을 동적 분석dynamic analysis이라고 한다.

정적 분석의 목표는 가능한 코딩 에러를 강조하는 것에서부터 지정된 형식을 따랐는지를 확인하는 것에 이르기까지 다양하다. 정적 분석 사용의 이점에 대해 의문을 갖기도 하지만, 이것을 구현하는 데 드는 노력은 적어서 사용하지 않을 실제적인 이유가 없다.

정적 분석 도구는 프로그래밍 언어마다 다르기 때문에 상세한 목록을 제공하지는 않을 것이다. 몇 가지 예만 이야기한다면 자바Java 언어용으로 CheckStyle과 FindBugs가 있고, 자바스크립트JavaScript 언어용으로는 JSLint와 JSHint가 있으며, 다양한 언어에서 사용할 수 있는 PMD가 있다.

정적 분석은 보통 파이프라인의 첫 번째 단계다. 정적 분석 실행이 가장 빠르고, 대부분의 경우에 파이프라인의 여타 단계보다 더 빠르다는 단순한 이유 때문이다. 우리가 해야 하는 일은 도구를 선택하고, 이를 사용하기 원하는 규칙을 사전에 설정하기 위해 시간을 조금 들이는 것이 전부다. 그때부터는 유지보수 비용이 거의 없는 것이나 마찬가지다. 이 단계를 실행하는 데 걸리는 시간은 단지 몇 초에 불과하기 때문에 시간 비용은 거의 무시된다.

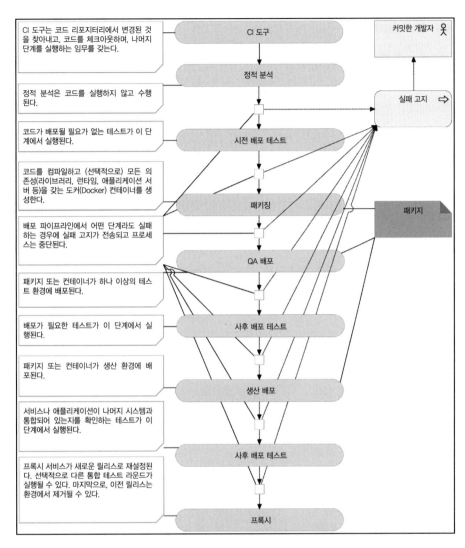

CI 도구는 코드 리포지터리에서 변경된 것을 찾아내고, 코드를 체크아웃하며, 나머지 단계를 실행하는 임무를 갖는다.

정적 분석은 코드를 실행하지 않고 수행된다.

코드가 배포될 필요가 없는 테스트가 이 단계에서 실행된다.

코드를 컴파일하고 (선택적으로) 모든 의존성(라이브러리, 런타임, 애플리케이션 서버 등)을 갖는 도커(Docker) 컨테이너를 생성한다.

배포 파이프라인에서 어떤 단계라도 실패하는 경우에 실패 고지가 전송되고 프로세스는 중단된다.

패키지 또는 컨테이너가 하나 이상의 테스트 환경에 배포된다.

배포가 필요한 테스트가 이 단계에서 실행된다.

패키지 또는 컨테이너가 생산 환경에 배포된다.

서비스나 애플리케이션이 나머지 시스템과 통합되어 있는지를 확인하는 테스트가 이 단계에서 실행된다.

프록시 서비스가 새로운 릴리스로 재설정된다. 선택적으로 다른 통합 테스트 라운드가 실행될 수 있다. 마지막으로, 이전 릴리스는 환경에서 제거될 수 있다.

커밋한 개발자

CI 도구

정적 분석

시전 배포 테스트

패키징

QA 배포

사후 배포 테스트

생산 배포

사후 배포 테스트

프록시

실패 고지

패키지

그림 2-2 지속적인 통합 파이프라인: 정적 분석

정적 분석이 설정되면 파이프라인이 시작되며, 사전 배포 테스트로 이동할 수 있다.

사전 배포 테스트

(선택적인) 정적 분석과는 달리, 사전 배포 테스트^{pre-deployment test}는 필수여야 한다. 나는 의도적으로 이 테스트에 좀 더 특정한 이름을 붙이지 않았는데, 그 이유는 아키텍처와 프로그래밍 언어, 프레임워크에 따라 다르기 때문이다. 일반적으로 서버에 코드를 배포할 필요가 없는 모든 테스트 유형은 이 단계에서 실행돼야 한다. 단위 테스트^{unit test}는 항상 여기에 속하며, 몇 가지 다른 테스트도 실행될 것이다. 예를 들어, 코드를 배포하지 않고 기능 테스트^{functional test}를 수행할 수 있다면 지금 이들을 실행해야 한다.

사전 배포 테스트는 지속적인 통합 파이프라인에서 가장 중요한 단계다. 우리에게 필요한 모든 확실성을 제공하지는 않지만, 그리고 사후 배포 테스트^{post-deployment test}를 대체하지는 못하지만, 이 단계에서 실행되는 테스트는 비교적 작성하기 쉽고, 다른 유형의 테스트(예: 통합과 성능)보다 더 큰 코드 커버리지를 제공한다.

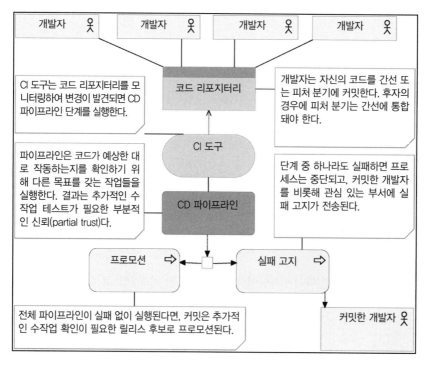

그림 2-3 지속적인 통합 파이프라인: 사전 배포 테스트

패키징 및 테스트 환경 배포

일단 애플리케이션을 실제로 배포하지 않고 모든 유형의 확인을 수행했다면 이제는 패키징할 차례다. 패키징하는 방법은 프레임워크와 프로그래밍 언어에 따라 다르다. 예를 들면 자바에서는 JAR나 WAR 파일을 생성할 것이고, 자바스크립트에서는 코드를 최소화해 CDN 서버에 보낼 것이다. 일부 프로그래밍 언어는 서버에 전송하기 쉽도록 모든 파일을 ZIP이나 TAR 파일로 압축하는 것을 제외하고는 이 단계에서 아무것도 요구하지 않는다. (이 책에서는 필수지만) 선택적인 단계는 패키지뿐만 아니라 애플리케이션에 필요한 라이브러리나 런타임 환경, 애플리케이션 서버 같은 모든 의존성을 포함하는 컨테이너를 생성하는 것이다.

일단 배포 패키지가 생성됐다면 테스트 환경으로 배포를 진행할 수 있다. 서버의 역량에 따라서 여러 박스를 배포할 필요가 있다. 예를 들어 하나는 성능 테스트에 할당하고, 다른 하나는 배포에 필요한 다른 모든 테스트를 담당하게 한다.

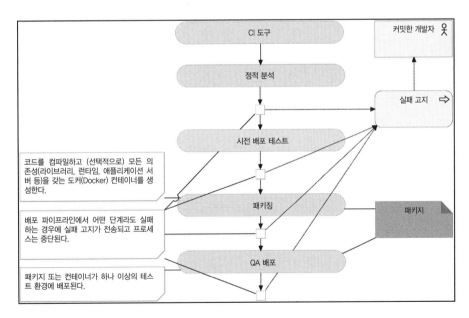

그림 2-4 지속적인 통합 파이프라인: 패키징 및 배포

사후 배포 테스트

일단 테스트 환경에 배포되면 나머지 테스트를 실행할 수 있다. 이 테스트는 애플리케이션이나 서비스를 배포하지 않고서는 실행될 수 없으며, 또한 성공적으로 통합되었음을 증명해야 하는 것들이다. 앞서 말했듯이 이 단계에서 실행될 수 있는 테스트 유형은 프레임워크와 프로그래밍 언어에 따라 다르지만, 일반적으로 기능과 통합, 성능 테스트가 포함된다.

이러한 테스트를 작성하고 실행하는 데 사용되는 정확한 도구와 기술은 다양한 관점에 따라 다르다. 개인적으로는 모든 기능 테스트에 대해서는 행위 주도 개발behavior-driven development을 사용하며, 이 기능 테스트는 인수 기준 및 성능 테스트를 위한 **개틀링**Gatling 으로서 행위를 한다.

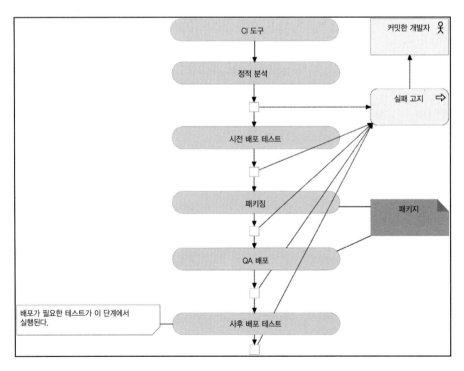

그림 2-5 지속적인 통합 파이프라인: 사후 배포 테스트

사후 배포 테스트가 일단 성공적으로 실행되면 일반적으로 지속적인 통합 파이프라인은 완료된다. 패키징 및 테스트 환경 배포 동안에 생성했던 패키지나 산출물은 보통 수작업으로 검증되기를 기다린다. 나중에 파이프라인의 빌드 중 하나가 생산 환경에 배포되기로 결정될 것이다. 추가적인 체크와 생산 환경 배포의 수단과 세부사항은 지속적 통합에 포함되지 않는다. 전체 파이프라인을 통과한 모든 빌드는 통합된 것으로 고려되며, 다음에 무엇을 하든 준비가 되어 있는 것으로 간주된다.

파이프라인에서 다른 많은 것을 할 수 있다. 여기에 제시된 파이프라인은 아주 일반적인 것으로, 보통은 경우마다 다르다. 예를 들어, 코드 커버리지를 측정해 일정한 수준에 도달하지 않으면 실패한 것으로 간주할 수 있다.

지금은 세부적인 사항으로 들어가지 않고 프로세스의 일반적인 개요를 살펴보는 중이다. 따라서 이제는 지속적인 인도 및 배포로 들어가기로 한다.

▌ 지속적인 인도 및 배포

지속적인 인도continuous delivery 파이프라인은 대부분의 경우에 CI에 사용했던 것과 같다. 중요한 차이점은 프로세스에 대한 확신과 파이프라인의 실행 후에 취해야 할 행위가 별로 없다는 데 있다. CI가 나중에도 수행해야 할 검증(대부분 수작업)이 있다는 것을 전제로 하는 반면, CD 파이프라인이 성공적으로 구현되면 생산에 배포될 준비가 되어 있는 패키지나 산출물이 생성된다. 다시 말해, 모든 파이프라인이 성공적으로 실행되면 생산에 배포될 수 있음이 확실해진다. 배포할 것이냐 아니냐는 기술적인 결정이 아니라 정치적인 결정에 달려 있다. 마케팅 부서가 특정한 날짜까지 기다리기를 원할 수도 있으며, 피처 그룹이 함께 배포되기를 원할 수도 있다. 어떤 빌드를 언제 배포할지 결정하든 기술적인 관점에서는 모든 성공적인 빌드의 코드가 완전히 완료된다. 지속적인 통합과 지속적인 인도 프로세스의 차이점은 지속적인 인도는 패키지가 파이프라인을 통해 프로모션된 후에 수행되는 수작업 테스트 단계가 없다는 것이다. 간단히 말해, 파이프라인 그 자체가 수작업 행위가 필요하지 않다는 확신을 충분하게 제공한다. 이것으로 기술적으로는 모든 프로모션된 빌드를 배포할 수 있게 된다. 이 중 어느 것이 생산에 배포될지는 비즈니스나 마케팅 기준에 따라서 결정되며, 회사는 피처 집합을 릴리스할 적당한 시간을 결정한다.

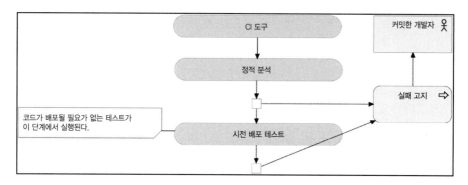

그림 2-6 지속적인 인도 프로세스

지속적인 인도 프로세스 다이어그램에서 CI 도구를 계속해서 사용한다는 사실을 명심하라. 그 이유는 CI와 CD 도구 사이에 실질적인 차이점이 없기 때문이다. 그렇다고 CD라고 되어 있는 제품이 없다는 뜻은 아니다. 많이 있다. 그러나 내 경험으로는 마케팅적인 요인이 많은데, 그것은 두 프로세스가 상위 수준의 자동화에 의존한다는 거의 동일한 가정을 하고 있기 때문이다.

또한 파이프라인 프로세스와 관련해서도 지속적인 통합과 지속적인 인도 사이에 실질적인 차이점이 없다. 둘 다 같은 단계를 따라간다. 실제적인 차이점은 우리가 프로세스에 갖는 확신에 있다. 결과적으로 지속적인 인도 프로세스에는 수작업 QA 단계가 없다. 프로모션된 패키지 중 어떤 것을 생산에 배포할지를 결정하는 일은 여러분에게 달려 있다.

지속적인 배포 파이프라인은 한 단계 더 나아가 전체 검증을 통과한 모든 빌드를 자동적으로 배포한다. 완전히 자동화된 프로세스로, 코드 리포지터리에 커밋하는 것으로 시작해 애플리케이션이나 서비스가 생산에 배포되는 것으로 끝난다. 사람이 개입하지 않으며, 결정하거나 해야 할 일이 아무것도 없다. 여러분이 작업한 결과가 사용자에게 전달되는 길을 찾는 동안에 다음 피처의 코딩을 시작하면 된다. 패키지가 생산에 배포되기 전에 QA 서버에 배포되는 경우에 사후 배포 테스트가 두 번(또는 배포할 서버의 수만큼) 수행된다. 이 경우에 다른 사후 배포 테스트 부분집합이 실행되도록 선택할 수 있다. 예를 들어, QA 서버에 배포되는 소프트웨어에는 모든 테스트를 실행하고 생산에 배포되는 경우에만 통합 테스트를 실행할 수 있다. 사후 배포 테스트의 결과에 따라 롤백roll-back을 하거나 범용적으로 릴리스하도록 선택할 수 있다. 새로운 릴리스를 공개할 때 프록시 서비스를 사용한다면 문제가 발견되기 전에 새로 릴리스된 애플리케이션이 보이지 않게 되기 때문에 보통 롤백할 필요가 없다.

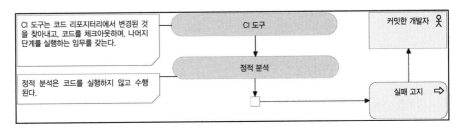

그림 2-7 지속적인 배포 파이프라인

특별히 데이터베이스(특히 관계형 데이터베이스일 때)에 주의를 기울일 필요가 있다. 하나의 릴리스에서 다른 릴리스로 변경하는 경우에 하위 호환성을 가지며 두 릴리스와 작업할 수 있게(적어도 당분간이라도) 해야 한다.

지속적인 통합이 배포된 소프트웨어를 생산 환경에서 테스트하는 것을 환영하지만 반드시 필요로 하진 않는 반면에, 지속적인 인도와 배포는 생산(대부분 통합) 테스트를 절대적인 필수 조건으로 간주하며, 지속적인 배포의 경우에 완전히 자동화된 파이프라인의 일부가 된다. 수작업 검증이 없기 때문에 생산에 배포된 것이 무엇이든 기대한 대로 작동하는지를 가능한 한 확인할 필요가 있다. 그렇다고 모든 자동화된 테스트를 반복해야 한다는 건 아니다. 배포된 소프트웨어가 시스템의 나머지 부분과 통합됐음을 증명하는 테스트를 실행할 필요가 있다는 뜻일 뿐이다. 다른 환경에서 가능한 한 같은 통합 테스트를 실행한다는 사실이, 일부 차이점으로 인해 생산에 배포되는 소프트웨어가 시스템의 나머지 부분과 계속해서 '훌륭하게 작동'한다는 의미는 아니다.

지속적인 배포 관점에서 매우 유용한 또 다른 기법은 피처 토글feature toggle이다. 모든 빌드가 생산에 배포되기 때문에 일시적으로 어떤 피처를 사용할 수 없게 하고자 할 때 이 기법을 사용할 수 있다. 예를 들어, 완전히 개발됐지만 등록 기능이 없는 로그인 화면이 있다고 하자. 어떤 피처가 아직 개발되지 않은 피처가 필요하다는 사실을 방문자가 알게 할 필요는 없을 것이다. 지속적인 인도는 어떤 빌드를 생산에 배포하고 대기하게 할지를 수작업으로 승인하게 함으로써 이러한 문제를 해결한다. 의사결정이 아직 이루어지지 않은 지속적인 배포의 경우에 피처 토글이 필수적이며, 그렇지 않으면 관련된 모든 피처가 완료될 때까지 간선과 병합하는 것을 지연시킬 필요가 있다. 그러나 간선과 끊임없이 병합하는 것이 중요하며, 이러한 지연이 CI/CD 뒤에 있는 논리에 반하는 것임을 이미 논의했다. 이 문제를 해결하는 그 밖의 방법도 있지만, 지속적인 배포를 적용하는 모든 사람이 필수적으로 선택하는 것은 피처 토글이다. 피처 토글에 대해 더 자세히 알고 싶다면 https://technologyconversations.com/2014/08/26/feature-toggles-feature-switches-or-feature-flags-vs-feature-branches/를 방문해 보기 바란다.

대부분의 팀은 지속적인 통합으로 시작해서 인도와 배포로 천천히 나아간다. 그 이유는 지속적인 통합이 지속적인 인도와 배포의 선행 조건이기 때문이다. 이 책에서는 지속적인 배포를 실습해볼 것이다. 너무 두려워하지 마라. 우리가 해볼 모든 것은 쉽게 수정할 수 있어서 멈추고 수작업을 개입시킬 수 있다. 예를 들어, 테스트 환경을 거치지 않고 컨테이너를 직접 생산에(실제로는 생산을 모방한 VM에) 배포할 것이다. 이 책의 기법을 적용할 때 이들 사이에 테스트 환경을 추가하도록 쉽게 선택할 수 있다.

중요한 건, 우리가 논의한 파이프라인 단계가 특별한 순서로 수행된다는 것이다. 이 순서는 논리적(예를 들어, 컴파일 전에 배포할 수 없다)일 뿐만 아니라, 실행 시간 순서이기도 하다. 실행 시간이 적게 걸리는 것을 먼저 실행한다. 예를 들어, 일반적인 규칙으로 사전 배포 테스트는 사후 배포 테스트보다 더 빠르게 실행되는 경향이 있다. 각 단계 안에서도 같은 규칙이 적용된다. 예를 들어, 사전 배포 테스트 단계에서 다른 유형의 여러 테스트가 있다면 더 빠른 것을 먼저 시작한다. 이렇게 속도를 추구하는 이유는 피드백을 얻을 때까지의 시간 때문이다. 커밋된 것이 무엇인가 잘못되었다는 사실을 더 빨리 찾아낼수록 더 좋다. 이상적으로는 다음 개발 작업으로 이동하기 전에 이러한 피드백을 얻어야 한다. 커밋을 하고 빨리 커피 한 잔을 마신 다음, 받은 편지함을 보고 무엇인가 실패했음을 나타내는 메일이 없다면 다음 작업으로 이동한다.

나중에 이 책에서 제시한 파이프라인의 단계 중에서 세부적인 사항이 조금 다르다는 사실을 발견하게 될 텐데, 그 이유는 마이크로서비스와 컨테이너가 가져오는 이점 때문이다. 예를 들어 패키징은 불변적인(변경할 수 없는) 컨테이너로 마무리되어 테스트 환경에 배포할 필요가 전혀 없어지기 때문에, 청-녹 기법 등을 사용해 생산 환경에서 직접 테스트를 수행할 수 있게 된다. 그러나 이것은 다소 앞서 나간 것이다. 모든 것은 때가 있다.

(지금은) CI/CD에서 벗어나 마이크로서비스를 논의할 시간이다.

마이크로서비스

우리는 이미 지속적인 배포라는 관점에서 속도에 관해 말했다. 여기서 속도란 새로운 기능에 대한 아이디어를 개념화하는 것에서부터 완전히 작동해 생산에 배포될 때까지의 시간을 말한다. 가능한 한 짧은 시간에 빨리 이동해 시장에 제공하기를 원한다. 새로운 기능이 시간 또는 일 단위로 인도될 수 있다면, 몇 주나 몇 달이 걸릴 때보다는 비즈니스가 더 빨리 이득을 볼 수 있을 것이다.

속도는 다양한 방법으로 달성될 수 있다. 예를 들어, 실패한 경우에 빠르게 피드백을 제공하기 위해서만이 아니라 다른 큐에 저장된 작업의 리소스를 해제하기 위해 가능한 한 파이프라인을 빠르게 하기를 원한다. 생산에 배포돼야 하는 코드를 체크하는 데 몇 시간이 아니라 몇 분을 사용하는 것을 목표로 해야 한다. 마이크로서비스^{microservice}는 이러한 타이밍을 달성하는 데 도움을 준다. 거대한 모놀리식 애플리케이션^{monolithic} ^{application}의 전체 파이프라인을 실행하는 데는 보통 시간이 많이 걸린다. 같은 것이 테스트와 패키징, 배포에도 적용된다. 반대로 마이크로서비스는 훨씬 더 작다는 단순한 이유로 인해 훨씬 더 빠르다. 코드도 적고, 패키징하고 배포하는 코드도 더 적다.

단지 이 이유 때문에 마이크로서비스로 전환해야 하는 것은 아니다. 나중에 하나의 장 전체에서 마이크로서비스를 더 깊이 검토하게 될 것이다. 지금 주목해야 할 중요한 사항은 오늘날 우리 앞에 있는 경쟁적인 목표(유연성, 속도 등)로 인해 마이크로서비스가 적용 가능한 최선의 아키텍처 유형이라는 것이다.

컨테이너

컨테이너^{container}가 상용되기 전에는 마이크로서비스를 배포하기가 힘들었다. 이와는 대조적으로 모놀리식 애플리케이션은 비교적 처리하기 쉽다. 예를 들어, 단일 아티팩트(JAR, WAR, DLL 등)를 생성해 서버에 배포하고 필요한 모든 실행 파일과 라이브러리(예: JDK)가 있는지 확인하면 된다. 이 과정은 대부분의 시간이 표준화되어서 비교적 생각할 것이 별로 없다. 하나의 마이크로서비스도 마찬가지로 간단하지만, 수십, 수백, 수천 개가 되면 복잡해지기 시작한다. 다른 버전의 의존성을 사용할 수도 있고, 다른 프레임워크, 다양한 애플리케이션 서버 등을 사용할 수도 있다. 여러분이 고려해야 할 사항들이 기하급수적으로 늘어나기 시작한다. 결국 마이크로서비스를 사용하는 이유 중 하나는 작업할 최선의 도구를 선택할 수 있다는 것이다. 어떤 사람은 고랭^{GoLang} 언어로 코드를 잘 작성할 수 있지만, 또 어떤 사람은 노드JS^{NodeJS}로 더 잘할 수 있을 것이다. JDK 7을 사용하는 사람도 있지만, JDK 8이 필요한 사람도 있다. 서버를 빠르게 쓰레기로 만들어버리는 모든 것을 설치하고 유지하는 일은 이것을 관리하는 사람을 미치게 만들 수 있다. 이런 경우 적용할 수 있는 가장 일반적인 해결 방법은 가능한 한 표준화를 하는 것이다. 모든 사람은 백엔드에서 JDK 7만 사용해야 한다. 모든 프론트엔드는 JSP로 작업해야 한다. 공통적인 코드는 공유 라이브러리에 저장해야 한다. 다시 말해, 마이크로서비스 배포에 관련된 문제를 해결하는 데 모놀리식 애플리케이션의 개발과 유지보수, 배포를 하면서 오랫동안 배워왔던 것과 같은 로직을 적용하고 있다. 표준화를 위해 혁신을 깔아뭉개는 것이다. 그렇지만 우리는 그들을 비난할 수 없었다. 단 하나의 대안은 불변적인 VM이며, 다른 VM에 대해 일련의 문제만 변경했다. 즉 컨테이너가 인기를 얻게 될 때까지, 좀 더 중요하게는 대중적으로 사용될 때까지는 그랬다.

도커Docker는 프로세스에서 어려움 없이 컨테이너와 작업할 수 있게 하며, 모든 사람이 컨테이너에 쉽게 접근해 사용할 수 있게 한다.

컨테이너란 무엇일까? 컨테이너라는 단어는 어떤 것을 보유하거나 이동하기 위한 객체라고 정의된다. 대부분의 사람들은 컨테이너라고 할 때 수송 컨테이너를 떠올린다. 이들은 수송과 저장소, 처리를 버텨낼 수 있는 적당한 내구력을 갖추고 있어야 한다. 여러분은 다양한 방식으로 이들이 수송되는 모습을 볼 수 있는데, 대부분의 경우 배로 수송된다. 커다란 선적장에 수백, 수천 개가 상하좌우로 쌓여 있는 모습을 볼 수 있다. 대부분의 상품이 어떤 이유로든 컨테이너를 통해 선적된다. 이들은 표준화되어서 쉽게 적재되고 손상이 가지 않는다. 배송과 관련된 사람들 대부분은 그 안에 무엇이 있는지 알지 못한다. 아무도(세관을 제외하고는) 그 안에 무엇이 있는지 관심을 갖지 않는다. 그럴 필요가 없기 때문이다. 단 한 가지, 이들을 어디에서 가져와 어디로 보내는지만 알면 된다. 명확하게 관심이 분리된다. 그 안의 내용물은 첫 번째 장소에서 포장한 사람만이 알고 있으며, 외부에서는 이를 처리하는 방법만 안다.

'소프트웨어' 컨테이너도 이와 유사하다. 설계된 기능을 제공하는 분리isolated되고 불변적인immutable 이미지로서, 대부분의 경우에 자신의 API를 통해서만 접근할 수 있다. 이들은 여러분의 소프트웨어가 안정적으로 (대부분의) 어떤 환경에서든 실행될 수 있게 하는 솔루션이다. 이들이 실행되는 곳(개발자 랩톱, 테스트 또는 생산 서버)과 관계없이 항상 결과가 같아야 한다. 마지막으로, 다음과 같은 대화를 피할 수 있게 한다.

QA: 로그인 화면에 문제가 있어요.

개발자: 내 컴퓨터에서는 작동되는데…

이런 대화를 하는 이유는 실행되는 환경에 관계없이 동일한 방식으로 행위를 하는 컨테이너를 사용할 수 없어서다.

컨테이너가 이런 기능을 수행하는 방법은 자기충족성self-sufficiency과 불변성immutability을 통해서다. 전통적인 배포는 애플리케이션 서버, 설정 파일, 의존성 등 모든 것이 있을 것으로 기대하고 기존의 코드에 아티팩트를 밀어 넣는다. 반대로 컨테이너는 소프트웨어가 필요로 하는 모든 것을 포함한다. 결과는 이진 파일과 애플리케이션 서버, 설정 파일에서부터 런타임 의존성과 OS 패키지에 이르기까지 모든 것을 포함하는 컨테이너에 쌓인 이미지의 집합이다. 이러한 설명은 컨테이너와 VM의 차이점에 대한 의문을 품게 한다. 결국 우리가 지금까지 설명한 모든 것은 둘 다 동일하게 유효하다.

예를 들어, 5개의 가상 머신을 실행하는 물리적인 서버는 5개의 운영체제 외에도 lxc보다 더 많은 리소스를 요구하는 하이퍼바이저hypervisor를 갖는다. 이에 반해 5개의 컨테이너는 물리적인 서버의 운영체제를 공유하며, 필요하다면 이진 파일과 라이브러리도 공유한다. 결과적으로 컨테이너는 VM보다 더 가볍다. 모놀리식 애플리케이션에서는 이 차이가 그렇게 크지 않다. 특별히 단 하나가 전체 서버를 차지하는 경우에는 더 그렇다. 다시 말해, 물리적인 단일 서버는 가상 머신보다 더 많은 컨테이너를 호스팅할 수 있다.

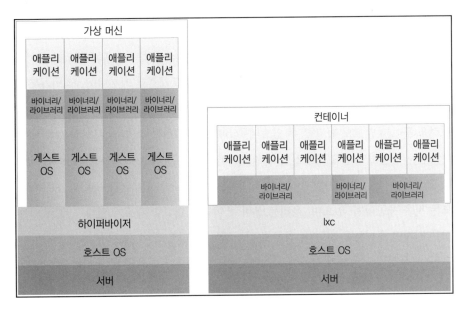

그림 2-8 가상 머신과 컨테이너 리소스 활용 비교

█ 3명의 유쾌한 친구: 지속적인 배포, 마이크로서비스, 컨테이너의 시너지 효과

지속적인 배포와 마이크로서비스, 컨테이너는 아주 잘 맞는다. 이들은 3명의 유쾌한 친구와 같다. 이들 각각도 많은 행위를 하지만, 모이면 더 많은 일을 할 수 있다.

지속적인 배포는 애플리케이션이 생산으로 배포할 준비가 되어 있는지 지속적이고 자동적으로 피드백을 제공한다. 따라서 우리가 인도하는 것의 품질을 향상할 수 있으며, 시장에 출시하는 시간을 줄일 수 있다.

마이크로서비스는 더 나은 결정을 하고 더 빠르게 개발할 수 있도록 많은 자유를 제공한다. 잠시 후에 보겠지만 우리 서비스를 쉽게 증가시킬 수 있다.

마지막으로, 컨테이너는 많은 배포 문제에 대한 솔루션을 제공한다. 특별히 마이크로서비스를 사용할 때 그렇다. 또한 이들의 불변성으로 인해 신뢰성이 향상된다.

이들은 함께 결합할 수 있으며, 그때 더 많은 것을 할 수 있다. 이 책에서 우리는 자주 그리고 더 빨리 배포하도록 요구할 것이며, 완전히 자동적으로 배포되며, 무 비가동 시간zero-downtime을 달성하며, 롤백할 수 있고, 환경 사이에 일관적인 신뢰성을 제공하며, 노력을 들이지 않고도 확장할 수 있으며, 실패 시에 만회할 수 있는 자기회복self-healing 시스템을 생성하도록 요구할 것이다. 이 중 어떤 목표든 많은 가치가 있다. 이들 모두를 달성할 수 있는가? 그렇다! 우리가 마음대로 사용할 수 있는 실천방법과 도구가 이 모든 것을 제공할 수 있으며, 우리는 올바로 이들을 결합할 필요가 있다. 앞으로의 여정은 길지만 흥미로울 것이다. 다루고 탐험해야 할 많은 것이 있으며, 이제 시작할 시간이다. 우리는 구축하기 시작한 시스템의 아키텍처를 논의하게 될 것이다.

> 아는 것만으로는 충분하지 않다. 반드시 적용해야 한다. 의지만으로는 충분하지 않다. 반드시 실행해야 한다.
>
> – 요한 볼프강 폰 괴테(Johann Wolfgang von Goethe)

03

시스템 아키텍처

여기서부터는 전체 책이 하나의 커다란 프로젝트가 될 텐데, 개발 단계부터 시작해 생산 배포 및 모니터링까지의 모든 단계를 거쳐갈 것이다. 각 단계는 목표를 달성하기 위해 취할 수 있는 다른 경로들에 대해 논의하는 것으로 시작한다. 우리에게 부여된 요구와 이것을 구현할 수 있는 최선을 선택할 것이다. 목표는 프로젝트에 적용할 수 있는 기법을 배워서 필요에 맞추어 자유롭게 채택할 수 있게 하는 것이다.

대부분의 프로젝트처럼, 이 프로젝트도 상위 수준의 요구사항으로부터 시작한다. 우리의 목표는 온라인 상점을 생성하는 것이다. 아직 완전한 계획이 세워지지는 않았지만, 최우선적으로 책을 파는 것으로 알고 있다. 우리는 쉽게 확장할 수 있도록 서비스와 웹 애플리케이션을 설계해야 한다. 지금은 전체 요구사항 집합이 없다. 따라서 알려지지 않은 것을 준비할 필요가 있다. 책 외의 상품도 팔 것이며, 장바구니와 등록, 로그인 등의 기능이 있을 것이다. 우리의 작업은 상점을 개발하고, 향후 요구사항에 빠르게 대응할 수 있도록 하는 것이다. 새로 시작하는 것이기 때문에 처음에는 트래픽이 그다지 많지 않겠지만, 서비스가 성공적일 경우 쉽고 빠르게 확장할 수 있도록 준비해야만 한다. 우리는 새로운 기능을 가능한 한 빨리, 비가동 시간이 없이, 실패로부터 복구될 수 있도록 적재하기를 원한다.

아키텍처 작업에 착수해보자. 요구사항이 아주 일반적이어서 많은 세부사항을 제공하지 않음이 명백하다. 이것은 새로운 기능에 대한 요청뿐만 아니라, 향후의 변경 가능성도 준비해야만 한다는 뜻이다. 그와 동시에, 비즈니스는 작은 것을 구축하도록 요구하고 있지만 성장에도 대비해야 한다. 우리에게 제시된 문제를 어떻게 해결해야 할까?

가장 먼저 결정해야 할 사항은 구축할 애플리케이션의 아키텍처를 정의하는 방법이다. 방향이 변경될 가능성이 있고, 추가적인(그러나 지금은 알 수 없는) 요구사항이 있고, 확장을 준비할 필요가 있을 때 어떤 접근 방법이 적당할까? 여기서는 2개의 가장 일반적인 애플리케이션 아키텍처 접근 방법, 즉 모놀리식과 마이크로서비스를 검토함으로써 시작하기로 한다.

▌ 모놀리식 애플리케이션

모놀리식 애플리케이션^{monolithic application}은 단일한 단위로서 개발되고 배포된다. 자바의 경우에 결과는 보통 하나의 WAR이나 JAR 파일이 된다. C++나 닷넷^{.NET}, 스칼라^{Scala}를 비롯한 많은 프로그래밍 언어에서도 마찬가지다.

소프트웨어 개발의 짧은 역사 대부분은 우리가 개발하고 있는 애플리케이션 크기의 지속적인 증가를 특징으로 꼽을 수 있다. 시간이 지날수록 점점 더 많은 것을 애플리케이션에 추가함으로써 복잡성과 크기가 지속적으로 증가하고 우리의 개발과 테스트, 배포 속도는 떨어진다.

우리는 애플리케이션을 프리젠테이션 레이어, 비즈니스 레이어, 데이터 액세스 레이어 등의 레이어^{layer}로 나누는 것으로 시작했다. 이러한 분리는 물리적이라기보다는 좀 더 논리적이다. 그리고 각 레이어는 특정한 유형의 오퍼레이션을 책임지게 된다. 이러한 아키텍처는 각 레이어의 책임을 명확하게 하기 때문에 보통 즉각적인 이점을 제공한다. 우리는 상위 수준에서 관심의 분리를 이뤘다. 삶은 좋아지고, 생산성도 증가했으며, 시장 출시 시간도 감소했고, 코드 베이스의 전반적인 명료성도 더 좋아졌다. 모든 사람이 행복한 것 같았다. 잠시 동안은.

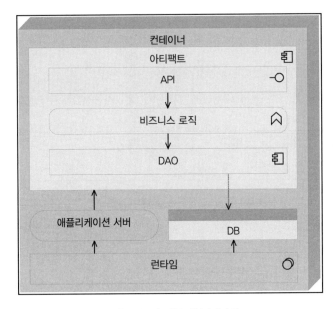

그림 3-1 모놀리식 애플리케이션

시간이 지나가면서 애플리케이션에 요구되는 기능의 수는 증가했고, 이에 따라 복잡성도 증가했다. UI 수준에서 한 기능이 여러 비즈니스 규칙과 대화할 필요가 생겼으며, 따라서 여러 DAO 클래스가 다른 여러 데이터베이스 테이블에 접근해야 했다. 이렇게 하는 것이 얼마나 어려운가와는 상관없이 각 레이어 내의 하위 분할과 이들 사이의 커뮤니케이션은 상황을 점점 더 복잡하게 만들게 되므로, 충분한 시간이 주어진다면 개발자들은 초기 경로에서 벗어나 다른 길로 가기 시작한다. 결국 초기에 만들었던 설계는 오랜 시간을 견디지 못하게 된다. 결과적으로, 레이어의 어떤 부분을 수정할 경우 이들이 시스템의 다른 부분에 영향을 미쳐서 예기치 못한 결과를 야기하기 때문에 더 복잡해지고, 시간이 소요되며, 위험성이 높아진다.

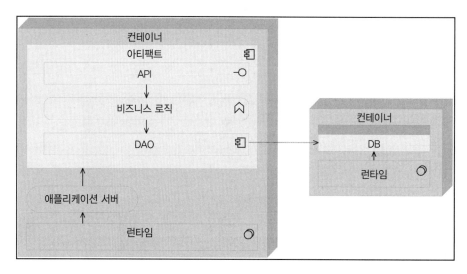

그림 3-2 기능이 증가된 모놀리식 애플리케이션

시간이 지나가면서 상황은 더 악화되기 시작한다. 많은 경우에 레이어 수가 증가한다. 규칙 엔진을 갖는 레이어나 API 레이어 등을 추가하기로 결정할 수 있다. 일반적인 경우라면 레이어 사이의 흐름은 많은 경우에 있어서 필수적이다. 이것은 다른 상황에서는 단지 몇 줄의 코드면 되는 간단한 기능을 개발하는 데 있어 아키텍처 때문에 모든 레이어를 통과해야 하므로 몇 줄의 코드가 수백 또는 수천 행의 코드가 되어버리는 상황이 발생하게 된다.

모놀리식 아키텍처로 인해 고통받는 영역이 개발뿐만은 아니다. 변경이나 릴리스가 있을 때마다 모든 것을 테스트하고 배포해야 한다. 애플리케이션을 테스트하고 빌드하며 배포하는 데 많은 시간이 걸리는 것은 기업 환경에서는 흔한 일이다. 테스트, 특히 회귀 테스트regression test는 경우에 따라서는 몇 달간 지속되는 악몽이 될 수도 있다. 시간이 지날수록 단 하나의 모듈에만 영향을 미치는 변경은 점점 줄어든다. 레이어의 기본적인 목적은 쉽게 대체하거나 업그레이드할 수 있게 만드는 것이다. 이러한 가정은 실제적으로는 거의 달성되지 않는다. 커다란 모놀리식 애플리케이션에서 어떤 것을 대체하기란 쉽지 않은 일이며 위험성도 높다.

모놀리식 애플리케이션의 확장은 보통 전체 애플리케이션의 확장을 의미하기 때문에 리소스를 아주 불균형적으로 활용하게 만든다. 더 많은 리소스가 필요하다면 병목점이 하나의 모듈에 있을 때조차도 새로운 서버에 모든 것을 강제로 중복시켜야 한다. 이 경우 모놀리식 애플리케이션은 상위에 로드 밸런서load balancer가 놓여 여러 노드에 걸쳐 복제되는 결과를 초래한다. 이러한 설정은 기껏해야 차선에 불과하다.

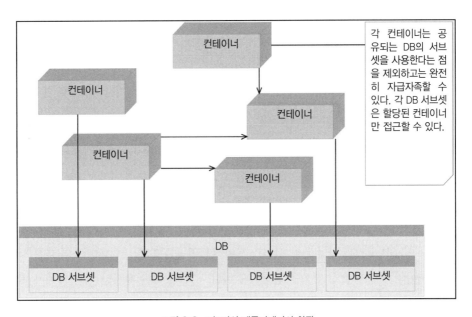

그림 3-3 모놀리식 애플리케이션 확장

서비스 수평 분할

서비스 지향 아키텍처^{SOA, service-oriented architecture}는 보통 밀접한 결합성을 갖는 모놀리식 애플리케이션이 생성하는 문제점을 해결하기 위한 방식으로 생성됐다. 접근 방법은 우리가 구현해야 하는 네 가지 주요 개념을 기반으로 한다.

- 경계가 명확하다.
- 서비스가 자치적이다.
- 서비스는 클래스가 아니라 스키마와 계약을 공유한다.
- 서비스 호환성은 정책을 기초로 한다.

SOA는 많은 소프트웨어에 바로 적용할 정도로 큰 인기를 얻었으며, 전환 과정에서 도움이 될 만한 제품을 생성했다. SOA 운동으로 탄생한 가장 많이 사용된 유형은 **ESB**^{Enterprise Service Bus}이다. 그와 동시에 모놀리식 애플리케이션과 대규모 시스템으로 문제를 경험한 회사들은 기차를 갈아타고, ESB를 기관차로 SOA 이전을 시작했다. 그러나 이러한 운동의 일반적인 문제는 작업하는 데 사용됐던 방식이다. 즉 SOA 아키텍처를 기존 모델에 인위적으로 적용하려 했던 것이다.

이전에 가졌던 것과 같은 레이어를 계속해서 가졌지만, 이번에는 물리적으로 서로 분리되었다. 이런 접근 방법에는 분명한 이점이 있다. 적어도 각 레이어를 다른 것과 독립적으로 개발하고 배포할 수 있다. 향상된 또 다른 부분은 확장성이다. 레이어로 사용된 것 사이의 물리적인 구분으로 좀 더 잘 확장할 수 있게 됐다. 이와 같은 접근 방법은 보통 ESB 도입과 결합된다. 서비스 사이에 ESB를 두고 하나의 서비스와 다른 서비스 사이의 변형과 요청 전송을 담당하게 한다. ESB와 다른 유사한 제품 자체가 거대해서, 우리가 분할하려고 했던 것보다 더 큰 또 다른 애플리케이션으로 끝나는 경우가 많다. 우리에게 필요했던 것은 구획된 컨텍스트^{bounded context}로 서비스를 분할해 각각 자신의 프로세스 안에서 실행되고 이들 사이에 명확하게 정의된 커뮤니케이션을 하도록 물리적으로 구분하는 것이었다. 그리고 이를 위해 마이크로서비스가 등장했다.

마이크로서비스

마이크로서비스microservice는 작은 서비스들로 구성된 애플리케이션의 아키텍처와 개발 접근 방법이다. 마이크로서비스를 이해하는 핵심은 독립성independence이다. 마이크로서비스는 각각이 별도로 개발되고 테스트되며 배포된다. 각 서비스는 별도의 프로세스로서 실행된다. 마이크로서비스 사이의 단 하나의 관계는 이들이 노출하는 API를 통해 이뤄지는 데이터 교환이다. 보기에 따라서는 유닉스/리눅스에서 사용되는 작은 프로그램 및 파이프와 유사하다. 대부분의 리눅스 프로그램은 작고 일정한 출력을 생산한다. 이 출력은 다른 프로그램에 입력으로서 전달될 수 있다. 이 프로그램들이 연결될 때 아주 복잡한 오퍼레이션을 수행할 수 있다. 단순한 많은 단위의 조합에서 복잡성이 생겨난다.

어떤 점에서 마이크로서비스는 SOA에서 정의된 개념을 사용한다. 그렇다면 왜 다른 이름으로 부르는가? SOA 구현은 길을 벗어났다. 특히 자기 스스로가 크고 복잡한 기업 애플리케이션인 ESB 제품의 출현으로 인해서다. ESB 제품을 채택한 후에 비즈니스는 보통 이전에 우리가 갖고 있던 것 위에 레이어 하나를 더 추가하는 경우가 많다. 마이크로서비스 운동은 어떤 점에서 SOA에 대한 오해와 모두가 시작했던 곳으로 되돌아가려는 의도에 대한 반응이다. SOA와 마이크로서비스의 중요한 차이점은, SOA가 모놀리식 애플리케이션으로 구현되는 경향이 있는 반면에 마이크로서비스는 자기충족적이며 서로 독립적으로 배포할 수 있어야 한다는 것이다.

가트너Gartner가 마이크로서비스에 대해 말하고 있는 것을 살펴보자. 나는 이들의 예측을 선호하는 편은 아니지만 대기업 환경에 인상적인 시장의 중요한 측면을 제공한다. 보통 이들의 시장 흐름 평가는 신규 개발 프로젝트에 채택하는 것이 좋으며, 대기업에 필요한 기술이 준비되어 있다. 2015년 초에 마이크로서비스에 대해 게리 올리페Gary Olliffe가 다음과 같이 말했다.

마이크로서비스 아키텍처는 서비스 기반 애플리케이션의 개발과 배포에 유연성과 확장성을 제공할 것을 약속한다. 그러나 이러한 약속이 어떻게 전달될까? 간단히 말해서 개별적인 서비스가 독립적이고 동적으로 구축되고 배포될 수 있게 하는 아키텍처, 즉 데브옵스^{DevOps} 실천방법을 수용하는 아키텍처를 채택함으로써 가능하다.

마이크로서비스는 더 단순하여, 커다란 모놀리식 개체보다는 개발자가 좀 더 생산적이며 시스템이 빠르고 정확하게 확장될 수 있도록 한다. 그리고 나는 다국어 코딩과 데이터 지속성에 대한 잠재성은 언급조차 하지 않았다.

마이크로서비스의 중요한 점은 다음과 같다.

- 한 가지 일을 하거나 한 가지 기능에 책임을 진다.
- 각 마이크로서비스는 서로에 대해 독립적이기 때문에 어떤 도구나 언어로든 구축될 수 있다.
- 각 마이크로서비스가 물리적으로 분리되기 때문에 마이크로서비스는 진정으로 느슨한 결합성을 갖는다.
- 다른 마이크로서비스를 개발하는 팀 사이의 상대적 독립성(노출하는 API가 미리 정의되어 있다고 가정함)
- 더 손쉬운 테스트와 지속적인 인도 또는 배포

마이크로서비스의 문제점 중 하나는 사용 시기의 결정이다. 처음에 애플리케이션이 아직 소규모일 때는 마이크로서비스가 해결하려고 하는 문제가 존재하지 않는다. 그러나 일단 애플리케이션이 점점 커지면서 마이크로서비스를 사용할 수 있는 상황이 되면 다른 아키텍처 스타일로 전환하는 데 드는 비용이 너무 커질 수 있다. 경험이 많은 팀이라면 나중에 갚아야 할 기술적인 빚이 처음부터 마이크로서비스로 작업하는 데 드는 비용보다 더 비싸다는 사실을 알기 때문에 처음부터 마이크로서비스를 사용하려고 한다. 넷플릭스^{Netflix}나 이베이^{eBay}, 아마존^{Amazon}의 경우처럼 보통 모놀리식 애플리케이션은 점차적으로 마이크로서비스를 향해 발전하기 시작한다. 새로운 모듈이 마이크로서비스로 개발되고 시스템의 나머지 부분과 통합된다. 일단 이들의 가치가 증명되면 기존의 단일 애플리케이션 부분도 마찬가지로 마이크로서비스로 리팩토링된다.

기업 애플리케이션 개발자로부터 가장 많은 비평을 듣고 있는 한 가지는 데이터 저장소의 비중앙집중화decentralization다. 마이크로서비스가 (거의 조정하지 않고서도) 중앙집중화된 데이터 저장소를 사용해 작업할 수는 있지만, 그 부분도 마찬가지로 비중앙집중화하는 옵션을 연구하긴 해야 한다. 일부 서비스에 관련된 데이터를 별도의 (비중앙집중화된) 저장소에 저장하고 같은 컨테이너 안에 묶거나 별도의 컨테이너에 두고 함께 연결하는 옵션이, 중앙집중화된 데이터베이스 안에 데이터를 저장하는 방법보다 더 좋은 경우가 많다. 나는 항상 비중앙집중화된 저장소를 사용하도록 제안하지는 않지만, 마이크로서비스를 설계할 때는 고려해야 할 옵션이다.

마지막으로, 보통은 몇 가지 경량 프록시 서버를 사용해 모든 요청의 오케스트레이션orchestration을 담당한다. 그 요청이 외부에서 오는 것이든 하나의 마이크로서비스에서 다른 서비스로 가는 것이든 상관없다.

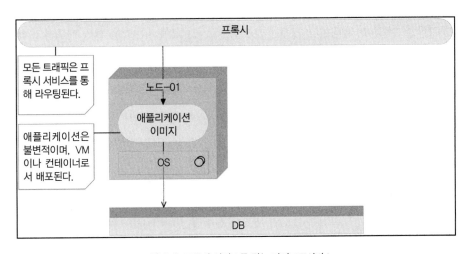

그림 3-4 프록시 서비스를 갖는 마이크로서비스

모놀리식 애플리케이션과 마이크로서비스에 대한 기본적인 지식을 갖추었으므로 이들의 장단점을 비교해보자.

▌ 모놀리식 애플리케이션과 마이크로서비스 비교

지금까지 배운 내용으로부터 모놀리식 애플리케이션보다 마이크로서비스가 더 나은 옵션이라고 생각할 수 있다. 실제로도 많은 경우에 있어서 그렇다. 그러나 공짜 점심은 없다. 마이크로서비스도 운영 및 배포 복잡성을 증가시키며, 대부분 원격 프로세스 호출이 이뤄진다는 단점이 있다.

운영 및 배포 복잡성

마이크로서비스에 대한 가장 기본적인 쟁점은 운영 및 배포 복잡성을 증가시킨다는 것이다. 이러한 논쟁은 옳지만 비교적 새로운 도구 덕분에 완화할 수 있다. **형상 관리**CM, Configuration Management 도구는 비교적 쉽게 환경 설정과 배포를 처리할 수 있다. 도커Docker로 컨테이너를 활용하면 마이크로서비스가 야기할 수 있는 배포의 고통을 상당히 경감할 수 있다. 컨테이너와 함께 CM 도구는 마이크로서비스를 빨리 배포하고 확장할 수 있게 한다.

내 생각에 배포 복잡성을 증가시킨다는 논쟁은 보통 마지막에 가서 볼 수 있는 것으로 크게 과장된 것이어서 미리 고려하지 않는다. 이것이 해당 작업이 개발에서 데브옵스로 이동되었음을 의미하지는 않는다. 그러나 많은 경우에 있어서 변경으로 인한 불편함보다는 이점이 더 크다.

원격 프로세스 호출

모놀리식 애플리케이션의 또 다른 쟁점은 마이크로서비스의 원격 프로세스 호출remote process call로 인해 성능이 감소된다는 것이다. 클래스와 메소드를 통한 내부 호출은 더 빠르며 이 문제는 없어지지 않는다. 성능의 손실이 시스템에 미치는 영향은 사안마다 다르다. 중요한 요인은 우리가 시스템을 어떻게 분할하는가다. 극단적으로 아주 작은 마이크로서비스(어떤 사람들은 코드가 10~100행 이상이어서는 안 된다고 말한다)인 경우에 그 영향은 상당할 수 있다. 나는 구획된 컨텍스트나 사용자, 장바구니, 제품 같은 기능을 중심으로 구성되는 마이크로서비스를 생성하기를 좋아한다. 이것은 원격 프로세스 호출의 수를 감소시키지만, 건강한 경계 안에서 서비스를 구성할 수 있게 한다. 또한 하나의 마이크로서비스에서 다른 서비스로의 호출이 빠른 내부 LAN을 통해 이뤄진다면 부정적인 영향은 비교적 작다.

그러면 마이크로서비스가 모놀리식 애플리케이션에 비해 어떤 이점이 있는가? 아래에서 살펴볼 이점들이 전부는 아니며, 마이크로서비스에만 해당되는 것은 아니다. 이중에는 다른 유형의 아키텍처에서도 유효한 이점들이 많지만, 마이크로서비스에서 좀더 현저하게 나타난다.

확장성

마이크로서비스를 확장scaling하는 것은 모놀리식 애플리케이션보다 훨씬 쉽다. 모놀리식 애플리케이션에서는 전체 애플리케이션을 새로운 머신에 복제한다. 반면에 마이크로서비스인 경우에는 확장성이 필요한 것들만 복제한다. 확장이 필요한 것을 확장할 수 있을 뿐만 아니라, 이를 더 잘 분산시킬 수 있다. 예를 들어 CPU를 많이 사용하는 서비스를 RAM을 많이 사용하는 다른 것과 함께 두고, 다른 CPU를 요구하는 서비스를 다른 하드웨어로 옮길 수 있다.

혁신

모놀리식 애플리케이션은 일단 초기 아키텍처가 수립되면 혁신할 수 있는 영역이 많지 않다. 나는 한 걸음 더 나아가 모놀리식 애플리케이션이 혁신을 가로막는다고 주장한다. 이들의 본질로 인해 어떤 것을 변경하는 데 시간이 많이 걸리고 잠재적으로 모든 것에 영향을 미치기 때문에 실험이 위험해진다. 예를 들어, 나의 특정한 모듈에 더 적합하기 때문에 아파치 톰캣Apache Tomcat을 노드JSNodeJS용으로 변경할 수 없다.

나는 프로그래밍 언어와 서버, 지속성을 비롯한 모듈의 기타 아키텍처 관점을 변경해야 한다고 주장하는 것이 아니다. 그러나 모놀리식 애플리케이션 서버는 원치 않으면 변경이 위험한 반대편 극단으로 가게 만든다. 마이크로서비스를 사용하면 개별적으로 각 서비스에 대한 최선의 솔루션이라고 생각하는 것을 선택할 수 있다. 한쪽에서는 아파치 톰캣을 사용할 수 있고, 다른 쪽에서는 노드JS를 사용할 수 있다. 한쪽에서는 자바로 코드를 작성할 수 있고, 다른 쪽에서는 스칼라로 작성할 수 있다. 각 서비스가 나머지와 다르다는 것이 아니라, 각각이 당면한 목표에 적합하다고 생각되는 방식으로 만들어질 수 있다고 주장하는 것이다. 그 위에서 변경과 실험은 훨씬 더 쉬워진다. 결국 우리가 하는 것은 많은 마이크로서비스 중에서 하나에 영향을 미치며, API가 유지되는 한 전체로서 시스템에 영향을 미치지 않는다.

크기

마이크로서비스는 작기 때문에 이해하기가 훨씬 더 쉽다. 마이크로서비스가 무엇을 하는지 알기 위해 살펴봐야 할 코드가 훨씬 적다. 그것 자체가 개발을 크게 단순화하는데, 특히 새로운 사람이 프로젝트에 투입될 때 더욱 그렇다. 모놀리식 애플리케이션에서 사용되는 커다란 프로젝트와 비교하면 IDE는 작은 프로젝트에 더 빠르게 작동된다. 거대한 서버도, 로드해야 하는 수많은 라이브러리도 없기 때문에 더 빨리 시작한다.

배포, 롤백, 결함 분리

마이크로서비스에서 배포는 훨씬 빠르고 쉽다. 큰 것보다는 작은 것을 배포하는 편이 항상 (더 쉽지 않다면) 더 빠르다. 문제가 있다는 사실을 알게 되는 경우에 해당 문제는 잠재적으로 영향이 제한되며, 더 쉽게 롤백rollback될 수 있다. 롤백할 때까지 결함은 시스템의 작은 부분으로 분리된다. 대규모 애플리케이션에서는 가능하지 않은 속도와 빈도로 지속적인 인도나 배포가 이뤄질 수 있다.

수행 기간

모놀리식 애플리케이션의 한 가지 공통적인 문제는 수행이다. 보통 처음부터 장기간 지속될 아키텍처와 기술을 선택해야 한다. 결국 장기간 지속돼야 하는 커다란 것을 구축하고 있는 셈이다. 마이크로서비스에서는 장기간 수행해야 할 필요성이 훨씬 더 작다. 하나의 마이크로서비스에서 프로그래밍 언어를 변경하고 이것이 좋은 선택이었음이 판명되면 다른 것에 적용할 수 있다. 실험이 실패하거나 최적이 아니라면 시스템의 작은 한 부분만 재작업하면 된다. 이는 프레임워크나 라이브러리, 서버 등에도 마찬가지로 적용된다. 우리는 다른 데이터베이스를 사용할 수도 있다. 어떤 경량 NoSQL이 특정한 마이크로서비스에 최적이라고 판단되면 당연히 그것을 사용하고 컨테이너에 묶는 것이 바람직하다.

이제는 한 단계 뒤로 돌아가 배포라는 프리즘으로 이 주제를 살펴보자. 우리 애플리케이션을 배포할 때 두 아키텍처 접근 방법이 어떻게 다른지 알아보자.

배포 전략

지속적인 인도와 배포 전략이 애플리케이션 라이프사이클의 모든 면을 재고해야 한다는 사실은 이미 설명했다. 처음에 아키텍처를 선택해야 할 때는 그렇게 두드러지지 않는다. 우리가 직면할 수 있는 모든 가능한 배포 전략의 세부사항을 다루지는 않겠지만, 우리가 내릴 수 있는 두 가지 중요한 결정으로 범위를 제한하기로 한다. 첫 번째는 모놀리식 애플리케이션과 마이크로서비스 사이의 선택과 아키텍처적으로 관련된 것이다. 두 번째는 배포해야 하는 아티팩트를 패키징하는 방법과 관련된다. 좀 더 정확하게는, 변경이 가능한 배포를 수행할지 불변의 배포를 수행할지 여부다.

가변적 괴물 서버

오늘날 애플리케이션을 빌드하고 배포하는 가장 일반적인 방법은 가변적 괴물 서버mutable monster server다. 전체 애플리케이션을 갖고 있으면서 새로운 릴리스가 있을 때마다 업데이트하는 웹 서버를 생성한다. 설정(설정 파일, XML, DB 테이블 등)에서 변경이 이뤄질 수 있고, 코드 아티팩트(JAR, WAR, DLL, 정적 파일 등)와 데이터베이스 스키마 및 데이터에서 변경이 이뤄질 수 있다. 모든 릴리스에서 변경이 이뤄지기 때문에 변경 가능mutable하다고 한다.

가변 서버에서는 개발, 테스트 및 생산 환경이 같은지 확실히 알 수 없다. 생산에서 다른 노드가 바람직하지 않게 다른 경우도 있을 수 있다. 코드나 설정 및 정적 파일이 모든 인스턴스에 업데이트되지 않았을 수도 있다.

우리에게 필요한 모든 것을 하나의 인스턴스로 포함하고 있기 때문에 괴물 서버가 된다. 백엔드, 프론트엔드, API 등이다. 게다가 시간이 지나면서 점점 더 커진다. 일정한 시간이 지난 후에는 어느 누구도 생산의 모든 부분에 대한 정확한 설정을 확신할 수 없으며, 어딘가 다른 곳(새로운 생산 노드, 테스트 환경 등)에 재생산하는 유일한 방법이 원래의 VM을 복사해 설정(IP, 호스트 파일, DB 연결 등)을 만지는 것임은 전혀 이상하지 않다. 우리는 여기에 계속해서 추가하여 결국에는 무엇을 갖고 있는지 추적할 수 없게 된다. 시간이 충분하다면 '완전한' 설계와 인상적인 아키텍처는 전혀 다른 것이 될 것이다. 새로운 레이어가 추가될 것이고, 코드는 중복될 것이고, 패치 위에 패치가 생성되고, 사람들이 코드를 살펴보기 시작하면 미로에서 길을 잃기 시작할 것이다. 여러분의 작고 아름다운 프로젝트는 커다란 괴물이 될 것이다.

여러분이 갖고 있는 자부심은 커피 휴식 시간 동안 사람들의 대화 주제가 될 것이다. 사람들은 이것을 쓰레기통에 버리고 다시 시작하는 게 최선이라고 말하기 시작할 것이다. 그러나 이 괴물은 이미 너무 커져버려 다시 시작할 수 없다. 너무 많이 투자했고, 재작성하는 데 너무 많은 시간이 필요할 것이다. 위험성이 너무 크다. 우리의 모놀리식 애플리케이션은 오랫동안 계속 존재할 수도 있다.

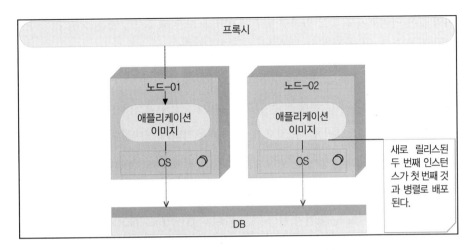

그림 3-5 가변적 애플리케이션 서버의 초기 설계

가변적 배포는 단순해 보이지만 보통은 그렇지 않다. 모든 것을 한 장소에 묶어놓기 때문에 복잡성이 감춰지고 다른 인스턴스 간 불일치의 기회만 증가한다.

이러한 서버를 재시작하는 시간이 상당히 많이 걸릴 수 있다. 보통 그 시간 동안에는 서버가 운영되지 않는다. 새로운 릴리스로 인한 중단 시간은 시간과 신뢰의 손실을 초래한다. 오늘날의 비즈니스는 중단 시간 없이 24/7, 즉 연중무휴로 운영되기를 기대하며, 생산으로의 릴리스는 서비스가 제공되지 않는 동안 팀의 야간 작업으로 이뤄진다. 이런 상황에서 지속적인 배포의 적용이란 도달할 수 없는 꿈이다. 결코 실현될 수 없는 꿈이다.

테스트도 문제다. 개발과 테스트 환경에서 릴리스를 아무리 테스트했다 하더라도 생산 환경에서 시도하는 첫 번째 테스트는 배포하여 테스터뿐만 아니라 모든 사용자가 사용할 수 있을 때다.

게다가 그러한 서버에서의 빠른 롤백은 불가능에 가깝다. 변경 가능하기 때문에 완전히 새로운 일련의 문제를 야기하는 전체 가상 머신의 스냅샷을 생성하지 않는다면 이전 버전의 '사진'이 없다.

이와 같은 아키텍처를 갖고 있다면 이전에 설명한 모든 요구사항 또는 어떤 것이라도 달성할 수 없다. 무중단 시간^{zero-downtime}과 손쉬운 롤백을 생산할 수 없기 때문에 자주 배포할 수 없다. 완전한 자동화는 아키텍처의 가변적 특성으로 인해 위험성이 높아지며, 따라서 신속하게 처리할 수 없게 된다.

자주 배포하지 않음으로써 릴리스돼야 할 변경이 누적되어 실패의 가능성이 높아진다.

이런 문제를 해결하려면 배포가 불변적이어야 하며, 작고 독립적이며 자기충족적인 애플리케이션으로 구성돼야 한다. 우리의 목표가 자주 배포하고, 중단 시간이 없으며, 어떤 릴리스든 롤백할 수 있어야 하며, 자동화되고 빨라야 한다는 것임을 기억해두자. 게다가 사용자가 사용하기 전에 생산 환경에서 릴리스를 테스트할 수 있어야 한다.

불변적인 서버와 역방향 프록시

전통적인 각 배포는 서버상에서 수행돼야 하는 변경과 관련된 위험이 수반된다. 아키텍처를 불변적인 배포로 변경하면 즉각적인 이점을 얻게 된다. 애플리케이션(변경할 수 없음)을 생각할 필요가 없으므로 환경을 준비하는 일이 더 단순해진다. 이미지나 컨테이너를 생산 서버에 배포할 때마다 우리가 구축하고 테스트했던 것과 정확하게 같음을 알고 있다. 불변적인 배포는 알려지지 않은 것과 관련된 위험성을 감소시킨다. 배포된 각 인스턴스가 다른 것과 완전히 같다는 사실을 알고 있다. 가변적인 배포와 달리, 패키지가 불변적이고 모든 것(애플리케이션 서버, 설정, 아티팩트)을 포함할 때 이들에 관해 우려하지 않게 된다. 배포 파이프라인을 통해 패키징되기 때문에 우리가 해야 할 일이라고는 불변적인 패키지가 대상 서버에 전송됐는지를 확인하는 것뿐이다. 이 패키지는 이미 다른 환경에서 테스트했던 것과 같은 것이며, 가변적인 배포가 야기할 수 있는 불일치성은 사라진다.

역방향 프록시^{reverse proxy}가 무중단 시간을 달성하는 데 사용될 수 있다. 불변적인 서버가 다음과 같이 단순한 형식으로 역방향 프록시와 함께 사용될 수 있다.

먼저 완전히 자기충족적인 불변 애플리케이션 패키지를 가리키는 역방향 프록시로 시작할 수 있다. 이 패키지는 가상 머신이나 컨테이너가 될 수 있다. 이 애플리케이션을 애플리케이션 이미지라고 부르며, 가변적인 애플리케이션과 완전히 구별된다. 서버를 직접 노출하는 대신에 애플리케이션 위에 프록시 서비스가 있어서 최종 목적지로 모든 트래픽을 라우팅한다.

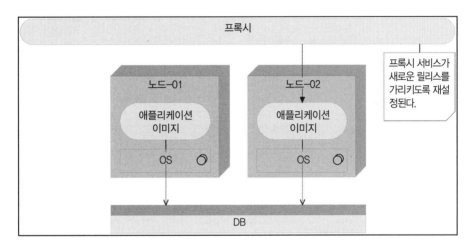

그림 3-6 이미지(가상 머신 또는 컨테이너)로 배포되는 불변적 애플리케이션 서버

일단 새로운 버전을 배포하기로 결정했다면 별도의 서버에 별도의 이미지를 배포함으로써 그렇게 한다. 경우에 따라서는 이 이미지를 같은 서버에 배포할 수 있지만, 대부분의 경우 모놀리식 애플리케이션은 리소스가 많이 필요하므로 성능에 영향을 주지 않고서 같은 노드에 함께 둘 수는 없다. 이 시점에 우리는 2개의 인스턴스를 갖고 있다. 하나는 이전 것(이전 릴리스)이고, 하나는 새로운 것(최근 릴리스)이다. 모든 트래픽은 아직 역방향 프록시를 통해 이전 서버로 가기 때문에 애플리케이션 사용자는 변경사항을 알아채지 못한다. 그들을 위해 우리는 아직 이전의 검증된 소프트웨어를 실행하고 있다. 이것이 최종 테스트를 실행하기 위한 가장 적절한 순간이다. 이들 테스트는 자동적이며 배포 프로세스의 일부지만 수작업 검증이 배제되지 않는 것이 좋다. 예를 들어, 프론트엔드가 변경됐다면 최종 사용자 경험 테스트를 하기 원할 수 있다. 수행되는

테스트의 유형과는 관계없이 역방향 프록시를 우회해 새로운 릴리스를 모두 공격해야한다. 이 테스트의 좋은 점은 생산 하드웨어에 있는 소프트웨어의 향후 생산 버전에 작업을 한다는 것이다. 우리는 사용자(이들은 아직 구 버전으로 전송되고 있다)에게 영향을 미치지 않고서 생산 소프트웨어와 하드웨어를 테스트한다. A/B 테스트 형식으로 제한된 수의 사용자에게만 새로운 릴리스를 사용하게 할 수 있다.

요약하면 이 단계에서는 서버의 두 인스턴스, 즉 사용자가 사용하는 것(이전 릴리스)과테스트에 사용되는 것(최신 릴리스)이 있다.

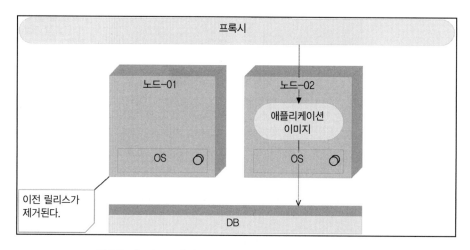

그림 3-7 별도의 노드에 배포되는 불변적인 애플리케이션의 새로운 릴리스

일단 테스트가 끝나고 새로운 릴리스가 예상대로 작동한다고 확신이 든다면 역방향 프록시가 새로운 릴리스를 가리키도록 변경해야 한다. 이전 것은 한동안 그대로 두어 변경을 롤백할 필요가 있을 때를 대비할 수 있다. 그러나 사용자에게는 더 이상 존재하지 않는 게 된다. 모든 트래픽은 새로운 릴리스로 라우팅된다. 라우팅을 변경하기 전에 최신의 릴리스가 가동 중이기 때문에 스위치 그 자체는 서비스를 중단하지 않는다(예를 들어, 가변적 배포의 경우에 서버를 재시작해야 하는 경우와 달리). 라우팅이 변경되면 역방향 프록시를 다시 로드해야 한다. 예를 들어, 모두 새로운 라우트로 전환될 때까지

nginx가 이전 연결을 유지한다.

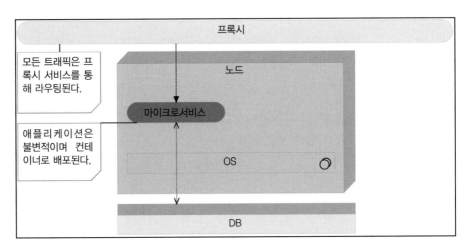

그림 3-8 프록시가 새로운 릴리스를 가리키도록 다시 라우팅된다.

마지막으로, 이전 버전이 필요하지 않으면 제거할 수 있다. 더 좋은 건, 다른 릴리스에서 제공하게 할 수도 있다는 점이다. 후자의 경우에 시간이 되면 릴리스 프로세스가 더 이전 릴리스를 제거하고 전체 프로세스를 다시 시작할 것이다.

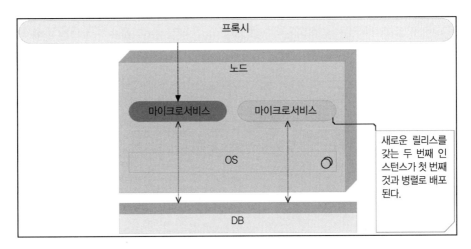

그림 3-9 이전 릴리스의 제거

여기서 설명한 기법을 청-녹 배포^{blue-green deployment}라고 하며, 오랫동안 사용돼왔다. 나중에 도커 패키징과 배포 예제에서 실습하게 될 것이다.

불변적인 마이크로서비스

이것보다 더 잘할 수 있다. 불변적인 배포로 프로세스의 자동화를 쉽게 달성할 수 있다. 역방향 프록시는 무중단 시간을 제공하며, 두 릴리스가 실행되면 쉽게 롤백할 수 있다. 그러나 여전히 하나의 커다란 애플리케이션을 다루고 있으므로 배포와 테스트를 실행하는 데 더 많은 시간이 걸릴 수 있다. 그 자체로서 빠른 실행을 방해하며, 필요에 따라 자주 배포하는 것을 막을 수 있다. 게다가 하나의 커다란 서버로서 모든 것을 갖기 때문에 개발과 테스트, 배포 복잡성이 증가한다. 더 작은 조각으로 분할할 수 있다면 복잡성을 쉽게 관리할 수 있는 덩어리로 나눌 수 있다. 이들은 같은 머신에 배포될 수 있고, 네트워크상에 확장되거나 이들 중 하나의 성능이 병목점이 된다면 배로 증가시킬 수 있다. 마이크로서비스로 구조하자!

괴물 애플리케이션에서는 보통 분리된 레이어를 갖는다. 프론트엔드 코드는 백엔드와 분리돼야 하고, 비즈니스 레이어는 데이터 액세스 레이어 등과 분리돼야 한다. 마이크로서비스에서는 다른 방향으로 생각해야 한다. 비즈니스 레이어가 데이터 액세스 레이어에서 분리되는 대신에 서비스로 분리돼야 한다. 예를 들어, 사용자 관리는 판매 서비스와 분리될 수 있다. 또 다른 차이점은 물리적이다. 전통적인 아키텍처는 패키지와 클래스 수준에서 분리되지만 모든 것을 함께 배포한다. 반면에 마이크로서비스는 물리적으로 분할된다. 동일한 물리적 머신에 있지 않을 수도 있다.

마이크로서비스의 배포는 이전에 설명한 것과 동일한 패턴을 따른다. 마이크로서비스 불변적인 이미지를 다른 소프트웨어로 배포한다.

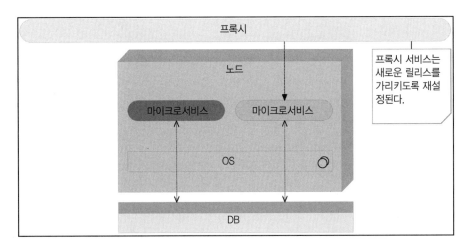

그림 3-10 이미지(가상 머신이나 컨테이너)로 배포되는 불변적인 마이크로서비스

어떤 마이크로서비스의 새로운 버전을 릴리스할 때는 이전 버전과 함께 배포한다.

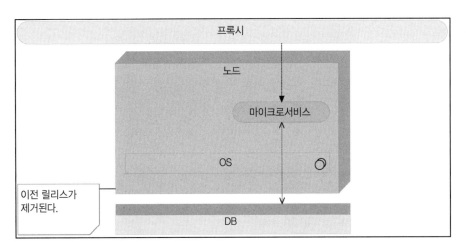

그림 3-11 이전 릴리스와 함께 배포되는 불변적인 마이크로서비스의 새로운 릴리스

해당 마이크로서비스 릴리스가 적절하게 테스트될 때 프록시 라우트를 변경한다.

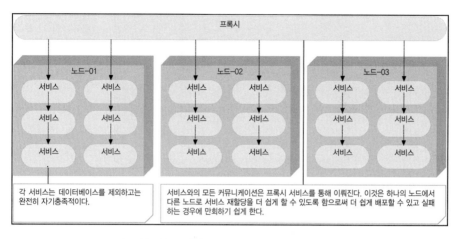

그림 3-12 새로운 릴리스를 가리키도록 프록시를 재설정한다.

마지막으로, 마이크로서비스의 이전 버전을 제거한다.

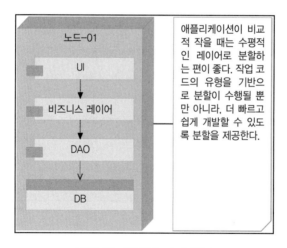

그림 3-13 이전 릴리스가 제거된다.

중요한 차이점은 마이크로서비스의 크기 때문에 새로운 릴리스를 이전 것과 병렬로
배포하기 위해 별도의 서버가 필요하지 않은 경우가 종종 있다는 것이다. 이제 우리는

정말로 자동적으로 자주 배포할 수 있으며, 무엇인가 잘못되는 경우에 빠르게 무중단 시간으로 롤백할 수 있다.

기술적으로 이 아키텍처는 다음 장의 주제가 될 특별한 문제를 제기할 수도 있다. 지금으로서는 이런 문제를 우리가 마음대로 사용할 수 있는 도구와 프로세스로 쉽게 해결할 수 있다는 정도만 언급하기로 한다.

기껏해야 빈약한 요구사항과 마이크로서비스가 모놀리식 애플리케이션에 비해 가져다주는 이점을 고려할 때 선택은 분명하다. 우리는 불변적인 마이크로서비스 접근 방법을 사용해 애플리케이션을 구축할 것이다. 그러려면 우선 우리가 따라야 할 모범 사례에 대한 논의가 필요하다.

▌ 마이크로서비스 모범 사례

다음과 같은 대부분의 모범 사례는 일반적으로 서비스 지향 아키텍처에 적용될 수 있다. 그러나 마이크로서비스에서는 더 중요하거나 유익하다. 나중에 이 책에서 적용할 때 더 자세히 설명하겠지만, 우선 여기서 간단히 살펴보자.

컨테이너

많은 마이크로서비스를 다루는 일은 금세 복잡해질 수 있다. 각각은 다른 프로그래밍 언어로 작성될 수 있고, 다른 (바라기는 가벼운) 애플리케이션 서버가 필요하거나 다른 라이브러리들을 사용할 수도 있다. 각 서비스가 컨테이너로서 패키징된다면 이런 문제의 대부분은 사라질 것이다. 우리가 해야 할 일은 도커 같은 컨테이너를 실행하고 필요한 모든 것이 그 안에 있음을 신뢰하는 것이다.

컨테이너는 필요한 모든 것(커널은 제외함)을 포함하고 있고, 분리된 프로세스 안에서 실행되며, 불변적인 자기충족적 묶음이다. 자기충족적이란 컨테이너가 일반적으로 다음과 같은 컴포넌트를 갖는다는 것을 의미한다.

- 런타임 라이브러리(JDK, 파이썬^{Python}, 또는 애플리케이션을 실행하는 데 필요한 그 밖의 라이브러리)
- 애플리케이션 서버(톰캣^{Tomcat}, nginx 등)
- 데이터베이스(아마도 경량의)
- 아티팩트(JAR, WAR, 정적 파일 등)

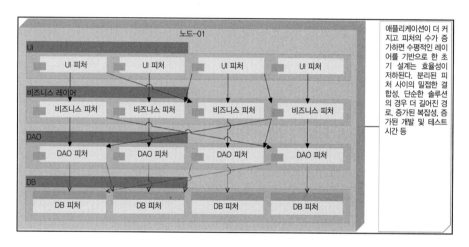

그림 3-14 컨테이너 안의 자기충족적인 마이크로서비스

완전히 자기충족적인 컨테이너가 서비스를 배포하는 가장 손쉬운 방법이지만, 확장성에서 몇 가지 문제를 야기한다. 클러스터 안에 있는 여러 노드에 있는 이와 같은 컨테이너를 확장하고 싶다면 이들 컨테이너 안에 포함되어 있는 데이터베이스가 동기화되거나, 이들 데이터 볼륨이 공유된 드라이버상에 위치하게 할 필요가 있다. 보통 첫 번째 선택은 종종 불필요한 복잡성을 야기하지만, 공유된 볼륨은 성능에 부정적인 영향을 준다. 대안은 데이터베이스를 별도의 컨테이너 안에 외부화함으로써 컨테이너를 거의 자기충족적이게 만드는 것이다. 이와 같은 설정에서 각 서비스에 대해 2개의 컨테이너가 있을 수 있다. 하나의 컨테이너에 애플리케이션을 두고, 다른 컨테이너에는

데이터베이스를 두는 것이다. 이들은 (아마도 프록시 서비스를 통해) 연결될 수도 있다. 이러한 연결성이 약간의 배포 복잡성을 증가시키기는 하지만 좀 더 자유롭게 확장할 수 있게 된다. 성능 테스트 결과에 따라서, 또는 트래픽이 증가하면 애플리케이션 컨테이너의 여러 인스턴스나 데이터베이스의 여러 인스턴스를 배포할 수 있다. 마지막으로, 이러한 필요성이 제기된다고 하더라도 둘 다 어떤 것이든 확장을 방해하지 않는다.

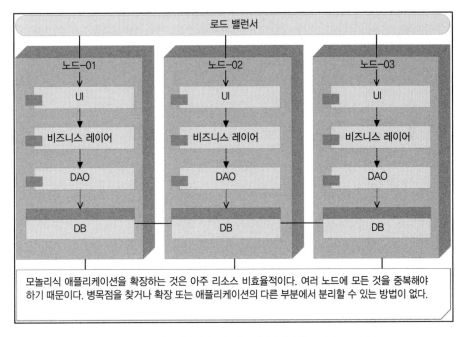

그림 3-15 별도의 데이터베이스를 갖는 컨테이너 내부의 마이크로서비스

자기충족적이며 불변적이면 다른 환경(개발, 테스트, 생산 등) 사이에 컨테이너를 이동시킬 수 있으며, 항상 같은 결과를 예상할 수 있다. 작은 애플리케이션을 구축하는 마이크로서비스 접근 방법과 결합된 이와 같은 특징으로 인해 다른 방법론으로 할 때보다 더 적은 노력과 훨씬 더 낮은 위험성으로 컨테이너를 배포하거나 확장할 수가 있다.

그러나 레거시 시스템을 처리할 때 일반적으로 세 번째 선택이 사용된다. 모놀리식 애플리케이션을 마이크로서비스로 점차 이동시키기로 결정했을 때조차 데이터베이스는 마지막으로 리팩토링이 승인되는 경향이 있다. 이 방법이 전이를 수행하는 최적의 방법은 아니지만, 실제로는 특히 대기업에서 데이터는 가장 중요한 자산이다. 애플리케이션을 재작성하는 일은 데이터를 재구조화하는 일보다는 훨씬 더 위험성이 낮다. 관리자들이 이러한 제안에 아주 회의적인 것도 이해할 수 있는 부분이다. 이런 경우에는 공유 데이터베이스(아마도 컨테이너가 없는)가 최적일 수 있다. 이러한 결정이 부분적으로 마이크로서비스를 사용해 달성하려고 하는 것에는 맞지 않지만, 최선의 작업을 수행하는 패턴은 데이터베이스를 공유하지만 배타적으로 단일 서비스만 각 스키마나 테이블의 그룹에 접근할 수 있게 하는 것이다. 데이터를 필요로 하는 그 밖의 서비스는 데이터에 할당된 서비스의 API를 통해서만 가능해진다. 이러한 조합으로는 명확하게 분리할 수 없지만(결국, 물리적인 것보다는 분명하지 않다), 적어도 누가 데이터 부분집합에 접근할 수 있는지를 통제하고, 이들과 데이터 사이의 관계를 명확하게 할 수는 있다.

사실 이것은 수평적인 레이어 이면에 있는 아이디어와 매우 흡사하다. 실제로 모놀리식 애플리케이션이 커짐에 따라(그리고 레이어 수가 증가함에 따라) 이러한 접근 방법이 남용되고 무시되곤 했다. 수직적인 분리(데이터베이스를 공유하더라도)가 각 서비스가 담당하는 훨씬 더 명확하게 구획된 컨텍스트를 유지할 수 있게 한다.

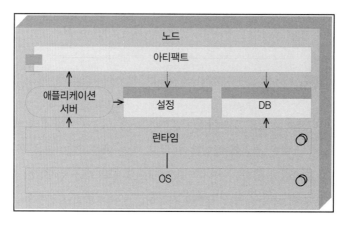

그림 3-16 공유 데이터베이스에 접근하는 컨테이너 내의 마이크로서비스

▌ 프록시 마이크로서비스 또는 API 게이트웨이

(아마존닷컴^{Amazon.com} 같은) 대기업 프론트엔드는 수십, 수백 개의 HTTP 요청을 호출해야 할 수도 있다. 요청은 보통 응답 데이터를 받는 것보다 더 많은 시간이 걸린다. 이 경우에 프록시 마이크로서비스^{proxy microservice}가 좋다. 다른 마이크로서비스를 호출해 집계된 서비스를 반환한다. 어떤 로직도 포함해서는 안 되며, 여러 응답을 함께 그룹화하고 집계된 데이터로 소비자에게 응답해야 한다.

역방향 프록시

마이크로서비스 API를 직접 노출하지 마라. 오케스트레이션이 없으면 소비자와 마이크로서비스 사이의 의존성은 더 커지므로 마이크로서비스가 우리에게 제공할 수 있는 자유가 제거될 수도 있다. nginx와 아파치 톰캣^{Apache Tomcat}, HA프록시^{HAProxy} 같은 경량 서버는 역방향 프록시 작업을 훌륭하게 수행하며, 거의 오버헤드 없이 쉽게 사용할 수 있다.

최소 접근 방법

마이크로서비스는 정말로 필요한 패키지와 라이브러리, 프레임워크만 포함해야 한다. 작으면 작을수록 더 좋다. 모놀리식 애플리케이션에서 사용되는 접근 방법과는 아주 대조적이다. 이전에는 JBoss처럼 필요하든 필요하지 않든 모든 도구를 다 포함하는 JEE 서버가 사용됐지만, 마이크로서비스는 훨씬 더 최소한의 솔루션과 함께 가장 잘 작동한다. 수백 개의 마이크로서비스가 각각 전체 JBoss 서버를 갖는다면 과도해진다. 예를 들어, 아파치 톰캣이 훨씬 더 좋은 선택이 된다. 내 경우에는 아주 가벼운 REST API 서버로, 예를 들면 스프레이^{Spray}처럼 더 작은 솔루션을 선호한다. 불필요한 것을 패키징하지 않도록 하자.

같은 접근 방법이 OS 수준에서도 적용될 수 있다. 마이크로서비스를 도커 컨테이너로 배포한다면, 예를 들어 레드햇Red Hat이나 우분투Ubuntu보다 코어OSCoreOS가 더 나은 솔루션이 될 수 있다. 필요치 않은 것으로부터 자유로워짐으로써 리소스를 더 잘 활용할 수 있게 된다. 그러나 나중에 보게 되겠지만 OS를 선택하는 일이 항상 간단하진 않다.

형상 관리

마이크로서비스의 수가 증가할 때 **형상 관리**CM, Configuration Management의 필요성은 그만큼 더 커진다. (몇 개만 꼽자면) 퍼펫Puppet이나 셰프Chef, 앤시블Ansible 같은 도구를 사용하지 않고 많은 마이크로서비스를 배포한다는 건 곧바로 악몽이 되어버린다. 실제로 마이크로서비스를 사용하든 아니든 상관없이 가장 단순한 솔루션에서도 CM 도구를 사용하지 않는 것은 낭비다.

교차기능 팀

어떤 종류의 팀을 활용하는지에 대한 규칙이 있는 것은 아니지만, 마이크로서비스는 다기능 팀이 작업을 수행할 때 가장 좋다. 시작(설계)부터 끝(배포와 유지보수)까지 하나의 팀이 책임을 맡을 수도 있다. 한 팀에서 다른 팀(아키텍처/설계, 개발, 테스트, 배포와 유지보수 팀)으로 넘겨주기에는 너무 작다. 가장 좋은 방법은 마이크로서비스의 전체 라이프사이클을 관리하는 하나의 팀을 갖는 것이다. 많은 경우 하나의 팀이 여러 마이크로서비스를 담당할 수 있지만, 여러 팀이 하나의 마이크로서비스를 담당해서는 안 된다.

API 버전 관리

버전 관리는 모든 API에 적용돼야 하며, 마이크로서비스에도 마찬가지로 해당된다. API 형식이 변경되면 별도의 버전으로 릴리스돼야 한다. 공개 API 및 기타 내부 서비스가 사용하는 API의 경우에 누가 사용하는지 확인할 수 없다. 따라서 하위 호환성을 유지하거나 적어도 소비자가 적응할 수 있는 충분한 시간을 제공해야 한다.

정리

개념으로서 마이크로서비스는 오랫동안 존재해왔다. 다음과 같은 예를 살펴보자.

```
ps aux | grep jav[a] | awk '{print $2}' | xargs kill
```

위의 명령은 유닉스/리눅스에서 파이프^{pipe}의 사용 예로, 4개의 프로그램으로 구성되어 있다. 각 프로그램은 입력(stdin) 및 출력(stdout)을 기대한다. 각 프로그램은 아주 전문화되어 있으며, 하나 또는 아주 작은 기능을 수행한다. 이들 자체는 단순하지만 이 프로그램들이 결합될 때 아주 복잡한 오퍼레이션을 수행할 수 있다. 오늘날의 유닉스/리눅스 배포본에서 볼 수 있는 대부분의 프로그램도 이와 같다. 위의 경우에 ps aux를 실행하여 실행 중인 모든 프로세스의 목록을 검색해 그 출력을 다음 명령으로 넘겨준다. 그러면 grep jav[a]는 그 출력을 사용해 자바 프로세스로만 출력을 제한한다. 다시, 출력은 필요한 곳에 전달된다. 이 예제에서 다음 명령은 awk '{print $2}'로, 프로세스 ID인 두 번째 열만 필터링해 반환한다. 마지막으로, xargs kill은 awk의 출력을 입력으로 취해 이전에 검색된 ID와 일치하는 모든 프로세스를 종료한다.

유닉스/리눅스에 익숙하지 않은 사람이라면 방금 검토한 명령이 과잉이라고 생각할 수도 있다. 그러나 조금만 연습하면 리눅스 명령을 사용하는 사람들은 이 접근 방법이 아주 유연하고 유용하다는 사실을 알게 된다. 가능한 유스케이스를 모두 고려해야 하는 '커다란' 프로그램 대신에, 많은 작은 프로그램을 결합해 우리에게 필요한 어떤 기능이든 수행할 수 있다. 이것은 극도의 단순성에서 탄생한 힘이다. 각 프로그램은 작고 아주 특정한 목표를 달성하기 위해 생성된다. 더 중요한 사실은 이들 모두가 명확하게 정의된 입력을 받아들여서 잘 문서화된 출력을 산출한다는 것이다.

유닉스는 내가 아는 한, 아직도 사용되고 있는 마이크로서비스의 가장 오래된 예다. 많은 작고 특정하며 잘 정의된 인터페이스를 갖는 추론하기 쉬운 서비스다.

마이크로서비스가 오랫동안 존재해오긴 했지만 최근에서야 인기를 얻게 됐다. 마이크로서비스가 선택된 소수 외에 모두에게 유용해지기 위해 많은 것이 성숙해지고 사용 가능해져야 했다. 마이크로서비스가 널리 사용될 수 있게 한 개념 중에는 도메인 주도적 설계domain-driven design와 지속적인 인도, 컨테이너, 작은 자치적인 팀, 확장할 수 있는 시스템 등이 있다. 이들 모두가 단일 프레임워크로 결합될 때만 진정으로 빛을 발하기 시작한다.

마이크로서비스는 API를 통해 데이터를 교환하고 아주 특정하게 구획된 컨텍스트로 영역을 제한하는 작은 자치적인 서비스로 구성된 복잡한 시스템을 생성하는 데 사용된다. 특정한 관점에서 마이크로서비스는 객체 지향 프로그램이 초기에 의도했던 것이다. 우리 업계 리더들의 사상, 특히 객체 지향 프로그래밍과 저자들이 초기에 이들을 구현했던 방식이 아닌 자신의 논리가 포함된 모범 사례에 대한 설명은 오늘날 마이크로서비스가 무엇인지를 회고할 수 있게 한다. 다음 인용문은 마이크로서비스의 일부 측면을 정확하게 설명한다.

> 가장 큰 아이디어는 '메시지 전달'이다. 위대하고 성장할 수 있는 시스템에서는 내부 속성과 행위보다는 모듈이 어떻게 커뮤니케이션하는지를 설계하는 것이 훨씬 중요하다.
>
> – 앨런 케이(Alan Kay)

> 같은 이유로 변경되는 것을 함께 모으고, 다른 이유로 변경된 것을 분리한다.
>
> – 로버트 C. 마틴(Robert C. Martin)

마이크로서비스를 구현할 때 단 하나의 일을 하거나 단 하나의 기능을 수행하도록 구성한다. 이렇게 함으로써 각 작업에 가장 최선의 도구를 선택할 수 있다. 예를 들어, 목적에 가장 적합한 언어로 코드를 작성할 수 있다. 마이크로서비스는 물리적인 분리로 인해 정말로 느슨하게 결합되며, API가 미리 명확하게 정의되어 있는 한 다른 팀사이에 커다란 독립성을 제공한다. 그 위에 분산된 특성으로 인해 마이크로서비스로더 빠르고 쉽게 테스트를 할 수 있으며, 지속적인 인도나 배포를 할 수 있다. 우리가논의한 개념들은 새로운 도구, 특히 도커의 출현과 결합되어 마이크로서비스를 새로

이 조명할 수 있게 했으며, 이전에 개발과 배포에서 야기됐던 문제의 일부를 제거할 수 있게 했다.

그렇지만 이 책에 나오는 조언을 모든 경우에 적용해야 한다고 생각하지 않기를 바란다. 마이크로서비스가 모든 문제에 해답을 주진 않는다. 그런 것은 없다. 모든 애플리케이션을 이 방식으로 생성해야 하는 것은 아니며, 모든 경우에 적합한 단 하나의 해결방안은 없다. 우리는 마이크로서비스로 아주 특정한 문제를 해결하려 하고 있으며, 모든 애플리케이션의 설계 방식을 변경하려고 하지는 않는다.

마이크로서비스로 애플리케이션을 개발하기로 결정했다면 이제는 실제적인 것을 해야 할 시간이다. 개발 환경 없이 코딩할 수 없다. 따라서 이것이 우리의 첫 번째 목표다. 멋진 서점 서비스를 위한 개발 환경을 생성할 것이다.

이론은 충분히 살펴봤으니, 이 책을 들고 컴퓨터 앞에 앉아보자. 이제는 실습을 해볼 시간이다.

04

베이그런트와
도커 개발 환경 설정

보통 프로젝트에 새로 들어온 사람이 가장 먼저 부딪히는 것이 바로 개발 환경이다. 프로젝트마다 다르긴 하지만 환경을 설정하는 데 온종일을 보내는 것이 보통이며, 애플리케이션이 작동하는 방법을 이해하는 데는 더 많은 시간이 필요하다.

예를 들어 JDK를 설치하고, JBoss 서버의 로컬 인스턴스를 설정하며, 보통은 좀 더 복잡한 애플리케이션의 백엔드 부분에 필요한 모든 작업을 하는 데 얼마나 걸릴까? 그것 말고도 백엔드에서 분리된 프론트엔드에 같은 작업을 하는 시간을 추가해야 한다. 예를 들어, 처음에는 좋은 아이디어로 생각됐지만 시간이 지나면서 이점보다는 복잡함만 추가한 것으로 판명된 수천 또는 수만, 수백만 행의 코드가 레이어로 분할된 모놀리식 애플리케이션의 내부 작업을 이해하는 데 어느 정도의 시간이 걸릴까?

개발 환경 설정과 단순성은 **컨테이너**^{container}와 **마이크로서비스**^{microservice}가 많은 도움이 될 수 있는 영역이다. 정의에 의하면 마이크로서비스는 작다. 수천 행의(또는 그보다 적은) 코드를 이해하는 데 얼마나 걸릴까? 마이크로서비스에서 사용된 언어로 프로그래밍해본 일이 없다고 하더라도 무슨 일을 하는지 이해하는 데 많은 시간이 걸리지 않을 것이다. 반면에 컨테이너는 특히 베이그런트^{Vagrant}와 결합될 때 개발 환경 설정이 손쉽다고 느끼게 할 수 있다. 설치 프로세스는 쉽고 빠를 뿐만 아니라, 결과는 생산 환경에 가까워질 수 있다. 실제로 하드웨어를 제외하고 동일할 수 있다.

이러한 환경에서 작업하기 전에, 우리가 구축하고 있는 서비스 이면에 있는 기술에 대해 논의하기로 하자.

 이 책 전체에서 사용되는 코드는 변경될 수 있으므로 이 책에 그런 부분이 완전히 반영되지 못할 수도 있다. 이것이 때로는 혼란을 야기할 수 있지만, 버그 수정(모든 코드에 있다)과 업데이트로부터 얻는 이득이 있다고 생각했다. 우리가 사용할 기술 스택은 새롭기 때문에 변경과 개선이 일상적으로 이뤄지며, 이 책이 출시된 후에도 코드에 이러한 내용을 담고자 노력할 것이다.

▌ 마이크로서비스 아키텍처와 컨테이너 기술의 결합

이 책 전체에서 사용할 도서 마이크로서비스(books-ms)는 대부분의 마이크로서비스 지지자들이 추천하는 것과는 조금 다르게 생성됐다.

서비스가 작고 잘 정의된 구획된 컨텍스트로 제한되는 등의 필요성에 대해 이미 논의했지만, 대부분의 마이크로서비스는 시스템의 백엔드 부분에만 생성된다는 사실을 알아두는 것이 중요하다. 마이크로서비스 지지자는 모놀리식 백엔드$^{monolithic\ back-end}$를 작은 마이크로서비스 여럿으로 분할하지만 프론트엔드는 손대지 않고 그대로 둔다. 이 경우에서 결과는 모놀리식 프론트엔드와 백엔드가 마이크로서비스로 분할된 전체 아키텍처다. 왜 이렇게 할까? 내가 생각하기에 그 대답은 우리가 사용하고 있는 기술에 있다. 우리가 프론트엔드를 개발하는 방식은 더 작은 조각으로 분할되도록 설계되지 않는다.

서버 측 렌더링은 역사가 되고 있다. 기업은 여기에 동의하지 않고, 예를 들어 자바 객체를 HTML과 자바스크립트로 '마법처럼' 변형하는 서버 측 프레임워크를 계속 밀어붙이겠지만, 클라이언트 측 프레임워크의 인기가 점차로 증가해 서버 측 페이지 렌더링이 점점 잊히고 있다. 따라서 클라이언트 측 프레임워크가 필요하며, 우리는 오늘날 단일 페이지 애플리케이션을 주로 사용하고 있다. 앵귤러JS^{AngularJS}, 리액트^{React}, ExtJS, ember.js를 비롯한 그 밖의 프레임워크가 프론트엔드 개발의 발전 과정에서 다음 단계가 되고 있음이 증명됐다. 그러나 단일 페이지 애플리케이션이든 아니든, 대부분의 애플리케이션은 프론트엔드 아키텍처에 모놀리식 접근 방법을 장려하고 있다.

백엔드가 마이크로서비스로 분할되고 프론트엔드가 모놀리식으로 되면, 우리가 구축하는 서비스는 각각이 완전한 기능을 제공해야 한다는 생각에 충실하지 못하게 된다. 우리는 수직적인 분할을 적용하고 느슨하게 결합된 애플리케이션을 생성해야 한다. 그러나 대부분의 경우 이 서비스 내부의 시각적인 측면을 놓치고 있다.

모든 프론트엔드 기능(인증, 재고 목록, 장바구니 등)은 단일 애플리케이션의 일부이며, 마이크로서비스로 분할된 백엔드와 커뮤니케이션(대부분의 경우 HTTP를 통해)을 한다. 이러한 접근 방법은 단일 모놀리식 애플리케이션과 비교할 때 크게 발전한 것이다. 백엔드 서비스를 작고, 느슨하게 결합되어 있으며, 단일 목적으로 설계하고 확장하기 쉽도록 설계함으로써 모놀리식에서 발견됐던 문제 중 일부가 완화된다. 이상적인 건 아무 것도 없으며 마이크로서비스 자체도 문제가 있지만, 제품 버그를 발견하고 테스트하며, 코드를 이해하고 프레임워크나 언어를 변경하고, 분리, 책임 및 기타 사항을 처리하기가 더 쉬워졌다. 우리가 지불해야 하는 비용은 배포지만, 컨테이너(도커^{Docker})와 불변적인 서버의 개념으로 크게 향상됐다.

마이크로서비스가 백엔드에 제공하는 이점을 알게 된다면, 한 단계 더 나아가 이 이점을 프론트엔드에도 마찬가지로 적용해 백엔드 로직뿐만 아니라 애플리케이션의 시각적인 부분까지도 마이크로서비스로 설계할 수 있지 않을까? 개발자나 팀이 피처를 완전히 개발해 누군가가 애플리케이션에 그냥 임포트만 하면 된다면 좋지 않을까? 이런 방식으로 비즈니스를 수행한다면, 프론트엔드(SPA든 아니든)는 라우팅하고 어떤 서비스를 임포트할지를 결정하는 책임만 갖는 골격으로 축소될 수 있을 것이다.

프론트엔드와 백엔드 둘 다 마이크로서비스의 일부가 되도록 마이크로서비스를 개발하는 사람이 아무도 없다고 말하려는 게 아니다. 나는 그렇게 하는 프로젝트가 있다는 사실을 알고 있다. 그러나 프론트엔드를 부품으로 분할하고 백엔드와 함께 패키징하는 이점이 이러한 접근 방법의 단점을 능가한다고 확신할 수 없다. 웹 컴포넌트가 등장할 때까지 그랬다.

웹 컴포넌트가 어떻게 작동하는지 상세하게 설명하지는 않을 것이다. 이 책의 목표 중하나가 가능한 한 언어에 구애받지 않는 것이기 때문이다. 이 주제에 관심이 있다면 https://technologyconversations.com/2015/08/09/including-front-end-web-components-into-microservices/를 참고하기 바란다.

지금 당장은 우리가 사용하려는 books-ms의 프론트엔드 웹 컴포넌트와 백엔드 API가 단일한 마이크로서비스에 패키징됐다는 사실에 주목하는 것이 중요하다. 이것은 한 장소에 전체 기능을 두고서 적합하다고 생각하는 곳에 사용할 수 있게 한다. 누군가가 웹사이트에 웹 컴포넌트를 임포트하기로 결정하는 동안 또 어떤 사람이 서비스 API를 호출할 수 있다. 서비스의 저자로서 우리는 누가 사용하는지 신경 쓰지 않고 잠재적인 사용자에게 필요한 모든 기능을 제공하는 데만 신경 써야 한다.

서비스 자체는 서비스 API 요청과 정적인 프론트엔드 파일을 제공하는 스프레이Spray와 함께 스칼라Scala를 사용해 코드를 작성한다. 웹 컴포넌트는 폴리머Polymer로 작업된다. 모든 것은 단위 및 기능/통합 테스트를 생성하는 테스트 주도 개발 접근 방법을 사용해 코드를 작성한다. 소스 코드는 https://github.com/vfarcic/books-ms 깃허브GitHub 리포지터리에 있다.

스칼라나 폴리머로 작업한 적이 없어도 걱정하지 마라. 자세한 내용을 다루지 않을뿐

더러, 이 애플리케이션을 더 개발하지도 않을 것이다. 개념을 증명하고 연습하기 위해서만 사용할 텐데, 지금은 이 서비스를 이용해 개발 환경을 설정할 것이다. 그 이전에 이 작업을 수행하는 데 사용할 도구를 간단하게 살펴보자.

베이그런트와 도커

우리는 **베이그런트**^{Vagrant}와 **도커**^{Docker}를 사용해 개발 환경을 설정할 것이다.

베이그런트는 버추얼박스^{VirtualBox}나 VM웨어^{VMWare} 같은 하이퍼바이저^{hypervisor}를 통해 가상 머신을 생성하고 관리하는 명령행 도구다. 베이그런트는 하이퍼바이저가 아니다. 단지 일관적인 인터페이스를 제공하는 드라이버^{driver}다. 하나의 Vagrantfile에 베이그런트가 버추얼박스나 VM웨어를 통해서 필요한 VM 수만큼 생성하는 데 알아야 할 모든 것을 명시할 수 있다. 필요한 것은 단일 구성 파일이기 때문에 애플리케이션 코드와 함께 리포지터리에 보관할 수 있다. 아주 가볍고 호환성이 좋아서 해당 OS에 상관없이 재생성할 수 있는 환경을 생성할 수 있게 한다. 컨테이너가 부분적으로 VM의 사용성을 쓸모없게 만들지만 베이그런트는 개발 환경이 필요할 때 빛을 발한다. 수년 동안 사용돼왔고, 실무에서 테스트를 거쳤다.

 베이그런트의 버전이 1.8 이상인지 확인하라. 이전 버전에서는 문제가 발생할 수도 있다. 컨테이너가 항상 VM을 대체하지는 않는다는 점에 유의한다. 가상 머신은 추가적인 격리(보안) 레이어를 제공한다. 또한 컨테이너보다 더 많은 치환을 허용한다. 원한다면 VM으로 안드로이드(Android)를 실행할 수 있다. VM은 컨테이너에 보완적이다. 켈시 하이타워(Kelsey Hightower, 전 코어OS, 현 구글)가 말한 것처럼, 모든 VM을 컨테이너로 바꾸면 해커뉴스(HackerNews)의 첫 페이지에서 여러분의 사이트가 어떻게 해킹당했는지를 보게 될 것이다. 즉 컨테이너는 VM의 사용을 줄여준다. '베어 멘탈(bare mental)' 상이나 VM 내부에 컨테이너를 실행해야 하는지 여부에 대해서는 논쟁의 여지가 있지만, 애플리케이션이나 서비스당 하나의 VM을 생성함으로써 더 이상 리소스를 낭비할 필요가 없다.

도커 컨테이너를 사용하면 완전한 파일 시스템 안에 소프트웨어를 마무리할 수 있다. 소프트웨어가 완전한 자치성을 가지고 실행돼야 하는 모든 것, 즉 코드, 런타임 라이브러리, 데이터베이스, 애플리케이션 서버 등을 포함할 수 있다. 모든 것이 함께 패키징되기 때문에 환경에 관계없이 동일하게 실행될 것이다. 컨테이너는 호스트 OS의 커널을 공유해 완전히 작동하는 운영체제가 필요한 가상 머신보다 좀 더 가볍다. 하나의 단일 서버가 VM보다 더 많은 컨테이너를 호스팅할 수 있다. 주목해야 할 또 다른 특징은 프로세스 격리를 제공한다는 것이다. 이러한 격리는 가상 머신이 제공하는 것만큼 견고하지는 않다. 그러나 VM은 컨테이너보다 훨씬 더 무겁고, 각 마이크로서비스를 별도의 컨테이너에 패키징하는 것은 아주 비효율적이다. 이와 반대로 컨테이너는 이런 작업에 아주 적당하다. 별도의 컨테이너에 각 서비스를 패키징해 OS상에 (중간에 VM 없이) 직접 배포할 수 있으며, 이들 사이의 격리를 유지한다. 커널을 제외하고는 어떤 것도 공유하지 않으며(우리가 선택하지 않는 한), 각 컨테이너는 그 자체가 하나의 세계다. 동시에 VM과 달리 컨테이너는 불변적이다. 각각은 변경할 수 없는 이미지 집합이며, 새로운 릴리스를 배포하는 유일한 방법은 새로운 컨테이너를 구축하고 이전 릴리스의 실행 중인 인스턴스를 교체하는 것이다. 나중에 병렬로 두 릴리스를 실행하는 청-녹 배포 전략을 논의할 텐데, 이것은 이후의 장들 중 하나의 주제다. 곧 살펴보겠지만, 컨테이너는 생산 소프트웨어의 실행보다 훨씬 폭넓게 사용될 수 있다.

베이그런트가 가상 머신을 생성하는 데 필요한 모든 것을 Vagrantfile에 정의하는 것처럼, 도커는 Dockerfile에 컨테이너를 구축하는 지시가 포함된다.

이 시점에서 도커가 같거나 더 많은 일을 한다면 왜 베이그런트가 필요한지 질문할 수도 있을 것이다. 우리는 우분투 OS에 가상 머신을 가동하는 데 베이그런트를 사용한다. 어떤 운영체제를 사용하더라도 상관없다. 윈도우 운영체제여도 되고, 맥 운영체제여도 상관없다. 리눅스 배포판 중 하나여도 좋다. 예를 들어, 이 책은 내가 선택한 OS인 우분투상에서 작성됐다. 이 책에서의 모든 명령과 도구가 OS에 관계없이 여러분의 컴퓨터에서 작동될 수 있도록 VM을 사용하기로 결정했다. 지금은 개발 환경을 설정하는 예로 시작한다. 나중에 더 많은 것을 생성해 테스트와 스테이징, 생산 그리고 다른 유형의 환경을 시뮬레이션할 것이다. 우분투와 몇 가지 운영체제를 더 사용할 것이다. 그렇다고 해서 여러분이 배운 내용을 적용하려고 할 때 이 책에 제시된 베이그런트 VM을 사용해야 한다는 뜻은 아니다. 개발 시나리오와 새로운 일을 시도하는 데 유용하기는 하지만, '베어 메탈' OS나 생산이 준비된 VM에 직접 컨테이너를 설치하는 것을 다시 고려해야 한다.

이제 말은 그만하고 좀 더 실제적인 부분으로 나갈 때가 되었다. 이 책의 나머지 부분에서는 깃Git과 베이그런트가 여러분의 컴퓨터에 설치됐다고 가정할 것이다. 그 밖의 요구사항은 없다. 필요한 모든 것은 지시와 스크립트를 통해 제공될 것이다.

 윈도우를 사용한다면 깃(Git)이 Checkout as-is를 사용하도록 설정되어 있어야 한다. 설치 과정에서 그림 4-1의 두 번째나 세 번째 옵션을 선택하면 된다. 또한 SSH를 설치하지 않았다면 PATH 환경 변수에 [PATH_TO_GIT]\bin 경로를 추가해야 한다.

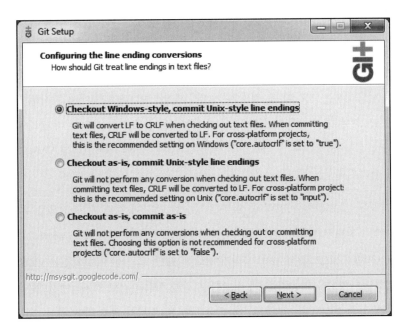

그림 4-1 윈도우에서 깃 설치 동안에 Checkout as-is 옵션을 선택한다.

▌개발 환경 설정

books-ms 깃허브 리포지터리에서 코드를 복제하는 것으로 시작한다.

```
git clone https://github.com/vfarcic/books-ms.git
cd books-ms
```

다운로드된 코드로 개발 환경을 진행하고 생성할 수 있다.

베이그런트

베이그런트 가상 머신을 생성하는 것은 쉽다.

```
vagrant plugin install vagrant-cachier
vagrant up dev
```

첫 번째 명령은 필수가 아니다. 그러나 새로운 VM의 생성 속도를 높여줄 것이다. 사용하는 모든 패키지를 캐싱해 다음에 필요할 때마다 다운로드하지 않고 로컬 HD에서 가져온다. 두 번째 명령은 '실제' 작업을 수행한다. dev라고 하는 VM을 불러온다. 첫 번째 시도에서는 시간이 좀 걸릴 수 있다. 베이스 박스base box에서 시작해 모든 것을 다운로드해야 하기 때문이다. 이후에는 이 VM을 불러오는 시간이 더 빨라진다. 같은 박스(이 경우에는 ubuntu/trusty64)를 기반으로 하는 다른 베이그런트 VM을 불러오는 것도 빨라진다.

이 책 전체에 걸쳐 실행할 명령 중 일부는 상당한 시간이 걸릴 수도 있음을 유의하기 바란다. 일반적으로 명령이 실행되는 동안 자유롭게 계속 읽을 수 있다(적어도 새로운 명령을 실행하도록 요청받을 때까지). 우리가 방금 복제한 코드의 루트에 있는 Vagrantfile을 진행하면서 VM을 가동하는 데 필요한 시간을 사용하기로 하자. 여기에는 베이그런트가 개발 환경 VM을 생성하는 데 필요한 모든 정보가 포함되어 있다. 내용은 다음과 같다.

```
Vagrant.configure(VAGRANTFILE_API_VERSION) do |config|
  config.vm.box = "ubuntu/trusty64"
  config.vm.synced_folder ".", "/vagrant"
  config.vm.provider "virtualbox" do |v|
    v.memory = 2048
  end
  config.vm.define :dev do |dev|
    dev.vm.network "private_network", ip: "10.100.199.200"
    dev.vm.provision :shell, path: "bootstrap.sh"
    dev.vm.provision :shell,
      inline: 'PYTHONUNBUFFERED=1 ansible-playbook \
        /vagrant/ansible/dev.yml -c local'
  end
  if Vagrant.has_plugin?("vagrant-cachier")
    config.cache.scope = :box
  end
end
```

루비Ruby 언어에 익숙하지 않은 사람들은 위 구문이 다소 암호처럼 보일지 모르지만, 잠깐만 연습하고 나면 베이그런트를 사용해 하나 이상의 VM을 정의하는 게 아주 쉽고 직접적이라는 사실을 알게 될 것이다. 우리의 경우에는 박스를 ubuntu/trusty64로 지정함으로써 시작한다.

베이그런트 박스는 베이그런트 환경을 위한 패키지 형식이다. 누구라도 베이그런트가 지원하는 플랫폼상에서 박스를 사용해 동일하게 작동하는 환경을 가동할 수 있다.

즉 박스는 필요한 것을 추가할 수 있는 (일종의) VM이다. Atlas에서 사용할 수 있는 박스를 탐색하거나 자신만의 박스를 만들 수 있다.

박스 다음에는 로컬 디렉토리가 VM과 동기화돼야 한다는 명세가 온다. 여기서는 현재 디렉토리(.)가 VM 내부에 있는 /vagrant 디렉토리와 동기화돼야 한다고 설정했다. 이런 방식으로 현재 디렉토리의 모든 파일이 가상 머신 안에서 자유롭게 사용 가능해질 것이다.

계속해서 VM이 2GB의 RAM이 있어야 하며, dev라고 하는 하나의 정의된 VM을 가져야 한다고 설정했다. 더 나아가 이 책 전반에 걸쳐 같은 Vagrantfile 안에 여러 가상 머신을 명시하는 방법을 보여줄 것이다.

dev VM 정의 안에서 베이그런트가 노출할 IP와 앤시블Ansible 플레이북playbook dev.yml을 실행해야 한다고 설정했다. 앤시블에 관해서는 상세하게 설명하지 않을 것이다. 이후의 장들 중 하나에서 설명할 것이기 때문이다. 여기서는 앤시블이 **도커**Docker와 **도커 컴포즈**Docker Compose가 실행되고 있음을 확인할 것이라고만 설명하는 것으로 충분하다.

이 책 전체에서 베이그런트를 자주 사용할 것이므로 더 자세히 알게 될 기회가 많을 것이다. 그러나 이 책은 자세한 지침과 문서를 제공하진 않는다. 좀 더 많은 정보와 전체 문서는 https://www.vagrantup.com/을 참고하기 바란다.

인터넷 연결이 빠르다면 지금쯤이면 아마도 vagrant up이 끝났을 것이다. 그렇지 않다면 잠깐 커피를 마시면서 휴식을 취하자.

이제 방금 생성한 VM으로 들어가서 무엇이 있는지 살펴보자.

```
vagrant ssh dev
ansible --version
docker --version
docker-compose --version
cd /vagrant
ll
```

첫 번째 명령은 dev VM 내부로 들어가게 한다. 우분투의 환영 메시지가 인사할 것이다. 다음 3개는 앤시블과 도커, 도커 컴포즈가 설치됐음을 확인해준다. 마지막으로, /vagrant 디렉토리로 들어가 내용 목록을 보여준다. 깃허브 리포지터리를 복제한 호스트 디렉토리와 같다는 사실을 알게 될 것이다. 이 둘은 동기화됐다.

이제 모든 소프트웨어가 실행되는 VM이 생겼으므로 이 장의 두 번째 스타를 살펴보기로 하자.

도커

일반적인 도커와 컨테이너에 대해서는 이미 간단히 논의했다. 그렇기는 하지만, 이 주제를 좀 더 탐구하고 싶을지 모른다. 이렇게 빠르게 채택된 기술은 아주 드물다. 도커가 이렇게 인기 있는 이유는 무엇일까?

VM 하이퍼바이저는 모두 가상 하드웨어 에뮬레이션을 기반으로 한다. VM이 사용하는 리소스의 상당 부분이 에뮬레이션에 사용된다. 정확한 비율은 각 VM의 설정에 따라 다르지만 하드웨어 가상화에서 하드웨어 리소스의 50% 이상이 사용되는 경우는 드문 일이 아니다. 이는 실제적인 측면에서 리소스에 대한 요구가 매우 크다는 뜻이다.

반면에 도커는 공유된 OS를 사용한다. 이러한 특징만으로도 훨씬 더 효율적일 수 있다. 잘 정의된 컨테이너를 사용하면 별도의 가상 머신에 배포할 때보다 5배나 더 많은 애플리케이션을 쉽게 실행할 수 있다. 호스트 커널을 사용함으로써 컨테이너는 하드웨어 가상화 없이 프로세스가 거의 동일하게 분리되도록 유지할 수 있게 관리 가능하다. 도커가 어떤 다른 이점을 제공하지 않더라도 많은 사람이 사용하기 충분할 것이다.

흥미롭게도, 컨테이너가 도커와 함께 들여온 새로운 것이라고 생각하는 사람들이 많다. 실제로는 적어도 2000년 정도부터 사용해왔던 것이다. 몇 가지를 예로 들자면 오라클 솔라리스 존Oracle Solaris Zones, LXC, 오픈VZOpenVZ가 있다. 구글은 도커가 등장하기 훨씬 전부터 컨테이너를 사용하기 시작한 회사 중 하나다. 도커가 첫 번째 릴리스를 하기 오래전에 컨테이너가 존재했다면 도커가 그렇게 특별해진 이유가 무엇인지 궁금할 수 있다. 도커는 우리가 손쉽게 컨테이너를 사용할 수 있게 하며, LXC상에 구축됐다. 그로 인해 유용한 기술을 사용하기가 쉬워졌으며, 그 주변으로 강력한 생태계가 구축될 수 있었다.

도커 회사는 거의 모든 소프트웨어 산업 리더들(캐노니컬Canonical, 레드햇RedHat, 구글Google,

마이크로소프트^{Microsoft} 등)과 빠르게 파트너가 되어 컨테이너를 표준화할 수 있었다. 또한 이러한 파트너십은 거의 모든 운영체제에 컨테이너를 가져왔다. 이 책을 쓰는 시점에 윈도우 서버^{Windows Server} 2016 테크니컬 프리뷰는 기본적으로 도커 엔진이 실행되는 기능을 갖추고 릴리스됐다.

궁극적으로 어디에나 배포할 수 있는 자기충족적인 애플리케이션을 패키징하고 배포하고 실행할 수 있는 아주 쉽고 신뢰할 수 있는 방법을 제공하기 때문에 개발자와 데브옵스는 도커를 좋아한다. 또 다른 중요한 도커 도구는 공식적, 비공식적, 비공개 컨테이너를 포함하는 허브^{Hub}다. 필요한 건 무엇이든 애플리케이션, 서버, 데이터베이스 또는 그 사이에 있는 어떤 것이든 도커 허브에서 발견해 단 하나의 명령으로 수 분 이내에 불러와 실행할 수 있게 한다.

우리가 논의한 것보다 더 많은 것이 도커(그리고 일반적인 컨테이너)에 있으며, 이 책에서 다양한 용도와 테스트 케이스를 많이 보게 될 것이다. 이제는 개발 환경에 도커를 활용하는 방법을 살펴보자.

개발 환경 사용법

여기서 Dockerfile을 작성하고 컨테이너를 빌드하여 공개 또는 비공개 레지트리에 푸시하는 방법을 자세하게 설명하지는 않을 것이다. 이 내용은 다음 장들의 주제다. 지금은 미리 만들어진 컨테이너, 특히 vfarcic/books-ms-tests 컨테이너를 실행하는 데 집중할 것이다. 이 컨테이너는 우리가 복제한 books-ms 서비스로 작업하기 위해 개발자에게 필요한 모든 것을 포함한다.

컨테이너 그 자체에는 몽고DB^{MongoDB}, 노드JS^{NodeJS}, NPM, 깃^{Git}, 자바^{Java}, 스칼라^{Scala}, SBT, 파이어폭스^{FireFox}, 크롬^{Chrome}, 걸프^{Gulp}가 포함되어 있다. 프로젝트에서 필요한 모든 자바 및 자바스크립트 라이브러리와 적절하게 설정된 구성 설정 등이 포함되어 있다. 이 모든 언어 및 프레임워크와 작업하게 된다면 아마도 여러분 컴퓨터에는 이들이 이미 설치되어 있을 것이다. 그러나 어떤 경우에는 이 중 일부만 사용해 작업하고 다른 것이 부족할 수도 있다. 모든 것이 이미 설치되어 있다고 하더라도 스칼라와 자바스크립트 의존성을 다운로드하고, 일부 설정을 만지작거리며, 몽고DB의 인스턴스를 실행하는 등의 작업을 해야 할 수도 있다. 이 단일 마이크로서비스에 대한 지시도 부과할 수 있다. 이제 이것을 여러분의 기업이 필요로 하는 수십, 수백, 또는 수천 개의 마이크로서비스로 곱하자. 여러분이 이 중에서 1개나 아주 소수에 대해서만 작업한다고 하더라도 다른 사람이 수행한 것을 실행해야 할 수도 있다. 예를 들어, 여러분의 서비스가 다른 팀이 작업한 서비스와 커뮤니케이션해야 할 수도 있다. 나는 이런 경우에 잘 정의된 목업으로 해결할 수 있다고 강하게 믿는 사람이지만, 조만간 여러분은 목업이 충분하지 않은 상황에 부딪힐 것이다.

books-ms 서비스로 수행해야 하는 여러 유형의 개발 작업이 있다. 기억해야 할 사항은 백엔드(스프레이Spray와 함께 스칼라)와 프론트엔드(폴리머JS^PolymerJS와 함께 자바스크립트/HTML/CSS)를 둘 다 포함한다는 것이다.

예를 들어, 클라이언트의 소스 코드에 변경이 있을 때마다 모든 프론트엔드 테스트를 실행할 걸프Gulp 감시자watcher를 실행할 수 있다. 여러분 코드의 정확성에 관한 지속적인 피드백을 받는 것은 테스트 주도 개발을 실천하는 경우에 특히 유용하다. 프론트엔드가 개발되는 방식에 관한 더 많은 정보는 https://technologyconversations.com/2015/08/09/developing-front-end-microservices-with-polymer-web-components-and-test-driven-development-part-15-the-first-component/를 참고하기 바란다.

다음은 감시자를 실행하는 명령이다.

```
sudo docker run -it --rm \
    -v $PWD/client/components:/source/client/components \
    -v $PWD/client/test:/source/client/test \
    -v $PWD/src:/source/src \
    -v $PWD/target:/source/target \
```

```
-p 8080:8080 \
--env TEST_TYPE=watch-front \
vfarcic/books-ms-tests
```

두 명의 독자가 드물게 (아마도 동시성으로 인해) 테스트가 실패한다고 알려줬다. 이런 일
이 발생하면 다시 테스트를 실행하기 바란다.

이 컨테이너가 실행되기 전에 많은 레이어가 다운로드돼야 한다. 컨테이너는 약 2.5GB
의 가상 영역(실제 물리적인 크기는 훨씬 더 작다)을 차지한다. 가능한 한 작아야 하는 생산
컨테이너와 달리 개발에서 사용되는 것은 훨씬 더 큰 경향이 있다. 예를 들어, 노드JS
모듈만 하더라도 거의 500MB를 차지하고 이들은 그냥 프론트엔드 개발 의존성이다.
여기에 스칼라 라이브러리와 런타임 실행 파일, 브라우저 등을 추가해야 한다. 용량은
아주 빨리 늘어난다. 다운로드가 완료될 때까지 또는 다른 명령을 실행할 지시에 이를
때까지 자유롭게 계속 책을 읽으면 된다.

결과는 다음과 같다(간결하게 하기 위해 시간은 생략했다).

```
...
MongoDB starting : pid=6 port=27017 dbpath=/data/db/ 64-bit
host=072ec2400bf0
...
allocating new datafile /data/db/local.ns, filling with zeroes...
creating directory /data/db/_tmp
done allocating datafile /data/db/local.ns, size: 16MB, took 0 secs
allocating new datafile /data/db/local.0, filling with zeroes...
done allocating datafile /data/db/local.0, size: 64MB, took 0 secs
waiting for connections on port 27017
...
firefox 43                     Tests passed
Test run ended with great success
firefox 43 (93/0/0)
...
connection accepted from 127.0.0.1:46599 #1 (1 connection now open)
[akka://routingSystem/user/IO-HTTP/listener-0] Bound to /0.0.0.0:8080
...
```

우리는 파이어폭스를 사용해 93개의 테스트를 실행하고, 몽고DB를 실행하고, 스칼라와 스프레이로 웹 서버를 실행했다. 모든 자바 및 자바스크립트 의존성과 런타임 실행 파일, 브라우저, 몽고DB, JDK, 스칼라, sbt, npm, bower, gulp, 그리고 우리가 필요한 모든 것이 이 컨테이너 안에 있다. 모든 것은 단 하나의 명령으로 달성됐다. 계속해서 client/components 디렉토리에 있는 클라이언트 소스 코드나 client/test에 있는 테스트를 변경한다. 변경사항을 저장하자마자 다시 실행되는 모습을 볼 것이다. 개인적으로 나는 화면을 둘로 분할해 사용한다. 반쪽에는 코드가 있고 다른 반쪽에는 이들 테스트가 실행되는 터미널을 둔다. 하나의 명령으로 지속적인 피드백을 받을 수 있고, 아무런 설치나 설정도 없다.

앞에서 언급했듯이, 이 명령으로 실행하는 것은 프론트엔드 테스트뿐만 아니라 웹 서버와 몽고DB도 있다. 이 2개는 웹 브라우저에서 http://10.100.199.200:8080/components/tc-books/demo/index.html을 열어서 작업 결과를 확인할 수 있다. 여러분이 보는 것은 나중에 우리가 사용할 웹 컴포넌트의 데모다.

방금 실행한 명령에서 각 인수의 자세한 의미는 설명하지 않겠다. 이후의 장들에서 도커 CLI를 좀 더 깊이 설명할 때 살펴보기로 한다. 주목해야 할 중요한 사항은 도커 허브에서 다운로드된 컨테이너를 실행하고 있다는 것이다. 나중에 우리의 컨테이너를 저장할 레지스트리를 설치할 것이다. 또 다른 중요한 사항은 몇 개의 로컬 디렉토리가 컨테이너 볼륨으로 마운트되어 있어서 소스 코드 파일을 지역적으로 변경할 수 있고 컨테이너 안에서 이를 사용할 수 있다는 것이다.

위의 명령에서 주요 문제점은 길이다. 나는 그렇게 긴 명령을 기억할 능력이 없으며, 모든 개발자가 그럴 수 있다고 기대하지도 않는다. 지금까지 우리가 한 것은 개발 환경을 설정하는 대체 방법보다는 쉽지만, 이 명령은 우리가 달성하려는 단순성과 충돌한다. 도커 명령을 실행하는 좀 더 좋은 방법은 도커 컴포즈를 사용하는 것이다. 이후의 장에서 좀 더 깊이 설명하기로 하고, 지금은 맛만 보자. Ctrl + C를 눌러서 현재 실행하고 있는 컨테이너를 중지하고 다음 명령을 실행한다.

```
sudo docker-compose -f docker-compose-dev.yml run feTestsLocal
```

여러분은 같은 결과를 보게 되지만 이번에는 훨씬 더 짧다. 이 컨테이너를 실행하는 데 필요한 모든 인수는 feTestsLocal 대상 밑에 있는 docker-compose-dev.yml에 저장되어 있다. 이 설정 파일은 YAML^Yet Another Markup Language 형식을 사용해 도커에 익숙한 사람들은 쉽게 쓰고 읽을 수 있다.

이것은 이 컨테이너의 많은 용도 중 하나일 뿐이다. 모든 테스트를 한 번에 (백엔드와 프론트엔드 둘 다) 실행하고, 스칼라 코드를 컴파일하고, 자바스크립트와 HTML 파일을 배포용으로 축소하고 준비하는 용도도 있다.

더 진행하기 전에 Ctrl + C를 눌러 현재 실행하고 있는 컨테이너를 중지하고 다음 명령을 실행한다.

```
sudo docker-compose -f docker-compose-dev.yml run testsLocal
```

이번에는 좀 더 많이 했다. 몽고DB를 시작하고, 백엔드 기능 및 단위 테스트를 실행하고, DB를 중지하고, 모든 프론트엔드 테스트를 실행하고, 마지막으로 나중에 궁극적으로 생산 노드(또는 우리의 경우처럼 생산 모형)에 배포할 JAR 파일을 생성했다. 나중에 지속적인 배포 파이프라인을 작업할 때 같은 컨테이너를 사용할 것이다.

더 이상 개발 환경이 필요하지 않다면 VM을 중지하자.

```
exit
vagrant halt dev
```

이것이 베이그런트를 사용하는 또 다른 이점 중 하나다. 단 하나의 명령으로 VM을 시작하거나 중지 또는 삭제할 수 있다. 그러나 삭제하더라도 새로운 것을 처음부터 쉽게 재생성할 수 있다. 지금은 VM을 중지한다. 나중에 필요해질 것이며, 그때는 시작하는 데 오래 걸리지 않을 것이다. `vagrant up dev`로 수 초 안에 실행될 것이다.

이번 장의 목적은 두 가지였다. 첫 번째는 베이그런트와 도커로 전통적인 접근 방법보다 훨씬 더 쉽고 **빠르게** 개발 환경을 설정할 수 있음을 보여주는 것이었고, 두 번째는 앞으로 하게 될 일의 맛보기였다. 곧 도커와 도커 컴포즈를 더 깊이 살펴보고, 컨테이너를 구축하고 테스트하며 실행할 것이다. 우리의 목적은 배포 파이프라인을 작업하는 것으로, 수작업으로 명령을 실행함으로써 시작할 것이다. 다음 장에서 기본적인 사항을 다루고, 거기서부터 좀 더 고급 기법을 향해 천천히 나아가겠다.

05

배포 파이프라인 구현:
초기 단계

지속적인 배포 파이프라인의 기본(그리고 최소) 단계부터 시작해보자. 코드를 체크아웃하고 사전 배포 테스트를 실행한 다음, 이들이 성공적이면 컨테이너를 구축하고 도커 레지스트리에 푸시한다. 레지스트리에서 안전하게 사용할 수 있게 되면, 생산 서버를 모방하는 다른 VM으로 전환하고, 컨테이너를 실행한 후 사후 배포 테스트를 수행해 모든 것이 예상대로 잘 작동하는지를 확인한다.

이 단계들은 지속적인 배포 프로세스의 가장 기본적인 흐름을 다룰 것이다. 나중에 이후의 장들에서 지금까지 우리가 했던 프로세스에 익숙해지면 앞으로 더 나아갈 것이다. 마이크로서비스가 롤백 기능 등으로 손쉽게 확장 가능한 방식을 사용해 무중단 시간으로 안전하고 신뢰성 있게 생산 서버에 도달할 수 있도록 하는 데 필요한 모든 단계를 살펴보겠다.

▌ 지속적인 배포 가상 머신 가동

지속적인 인도 서버를 생성하는 것으로 시작해보자. 베이그런트^{Vagrant}로 VM을 생성함으로써 지속적인 인도 서버를 생성할 것이다. 실습을 쉽게 따라 할 수 있는 방법으로 VM이 유용하지만, 실제 시나리오에서는 VM을 모두 건너뛰고 서버에 직접 모든 것을 설치해야 한다. 컨테이너가 VM으로 수행했던 일부 작업을 대신할 수 있는 더 나은 대안일 경우가 많으며, 이 책 전체에서 다루게 되겠지만 둘 다 사용하는 것은 대부분의 경우에 리소스 낭비일 뿐임을 기억해두자. 그러므로 가상 머신 cd와 prod를 생성하자. cd를 지속적인 배포 서버로 사용할 것이며, prod를 생산 환경의 모방으로 사용할 것이다.

```
cd ..
git clone https://github.com/vfarcic/ms-lifecycle.git
cd ms-lifecycle
vagrant up cd
vagrant ssh cd
```

깃허브 리포지터리를 복제해 cd 가상 머신을 가동하고 여기에 들어갔다.

이 책을 따라가려면 알아둬야 할 기본적인 베이그런트 오퍼레이션이 있는데, 특히 VM을 중지하고 다시 실행하는 방법이다. 언제 노트북 배터리가 다 떨어질지, 혹은 다른 작업을 위해 리소스를 해제해야 할 때가 언제일지 알 수 없다. 나는 여러분이 노트북을 끄고 이전과 같은 상황으로 다시 돌아갈 수 없어서 책의 나머지 부분을 따라 할 수 없는 상황에 처하는 것을 원하지 않는다. 따라서 두 가지 기본적인 오퍼레이션을 수행해보기로 한다. VM을 중지하고 프로비저너^{provisioner}와 함께 다시 불러오는 것이다.

VM을 중지하고 싶다면 vagrant halt 명령을 실행한다.

```
exit
vagrant halt
```

이제 VM은 중지되고 다른 작업을 위해 리소스를 해제할 것이다. 나중에 vagrant up으로 다시 VM을 시작할 수 있다.

```
vagrant up cd --provision
vagrant ssh cd
```

--provision 플래그는 필요한 모든 컨테이너가 실제로 가동되어 실행되고 있는지를 확인한다. prod VM은 cd와 달리 프로비저닝을 사용하지 않는다. 따라서 --provision 인수가 필요하지 않다.

▌배포 파이프라인 단계

VM이 가동되어 실행되면(또는 조만간 그렇게 될 것이다) 빨리 프로세스를 진행하자. 다음 단계를 수행해야 한다.

1. 코드를 체크아웃한다.
2. 사전 배포 테스트를 실행한다.
3. 코드를 컴파일 및 패키징한다.
4. 컨테이너를 빌드한다.
5. 컨테이너를 레지스트리에 푸시한다.
6. 컨테이너를 생산 서버에 배포한다.
7. 컨테이너를 통합한다.
8. 사후 통합 테스트를 실행한다.
9. 테스트 컨테이너를 레지스트리에 푸시한다.

| 테스트 | | 빌드 | | 배포 |

그림 5-1 도커 배포 파이프라인 프로세스

지금은 수작업 실행으로 제한할 것이고, 작업 방식에 익숙해지면 CI/CD 도구 중 하나를 사용해 우리의 지식을 전환할 것이다.

코드 체크아웃

코드를 체크아웃하는 것은 쉽다. 우리는 이미 몇 번 해봤다.

```
git clone https://github.com/vfarcic/books-ms.git
cd books-ms
```

사전 배포 테스트 실행, 컴파일 및 코드 패키징

코드를 체크아웃하면 서비스 배포를 요구하지 않는 모든 테스트를 실행해야 한다. 우리는 이미 개발 환경에서 할 수 있는 여러 가지 일을 시도할 때 절차를 수행했다.

```
docker build \
    -f Dockerfile.test \
    -t 10.100.198.200:5000/books-ms-tests \
    .
docker-compose \
    -f docker-compose-dev.yml \
    run --rm tests
ll target/scala-2.10/
```

먼저 Dockerfile.test 파일에 정의된 테스트 컨테이너를 빌드하고 -t 인수로 태그를 지정했다. 컨테이너의 이름(또는 태그)은 **10.100.198.200:5000/books-ms-tests**이다.

이 특별한 구문에서 첫 번째 부분은 로컬 레지스트리의 주소이고, 두 번째 부분은 컨테이너의 실제 이름이다. 레지스트리를 사용하는 방법은 나중에 설명할 것이다. 지금은 이것을 사용해 우리가 빌드하고 있는 컨테이너를 저장하고 가져온다는 사실만 알면 된다.

두 번째 명령은 모든 사전 배포 테스트를 실행하고 스칼라 코드를 배포할 수 있도록 JAR 파일로 컴파일했다. 세 번째 명령은 데모로만 제공되는 것으로, JAR 파일이 실제로 생성되어 scala-2.10 디렉토리에 있는지를 확인할 수 있다.

컨테이너를 빌드하는 데 오랜 시간이 걸린 이유는 처음에 많은 것을 다운로드해야 하기 때문이다. 이후 빌드에서는 훨씬 빨라질 것이다.

지금까지 수행한 모든 것은 그 뒤에 무엇이 있는지 이해하지 않고 명령을 실행하는 것이었다. 도커 컨테이너를 빌드하는 명령이 실패하면 반복될 수 있음을 주목하라. 예를 들어, 인터넷 연결이 끊어졌다면 컨테이너 빌드는 실패할 것이다. 빌드 명령을 반복한다면 도커는 실패한 이미지에서부터 계속할 것이다.

미리 만들어진 컨테이너나 다른 사람들이 생성한 Dockerfile 정의를 그냥 사용하는 사람 관점에서 도커가 어떻게 작동하는지 느껴보기 바란다. 이제는 컨테이너를 정의하는 데 사용하는 Dockerfile로 들어가 보자.

도커 컨테이너 빌드

모든 테스트가 통과되고 JAR 파일이 생성됐다면 나중에 생산에 배포할 컨테이너를 빌드할 수 있다. 그 전에 도커가 컨테이너를 빌드하는 데 필요한 모든 정보를 포함하는 Dockerfile을 검토해보자. Dockerfile의 내용은 다음과 같다.

```
FROM debian:jessie
MAINTAINER Viktor Farcic "viktor@farcic.com"
RUN apt-get update && \
```

```
    apt-get install -y --force-yes --no-install-recommends openjdk-7-jdk && \
    apt-get clean && \
    rm -rf /var/lib/apt/lists/*
ENV DB_DBNAME books
ENV DB_COLLECTION books
COPY run.sh /run.sh
RUN chmod +x /run.sh
COPY target/scala-2.10/books-ms-assembly-1.0.jar /bs.jar
COPY client/components /client/components
CMD ["/run.sh"]
EXPOSE 8080
```

https://github.com/vfarcic/books-ms 깃허브 리포지터리에서 books-ms의 나머지 코드가 포함된 Dockerfile 파일을 찾을 수 있다.

이제 한 행씩 검토해보자.

FROM debian:jessie

첫 행은 우리가 빌드하는 컨테이너의 베이스로서 어떤 이미지가 사용돼야 하는지를 명시한다. 우리의 경우에는 데비안^{Debian}(제시^{Jessie} 버전)을 사용한다. 이것은 데비안 OS에서 얻을 수 있는 대부분의 기능을 갖춰야 함을 의미한다. 그러나 이 컨테이너를 당길 때 전체 OS가 다운로드돼야 한다는 뜻은 아니다. 도커는 호스트 커널을 사용하며, 컨테이너가 예를 들어 베이스로 데비안을 사용한다고 지정할 때 패키징 메커니즘과 같이 지정된 OS에 특화된 것을 갖는 이미지만 다운로드한다는 사실을 기억해두자. 여러 베이스 이미지 사이의 차이점은 무엇일까? 왜 다른 것은 놔두고 데비안 이미지를 선택했을까?

대부분의 경우에 베이스 이미지에 대한 최선의 선택은 공식적인 도커 이미지 중 하나다. 도커 그 자체가 이들을 유지하므로 커뮤니티가 생성한 것보다는 더 잘 통제할 수 있다. 사용해야 하는 정확한 이미지의 선택은 필요에 따라 다르다. 내 경우에는 데비안을 선호한다. 데비안 기반의 리눅스 배포판에 대한 내 취향 외에도, 비교적 작으며 (~125MB) 데비안 OS에서 필요한 모든 것을 갖춘 완전한 배포판이다. 반대로 RPM 패키징에 익숙하다면 예를 들어 센트OS^CentOS를 선호할 수도 있다. 크기는 175MB(데비안보다 약 50% 정도 더 크다)이다. 그러나 크기가 가장 중요한 경우도 있는데, 가끔 특정한 행위를 수행하기 위해 한 번 실행되는 유틸리티로 사용되는 이미지인 경우가 특히 그렇다. 이 경우에 알파인^Alpine이 좋은 출발점이 된다. 크기는 5MB로 아주 작다. 그러나 최소 접근 방법으로 인해 이 이미지는 그 위에서 좀 더 복잡한 명령이 실행될 수 있는지를 추론하기 어려울 수도 있다. 마지막으로, 많은 경우에 있어서 컨테이너의 베이스로서 좀 더 특정한 이미지를 사용하기 원할 수도 있다. 예를 들어, 몽고DB를 포함한 컨테이너가 필요하지만 초기화를 수행할 특정한 행위가 거의 없다면 mongo 이미지를 사용해야 한다.

많은 컨테이너를 호스팅하는 시스템에서 베이스 이미지의 크기는 다른 베이스 이미지들이 얼마나 많이 사용됐는지보다 덜 중요하다. 각 이미지가 서버에 캐싱되어 있어 그것을 사용한 모든 컨테이너에 재사용된다는 사실을 기억해두자. 여러분의 모든 컨테이너가 예를 들어 debian 이미지에서 확장된다면 같은 캐싱된 복사본이 재사용되어 한 번만 다운로드될 것이다.

베이스 이미지로 사용하는 것은 다른 것과 마찬가지로 컨테이너다. 이것은 여러분이 다른 것의 베이스로서 여러분의 컨테이너를 사용할 수 있음을 의미한다. 예를 들어, 걸프^Gulp 및 여러분 조직에 특화된 몇 개의 스크립트와 결합된 노드JS를 요구하는 애플리케이션은 많다. 이 시나리오는 다른 것에 의해 확장되는 (FROM 지시를 통해) 컨테이너의 좋은 후보가 된다.

다음 지시로 넘어가자.

```
MAINTAINER Viktor Farcic "viktor@farcic.com"
```

MAINTAINER는 순수하게 저자, 즉 컨테이너를 관리하는 사람에 대한 정보만 제공한다. 따로 설명할 내용이 없다. 다음으로 넘어가자.

```
RUN apt-get update && \
   apt-get install -y --force-yes --no-install-recommends openjdk-7-jdk && \
   apt-get clean && \
   rm -rf /var/lib/apt/lists/*
```

RUN 지시는 명령 프롬프트에서 실행되는 것과 동일한 방식으로 실행되는 명령의 집합을 실행한다. 위 예에서 마지막을 제외하고는 각각 && \로 끝나는 모습을 볼 수 있는데, 여러 개의 명령을 각각 개별적인 RUN 지시로 실행하는 대신에 묶어서 실행한다. 다음을 실행해도 (운영 관점에 볼 때) 동일한 결과가 나온다.

```
RUN apt-get update
RUN apt-get install -y --force-yes --no-install-recommends openjdk-7-jdk
RUN apt-get clean
RUN rm -rf /var/lib/apt/lists/*
```

확실히 더 깨끗하고 관리하기 쉽다. 그러나 문제가 있다. Dockerfile에 있는 각 지시는 별도의 이미지를 생성한다. 컨테이너는 다른 이미지 위에 쌓아올려진 이미지의 묶음이다. 알다시피 마지막 두 RUN 지시(clean과 rm)는 아무런 가치를 제공하지 않는다. 각 이미지의 크기를 숫자로 표시해서 설명하기로 하자. 처음 두 지시(apt-get update와 apt-get install)는 패키지(가령 100MB)를 추가한다. 그다음 두 지시(apt-get clean과 rm)는 파일(가령 10MB)을 제거한다. 일반 시스템에서 파일을 제거하면 HD에 저장된 크기가 줄어들지만 도커 컨테이너의 경우에는 현재 이미지에서만 제거된다. 각 이미지는 불변적이기 때문에 이전의 두 이미지 크기는 100MB이며, 따라서 나중에 제거된 파일을 컨테이너에서 접근할 수 없는 경우에도 컨테이너의 전체 크기는 줄어들지 않는다. 이 4개 이미지의 크기는 계속 100MB이다. 모든 명령이 같은 RUN 지시 안에서 실행되어 단일 이미지를 생성하는 첫 번째 예로 돌아가면 크기는 더 작아진다

(100MB − 10MB = 90MB).

주목해야 할 중요한 점은 크기가 유일한 고려사항이 아니며, 유지보수 용이성과의 균형을 맞춰야 한다는 것이다. Dockerfile은 읽기 쉽고 유지보수하기 쉬우며, 그 배후에 명확한 의도가 있어야 한다. 이것은 경우에 따라서는 하나의 거대한 RUN 지시를 갖는 이점이 나중에 유지보수하기 어려워진다면 최선의 선택이 아닐 수도 있음을 의미한다.

정리하면 이 예에서 RUN 명령의 목적은 가장 최신의 패키지로 시스템을 업데이트하고 (apt-get update), JDK 7을 설치하고(apt-get install), 프로세스 동안에 생성된 불필요한 파일을 제거하는(apt-get clean과 rm) 것이다.

다음 지시는 컨테이너에게 런타임 시에 변경될 수 있는 환경 변수를 제공한다.

```
ENV DB_DBNAME books
ENV DB_COLLECTION books
```

이 특별한 경우에서 우리는 DB_DBNAME과 DB_COLLECTION 변수를 디폴트 값으로 선언하고 있다. 서비스의 코드는 이 변수들을 사용해 몽고DB에 연결을 생성한다. 어떤 이유로든 이 값을 변경하고 싶다면 docker run 명령을 실행할 때 이들을 설정할 수 있다 (나중에 이 책에서 볼 수 있다).

컨테이너 세계에서는 환경에 특화된 파일을 다른 서버에서 실행하는 컨테이너에 넘겨주는 것을 권장하지 않는다. 이상적으로는 어떤 외부 파일 없이 컨테이너를 실행해야 한다. 일부의 경우에는 비실제적이긴 하지만(예를 들어, 나중에 역방향 프록시용으로 사용할 nginx와 같이) 환경 변수는 런타임 시에 환경에 특화된 정보를 컨테이너에게 넘겨주는 가장 좋은 방법이다.

다음은 우리 예에 있는 몇 가지 COPY 지시다.

```
COPY run.sh /run.sh
RUN chmod +x /run.sh
```

```
COPY target/scala-2.10/books-ms-assembly-1.0.jar /bs.jar
COPY client/components /client/components
```

COPY 지시는 이름 그대로다. 호스트 파일 시스템에서 빌드하고 있는 컨테이너로 파일을 복사한다. COPY <소스> ... <대상> 형식으로 작성해야 한다. 소스는 Dockerfile의 위치에 상대적이며, 빌드 컨텍스트 안에 있어야 한다. 후자의 명령은 Dockerfile이 있는 디렉토리 또는 자식 디렉토리 안에는 파일을 복사할 수 없음을 의미한다. 예를 들어, COPY .. /something /something이 허용되지 않는다. 소스가 파일이거나 전체 디렉토리일 수 있고, 고^{Go}의 filepath.Match 규칙과 일치하는 와일드카드를 허용할 수 있다. 대상도 파일이나 디렉토리일 수 있다. 대상은 소스의 유형과 일치한다. 소스가 파일이면 대상도 마찬가지로 파일일 것이다. 소스가 디렉토리일 때도 마찬가지다. 대상을 디렉토리로 강제로 지정하려면 끝에 슬래시(/)를 붙인다.

우리의 예에서는 ADD를 사용하지 않았지만 COPY와 아주 유사하다는 점은 주목할 만한 가치가 있다. 대부분의 경우에 ADD가 제공하는 추가적인 특징(특히 TAR 추출과 URL 지원)이 필요하지 않다면 COPY를 사용하는 편이 좋다.

우리의 예에서는 run.sh를 복사해 chmod RUN 지시를 통해 실행할 수 있게 만든다. 다음에는 나머지 파일(백엔드 JAR와 프론트엔드 components)을 복사한다.

Dockerfile에서 마지막 두 지시를 살펴보자.

```
CMD ["/run.sh"]
EXPOSE 8080
```

CMD는 컨테이너가 시작할 때 실행될 명령을 명시한다. 형식은 [실행 파일, 매개변수 1, 매개변수2 등]이다. 우리의 경우에 /run.sh는 매개변수 없이 실행된다. 이 스크립트는 스칼라^{Scala}/스프레이^{Spray} 서버를 시작할 java -jar bs.ajr 단일 명령을 포함한다. CMD는 컨테이너가 실행될 때 쉽게 덮어쓸 수 있는 디폴트 실행자만 제공한다는 사실을 기억하라.

EXPOSE 지시는 런타임 시에 컨테이너 내부의 어떤 포트를 사용할 수 있을지를 지정한다.

우리가 설명한 Dockerfile 예에는 우리가 사용할 수 있는 모든 지시가 포함되어 있진 않다. 이 책에서 다른 것들을 더 사용해보며 형식에 좀 더 친숙해질 것이다. 그동안 자세한 정보에 대해서는 Dockerfile 레퍼런스를 참고한다.

이 정도 지식을 갖추었다면 컨테이너를 빌드해보자. 명령은 다음과 같다.

```
docker build -t 10.100.198.200:5000/books-ms .
```

이 명령이 실행되는 동안(첫 번째 빌드는 다른 것보다 항상 오래 걸린다) 우리가 사용한 인수를 살펴보자. 첫 번째 인수는 컨테이너를 빌드하는 데 사용되는 build이다. 인수 -t는 특정한 이름으로 컨테이너에 태그를 붙인다. 이 컨테이너를 공개 허브에 푸시하고 싶다면 태그는 / 형식을 사용한다. 도커 허브에 계정이 있다면 사용자 이름이 여러분을 식별하는 데 사용되며, 나중에 컨테이너를 푸시해 인터넷에 연결된 서버에서 끌어와 사용하게 할 수 있다. 나는 내 비밀번호를 공유하고 싶지 않기 때문에 다른 접근 방법을 사용해 도커 허브 사용자 이름 대신에 레지스트리 IP와 포트를 사용했다. 이렇게 하면 비공개 레지스트리에 푸시할 수 있다. 이러한 대안의 좋은 점은 우리 컨테이너를 완전히 통제할 수 있고, 로컬 네트워크상에서 더 빠르며, 클라우드에 애플리케이션을 전송해버려 여러분 회사의 CEO에게 심장마비를 일으키지 않는다는 것이다. 마지막 인수는 점(.)으로, Dockerfile이 현재 디렉토리에 위치한다는 것을 지정한다.

남아 있는 중요한 논의사항 하나는 Dockerfile의 지시 순서다. 한편으로는 논리적이어야 한다. 예를 들어, 실행 파일을 설치하기 전에 실행할 수 없다. 또는 우리의 예에서처럼 복사하기 전에 run.sh 파일의 사용 권한을 변경할 수 없다. 반면에 도커 캐싱을 고려해야 한다. docker build 명령이 실행될 때 도커가 지시를 하나씩 실행하면서 다른 빌드 프로세스가 이미 이미지를 생성했는지 여부를 검토할 것이다. 새로운 이미지를 빌드하는 지시가 발견되면 도커는 해당 지시뿐만 아니라 다음 모든 지시를 실행해 빌드한다. 이것은 대부분의 경우에 COPY와 ADD 지시가 Dockerfile 하단에 위치해야 함을 의미한다. COPY와 ADD 지시 그룹 안에서도 변경 가능성이 적은 파일을 더 위에 배치해야 한다. 우리 예에서는 run.sh를 JAR 파일과 프론트엔드 컴포넌트 앞에 추가하고 있는데, 이는 후자가 모든 빌드마다 변경되기 때문이다. 두 번째로 docker build 명령을 실행한다면 도커가 모든 단계에서 ---> Using cache를 출력한다는 사실을 발견하게 될 것이다. 나중에 소스 코드를 변경할 때 마지막 2개의 COPY 지시 중 하나에 도달할 때까지(JAR 파일이나 프론트엔드 컴포넌트를 변경했는지 여부에 따라 달라짐) 도커가 계속해서 --> Using cache를 출력할 것이다.

앞으로 도커 명령을 많이 사용할 테고, 좀 더 친숙해질 기회가 많을 것이다. 그동안 자세한 사항은 Using 명령행 페이지를 참고하기 바란다.

바라기는 지금쯤 컨테이너가 이미 빌드됐을 것이다. 그렇지 않다면 잠깐 쉬도록 한다. 새롭게 빌드된 컨테이너를 실행할 것이다.

컨테이너 실행

컨테이너를 실행하는 것은 어떤 인수를 사용하는지를 알기만 하면 쉽다. 우리가 빌드한 컨테이너는 다음과 같은 명령으로 실행할 수 있다.

```
docker run -d --name books-db mongo
docker run -d --name books-ms \
    -p 8080:8080 \
    --link books-db:db \
    10.100.198.200:5000/books-ms
```

첫 번째 명령은 서비스에 필요한 데이터베이스 컨테이너를 시작한다. 인수 -d는 분리 모드로 컨테이너를 실행하게 한다. 즉 백그라운드에서 실행된다. 두 번째 인수 --name book-db는 컨테이너에게 이름을 부여한다. 지정되지 않으면 도커가 임의로 할당할 것이다. 마지막 인수는 사용하고 싶은 이미지의 이름이다. 우리의 경우에는 mongo, 즉 공식적인 도커 몽고DB 이미지를 사용한다.

이 명령은 아주 유용한 도커의 특징 중 하나를 보여준다. 깃허브가 다른 개발자와 프로젝트 사이에 코드를 공유하는 방법을 혁신했듯이 도커 허브는 우리가 빌드하는 애플리케이션뿐만 아니라 다른 사람이 빌드한 것을 배포하는 방법을 변경했다. https://hub.docker.com/을 방문해서 여러분이 자주 사용하는 애플리케이션이나 서비스, 데이터베이스를 검색해보기 바란다. 하나(보통 공식적인 도커 컨테이너)뿐만 아니라, 커뮤니티가 만든 여러 개를 찾을 수도 있다. 도커를 효율적으로 사용하는 방법은 여러분이 빌드한 실행하는 이미지와 다른 사람이 빌드한 것을 결합하는 것이다. 목적에 맞는 이미지가 없다고 하더라도 베이스 이미지로서 기존의 것을 사용하는 편이 좋다. 예를 들어 리플리케이션 셋replication set이 활성화된 몽고DB를 원한다면, 이런 이미지를 얻는 가장 좋은 방법은 Dockerfile의 FROM 지시에 mongo를 사용하고 그 다음에 복제 명령을 추가하는 것이다.

두 번째 docker run은 좀 더 복잡하다. 분리 모드로 실행하고 이름을 부여하는 것 외에도, 8080 포트를 노출하고 books-ms-db 컨테이너와 연결한다. 포트를 노출하는 것은 쉽다. 예를 들어, -p 8080으로 단일 포트를 제공할 수 있다. 이 경우에 도커는 내부 포트 8080을 임의의 포트로 노출할 것이다. 우리는 나중에 이 접근 방법을 사용해 서비스 검색 도구를 작업할 것이다. 이 예에서는 콜론으로 분리된 2개의 포트(-p 8080:8080)를 사용했다. 이 경우에 도커는 내부 포트 8080을 8080으로 노출한다. 우리가 사용한 다음 인수는 --link books-db:db로, 2개의 컨테이너를 연결할 수 있게 한다. 이 예에서 연결하고 싶은 컨테이너의 이름은 books-ms-db이다. 컨테이너 안에서 이 연결은 환경 변수로 변환될 것이다. 이 변수들을 살펴보자.

exec 명령을 사용해 실행하는 컨테이너에 들어갈 수 있다.

```
docker exec -it books-ms bash
```

```
env | grep DB
exit
```

인수 -it는 터미널에서 대화식으로 실행하기 원하는 것을 도커에게 알려준다. 그다음에는 실행하는 컨테이너 이름이 온다. 마지막으로, Dockerfile에 있는 CMD 지시로 지정된 디폴트 명령을 bash로 덮어썼다. 다시 말해, bash를 실행하여 실행한 컨테이너 안으로 들어가게 된다. 일단 컨테이너 안에 들어가면 모든 환경 변수의 목록을 보고 필터링해 DB를 포함한 것만 출력할 수 있다. 컨테이너를 실행할 때 books-ms-db를 db로 연결하도록 지정했다. 모든 환경 변수는 항상 대문자이기 때문에 도커는 DB로 시작하는 이름을 갖는 몇 개만 생성한다. evn의 출력은 다음과 같다.

```
DB_NAME=/books-ms/db
DB_PORT_27017_TCP=tcp://172.17.0.5:27017
DB_PORT=tcp://172.17.0.5:27017
DB_ENV_MONGO_VERSION=3.0.5
DB_PORT_27017_TCP_PORT=27017
DB_ENV_MONGO_MAJOR=3.0
DB_PORT_27017_TCP_PROTO=tcp
DB_PORT_27017_TCP_ADDR=172.17.0.5
DB_COLLECTION=books
DB_DBNAME=books
```

마지막 2개를 제외하고는 다른 컨테이너와의 연결 결과다. 연결 이름, TCP, 포트 등을 볼 수 있다. 마지막 2개(DB_COLLECTION과 DB_DBNAME)는 연결의 결과가 아니라 Dockerfile 안에 정의된 변수다.

마지막으로. 컨테이너를 종료한다.

모든 것이 정확하게 실행되도록 할 수 있는 일이 몇 가지 더 있다.

```
docker ps -a
docker logs books-ms
```

112

ps -a 명령은 모든(-a) 컨테이너의 목록을 보여준다. 이 명령은 books-ms와 books-ms-db를 둘 다 출력한다. logs 명령은 이름이 의미하는 바와 같이 컨테이너 books-ms의 로그를 출력한다.

몽고DB와 우리의 books-ms 컨테이너를 실행하는 것이 쉽다고 하더라도 여전히 모든 인수를 기억해야만 한다. 같은 결과를 좀 더 쉽게 달성하려면 **도커 컴포즈**Docker Compose를 사용하면 된다. 실행되는 모습을 보기 전에 우리가 실행한 컨테이너를 제거하자.

```
docker rm -f books-ms books-db
docker ps -a
```

첫 번째 명령(rm)은 나열된 모든 컨테이너를 제거한다. 인수 -f는 강제로 제거한다는 뜻이다. 이 인수가 없으면 중단된 컨테이너만 제거된다. rm 명령이 -f 인수와 결합되면 stop 명령으로 컨테이터를 중단하고, 그다음에 rm으로 제거하는 것과 동일하다.

도커 컴포즈를 사용해 같은 2개의 컨테이너(mongo와 books-ms)를 실행하자.

```
docker-compose -f docker-compose-dev.yml up -d app
```

명령의 결과는 다음과 같다.

```
Creating booksms_db_1
Creating booksms_app_1
```

이번에는 하나의 docker-compose 명령으로 2개의 컨테이너를 실행한다. 인수 -f는 사용할 명세 파일을 지정한다. 나는 모든 개발 설정을 docker-compose-dev.yml에, 생산 설정을 docker-compose.yml에 정의하곤 한다. 디폴트 파일 이름을 사용한다면 -f 인수가 필요없다. 다음 up 명령은 app 컨테이너를 분리 모드(-d)로 가동했다.

이제 docker-compose-dev.yml 파일의 내용을 살펴보자.

```
app:
 image: 10.100.198.200:5000/books-ms
 ports:- 8080:8080
 links:- db:db
db: image: mongo
...
```

위의 출력은 지금 우리에게 관심이 있는 대상만 표시했다. 테스트와 컴파일에 관련된 부분도 있다. 이전에 개발 환경을 설정할 때 이들을 사용했는데, 나중에 다시 사용할 것이다. 지금은 app과 db 대상에 대해 설명하기로 한다. 이들의 정의는 우리가 이미 사용한 도커 명령 및 인수와 아주 유사하며 이해하기 쉽다. 재미있는 것은 links이다. 처음에는 소스 컨테이너(우리의 경우에는 mongo)를 시작하고, 다음에 여기에 연결할 컨테이너(books-ms)를 시작하는 수작업 명령을 연결하는 것과 달리, docker-compose는 모든 의존적인 컨테이너를 자동적으로 실행한다. 우리가 app 대상을 실행하면 도커 컴포즈는 db 대상에 의존하는 것을 알아내고 db 컨테이너를 먼저 시작한다.

이전과 마찬가지로 2개의 컨테이너가 실행되고 있는지 확인할 수 있다. 이번에는 도커 컴포즈를 사용할 것이다.

```
docker-compose ps
```

결과는 다음과 같다.

Name	Command	State	Ports
booksms_app_1	/run.sh	Up	0.0.0.0:8080->8080/tcp
booksms_db_1	/entrypoint.sh mongod	Up	27017/tcp

도커 컴포즈는 디폴트로 프로젝트 이름(디폴트로는 디렉토리 이름)과 대상 이름(app), 그리고 인스턴스 번호(1)를 조합하여 실행한 컨테이너의 이름을 열거한다. 나중에 여러

서버에 분산된 같은 컨테이너의 여러 인스턴스를 실행해볼 텐데, 그러면 이 숫자가 증가되는 모습을 볼 수 있다.

두 컨테이너가 모두 실행되면 도커 컴포즈를 실행해 컨테이너의 로그를 체크할 수 있다.

---

docker-compose logs

도커 컴포즈 로그는 follow 모드에 있으며, 중지하려면 Ctrl + C를 눌러야 한다.

나는 가능한 한 자동으로 테스트를 수행하는 것을 선호하지만, 이 주제는 이후 장을 위해 남겨두고 지금은 간단한 수작업 검증을 해보자.

```
curl -H 'Content-Type: application/json' -X PUT -d \
  '{"_id": 1,
  "title": "My First Book",
  "author": "John Doe",
  "description": "Not a very good book"}' \
  http://localhost:8080/api/v1/books | jq '.'
curl -H 'Content-Type: application/json' -X PUT -d \
  '{"_id": 2,
  "title": "My Second Book",
  "author": "John Doe",
  "description": "Not a bad as the first book"}' \
  http://localhost:8080/api/v1/books | jq '.'
curl -H 'Content-Type: application/json' -X PUT -d \
  '{"_id": 3,
  "title": "My Third Book",
  "author": "John Doe",
  "description": "Failed writers club"}' \
  http://localhost:8080/api/v1/books | jq '.'
curl http://localhost:8080/api/v1/books | jq '.'
curl http://localhost:8080/api/v1/books/_id/1 | jq '.'
```

---

curl에 익숙하지 않다면 URL 구문으로 데이터를 전송하는 명령행 도구와 라이브러리라고 이해하면 된다. 우리의 경우에는 3개의 PUT 요청을 서비스에 전송해 차례로 데이터를 몽고DB에 저장한다. 마지막 두 명령은 서비스 API를 호출해 모든 책의 목록과 ID가 1인 특정한 책과 관련된 데이터를 검색한다. 이러한 수작업 검증으로 서비스가 작동하며 데이터와 커뮤니케이션할 수 있음을 확인했다. jq를 사용해 JSON 출력을 형식화하는 것에 주목하기 바란다.

이 서비스가 프론트엔드 컴포넌트도 포함하고 있음을 기억해두자. 그러나 이 시점에서는 사용하지 않을 것이다. 나중에 이 서비스를 이들을 임포트할 웹사이트와 함께 생산에 배포할 때까지 보류하기로 한다.

우리가 실행하는 컨테이너가 잘못 배치됐다. 우리가 사용하는 VM은 지속적인 배포에 전념해야 하며, 우리가 빌드한 컨테이너는 별도의 생산 서버(또는 우리의 경우에는 시뮬레이션하는 별도의 VM)상에서 실행돼야 한다. 제품에 배포하기 전에 배포를 합리적으로 할 뿐만 아니라 서버를 설정할 수 있게 형상 관리configuration management를 수행해야 한다. 이미 앤시블을 사용해 cd VM을 생성했지만, 이것이 작동하는 방법을 설명할 시간이 없었다. 설상가상으로 어떤 도구를 사용할지도 아직 선택하지 않았다.

지금은 books-ms 컨테이너와 의존성을 중지하고 제거해, 처음에 의도했던 것, 즉 지속적인 배포 파이프라인을 수행하도록 cd 서버를 해제하기로 한다.

```
docker-compose stop
docker-compose rm -f
```

레지스트리에 컨테이너 푸시하기

도커 레지스트리Docker Registry는 컨테이너를 저장하고 가져오는 데 사용할 수 있다. 이미 이 장을 시작할 때 생성한 cd VM으로 실행했다. books-ms가 빌드됐다면 레지스트리에 푸시할 수 있다. 그러면 cd 서버에 접근할 수 있는 어떤 곳에서든 컨테이너를 가져올 수 있게 된다. 다음 명령을 실행한다.

```
docker push 10.100.198.200:5000/books-ms
```

이 장 앞부분에서 10.100.198.200:5000/books-ms 태그를 사용해 컨테이너를 빌드했다. 이것은 비공개 레지스트리에 푸시할 때 사용되는 특별한 형식 :/이다. 컨테이너가 태그된 후에 IP가 10.100.198.200이고 5000 포트에서 실행되는 레지스트리에 푸시한다. 10.100.198.200은 cd VM의 IP이다.

컨테이너가 레지스트리에 안전하게 저장되면 어떤 서버상에서든 실행할 수 있다. 머지않아 형상 관리로 들어가면 이 레지스트리에 저장된 컨테이너를 실행하는 추가적인 서버를 갖게 될 것이다.

모든 VM을 삭제하고 이 장을 끝내기로 하자. 다음 장에서 우리에게 필요한 것을 생성할 것이다. 이렇게 함으로써 탐험을 계속하기 전에 휴식을 취할 수도 있고, 전에 했던 작업 때문에 실패할지도 모른다는 두려움 없이 어떤 장으로든 이동할 수 있게 된다. 각 장은 완전히 자치적이다. 이전 장에서 배운 지식으로부터 기술적인 이점을 얻을 수 있지만, 각 장은 독자적으로 작동한다. 우리가 했던 작업을 모두 삭제하기 전에 테스트 컨테이너를 푸시해 다시 처음부터 재빌드하지 않아도 되게 할 것이다. 레지스트리 컨테이너는 이미지가 저장되는 내부 경로에 우리의 호스트 디렉토리를 매핑하는 불륨을 갖고 있다. 이런 방식으로 모든 푸시된 이미지는 호스트(registry 디렉토리)에 저장되며, 실행하는 VM에 의존하지 않게 된다.

```
docker push 10.100.198.200:5000/books-ms-tests
exit
vagrant destroy -f
```

체크리스트

우리는 아직도 배포 파이프라인의 기본적인 구현을 완료하지 못하고 단지 몇 개의 단계만 수행하고 있다. 기억을 상기시키기 위해, 단계는 다음과 같다.

1. 코드를 체크아웃한다. – 완료
2. 사전 배포 테스트를 실행한다. – 완료
3. 코드를 컴파일 및 패키징한다. – 완료
4. 컨테이너를 빌드한다. – 완료
5. 컨테이너를 레지스트리에 푸시한다. – 완료
6. 컨테이너를 생산 서버에 배포한다. – 미완
7. 컨테이너를 통합한다. – 미완
8. 사후 통합 테스트를 실행한다. – 미완
9. 테스트 컨테이너를 레지스트리에 푸시한다. – 미완

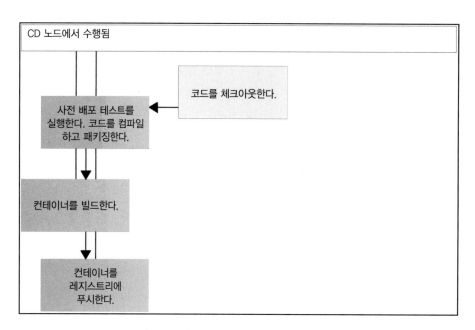

그림 5-2 도커를 사용한 배포 파이프라인의 초기 단계

지금까지 실행한 모든 단계는 cd VM에서 수행됐음을 알아두는 것이 중요하다. 우리는 생산 환경에 미치는 영향을 최소화하기를 원한다. 따라서 가능한 한 목적 서버 외부에서 단계를 계속 실행할 것이다.

처음 5단계, 또는 적어도 수작업 버전은 수행했다. 나머지는 생산 서버를 설정할 때까지 기다려야 한다. 다음 장에서 이 작업을 수행하는 데 필요한 옵션을 설명할 것이다.

06

도커 세계의 형상 관리

여러 개의 서버를 관리하는 사람이라면 누구나 그런 작업을 수작업으로 하는 것이 시간 낭비이며 위험하다고 확신한다. **형상 관리**CM, Configuration Management는 오랫동안 존재해왔으며, 이 도구를 사용하지 않을 이유가 없다. 문제는 이들을 채택할지 여부가 아니라, 어떤 것을 선택하느냐이다. 이미 이러한 도구들 중 하나를 사용하고 있고 많은 시간과 돈을 투자한 사람이라면 자신이 선택한 도구가 가장 좋은 도구라고 주장할 것이다. 대부분의 일이 그렇듯, 시간이 지나면서 선택은 변하고 그 이유도 변하기 마련이다. 대개는 사용 가능한 옵션을 기반으로 결정이 이뤄지는 것이 아니라, 레거시 시스템의 아키텍처에 의해 이뤄진다. 그런 시스템이 무시되거나 충분한 용기와 풍부한 재정을 갖춘 사람이 이들을 현대화하기로 했다면 아마도 지금쯤은 컨테이너와 마이크로서비스가 지배하고 있을 것이다. 이런 상황에서 어제 우리가 한 선택은 오늘 우리가 할 수 있는 선택과 다르다.

▌CF엔진

CF엔진CFEngine은 형상 관리의 조상이라고 할 수 있다. 1993년에 만들어져서 서버를 설정하고 구성하는 접근 방식에 혁명을 일으켰다. 오픈소스 프로젝트로 시작했으며, 2008년에 첫 기업용 버전이 릴리스됐을 때 상용화되었다.

CF엔진은 C 언어로 작성됐으며, 의존성이 적고 아주 빠르다. 실제로 내가 아는 한, 어떤 도구도 CF엔진의 속도를 따라가지 못했다. 그것이 여전히 강점이다. 그러나 약점도 있는데, 코딩 기술이 필요하다는 게 주요했다. 대부분의 경우에 보통의 운영자는 CF엔진을 활용할 수 없다. C 언어 개발자가 관리해야 한다. 그것이 큰 기업이 광범위하게 채택하는 것을 막지는 못했다. 그러나 젊은이들이 일반적으로 나이를 먹으면서 새로운 도구가 생겨나고, 회사가 이미 투자한 것 때문에 강제하는 경우를 제외하고는 CF엔진을 선택하는 사람은 거의 없다.

퍼펫

나중에 퍼펫Puppet이 등장했다. 마찬가지로 오픈소스 프로젝트로 출발했으며, 그다음에 기업용 버전이 나왔다. 모델 주도적 접근 방법과 CF엔진에 비해 작은 학습 곡선 덕분에 좀 더 '운영 친화적인' 것으로 간주됐다. 마지막으로, 운영 부서가 활용할 수 있는 형상 관리 도구가 있다. CF엔진에서 사용하는 C와 달리, 루비Ruby는 좀 더 추론하기 쉽고, 옵스(운영)에서 더 잘 받아들일 수 있는 것으로 판명됐다. 아마도 CF엔진의 학습 곡선은 퍼펫이 형상 관리 시장에 발을 들여놓게 하고 CF엔진을 점차 역사 속으로 사라지게 한 결정적인 이유일 것이다. CF엔진이 더 이상 사용되지 않는다는 뜻은 아니다. 코볼COBOL이 아직 많은 은행과 기타 금융 관련 비즈니스에 존재하는 것과 같은 방식으로 금세 사라지진 않을 것으로 보인다. 그러나 선택의 무기가 되는 명성은 잃어버렸다.

셰프

그다음에 등장한 셰프Chef는 퍼펫의 몇 가지 미묘한 차이를 해결할 것을 약속했다. 그리고 한동안은 그랬다. 나중에 퍼펫과 셰프가 둘 다 인기를 얻게 되면서 이들은 제로섬 게임에 들어갔다. 둘 중 하나가 새로운 것이나 향상된 기능을 들고 등장하면 다른 하나가 그것을 채택했다. 둘의 기능은 점차 증가하고 이것이 학습 곡선과 복잡성을 증가시켰다. 셰프가 좀 더 '개발자 친화적'이라면, 퍼펫은 운영 및 시스템 관리자 유형의 작업을 지향한다고 볼 수 있다. 어느 것도 명확하게 충분한 이점을 갖췄다고 말할 수 없으며, 무엇보다 개인의 경험을 기준으로 선택되는 경우가 많았다. 퍼펫과 셰프 둘 다 성숙했고 폭넓게(특별히 기업 환경에) 채택됐으며, 수많은 오픈소스 공헌자가 있다. 한 가지 문제는 성취하고자 하는 바를 위해 너무 복잡해진다는 점이다. 어느 것도 컨테이너를 염두에 두고 설계되지 않았다. 설계 당시에 도커가 존재하지 않았기 때문에 도커로 게임이 변경될 것임을 알 수 없었다.

지금까지 언급한 모든 형상 관리 도구는 우리가 컨테이너와 불변적인 배포를 채택하는 순간에 없어서는 안 되는 문제를 해결하기 위해 노력하고 있다. 이전과 같은 엉망인 서버는 더 이상 없다. 수백 또는 수천 개의 패키지, 설정 파일, 사용자, 로그 대신에, 이제 수많은 컨테이너와 아주 제한된 양의 그밖의 것들을 처리하려고 한다. 형상 관리가 필요하지 않다는 뜻이 아니다. 물론 필요하다. 그러나 도구를 선택하는 범위가 훨씬 작다. 대부분의 경우에 한 명 또는 두 명 정도의 사용자가 도커 서비스를 가동하고 몇 가지 작업만 더 하면 된다. 나머지 모든 일은 컨테이너가 한다. 배포는 다양한 도구의 주제가 되고 있고, CM이 수행해야 하는 범위를 다시 정의하고 있다. 도커 컴포즈와 메소스Mesos, 쿠버네티스Kubernetes, 도커 스웜Docker Swarm은 오늘날 급격하게 증가하고 있는 우리가 사용할 수 있는 배포 도구의 몇 가지 예에 불과하다. 이러한 상황에서 형상 관리 선택에 있어서는 단순성과 불변성이 무엇보다 중요하다. 구문은 도구를 사용하지 않았던 사람들에게도 단순하고 읽기 쉬워야 한다. 불변성은 목적 서버에 어떤 것도 설치할 필요가 없는 푸시 모델을 강화함으로써 달성될 수 있다.

앤시블

앤시블Ansible은 여타 형상 관리 도구와 같은 문제를 해결하려고 하지만 그 방식이 아주 다르다. 가장 큰 차이점은 모든 오퍼레이션이 SSH상에서 수행된다는 것이다. CF엔진 과 퍼펫은 클라이언트가 관리하는 모든 서버에 설치돼야 한다. 셰프는 그렇지 않다고 주장하지만 에이전트가 없는 운영을 지원하기 위해 기능이 제한된다. SSH는 (거의) 항 상 있기 때문에 서버에 특별한 요구를 하지 않는 앤시블과 비교하면 커다란 차이점이 있다. 잘 정의되고 광범위하게 사용되는 프로토콜을 활용해 대상 서버가 자신의 명세 를 준수하고 있는지 확인하기 위해 실행할 필요가 있는 어떤 명령이든 실행할 수 있다. 단 하나의 요구사항은 대부분의 리눅스 배포판에 사전 설치되어 있는 파이썬Python이 다. 다시 말해, 어떤 방식으로든 서버를 설치하게 했던 경쟁자들과 달리 앤시블은 기 존의 상황을 활용하고 아무것도 요구하지 않는다. 이러한 아키텍처 때문에 우리가 필 요한 것은 리눅스나 맥 OS 컴퓨터상에서 실행되는 단일한 인스턴스다. 예를 들어, 노 트북에서 모든 서버를 관리할 수도 있다. 이것이 바람직하지는 않으며 앤시블이 가능 한 한 실제 서버(아마도 다른 지속적인 통합 및 배포 도구가 설치된 곳)에서 실행돼야 하지만, 노트북 예는 그 단순함을 보여준다. 내 경험으로는 앤시블 같은 푸시 기반의 시스템은 앞에서 언급했던 당김 기반의 도구보다는 훨씬 쉽게 추론할 수 있다.

다른 도구에 익숙해지는 데 필요한 모든 복잡성과 비교했을 때 앤시블을 배우는 데는 아주 적은 시간이 걸린다. 구문은 YAML을 기반으로 하며, 심지어 도구를 한 번도 사 용해보지 않은 사람도 무엇을 하고 있는지 이해할 수 있다. 셰프나 퍼펫, 특히 개발자 를 위해 개발자에 의해 작성된 CF엔진과는 달리, 앤시블은 또 다른 언어 및 DSL을 배 우는 것보다는 더 나은 일을 하는 사람들을 위해 개발자에 의해 작성됐다.

중요한 단점은 앤시블이 윈도우를 제한적으로 지원한다는 것이다. 클라이언트는 윈 도우에서 실행되지 않으며, 플레이북playbook에서 사용되고 실행될 수 있는 모듈의 수 가 아주 제한된다. 이러한 단점은 (내 의견으로는) 우리가 컨테이너를 사용한다고 가정 할 때 장점이 된다. 앤시블 개발자는 모든 곳에서 잘 돌아가는 도구를 만들려고 하지 않고, 가장 잘 작업할 수 있는 것(리눅스 SSH상의 명령)에 집중했다. 어떤 경우든 도커는 윈도우에서 컨테이너가 실행되도록 아직 준비가 되어 있지 않다. 지금 당장(또는 적어도 이 책을 쓰고 있는 순간)은 아니지만 미래에는 가능할 수 있다. 로드맵에 있다. 컨테이너와 윈도우에 대한 의문스런 미래를 무시한다고 하더라도, 그 밖의 도구들도 리눅스보다는 윈도우상에서 훨씬 나쁜 성능을 보여준다. 간단히 말해서 윈도우 아키텍처는 리눅스만큼 CM 목표에 적합하진 않다.

내가 너무 멀리 나간 듯하다. 이로 인해 윈도우를 너무 가혹하게 대해서 여러분의 선택에 의문을 제기해서는 안 된다. 여러분이 리눅스 배포판보다 윈도우 서버를 선호한다면 앤시블에 대한 내 칭찬은 모두 헛된 일이 된다. 여러분은 셰프나 퍼펫을 선택해야한다. CF엔진을 사용해보지 않았다면 무시하는 것이 좋다.

정리

몇 년 전에는 어떤 도구를 사용해야 하느냐는 질문에 대답하기가 힘들었다. 지금은 컨테이너(도커 또는 다른 유형이 될 수도 있다)와 불변적인 배포로 전환하려는 계획을 세우고 있다면 선택은 명확하다(적어도 내가 언급한 도구 중에서). 앤시블(도커 및 도커 배포 도구와 결합될 때)이 언제든 승리한다. CM 도구가 필요한지 논쟁할 수도 있다. 가령 코어OS와 컨테이너, 도커 스웜이나 쿠버네티스 같은 배포 도구를 사용하는 예도 있다. 나는 (아직) 그런 급진적인 의견을 갖고 있지 않으며, 계속해서 CM이 무기고에서 가치 있는 도구라고 생각한다. CM 도구가 수행하는 작업의 범위 때문에 앤시블은 우리에게 필요한 적당한 도구다. 너무 복잡하거나 배우기 어려운 것은 과잉이다. 나는 아직도 앤시블 플레이북을 유지하는 데 어려움을 겪고 있는 사람을 찾고 있다. 결과적으로 형상 관리는 신속하게 전체 팀의 책임이 될 수 있다. 나는 인프라스트럭처가 가벼워야한다고 말하는 게 아니다(결정적으로 그럴 수도 없다). 그러나 프로젝트에 작업하는 전체팀이 공헌하는 것은 어떤 유형의 작업에 있어서든 중요한 이점이며 CM도 예외는 아니다. CF엔진과 셰프, 퍼펫은 앤시블에 비하면 복잡한 아키텍처와 가파른 학습 곡선을 갖는 과잉이다.

우리가 선택할 수 있는 도구가 앞서 살펴본 4개가 전부는 아니다. 또 다른 최선의 도구가 있다는 주장도 물론 타당하다. 그것은 우리가 유지하려는 선호도와 목표에 달려 있다. 그러나 여타 도구와 달리, 앤시블은 거의 시간을 낭비하지 않는다. 설사 채택하지 않기로 결정했다고 하더라도 귀중한 시간을 많이 낭비했다고 말할 수 없을 정도로 쉽게 배울 수 있다. 게다가 우리는 새로운 것으로부터 배워서 더 나은 전문가가 될 수 있다.

아마도 이제 여러분은 앤시블이 형상 관리에 사용할 도구라고 생각하게 될 것이다.

생산 환경 설정

이제 앤시블을 실제로 사용해 어떻게 구성하는지 살펴보자. 2개의 VM을 가동할 필요가 있다. cd는 prod 노드를 설정할 서버로서 사용될 것이다.

```
vagrant up cd prod --provision
vagrant ssh cd
ansible-playbook /vagrant/ansible/prod.yml -i /vagrant/ansible/hosts/prod
```

결과는 다음과 같다.

```
PPLAY [prod] ***********************************************************
***
 GATHERING FACTS ******************************************************
***
 The authenticity of host '10.100.198.201 (10.100.198.201)' can't be
established.
 ECDSA key fingerprint is 2c:05:06:9f:a1:53:2a:82:2a:ff:93:24:d0:94:f8:82.
 Are you sure you want to continue connecting (yes/no)? yes
 ok: [10.100.198.201]
 TASK: [common | JQ is present] **************************************
```

```
***
 changed: [10.100.198.201]
 TASK: [docker | Debian add Docker repository and update apt cache]
************
 changed: [10.100.198.201]
 TASK: [docker | Debian Docker is present] ********************************
***
 changed: [10.100.198.201]
 TASK: [docker | Debian python-pip is present] ****************************
***
 changed: [10.100.198.201]
 TASK: [docker | Debian docker-py is present] *****************************
***
 changed: [10.100.198.201]
 TASK: [docker | Debian files are present] ********************************
***
 changed: [10.100.198.201]
 TASK: [docker | Debian Daemon is reloaded] *******************************
***
 skipping: [10.100.198.201]
 TASK: [docker | vagrant user is added to the docker group]
********************
 changed: [10.100.198.201]
 TASK: [docker | Debian Docker service is restarted]
***************************
 changed: [10.100.198.201]
 TASK: [docker-compose | Executable is present] ***************************
***
 changed: [10.100.198.201]
 PLAY RECAP **************************************************************
***
 10.100.198.201                : ok=11   changed=9   unreachable=0   failed=0
```

앤시블(그리고 일반적인 형상 관리)에서 중요한 건, 대부분의 경우에 명령을 실행하는 대신에 어떤 것의 원하는 상태를 지정한다는 점이다. 앤시블도 서버가 그런 상태에 있음을 확인하기 위해 최선을 다할 것이다. 위의 결과에서 모든 작업의 상태가 changed(변경됨) 또는 skipping(건너뜀)인 것을 볼 수 있다. 예를 들어, 도커 서비스를 원한다고 지정했다. 앤시블은 대상 서버(prod)에 없음을 확인하면 그것을 설치한다.

다시 플레이북을 실행한다면 어떤 일이 발생할까?

```
ansible-playbook prod.yml -i hosts/prod
```

모든 작업의 상태가 ok인 것을 볼 수 있다.

```
PLAY [prod] *****************************************************
**
GATHERING FACTS ************************************************
**
ok: [10.100.198.201]
TASK: [common | JQ is present] *********************************
**
ok: [10.100.198.201]
TASK: [docker | Debian add Docker repository and update apt cache]
************
ok: [10.100.198.201]
TASK: [docker | Debian Docker is present] **********************
**
ok: [10.100.198.201]
TASK: [docker | Debian python-pip is present] ******************
**
ok: [10.100.198.201]
TASK: [docker | Debian docker-py is present] *******************
**
ok: [10.100.198.201]
TASK: [docker | Debian files are present] **********************
**
ok: [10.100.198.201]
TASK: [docker | Debian Daemon is reloaded] *********************
**
skipping: [10.100.198.201]
TASK: [docker | vagrant user is added to the docker group]
```

128

```
********************
ok: [10.100.198.201]
TASK: [docker | Debian Docker service is restarted]
***************************
skipping: [10.100.198.201]
TASK: [docker-compose | Executable is present] ******************************
**
ok: [10.100.198.201]
PLAY RECAP **************************************************************
**
10.100.198.201              : ok=10   changed=0   unreachable=0   failed=0
```

앤시블은 서버로 가서 한 번에 하나씩 모든 작업의 상태를 확인했다. 이것은 두 번째 실행하는 것이고 서버에서 아무것도 바꾸지 않았기 때문에 앤시블은 할 일이 아무것도 없다고 결론을 내렸다. 현재 상태는 기대한 그대로다.

우리가 방금 실행한 명령(ansible-playbook prod.yml -i hosts/prod)은 간단하다. 첫 번째 인수는 플레이북의 경로이고, 두 번째 인수의 값은 이 플레이북이 실행해야 하는 서버의 목록을 포함한 인벤토리 파일의 경로를 나타낸다.

이것은 아주 간단한 예제였다. 우리는 생산 환경을 설정해야 하고, 이 시점에서 우리에게 필요한 건 도커와 도커 컴포즈, 그리고 몇 가지 설정 파일이 전부다. 나중에 좀 더 복잡한 예제를 보겠다.

이제 앤시블이 실제로 작동하는 모습을 봤으므로 우리가 방금 (두 번) 실행한 플레이북의 설정을 살펴보자.

앤시블 플레이북 설정

prod.yml 앤시블 플레이북의 내용은 다음과 같다.

```
- hosts: prod
```

```
remote_user: vagrant
serial: 1
sudo: yes
roles: - common - docker
```

플레이북을 읽는 것만으로 무엇에 관한 것인지 이해할 수 있어야 한다. prod라는 호스트를 vagrant라는 사용자 이름으로 실행해 sudo 명령을 실행한다. 맨 밑에는 역할 목록으로 우리의 경우에는 단지 2개 common과 docker가 있다. 역할^{role}은 하나의 기능, 제품, 오퍼레이션 유형 등으로 구성하는 작업의 목록이다. 앤시블 플레이북 구성은 플레이북으로 결합될 수 있는 역할로 그룹화되는 작업을 기반으로 한다.

플레이북 구성을 살펴보기 전에 docker 역할의 목적이 무엇인지 설명하기로 한다. 우리는 도커 데비안 리포지터리가 존재하는지, 그리고 가장 최신의 docker-engine 패키지가 설치됐는지 확인하기를 원한다. 나중에 우리는 pip로 설치할 수 있는 docker-py(도커용 파이썬 API 클라이언트)를 사용해 우리 시스템에 둘 다 있는지를 확인할 것이다. 다음에는 표준 도커 설정을 files 디렉토리에 있는 우리 파일로 대체한다. 도커 설정은 도커 서비스가 다시 시작하는 데 필요하며, files/docker 파일이 변경될 때마다 그래야 한다. 마지막으로, vagrant 사용자가 docker 그룹에 추가되어 도커 명령을 실행할 수 있게 해야 한다.

이제 우리가 사용하는 역할을 정의하는 roles/docker 디렉토리를 살펴보자. 이것은 2개의 하위 디렉토리 files와 tasks로 구성되어 있다. 작업^{task}은 모든 역할의 핵심이며, 디폴트로 main.yml 파일에 정의돼야 한다. roles/docker/tasks/main.yml 파일의 내용은 다음과 같다.

```
- include: debian.yml
  when: ansible_distribution == 'Debian' or ansible_distribution == 'Ubuntu'
- include: centos.yml
  when: ansible_distribution == 'CentOS' or ansible_distribution == 'Red Hat
Enterprise Linux'
```

우리는 도커를 데비안(우분투)과 센트OS 또는 레드햇에서 둘 다 실행할 것이기 때문에, 역할은 debian.yml과 centos.yml로 분할된다. 지금은 우분투를 사용할 것이므로 roles/docker/tasks/debian.yml 역할을 살펴보자.

```
- name: Debian add Docker repository and update apt cache
  apt_repository:
    repo: deb https://apt.dockerproject.org/repo ubuntu-{{ debian_version }}
main
    update_cache: yes
    state: present
  tags: [docker]
- name: Debian Docker is present
  apt:
    name: docker-engine
    state: latest
    force: yes
  tags: [docker]
- name: Debian python-pip is present
  apt: name=python-pip state=present
  tags: [docker]
- name: Debian docker-py is present
  pip: name=docker-py version=0.4.0 state=present
  tags: [docker]
- name: Debian files are present
  template:
    src: "{{ docker_cfg }}"
    dest: "{{ docker_cfg_dest }}"
  register: copy_result
  tags: [docker]
- name: Debian Daemon is reloaded
  command: systemctl daemon-reload
  when: copy_result|changed and is_systemd is defined
  tags: [docker]
- name: vagrant user is added to the docker group
  user:
    name: vagrant
    group: docker   register: user_result
```

```
      tags: [docker]
  - name: Debian Docker service is restarted
    service:
      name: docker
      state: restarted
    when: copy_result|changed or user_result|changed
    tags: [docker]
```

이것이 다른 프레임워크나 도구라면 각 작업을 하나씩 설명하고 많은 지식을 얻게 된 것에 감사할 것이다. 그러나 그래야 할 이유가 없다. 앤시블은 아주 직접적이다. 기본적인 리눅스 지식이 있다면 더 이상의 설명 없이도 각 작업을 이해할 수 있다. 내가 틀렸다면 여러분은 설명이 필요할 테니 앤시블 문서의 http://docs.ansible.com/ansible/list_of_all_modules.html에서 원하는 모듈을 살펴보기 바란다. 예를 들어, 두 번째 작업이 무엇을 하는지 알고 싶다면 apt 모듈을 열면 된다. 지금 알아야 할 중요한 사항은 들여쓰기가 작동하는 방법이다. YAML은 키: 값, 부모/자식 구조를 기반으로 한다. 예를 들어, 마지막 작업은 앤시블 모듈인 service의 자식인 name과 state 키를 갖고 있다.

prod.yml과 함께 사용한 것이 하나 더 있다. 우리가 실행한 명령에는 -i hosts/prod 인수가 있으며, 이 인수를 사용해 플레이북이 실행해야 하는 호스트 목록을 갖는 인벤토리 파일을 지정한다. hosts/prod 인벤토리는 이 책 전체에서 사용되기 때문에 아주 크다. 현재 우리가 관심 있는 부분은 prod 섹션뿐이다. 이것이 플레이북에 지정한 hosts 인수의 값이기 때문이다.

```
...
[prod]
10.100.198.201
...
```

둘 이상의 서버에 같은 설정을 적용하려면 다른 IP를 추가해야 한다.

나중에 좀 더 복잡한 예제를 보게 될 것이다. 앤시블에는 정말로 복잡한 내용은 없지만, 작업이나 상호 의존성에 따라서 일부 역할은 다소 복잡하다고 느낄 수도 있다. 여러분이 방금 실행한 플레이북을 통해 대충 앤시블 도구가 어떤 유형인지 이해하고 좋아해주기를 바란다. 우리는 모든 형상 관리 작업에 이것을 사용할 것이다.

prod 환경에 들어가지 않고도 cd 서버에서 원격으로 모든 것을 실행할 수 있음을 알게 됐다. 이 책 전체에서 같은 실습이 계속될 것이다. 앤시블을 비롯해 이후에 소개할 도구들을 사용하면 서버로 ssh 하고 수작업을 할 필요가 없다. 내 생각으로는 우리의 지식과 창의력이 코딩에 사용되고 그 밖의 모든 것, 즉 테스트, 빌드, 배포, 확장, 로깅, 모니터링 등은 자동화돼야 한다. 이것이 이 책의 비결 중 하나다. 성공의 핵심은 흥미롭고 좀 더 생산적인 작업을 자유롭게 할 수 있게 하는 방대한 자동화다.

이전과 마찬가지로 모든 VM을 제거함으로써 이 장을 끝내자. 다음 장에서 우리에게 필요한 것을 생성할 것이다.

```
exit
vagrant destroy -f
```

첫 번째 제품 서버가 실행됐다면(지금은 우분투 OS, 도커, 도커 컴포즈만 사용해) 배포 파이프라인의 기본적인 구현 작업을 계속해나갈 수 있다.

07

배포 파이프라인 구현: 중간 단계

생산 서버를 설정하지 않고서는 배포 파이프라인의 기본 구현을 완료할 수 없다. 많은 것이 필요하지는 않다. 지금은 도커가 배포의 유일한 전제 조건이며, 형상 관리의 세계로 발을 내딛는 좋은 변명거리가 된다. 이제 앤시블 플레이북으로 prod 서버를 설정했다면 생산 서버에 컨테이너를 배포할 수 있다.

1. 코드를 체크아웃한다. - 완료
2. 사전 배포 테스트를 실행한다. - 완료
3. 코드를 컴파일 및 패키징한다. - 완료
4. 컨테이너를 빌드한다. - 완료
5. 컨테이너를 레지스트리에 푸시한다. - 완료
6. 컨테이너를 생산 서버에 배포한다. - 미완

7. 컨테이너를 통합한다. – 미완

8. 사후 통합 테스트를 실행한다. – 미완

9. 테스트 컨테이너를 레지스트리에 푸시한다. – 미완

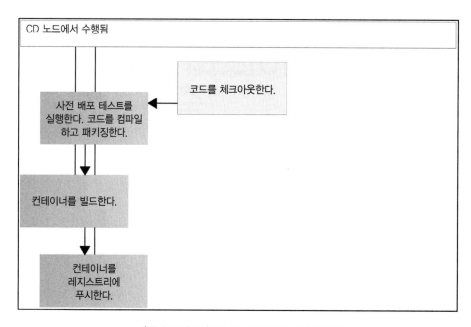

그림 7-1 도커를 사용한 배포 파이프라인의 초기 단계

수작업 배포 파이프라인에서 4단계가 남았다.

▋ 생산 서버에 컨테이너 배포

이 장에서 사용할 VM을 생성하고 설정하자.

```
vagrant up cd prod
vagrant ssh cd
ansible-playbook /vagrant/ansible/prod.yml \
    -i /vagrant/ansible/hosts/prod
```

첫 번째 명령은 cd와 prod VM을 가동하고, 두 번째는 cd VM으로 들어간다. 마지막 명령은 prod VM을 설정한다.

생산 서버가 적절하게 설정됐기 때문에 books-ms 컨테이너를 배포할 수 있다. 우리는 갖고 있지 않아 대상 서버로 밀어넣을 수 없지만, 이미 cd 노드에 있는 도커 레지스트리(호스트 디렉토리에 매핑된)에 푸시했기 때문에 거기서 가져올 수 있다. 그러나 우리가 갖고 있지 않은 것은 컨테이너가 실행되는 방법을 지정한 도커 컴포즈 설정이다. 내 경우 서버에 관련된 모든 것을 같은 디렉토리에 저장하는 편을 선호하며, **docker-complse.yml*도 예외는 아니다. 우리는 깃허브에서 가져올 수 있다.

```
wget https://raw.githubusercontent.com/vfarcic\
/books-ms/master/docker-compose.yml
```

docker-compose.yml이 다운로드됐다면 빨리 살펴보자(이 장에서 사용되지 않는 대상은 제외한다).

```
base:
  image: 10.100.198.200:5000/books-ms
  ports:- 8080
  environment: - SERVICE_NAME=books-ms
app:
  extends:
    service: base
  links: - db:db
db: image: mongo
```

base 대상에는 컨테이너의 베이스 정의를 포함한다. 다음 대상(app)은 base 서비스를 확장해 정의를 복제하지 않을 수 있게 한다. 서비스를 확장함으로써 인수를 재정의하거나 새로운 것을 추가할 수 있다. app 대상은 cd 서버에 있는 레지스트리에 저장된 컨테이너를 실행해 서비스에 필요한 데이터베이스를 표현하는 세 번째 대상에 연결된다. 포트가 지정되는 방식이 변경됐음을 알 수 있다. docker-compose-dev.yml에서 2개의 숫자를 콜론으로 분리했는데(8080:8080), 첫 번째 숫자는 도커가 호스트에 노출하는 것이고, 두 번째는 컨테이너 안에 있는 서버가 사용하는 내부 포트다. 그렇게 하는 이유는 잠재적인 충돌을 막기 위해서다. 개발 환경에서는 소수의 서비스(현재 우리가 필요한 것)만 실행하지만 생산 서버에서는 동시에 수십, 수백, 또는 수천 개가 실행될 수 있다. 미리 정의된 포트를 가지면 쉽게 충돌을 막을 수가 있다. 이들 중 2개가 같은 포트를 사용한다면 결과는 실패가 될 것이다. 이런 이유로 우리는 도커가 호스트에 임의의 포트를 노출하게 할 것이다.

도커 컴포즈 app 대상을 실행하자.

```
export DOCKER_HOST=tcp://prod:2375
docker-compose up -d app
```

로컬 도커 클라이언트가 prod 노드와 2375 포트에 위치한 원격 호스트에 명령을 보낸다는 사실을 알려주는 DOCKER_HOST 변수를 익스포트했다. 두 번째 명령은 도커 컴포즈 대상 app을 실행한다. DOCKER_HOST가 원격 호스트를 가리키기 때문에 app 대상과 연결된 컨테이너 db가 prod 서버에 배포된다. 우리는 대상 서버에 들어갈 필요도 없다. 배포는 원격으로 이뤄진다.

보안상의 이유로 원격 도커 API를 호출하는 기능은 디폴트로 비활성화되어 있다. 그러나 앤시블 플레이북 작업 중 하나가 /etc/default/docker 설정 파일을 수정해 이 행위를 변경할 수 있다. 내용은 다음과 같다.

```
DOCKER_OPTS="$DOCKER_OPTS --insecure-registry 10.100.198.200:5000 -H
tcp://0.0.0.0:2375 -H unix:///var/run/docker.sock"
```

--insecure-registry는 도커가 cd 노드(10.100.198.200)에 위치한 비공개 레지스트리에서 이미지를 가져올 수 있게 한다. -H 인수는 도커가 어떤 주소(0.0.0.0)든 2375 포트에서 원격 요청을 들을 수 있음을 말해준다. 실제 생산 환경에서는 좀 더 제한적이며 신뢰할 수 있는 주소에서만 원격 도커 API에 접근할 수 있게 할 필요가 있다.

또 다른 원격 호출을 실행함으로써 두 컨테이너가 prod VM에서 실행되고 있음을 확인할 수 있다.

```
docker-compose ps
```

결과는 다음과 같다.

```
Name            Command              State        Ports
--------------------------------------------------------------------
vagrant_app_1   /run.sh              Up           0.0.0.0:32770->8080/tcp
vagrant_db_1    /entrypoint.sh mongod Up          27017/tcp
```

도커가 서비스의 내부 포트 8080에 임의의 포트를 할당했기 때문에 우리는 그것을 찾아낼 필요가 있다. 이것은 inspect 명령으로 할 수 있다.

```
docker inspect vagrant_app_1
```

결과에서 우리가 관심 있는 부분은 다음과 같다.

```
...
"NetworkSettings": {
    "Bridge": "",
    "EndpointID": "45a8ea03cc2514b128448...",
    "Gateway": "172.17.42.1",
    "GlobalIPv6Address": "",
    "GlobalIPv6PrefixLen": 0,
```

```
            "HairpinMode": false,
            "IPAddress": "172.17.0.4",
            "IPPrefixLen": 16,
            "IPv6Gateway": "",
            "LinkLocalIPv6Address": "",
            "LinkLocalIPv6PrefixLen": 0,
            "MacAddress": "02:42:ac:11:00:04",
            "NetworkID": "dce90f852007b489f4a2fe...",
            "PortMapping": null,
            "Ports": {
                "8080/tcp": [
                    {
                        "HostIp": "0.0.0.0",
                        "HostPort": "32770"
                    }
                ]
            },
            "SandboxKey": "/var/run/docker/netns/f78bc787f617",
            "SecondaryIPAddresses": null,
            "SecondaryIPv6Addresses": null
    }
    ...
```

원래 결과는 이것보다는 훨씬 크며, 우리가 필요로 하는(또는 아닐 수도 있음) 모든 정보를 포함한다. 지금 당장 우리가 관심 있는 부분은 NetworkSettings.Ports 섹션으로, 내 경우에는 HostPort 32770이 내부 포트 8080에 매핑됐다. 우리는 이것보다 더 잘할 수 있으며 --format 인수를 사용한다.

```
PORT=$(docker inspect \
    --format='{{(index (index .NetworkSettings.Ports "8080/tcp")
0).HostPort}}' \
    vagrant_app_1)
echo $PORT
```

--format 값 구문에 겁먹지 마라. 이것은 고^{Go}의 text/template 형식을 사용하며, 실제로 다소 어려울 수 있다. 좋은 소식은 8장 '서비스 검색: 분산 서비스의 핵심'으로 가면 훨씬 더 나은 방법을 사용한다는 것이다. 이것은 일시적인 해결 방법일 뿐이다.

우리는 포트를 가져와서 PORT 변수에 저장했다. 이제 우리에게 이미 친숙한 curl 명령을 반복해 서비스가 실행되고 있으며 DB에 연결되어 있는지 확인할 수 있다.

```
curl -H 'Content-Type: application/json' -X PUT -d \
    "{\"_id\": 1,
    \"title\": \"My First Book\",
    \"author\": \"John Doe\",
    \"description\": \"Not a very good book\"}" \
    http://prod:$PORT/api/v1/books \
    | jq '.'
curl -H 'Content-Type: application/json' -X PUT -d \
    "{\"_id\": 2,
    \"title\": \"My Second Book\",
    \"author\": \"John Doe\",
    \"description\": \"Not a bad as the first book\"}" \
    http://prod:$PORT/api/v1/books \
    | jq '.'
curl -H 'Content-Type: application/json' -X PUT -d \
    "{\"_id\": 3,
    \"title\": \"My Third Book\",
    \"author\": \"John Doe\",
    \"description\": \"Failed writers club\"}" \
    http://prod:$PORT/api/v1/books \
    | jq '.'
curl http://prod:$PORT/api/v1/books \
    | jq '.'
curl http://prod:$PORT/api/v1/books/_id/1 \
    | jq '.'
```

마지막 명령의 결과는 다음과 같다.

```
{
    "_id": 1,
    "author": "John Doe",
    "description": "Not a very good book",
    "title": "My First Book"
}
```

앞에서처럼 개발 환경에서 같은 명령을 실행할 때 데이터베이스에 3개의 책을 삽입하고 데이터베이스에서 가져올 수 있음을 확인했다. 그러나 서비스가 정확하게 배포됐는지를 확인하는 효율적인 방법은 아니다. 이것보다 더 잘할 수 있고, 통합 테스트를 실행할 수 있다.

중요한 사실은 우리가 prod 노드에 들어가지도 않았다는 것이다. 모든 배포 명령은 원격 도커 API를 통해 수행된다.

DockerUI

지금이 오픈소스 프로젝트인 DockerUI를 소개할 수 있는 좋은 기회다. 이것은 docker 앤시블 역할의 일부로서 정의되어 도커를 설정한 모든 서버에서 실행된다. 예를 들어, 어떤 브라우저에서든 http://10.100.198.201:9000을 열어 prod 노드에서 실행되는 인스턴스를 볼 수 있다.

베이그런트를 통해 생성된 모든 IP는 비공개로 설정되므로 호스트 머신에서만 접근할 수 있다는 점에 유의하기 바란다. 여러분의 노트북에서 그런 일이 일어나면 브라우저에서 DockerUI 주소를 여는 데 문제가 없어야 한다. 반대로 기업 서버에서 예제를 실행한다면 데스크톱에 접근할 수 있는지, 브라우저가 설치되어 있는지 확인해야 한다. 만약 그 서버에 원격으로 접근해야 한다면 VNC 같은 원격 데스크톱 솔루션을 사용하기 바란다.

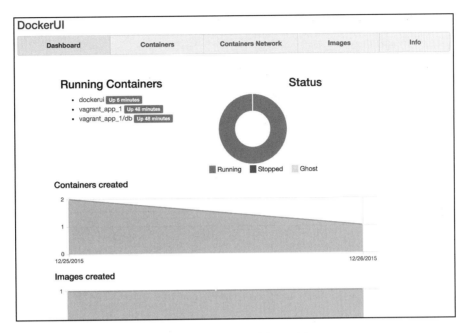

그림 7-2 DockerUI 대시보드 화면

CLI를 통해 컨테이너를 운영하는 편이 훨씬 더 효율적이지만, DockerUI는 시스템의 일반적인 개요와 각 컨테이너, 네트워크 및 이미지에 관련된 세부 정보를 구하는 데 아주 유용한 방법을 제공한다. 진짜 유용성은 클러스터 안에서 많은 컨테이너가 실행되고 있을 때 볼 수 있다. 아주 가볍기 때문에 리소스를 많이 사용하지 않는다.

별도로 지정하지 않는다면 우리가 설정한 각 VM이 실행되고 있는 모습을 발견할 것이다.

체크리스트

다음으로 이동하기 전에, 배포 파이프라인의 기본 구현에서 어디쯤 왔는지 살펴보자.

1. 코드를 체크아웃한다. – 완료
2. 사전 배포 테스트를 실행한다. – 완료

3. 코드를 컴파일 및 패키징한다. – 완료

4. 컨테이너를 빌드한다. – 완료

5. 컨테이너를 레지스트리에 푸시한다. – 완료

6. 컨테이너를 생산 서버에 배포한다. – 완료

7. 컨테이너를 통합한다. – 미완

8. 사후 통합 테스트를 실행한다. – 미완

9. 테스트 컨테이너를 레지스트리에 푸시한다. – 미완

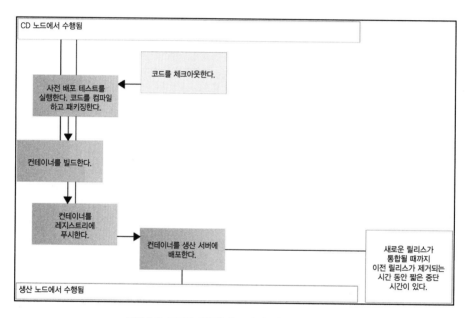

그림 7-3 도커를 사용한 배포 파이프라인의 중간 단계

이전 장에서 수행했던 단계와는 달리, 원격 도커 API를 통해 생산 환경에서 배포가 수행된다는 점에 유의하기 바란다. 두 번째 릴리스를 배포한다면, 이전 릴리스든 새로운 릴리스든 운영되지 않는 기간이 있을 수 있다. 다른 것을 가동하는 시간 동안에 하나는 중단할 필요가 있다. 이 기간이 짧든 아니든 우리는 중단 시간을 갖게 되며, 그 자체는 지속적인 배포를 할 수 없도록 방해한다. 지금 우리가 할 모든 것은 이러한 문제에 주

목하는 것이다. 나중에 이러한 문제를 극복하는 데 도움을 주는 청–녹 배포 프로세스를 살펴보고, 무중단 배포를 추구하는 방향으로 진행할 것이다.

우리는 진행 중이며, 체크리스트에는 세 가지 작업만 남아 있다. 그러나 애플리케이션은 아직 통합되지 않았고, 따라서 통합 테스트를 수행할 수 없다. 계속 진행하려면 두 가지 개념, 즉 서비스 검색과 역방향 프록시에 대해 살펴볼 필요가 있다.

서비스 검색 도구를 실험하는 동안에 새로운 가상 머신들을 사용할 것이므로 몇 가지 리소스를 저장하고 우리가 실행하고 있는 VM을 제거하자. 다음 장에서 우리에게 필요한 것을 생성할 것이다.

```
exit
vagrant destroy -f
```

08

서비스 검색:
분산 서비스의 핵심

일을 하는 데는 그다지 힘이 들지 않지만, 무엇을 할지 결정하는 데는 많은 힘이 든다.

– 엘버트 허버드(Elbert Hubbard)

서비스가 많을수록 미리 정의된 포트를 사용한다면 충돌할 가능성이 더 크다. 결국
2개의 서비스가 같은 포트에서 들을 수는 없다. 가령 백 개의 서비스가 사용하는 모든
포트의 정확한 목록을 관리하는 것은 그 자체가 과제다. 이 목록에 서비스가 필요한 데
이터베이스를 추가하면 번호는 더 늘어난다. 이런 이유로 포트를 지정하지 않고 서비
스를 배포하고 도커가 임의로 할당하게 해야 한다. 한 가지 문제는 포트 번호를 찾아서
다른 것에게 알려줘야 한다는 점이다.

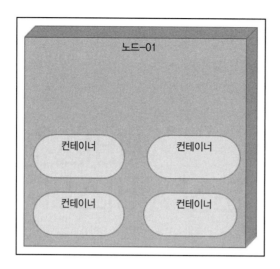

그림 8-1 도커 컨테이너로서 배포된 서비스를 갖는 단일 노드

나중에 여러 서버 중 하나에 배포되는 서비스를 갖는 분산 시스템에서 작업할 때 일은 더 복잡해질 것이다. 어떤 서비스를 어떤 서버에 보낼지를 미리 정의할 수도 있지만, 그러면 많은 문제가 야기된다. 최대한 서버 리소스를 활용하고자 애써야 하며, 각 서비스를 어디에 배포할지 미리 정의하는 일은 거의 불가능하다. 또 다른 문제는 아무리 낙관해도 서비스의 자동 확장이 어렵다는 점이며, 가령 서비스 실패로부터 자동적으로 회복하는 건 말할 것도 없다. 한편으로는, 예를 들어 실행되는 최소한의 컨테이너 수를 갖는 서버에 서비스를 배포한다면 검색해서 어딘가 저장할 필요가 있는 데이터 목록에 IP를 추가해야 한다.

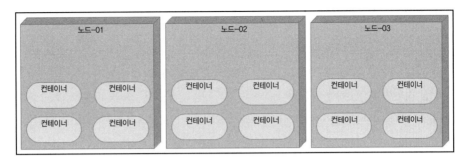

그림 8-2 도커 컨테이너로서 배포된 서비스를 갖는 다중 노드

우리가 작업 중인 서비스와 관련된 어떤 정보를 저장하고 가져와야(검색해야) 할 다른 경우들이 많다.

서비스의 위치를 찾기 위해서는 적어도 다음과 같은 2개의 프로세스를 사용할 수 있어야 한다.

1. 최소한 서비스가 실행하는 호스트와 포트를 저장할 **서비스 등록**service registration 프로세스

2. 등록 프로세스 동안에 저장된 정보를 검색할 수 있게 하는 **서비스 검색**service discovery 프로세스

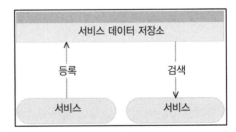

그림 8-3 서비스 등록과 검색

이러한 프로세스 외에도 여러 다른 관점을 고려해야 한다. '서비스가 작동을 중지하고 새로운 인스턴스를 배포/등록한다면 서비스의 등록을 해제해야 하는가?', '같은 서비스의 복사본이 여럿 있을 때 어떤 일이 발생하는가?', '이들 사이에 로드를 어떻게 밸런싱할 것인가?', '서버가 다운된다면 어떤 일이 발생하는가?' 등을 비롯한 많은 질문은 등록 및 검색 프로세스와 밀접하게 관련되며 다음 장의 주제가 될 것이다. 지금은 서비스 검색(위에서 언급한 2개의 프로세스를 포함하는 일반적인 이름)과 이런 작업에 사용할 수 있는 도구에만 범위를 제한할 것이다. 대부분이 고가용성 분산 키/값 저장소 기능을 제공한다.

▌ 서비스 레지스트리

서비스 레지스트리의 목적은 간단하다. 서비스 정보를 저장하고, 빠르고 지속적이며 내결함성 등의 기능을 제공하는 것이다. 본질상 서비스 레지스트리는 아주 제한된 범위를 갖는 데이터베이스다. 다른 데이터베이스는 방대한 양의 데이터를 처리할 수 있어야 하지만, 서비스 레지스트리는 비교적 작은 데이터 부하만 갖는다. 작업의 성격 때문에 API를 노출해 데이터에 쉽게 접근할 수 있도록 해야 한다.

(여러 도구를 평가할 때까지는) 할 말이 많지 않으므로, 서비스 등록으로 넘어가자.

서비스 등록

마이크로서비스는 아주 동적인 경향이 있다. 하나의 서버에서 생성되고 삭제되고 배포된 다음 다른 서버로 이동한다. 이들은 항상 변화하고 발전한다. 서비스 속성에 변경이 이뤄질 때마다, 이 변경된 정보가 어떤 데이터베이스(우리는 서비스 레지스트리, 그냥 레지스트리라고 부를 것이다)에 저장돼야 한다. 서비스 등록 로직은 간단하다. 하지만 그 로직을 구현하는 일은 복잡할 수 있다. 서비스가 배포될 때마다 데이터(최소한 IP와 포트)가 서비스 레지스트리에 저장돼야 한다. 서비스가 삭제되거나 중단되면 좀 더 복잡해질 수 있다. 그것이 목적을 가진 행위의 결과라면 서비스 데이터는 레지스트리로부터 삭제돼야 한다. 그러나 서비스가 실패해서 중단되는 경우도 있을 수 있으며, 그런 상황에서 해당 서비스의 정확한 기능 복구를 의미하는 추가적인 행위를 하도록 선택해야 한다. 자가 치유를 다루는 장에서 이런 상황에 대해 좀 더 자세하게 이야기할 것이다.

서비스 등록이 수행될 수 있는 몇 가지 방법이 있다.

자기 등록

자기 등록self-registration은 서비스 정보를 등록하는 일반적인 방법이다. 서비스가 배포될 때 레지스트리에 이것의 존재에 관해 알려주고 데이터를 보낸다. 각 서비스는 레지스트리에 자신의 데이터를 보내는 기능이 필요하기 때문에, 안티 패턴anti-pattern으로 간주될 수 있다. 이러한 접근 방법을 사용함으로써 마이크로서비스에서 강화하려고 하는 단일 관심사single concern와 구획된 컨텍스트bounded context 원칙을 깨뜨리게 된다. 각 서비스에 등록 코드를 추가해야 하고, 따라서 개발 복잡성이 증가한다. 좀 더 중요한 사실은 서비스가 특정 등록 서비스에 결합성을 갖게 된다는 점이다. 이들의 수가 증가할수록, 예를 들어 레지스트리를 변경하기 위해 이들 모두를 수정하는 일은 아주 귀찮은 작업이 될 수 있다. 게다가 이것이 모놀리식 애플리케이션에서 벗어난 이유 중 하나였다. 전체 시스템에 영향을 주지 않고 자유롭게 서비스를 수정할 수 있다는 것 말이다. 대안은 그것을 해줄 라이브러리를 생성해 각 서비스에 포함시키는 것이다. 그러나 이 접근 방법도 완전히 자기충족적인 마이크로서비스를 생성하는 능력을 심각하게 제한한다. 외부 리소스(이 경우에는 등록 라이브러리)에 대한 의존성을 증가시킨다.

등록 해제는 더 많은 문제를 야기하며, 자기 등록 개념을 아주 복잡하게 만든다. 서비스가 목적을 갖고 중단되면 레지스트리에서 데이터를 삭제하는 것은 비교적 쉽다. 그러나 서비스가 항상 목적을 갖고 중단되는 것은 아니다. 예기치 않은 방식으로 실패할 수 있으며 실행 중인 프로세스가 중단돼야 한다. 이런 경우에 항상 자기 스스로 서비스 등록을 해제하기는 어려울 수 있다(불가능하지는 않지만).

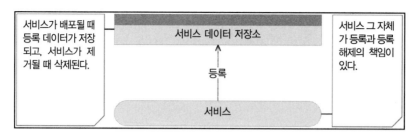

그림 8-4 자기 등록

자기 등록이 일반적이긴 하나, 이런 유형의 오퍼레이션을 수행하는 데 최적이거나 생산적인 방법은 아니다. 대체 접근 방법을 찾아야 한다.

등록 서비스

등록 서비스registration service나 서드파티 등록third party registration은 모든 서비스의 등록과 해제를 관리하는 프로세스다. 이 서비스는 어떤 마이크로서비스가 실행되고 있으며 그에 따라 레지스트리를 업데이트해야 하는지를 체크하는 책임을 갖는다. 서비스가 중단될 때도 유사한 프로세스가 적용된다. 등록 서비스는 마이크로서비스가 없다는 사실을 찾아내서 레지스트리에서 그 데이터를 제거해야 한다. 추가적인 기능으로서 마이크로서비스의 부재를 다른 프로세스에 공지해 부재된 마이크로서비스의 재배포나 이메일 공지 같은 보완 행위가 수행되게 해야 한다. 이런 등록 및 등록 해제 프로세스를 서비스 등록자service registrator 또는 단순히 등록자registrator라고 부르겠다(실제로 곧 보게 되겠지만 이름이 같은 제품이 있다).

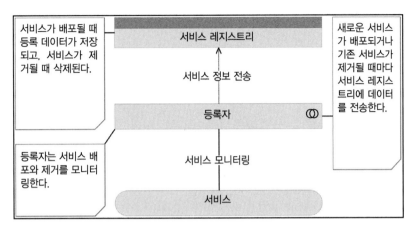

서비스가 배포될 때 등록 데이터가 저장되고, 서비스가 제거될 때 삭제된다.

서비스 레지스트리

서비스 정보 전송

새로운 서비스가 배포되거나 기존 서비스가 제거될 때마다 서비스 레지스트리에 데이터를 전송한다.

등록자

등록자는 서비스 배포와 제거를 모니터링한다.

서비스 모니터링

서비스

그림 8-5 등록 서비스

별도의 등록 서비스는 자기 등록보다 훨씬 더 나은 선택이다. 좀 더 신뢰할 수 있고, 동시에 마이크로서비스 코드 내부에 불필요한 결합성을 도입하지 않는다.

서비스 등록 프로세스의 기본 로직을 수립했으므로 검색을 논의할 차례다.

서비스 검색

서비스 검색service discovery은 서비스 등록과 반대다. 클라이언트가 서비스에 접근하고자 할 때는(또한 클라이언트는 다른 서비스일 수 있다) 최소한 해당 서비스가 어디에 있는지 알아야 한다. 한 가지 접근 방법은 자기 검색이다.

자기 검색

자기 검색self-discovery은 자기 등록과 같은 원리를 사용한다. 모든 클라이언트나 다른 서비스에 접근하기를 원하는 서비스는 레지스트리를 참조해야 한다. 서비스를 연결하기 위한 내부 방법에 관련된 문제를 야기하는 자기 등록과는 달리, 자기 검색은 통제할 수 있는 범위 밖에 있는 클라이언트와 서비스에 의해 사용된다. 한 예로 사용자 브라우저에서 실행되는 프론트엔드를 들 수 있다. 해당 프론트엔드는 다른 포트 또는 다른 IP에서 실행하는 별도의 백엔드 서비스에 요청을 전송해야 한다. 레지스트리에 저장된 정보를 갖고 있다고 해서 다른 것이 사용하는 방법을 알 수 있으며, 그래야 하고, 알고 있다는 뜻은 아니다. 자기 검색은 내부 서비스 간의 커뮤니케이션에서만 효율적으로 사용될 수 있다. 이러한 제한된 범위에서도 자기 등록에 의해 생성되는 것과 동일한 많은 추가적인 문제를 야기한다. 따라서 이런 이유들로 인해 이 옵션은 폐기돼야 한다.

프록시 서비스

프록시 서비스proxy service는 한동안 우리 주변에 있었으며, 여러 번 그 가치를 증명했다. 다음 장에서 좀 더 자세히 알아볼 것이므로 여기서는 간단하게 살펴보겠다. 각 서비스는 하나 이상의 고정된 주소를 통해 접근될 수 있어야 한다. 예를 들어, books-ms 서비스의 도서 목록은 [DOMAIN]/api/v1/books 주소를 통해서만 사용할 수 있다. IP나 포트, 기타 어떤 배포 관련 세부 정보는 없다는 점에 주목하기 바란다. 그러한 정확한 주소를 가진 서비스가 없기 때문에, 어떤 것이 그러한 요청을 찾아서 실제 서비스의 IP와 포트로 재전송해야만 할 것이다. 프록시 서비스는 이러한 작업을 달성할 수 있게 하는 최상의 도구 유형이다.

이제 무엇을 해야 하는지를 이해했다면 우리에게 도움을 줄 수 있는 어떤 도구들이 있는지 살펴보자.

서비스 검색 도구

서비스 검색 도구의 주요 목표는 서비스가 서로 찾고 대화할 수 있게 돕는 것이다. 이러한 일을 하려면 각 서비스가 어디에 있는지 알아야 한다. 이 개념은 새로운 것이 아니며, 도커가 태어나기 오래전부터 많은 도구가 있었다. 그러나 컨테이너는 이러한 도구의 필요성을 완전히 새로운 수준으로 끌어올렸다.

서비스 검색의 기본 아이디어는 각 서비스(또는 애플리케이션)의 새로운 인스턴스가 현재 환경을 식별해 해당 정보를 저장하는 것이다. 저장소 그 자체는 주로 키/값 형식으로 레지스트리에서 수행된다. 보통 검색이 분산 시스템에서 사용되기 때문에 레지스트리는 확장할 수 있고 내결함성이 있으며, 클러스터에 있는 모든 노드 사이에 분산될 수 있어야 한다. 이러한 저장소의 기본 용도는 커뮤니케이션하는 데 필요한 모든 관련 부분에게 최소한 서비스의 IP와 포트를 제공하는 것이다. 데이터는 다른 유형의 정보로 확장될 수 있다.

검색 도구는 API를 제공해 서비스가 자신을 등록하고, 다른 부분이 해당 서비스에 관한 정보를 찾을 수 있게 한다.

2개의 서비스가 있다고 하자. 하나는 공급자이고 다른 하나는 소비자다. 일단 공급자를 배포하면 서비스 레지스트리에 그 정보를 저장해야 한다. 나중에 서비스가 공급자에 접근하려고 할 때 먼저 레지스트리를 조회하여 해당 레지스트리로부터 획득한 IP와 포트를 사용해 공급자를 호출한다. 소비자를 레지스트리의 특정한 구현으로부터 분리하기 위해 보통 일부 프록시 서비스를 사용한다. 그런 식으로 소비자는 항상 프록시 안에 있는 고정적인 주소로부터 정보를 요청하고, 그러면 프록시는 검색 서비스를 사용해 공급자의 정보를 찾아내서 요청을 재전송한다. 실제로 많은 경우에 있어서 레지스트리에 있는 데이터가 변경될 때마다 설정을 업데이트하는 프로세스가 있다면 프록시가 서비스 레지스트리를 질의할 필요가 없다. 나중에 이 책에서 역방향 프록시[reverse proxy]에 대해 살펴볼 것이다. 지금은 3개의 액터, 즉 소비자, 프록시, 공급자를 기반으로 하는 흐름을 이해하는 것이 중요하다.

서비스 검색 도구에서 우리가 찾는 것은 데이터다. 최소한 서비스가 어디에 있으며, 건강하고 사용 가능한지, 설정이 무엇인지를 찾을 수 있어야 한다. 우리는 여러 서버를 갖는 분산 시스템을 구축하기 때문에 도구는 견고해야 하며, 한 노드의 실패가 데이터를 위험에 빠지게 해서는 안 된다. 또한 각 노드는 같은 데이터 복제본을 가져야 한다. 더 나아가, 어떤 순서로든 서비스를 시작하거나 서비스를 제거하고 새로운 버전으로 대체할 수 있기를 원한다. 또한 우리는 서비스를 재설정할 수 있어야 하며, 그에 따라 데이터가 변경되는지 확인할 수 있어야 한다.

이러한 목표를 달성하기 위해 사용할 수 있는 도구들을 살펴보자.

수작업 설정

대부분의 서비스는 아직도 수작업으로 관리된다. 어디에 서비스를 배포하고, 설정이 무엇인지를 미리 결정하고, 마지막까지 적절하게 계속 작동하기를 기대한다. 이러한 접근 방법은 쉽게 확장할 수 없다. 서비스의 두 번째 인스턴스를 배포한다는 건 수작업 프로세스를 완전히 다시 시작해야 한다는 뜻이다. 새로운 서버를 가동하거나 리소스 사용률이 낮은 것을 찾아서 새로운 설정 집합을 만들고 배포해야 한다. 수작업으로 관리하면 보통 반응 시간이 늦기 때문에, 가령 하드웨어 실패의 경우에는 상황이 아주 복잡해진다. 가시성은 또 다른 통점이다. 우리는 정적인 설정이 무엇인지 안다. 결국 우리는 사전에 그것을 준비했다. 그러나 대부분의 서비스는 동적으로 생성되는 많은 정보가 있다. 이 정보는 쉽게 볼 수 없다. 해당 데이터가 필요할 때 참조할 수 있는 단일 위치가 없다.

반응 시간은 필연적으로 느리며, 장애 복원력은 의심스럽고, 수작업으로 처리되는 많은 움직이는 부품으로 인해 모니터링은 관리하기 어렵다.

과거에 혹은 서비스 및 서버의 수가 적을 때는 수작업으로 수행할 변명이 있었지만, 서비스 검색 도구의 출현으로 인해 이러한 변명은 빨리 사라졌다.

주키퍼

주키퍼Zookeeper는 이 유형의 가장 오래된 프로젝트 중 하나다. 하둡Hadoop 세계에서부터 등장해 하둡 클러스터의 다양한 컴포넌트 유지를 도와주기 위해 구축됐다. 성숙되어 있고 신뢰성이 높으며 대기업(유튜브YouTube, 이베이eBay, 야후Yahoo 등)에서 사용한다. 저장하는 데이터 형식은 파일 시스템의 구성과 유사하다. 서버 클러스터에서 실행된다면 주키퍼는 모든 노드에 걸쳐 설정 상태를 공유한다. 각 클러스터는 리더를 선택하고 클라이언트는 서버에 연결해 데이터를 가져올 수 있다.

주키퍼가 테이블에 가져오는 주요 이점은 성숙성과 견고성 및 풍부한 기능이다. 그러나 단점도 있는데, 자바를 사용한다는 점과 (주된 문제점인) 복잡성이다. 자바는 많은 경우에 있어서 훌륭하지만 이런 유형의 작업에는 너무 무겁다. 주키퍼는 자바를 사용함으로써 상당한 의존성과 함께 경쟁자보다 훨씬 더 많은 리소스를 필요로 한다. 이런 문제 외에도 주키퍼는 복잡하기 때문에 이를 유지하려면 이런 유형의 애플리케이션에 기대하는 것보다 상당히 많은 지식이 필요하다. 따라서 풍부한 기능이 장점을 넘어 부담이 되어버린다. 애플리케이션에 기능이 많을수록 그 모든 기능이 필요하지 않게 될 기회는 더 많아진다. 따라서 꼭 필요하진 않은 부분에 대해 복잡성의 형태로 값을 지불하는 셈이다.

주키퍼는 다른 것들이 상당히 발전하면서 따라올 수 있는 길을 열었다. '빅 플레이어'는 그 당시에 더 나은 대안이 없었기 때문에 사용했지만, 오늘날 주키퍼는 오래되었고, 더 나은 대안들이 등장했다.

주키퍼 예제를 건너뛰고 더 나은 선택으로 바로 넘어가자.

etcd

etcd는 HTTP를 통해 접근할 수 있는 키/값 저장소다. 분산되어 있으며 서비스 검색을 구축하는 데 사용할 수 있는 계층적 형상 시스템의 특징을 갖는다. 신뢰할 수 있는 데이터 지속성을 아주 쉽게 배포, 설치 및 사용하고 제공하며, 안전하고 훌륭한 문서를 갖추고 있다.

etcd는 단순함으로 인해 주키퍼보다 더 나은 선택이 된다. 그러나 서비스 검색 목표를 달성하려면 몇 가지 서드파티 도구와 결합할 필요가 있다.

etcd 설정

etcd를 설정해보자. 먼저 이미 친숙한 cd VM과 함께 클러스터(serv-disc-01)의 첫 번째 노드를 생성해야 한다.

```
vagrant up cd serv-disc-01 --provision
vagrant ssh serv-disc-01
```

클러스터 노드 serv-disc-01을 실행하면 etcd와 etcdctl(etcd 명령행 클라이언트)을 설치할 수 있다.

```
curl -L https://github.com/coreos/etcd/releases/\
download/v2.1.2/etcd-v2.1.2-linux-amd64.tar.gz \
    -o etcd-v2.1.2-linux-amd64.tar.gz
tar xzf etcd-v2.1.2-linux-amd64.tar.gz
sudo mv etcd-v2.1.2-linux-amd64/etcd* /usr/local/bin
rm -rf etcd-v2.1.2-linux-amd64*
etcd >/tmp/etcd.log 2>&1 &
```

실행 파일을 다운로드하고 압축을 풀어서 /usr/local/bin 디렉토리로 이동시켜 쉽게 접근할 수 있도록 했다. 그런 다음 불필요한 파일을 삭제하고, 마지막으로 etcd를 실행하고 출력을 /tmp/etcd.log로 전송했다.

etcd로 할 수 있는 일을 살펴보자.

기본적인 오퍼레이션은 set과 get이다. 디렉토리 안에 키/값을 저장할 수 있다는 점에 주목하기 바란다.

```
etcdctl set myService/port "1234"
etcdctl set myService/ip "1.2.3.4"
etcdctl get myService/port # Outputs: 1234
etcdctl get myService/ip # Outputs: 1.2.3.4
```

첫 번째 명령은 myService 디렉토리에 port 키로 1234 값을 저장한다. 두 번째는 ip 키로 같은 작업을 한다. 그리고 마지막 2개의 명령은 이 두 키의 값을 출력하는 데 사용됐다.

또한 특정한 디렉토리에 있는 모든 키를 나열하거나 그 값으로 키를 삭제할 수 있다.

```
etcdctl ls myService
etcdctl rm myService/port
etcdctl ls myService
```

마지막 명령은 이전 명령이 포트를 삭제했기 때문에 /myService/ip 값만 출력한다.

etcdctl 외에도 HTTP API를 통해 모든 명령을 실행할 수도 있다. 실행하기 전에 형식화된 출력을 보기 위해 jq를 설치하자.

```
sudo apt-get install -y jq
```

예를 들어 HTTP API를 통해 etcd에 값을 저장하고, GET 요청으로 가져올 수 있다.

```
curl http://localhost:2379/v2/keys/myService/newPort \
  -X PUT \
  -d value="4321" | jq '.'
curl http://localhost:2379/v2/keys/myService/newPort \
  | jq '.'
```

jq '.'은 필수는 아니지만 JSON을 형식화하기 위해 자주 사용된다. 출력은 다음과 같아야 한다.

```
{
    "action": "set",
    "node": {
```

```
        "createdIndex": 16,
        "key": "/myService/newPort",
        "modifiedIndex": 16,
        "value": "4321"
    }
}
{
    "action": "get",
    "node": {
        "createdIndex": 16,
        "key": "/myService/newPort",
        "modifiedIndex": 16,
        "value": "4321"
    }
}
```

HTTP API는 특별히 etcd를 원격에서 질의할 때 유용하다. 내 경우에는 대부분 애드혹ad-hoc 명령을 실행할 때 etcdctl을 선호하고, 어떤 코드를 통해 etcd와 상호작용할 때는 HTTP를 더 선호한다.

이제 단일 서버에서 etcd가 작동하는 방법을 (간단히) 살펴봤으므로 클러스터 안에서 해보기로 한다. 클러스터를 설정하려면 추가적인 인수들이 etcd에 전달돼야 한다. IP 10.100.197.201(serv-disc-01)과 10.100.197.202(serv-disc-02), 10.100.197.203 (serv-disc-03)의 3 노드로 구성된 클러스터가 있다고 하자. 첫 번째 서버에서 실행해야 하는 etcd 명령은 다음과 같다(아직 실행하지 말기 바란다).

```
NODE_NAME=serv-disc-0$NODE_NUMBER
NODE_IP=10.100.197.20$NODE_NUMBER
NODE_01_ADDRESS=http://10.100.197.201:2380
NODE_01_NAME=serv-disc-01
NODE_01="$NODE_01_NAME=$NODE_01_ADDRESS"
NODE_02_ADDRESS=http://10.100.197.202:2380
NODE_02_NAME=serv-disc-02
NODE_02="$NODE_02_NAME=$NODE_02_ADDRESS"
```

```
NODE_03_ADDRESS=http://10.100.197.203:2380
NODE_03_NAME=serv-disc-03
NODE_03="$NODE_03_NAME=$NODE_03_ADDRESS"
CLUSTER_TOKEN=serv-disc-cluster
etcd -name serv-disc-1 \
    -initial-advertise-peer-urls http://$NODE_IP:2380 \
    -listen-peer-urls http://$NODE_IP:2380 \
    -listen-client-urls \
    http://$NODE_IP:2379,http://127.0.0.1:2379 \
    -advertise-client-urls http://$NODE_IP:2379 \
    -initial-cluster-token $CLUSTER_TOKEN \
    -initial-cluster \
    $NODE_01,$NODE_02,$NODE_03 \
    -initial-cluster-state new
```

한 서버(또는 클러스터)에서 다른 서버로 변경된 부분을 변수로 추출해서 명확하게 볼
수 있다. 각 인수가 의미하는 세부사항으로 들어가지는 않을 것이다. 자세한 사항은
https://coreos.com/etcd/docs/latest/clustering.html을 참조하기 바란다. 이 명령
이 실행돼야 하는 서버의 IP 및 이름과 클러스터에 있는 모든 서버 목록을 지정했다고
말하는 것으로 충분하다.

클러스터에 etcd 배포 작업을 시작하기 전에 현재 실행되고 있는 인스턴스를 종료하
고 나머지 서버를 생성하기로 한다(총 3개의 서버가 있어야 한다).

```
pkill etcd
exit
vagrant up serv-disc-02 serv-disc-03
```

여러 서버에서 같은 작업을 수작업으로 수행하면 지루하고 에러가 발생하기 쉽다. 우
리는 앞서 앤시블로 작업했기 때문에 이것을 사용해 etcd를 클러스터에 설정할 수 있
다. 이미 모든 명령을 알고 있기 때문에 아주 쉬운 작업이다. etcd 역할을 생성하고 같
은 이름으로 플레이북에 추가한다. 역할은 아주 간단하다. 실행 파일을 /usr/local/bin

디렉토리에 복사하고 클러스터 인수로 etcd를 실행한다(위에서 살펴본 아주 긴 명령). 플레이북을 실행하기 전에 살펴보자.

rolse/etcd/tasks/main.yml의 첫 번째 작업은 다음과 같다.

```
- name: Files are copied
  copy:
    src: "{{ item.src }}"
    dest: "{{ item.dest }}"
    mode: 0755
  with_items: files
  tags: [etcd]
```

이름은 순전히 서술적이며, 그다음에는 copy 모듈이 온다. 다음에는 모듈 옵션들을 지정한다. src 옵션은 복사하고자 하는 로컬 파일의 이름이고, 역할 내부의 files 디렉토리에 상대적인 경로다. 두 번째 copy 옵션 dest는 원격 서버의 대상 경로다. 마지막으로 노드가 755가 되도록 설정했다. 역할을 실행하는 사용자는 읽기/쓰기/실행 권한을 가질 것이다. 그리고 같은 그룹에 속하는 사용자와 다른 모든 사람에게는 읽기/실행 권한이 할당될 것이다. 다음은 with_items 선언으로 값의 목록을 사용할 수 있게 한다. 이 경우에 값은 roles/etcd/defaults/main.yml 파일에 지정되어 있으며 다음과 같다.

```
files: [
  {src: 'etcd', dest: '/usr/local/bin/etcd'},
  {src: 'etcdctl', dest: '/usr/local/bin/etcdctl'}
]
```

변수를 외부화하는 것은 향후 변경될 수 있는 부분을 작업으로부터 분리해 유지하게 하는 좋은 방법이다. 예를 들어, 이 역할을 통해 다른 파일을 복사하려면 여기에 추가하고 작업 파일을 열지 않을 수도 있다. files 변수를 사용하는 작업은 목록에 있는 각 값에 대해 반복되며, 이 경우에는 두 번씩 실행된다. 한 번은 etcd, 두 번째는 etcdctl

에 대해 실행된다. 변수의 값은 {{와 }}로 둘러싸인 변수 키로 표현되며, Jinja2 형식을 사용한다. 마지막으로, etcd를 이 작업과 관련된 태그로 설정한다. 태그는 플레이북을 실행할 때 작업을 필터링하기 위해 사용될 수 있으며, 플레이북의 부분집합만 실행하거나 어떤 것을 배제하고 싶을 때 아주 편리하다.

두 번째 작업은 다음과 같다.

```
- name: Is running
  shell: "nohup etcd -name {{ ansible_hostname }} \
    -initial-advertise-peer-urls \
    http://{{ ip }}:2380 \
    -listen-peer-urls \
    http://{{ ip }}:2380 \
    -listen-client-urls \
    http://{{ ip }}:2379,http://127.0.0.1:2379 \
    -advertise-client-urls \
    http://{{ ip }}:2379 \
    -initial-cluster-token {{ cl_token }} \
    -initial-cluster \
    {{ cl_node_01 }},{{ cl_node_02 }},{{ cl_node_03 }} \
    -initial-cluster-state new \
    >/var/log/etcd.log 2>&1 &"
  tags: [etcd]
```

shell 모듈은 보통 상태와 함께 작동하지 않기 때문에 최후의 수단이 된다. 대부분의 경우에 shell을 통해 실행되는 명령은 어떤 것이 정확한 상태에 있는지 여부를 체크하지 않고 앤시블 플레이북이 실행될 때마다 실행된다. 그러나 etcd는 항상 단 하나의 인스턴스만 실행하며, 이 명령을 여러 번 실행해도 여러 인스턴스를 생성할 위험은 없다. 우리에겐 많은 인수가 있고 변경되는 모든 것은 변수에 둔다. 이 중 ansible_hostname 같은 일부는 앤시블이 발견한다. 다른 것은 우리가 정의하며 roles/etcd/defaults/main.yml에 둔다. 모든 작업을 정의했다면 etcd.yml 플레이북을 살펴볼 수 있다.

```
- hosts: etcd
  remote_user: vagrant
  serial: 1
  sudo: yes
  roles:
    - common
    - etcd
```

이 플레이북이 실행되면 앤시블은 인벤토리에 정의된 모든 서버를 설정하고, vagrant 를 원격 이름으로 사용해 sudo 명령을 실행하고 common과 etcd 역할을 실행한다.

host/serv-disc 파일을 살펴보자. 이것이 우리가 사용하는 모든 호스트 목록을 포함 하는 인벤토리다.

```
[etcd]
10.100.194.20[1:3]
```

이 예에서 호스트를 정의하는 여러 방법을 사용할 수 있다. 첫 번째 행은 앤시블이 10.100.194.201과 10.100.194.203 사이의 모든 주소가 사용돼야 한다고 말하는 방식 이다. 통틀어 이 목적을 위해 3개의 IP를 지정한다.

etcd 플레이북을 실행하고 어떤 일이 발생하는지 살펴보자.

```
vagrant ssh cd
ansible-playbook \
    /vagrant/ansible/etcd.yml \
    -i /vagrant/ansible/hosts/serv-disc
```

한 서버에 값을 저장하고 다른 서버에서 가져옴으로써 etcd 클러스터가 정확하게 설 정되어 있는지를 체크할 수 있다.

```
curl http://serv-disc-01:2379/v2/keys/test \
  -X PUT \
  -d value="works" | jq '.'
curl http://serv-disc-03:2379/v2/keys/test \
  | jq '.'
```

이 명령들의 결과는 다음과 같다.

```
{
    "action": "set",
    "node": {
        "createdIndex": 8,
        "key": "/test",
        "modifiedIndex": 8,
        "value": "works"
    }
}
{
    "action": "get",
    "node": {
        "createdIndex": 8,
        "key": "/test",
        "modifiedIndex": 8,
        "value": "works"
    }
}
```

serv-disc-01 서버(10.100.197.201)에 HTTP PUT 요청을 보내고 serv-disc-03(10.100.197.203) 노드에서 HTTP GET 요청을 통해 저장된 값을 가져온다. 다시 말해, 클러스터에 있는 어떤 서버를 통해서든 저장된 데이터를 모든 곳에서 사용할 수 있다. 깔끔하지 않은가?

(몇 개의 컨테이너를 배포한 후) 우리의 클러스터는 그림 8-6과 같다.

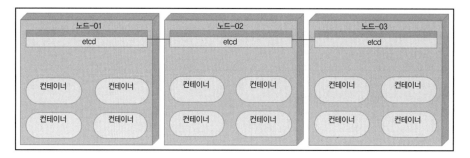

그림 8-6 도커 컨테이너와 etcd를 갖는 다중 노드

이제 우리의 서비스와 관련된 정보를 저장할 장소가 생겼으므로 해당 정보를 자동적으로 etcd에 보낼 도구가 필요하다. 결국 자동적으로 할 수 있다면 수작업으로 데이터를 etcd에 보낼 이유가 없다. 정보를 수작업으로 etcd에 저장하기를 원할지라도 해당 정보가 무엇인지는 알기 원하지 않는다. 서비스는 최소한 컨테이너를 실행하는 서버에 배포될 수 있으며 임의의 포트가 할당될 수 있다는 사실을 기억해두자. 이상적으로 이 도구는 모든 노드에 있는 도커를 모니터링하고, 새로운 컨테이너가 실행될 때마다 etcd를 업데이트해야 한다. 이러한 목적으로 사용할 수 있는 도구 중 하나가 레지스트레이터Registrator다.

레지스트레이터 설정

레지스트레이터는 컨테이너가 온라인 상태가 되거나 중단될 때 컨테이너를 검사해서 자동적으로 서비스를 등록하고 등록을 해제한다. 현재는 **etcd**와 **컨설**Consul, **SkyDNS 2**를 지원한다.

etcd 레지스트리와 함께 레지스트레이터를 설정하는 방법은 쉽다. 그냥 도커 컨테이너를 다음과 같이 실행하면 된다(직접 실행하지 마라).

```
docker run -d --name registrator \
    -v /var/run/docker.sock:/tmp/docker.sock \
    -h serv-disc-01 \
    gliderlabs/registrator \
    -ip 10.100.194.201 etcd://10.100.194.201:2379
```

이 명령으로 /var/run/docker.sock를 도커 볼륨으로 공유한다. 레지스트레이터는 도커 이벤트를 모니터링해 가로채어 이벤트 유형에 따라서 etcd에 서비스 정보를 저장하거나 제거한다. -h 인수로 호스트 이름을 명시한다. 마지막으로, 레지스트레이터에 2개의 인수를 넘겨준다. 첫 번째 인수는 -ip로 호스트의 IP를 나타내며, 두 번째 인수는 등록 서비스의 프로토콜(etcd)과 IP(serv-disc-01), 포트(2379)다.

계속 진행하기 전에 registrator라고 하는 새로운 앤시블 역할을 생성하고 클러스터 안에 있는 모든 노드에 배포하기로 한다. roles/registrator/tasks/main.yml 파일은 다음과 같다.

```
- name: Container is running
  docker:
    name: "{{ registrator_name }}"
    image: gliderlabs/registrator
    volumes:
      - /var/run/docker.sock:/tmp/docker.sock
    hostname: "{{ ansible_hostname }}"
    command: -ip {{ facter_ipaddress_eth1 }} {{ registrator_protocol
}}://{{ facter_ipaddress_eth1 }}:2379
  tags: [etcd]
```

앤시블은 앞에서 봤던 수작업 명령과 동일하다. 하드코딩된 etcd 프로토콜이 변수로 변경됐음을 주목하기 바란다. 이와 같은 방식으로 다른 레지스트리에도 이 역할을 재사용할 수 있다. 호스트 이름 값의 경우와 마찬가지로 값이 {{로 시작하는 경우를 제외하고는 앤시블에서 따옴표는 필수가 아니라는 점에 유의한다.

registrator-etcd.yml 플레이북을 살펴보자.

```
- hosts: all
  remote_user: vagrant
  serial: 1
  sudo: yes
  vars:
    - registrator_protocol: etcd
    - registrator_port: 2379
  roles:
    - common
    - docker
    - etcd
    - registrator
```

대부분의 플레이북은 vars 키를 제외하고는 이전에 사용된 것과 유사하다. 이 경우에 레지스트레이터 프로토콜을 etcd로, 레지스트리 포트를 2379로 정의하기 위해 사용하고 있다.

모든 것이 갖춰져 있으므로 플레이북을 실행할 수 있다.

```
ansible-playbook \
    /vagrant/ansible/registrator-etcd.yml \
    -i /vagrant/ansible/hosts/serv-disc
```

플레이북 실행이 끝나면 레지스트레이터는 클러스터의 노드 3개 모두에서 실행될 것이다.

레지스트레이터를 사용해 3개의 클러스터 노드 중 하나 안에서 하나의 컨테이너를 실행해보자.

```
export DOCKER_HOST=tcp://serv-disc-02:2375
docker run -d --name nginx \
```

```
--env SERVICE_NAME=nginx \
--env SERVICE_ID=nginx \
-p 1234:80 \
nginx
```

DOCKER_HOST 변수를 익스포트해서 도커 명령이 클러스터 노드 2(serv-disc-02)에 전송
되어 1234 포트를 노출하는 nginx 컨테이너를 실행한다. 나중에 nginx를 사용할 텐데,
친해질 기회가 많을 것이다. 현재로서는 nginx가 하는 일에 관심을 갖지 않지만, 레
지스트레이터는 그것을 감지하고 etcd에 정보를 저장한다. 이 경우에 레지스트레이터
가 서비스를 더 잘 식별하는 데 사용할 수 있는 환경 변수(SERVICE_NAME과 SERVICE_ID)
를 저장한다.

레지스트레이터의 로그를 살펴보자.

```
docker logs registrator
```

결과는 다음과 같다.

```
2015/08/30 19:18:12 added: 5cf7dd974939 nginx
2015/08/30 19:18:12 ignored: 5cf7dd974939 port 443 not published on host
```

레지스트레이터는 ID가 5cf7dd974939인 nginx 컨테이너를 감지했음을 알 수 있다.
또한 443 포트를 무시했음을 볼 수 있다. nginx 컨테이너는 내부적으로 포트 80과 443
을 노출한다. 그러나 외부에는 80만 노출하므로 레지스트레이터는 443 포트를 무시하
기로 결정했다. 결국 아무도 접근할 수 없는 포트에 대한 정보를 저장할 필요는 없다.

이제 etcd에 저장된 데이터를 살펴보자.

```
curl http://serv-disc-01:2379/v2/keys/ | jq '.'
curl http://serv-disc-01:2379/v2/keys/nginx-80/ | jq '.'
```

```
curl http://serv-disc-01:2379/v2/keys/nginx-80/nginx | jq '.'
```

마지막 명령의 결과는 다음과 같다.

```
{
  "node": {
    "createdIndex": 13,
    "modifiedIndex": 13,
    "value": "10.100.194.202:1234",
    "key": "/nginx-80/nginx"
  },
  "action": "get"
}
```

첫 번째 명령은 루트에 있는 모든 키를 나열하고, 두 번째 명령은 nginx-80 안에 있는 모든 것을 나열하며, 세 번째 명령은 최종 값을 가져왔다. 레지스트레이터는 컨테이너를 실행할 때 사용된 환경 변수와 일치하는 값을 / 형식으로 저장했다. 서비스에 대해 하나 이상의 포트가 정의된 경우에 레지스트레이터는 접미사(예: nginx-80)로 추가한다. 레지스트레이터가 저장하는 값은 컨테이너가 실행하는 호스트의 IP와 우리가 노출한 포트에 대응한다.

 컨테이너가 노드 2에서 실행하더라도 우리는 노드 1에서 실행하는 etcd를 질의했다. etcd가 실행하는 모든 노드에 데이터가 복제되는 또 다른 데모가 있다.

컨테이너를 제거할 때 어떤 일이 발생할까?

```
docker rm -f nginx
docker logs registrator
```

레지스트레이터 로그의 결과는 다음과 같다.

```
...
2015/08/30 19:32:31 removed: 5cf7dd974939 nginx
```

레지스트레이터는 우리가 컨테이너를 제거하고 etcd에 대응되는 값을 제거하라는 요청을 보냈다는 사실을 감지했다. 다음과 같은 명령으로 확인할 수 있다.

```
curl http://serv-disc-01:2379/v2/keys/nginx-80/nginx | jq '.'
```

결과는 다음과 같다.

```
{
  "index": 14,
  "cause": "/nginx-80/nginx",
  "message": "Key not found",
  "errorCode": 100
}
```

nginx/nginx ID를 갖는 서비스가 사라졌다.

etcd와 결합된 레지스트레이터는 강력하지만 단순한 조합으로 많은 고급 기술을 실습할 수 있게 한다. 컨테이너를 가동할 때마다 데이터가 etcd에 저장되고 클러스터에 있는 모든 노드에 전파된다. 그 정보를 사용해 우리가 할 일이 바로 다음 장의 주제다.

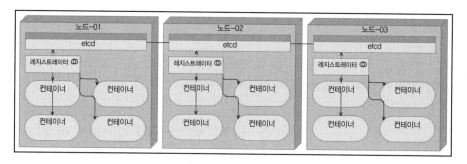

그림 8-7 도커 컨테이너와 etcd, 레지스트레이터를 갖는 다중 노드

놓친 퍼즐 조각이 하나 더 있다. etcd에 저장된 데이터로 설정 파일을 생성하고, 이 파일들이 생성될 때 명령을 실행하는 방법이 필요하다.

confd 설정

confd는 설정 파일을 유지보수하는 데 사용되는 경량 도구다. 이 도구는 etcd와 컨설을 비롯한 몇몇 데이터 레지스트리에 저장되는 데이터를 사용해 설정 파일을 최신 상태로 유지하는 데 가장 일반적으로 사용된다. 또한 설정 파일이 변경됐을 때 애플리케이션을 다시 로드하는 데도 사용될 수 있다. 즉 etcd(또는 다른 레지스트리)에 저장된 정보로 서비스를 재설정하는 방법으로 사용할 수 있다.

confd를 설치하는 방법은 간단하다. 명령은 다음과 같다(아직 실행하지 마라).

```
wget https://github.com/kelseyhightower/confd/releases\
/download/v0.10.0/confd-0.10.0-linux-amd64
sudo mv confd-0.10.0-linux-amd64 /usr/local/bin/confd
sudo chmod 755 /usr/local/bin/confd
sudo mkdir -p /etc/confd/{conf.d,templates}
```

confd를 사용하려면 /etc/confd/conf.d/ 디렉토리에 있는 설정 파일과 /etc/confd/templates에 있는 템플릿이 필요하다.

설정 파일의 예는 다음과 같다.

```
[template]
src = "nginx.conf.tmpl"
dest = "/tmp/nginx.conf"
keys = [
    "/nginx/nginx"
]
```

최소한 템플릿 소스와 대상 파일, 그리고 레지스트리로부터 가져올 키를 지정해야 한다.

템플릿은 고랭^{GoLang}의 텍스트 템플릿 형식을 사용한다. 템플릿 예는 다음과 같다.

```
The address is {{getv "/nginx/nginx"}};
```

이 템플릿을 처리할 때 {{getv "/nginx/nginx"}}를 레지스트리의 값으로 대체할 것이다.

마지막으로, confd는 두 가지 모드로 실행될 수 있다. 데몬^{Deamon} 모드에서는 레지스트리를 폴링하고 관련된 값이 변경될 때마다 대상 설정을 업데이트한다. 일회용(onetime) 모드는 한 번만 실행된다. 일회용 모드의 예는 다음과 같다(아직 실행하지 마라).

```
confd -onetime -backend etcd -node 10.100.197.202:2379
```

이 명령은 일회용(onetime) 모드로 실행되며, 지정된 노드에 실행되는 백그라운드로 etcd를 사용한다. 실행될 때 대상 설정은 etcd 레지스트리의 값으로 업데이트된다.

이제 confd가 작동하는 방법을 알았으므로, 클러스터 안에 있는 모든 노드에 설치됐는지를 확인하는 앤시블 역할 confd를 살펴보자.

roles/confd/tasks/main.yml 파일은 다음과 같다.

```
- name: Directories are created
  file:
    path: "{{ item }}"
    state: directory
  with_items: directories
  tags: [confd]
- name: Files are copied
  copy:
    src: "{{ item.src }}"
    dest: "{{ item.dest }}"
    mode: "{{ item.mode }}"
  with_items: files
  tags: [confd]
```

이 앤시블 역할은 라이브러리조차 실행하지 않기 때문에 etcd에 생성한 것보다 더 단순하다. 디렉토리가 생성되고 파일이 대상 서버에 복사됐는지를 확인한다. 여러 디렉토리와 파일이 포함되기 때문에 roles/confd/defaults/main.yml 파일에 변수로 정의했다.

```
directories:
  - /etc/confd/conf.d
  - /etc/confd/templates

files: [
  { src: 'example.toml', dest: '/etc/confd/conf.d/example.toml',
mode: '0644' },
  { src: 'example.conf.tmpl', dest: '/etc/confd/templates/example.conf.tmpl',
mode: '0644' },
  { src: 'confd', dest: '/usr/local/bin/confd', mode: '0755' }
]
```

설정과 템플릿을 넣을 디렉토리를 정의했다. 또한 복사할 파일도 정의했다. confd에 사용할 하나의 바이너리와 하나의 설정, 그리고 하나의 템플릿 파일이다.

마지막으로, 앤시블 플레이북으로서 기능할 confd.yml 파일이 필요하다.

```
- hosts: confd
  remote_user: vagrant
  serial: 1
  sudo: yes
  roles:
    - common
    - confd
```

이 파일은 우리가 사용한 여타 플레이북과 거의 같으므로 새롭게 설명할 내용이 없다.

모든 것이 설정됐으므로 confd를 모든 클러스터 서버에 배포할 수 있다.

```
ansible-playbook \
    /vagrant/ansible/confd.yml \
    -i /vagrant/ansible/hosts/serv-disc
```

confd가 클러스터의 모든 노드에 설치됐으므로 이제 시도해볼 수 있다.

다시 nginx 컨테이너를 실행해 레지스트레이터가 etcd에 데이터를 저장한다.

```
export DOCKER_HOST=tcp://serv-disc-01:2375

docker run -d --name nginx \
    --env SERVICE_NAME=nginx \
    --env SERVICE_ID=nginx \
    -p 4321:80 \
    Nginx
confd -onetime -backend etcd -node 10.100.194.203:2379
```

serv-disc-01 노드에서 nginx 컨테이너를 실행하고 4321 포트를 노출했다. 레지스트레이터가 이미 해당 서버에서 실행되고 있으므로 etcd에 데이터가 저장된다. 마지막으로, confd 로컬 인스턴스를 실행해 모든 설정 파일을 체크하고 etcd에 저장된 것과 키를 비교한다. nginx/nginx 키가 etcd에서 변경됐으므로 템플릿을 처리하고 대상 설정을 업데이트한다. 이제 다음과 유사한 결과를 볼 수 있다(간단하게 하기 위해 시간을 제거했다).

```
cd confd[15241]: INFO Backend set to etcd
cd confd[15241]: INFO Starting confd
cd confd[15241]: INFO Backend nodes set to 10.100.194.203:2379
cd confd[15241]: INFO Target config /tmp/example.conf out of sync
cd confd[15241]: INFO Target config /tmp/example.conf has been updated
```

/tmp/example.conf가 동기화되지 않았음을 발견하고 업데이트했다. 확인해보자.

```
cat /tmp/example.conf
```

결과는 다음과 같다.

```
The address is 10.100.194.201:4321
```

템플릿이나 etcd 데이터의 변경사항이 업데이트되면, 실행 중인 confd가 그에 따라 모든 대상 설정을 업데이트한다.

176

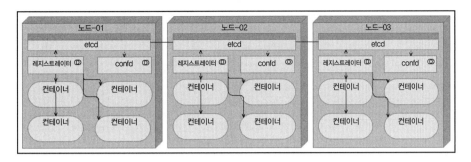

그림 8-8 도커 컨테이너와 etcd, 레지스트레이터, confd를 갖는 다중 노드

etcd, 레지스트레이터, confd 결합하기

etcd와 레지스트레이터, confd가 결합될 때 서비스 검색과 설정을 자동화하는 간단하지만 강력한 방법을 얻게 된다. 좀 더 고급 배포 전략 작업을 손쉽게 시작할 수 있을 것이다. 또한 이 같은 결합은 작은 도구들을 적절히 혼합했을 때의 효율성을 입증한다. 이 3개로 우리에게 필요한 것을 모두 할 수 있다. 이것보다 적으면 우리 앞에 놓인 목표를 달성할 수 없게 된다. 반면에 이들이 더 큰 범위를 염두에 두고 설계됐다면 서버 리소스와 유지보수에 불필요한 복잡성과 오버헤드를 도입하게 될 것이다.

최종 판단을 하기 전에 목표가 유사한 또 다른 도구를 살펴보자. 어쨌든, 대안을 조사해보지도 않고 어떤 해결 방안에 안주해선 안 된다.

컨설

컨설Consul은 가십gossip을 사용해 동적인 클러스터를 형성하는 아주 일관적인 데이터 저장소다. 데이터를 저장할 뿐만 아니라, 데이터 변경에 관한 알림을 보내는 것에서부터 상태 검사health check와 그 결과에 따른 커스텀 명령을 실행하는 것에 이르기까지 다양한 작업에 사용 가능한 워치watch를 등록하는 데 사용할 수 있는 계층적인 키/값 저장소 기능을 한다.

주키퍼나 etcd와 달리, 컨설은 포함된 서비스 검색 시스템을 구현하므로 자신의 것을 구축하거나 서드파티를 사용할 필요가 없다. 이러한 검색에는 무엇보다도 실행 중인 노드와 서비스의 상태 검사가 포함된다.

주키퍼와 etcd는 기본적인 K/V 저장소만 제공하며, 애플리케이션 개발자가 서비스 검색을 제공하기 위해 자체 시스템을 구축하게 한다. 그러나 컨설은 서비스 검색용 내장 프레임워크를 제공한다. 클라이언트는 서비스를 등록하고 DNS 또는 HTTP 인터페이스를 사용해 검색을 수행하기만 하면 된다. 다른 2개의 도구는 수작업으로 만든 솔루션이나 서드파티 도구를 사용해야 한다.

컨설은 같은 클러스터에 있는 노드뿐만 아니라 데이터 센터 전체에 있는 노드와도 작업을 하는 여러 데이터 센터와 가십 시스템을 기본적으로 지원한다.

컨설에는 다른 것과 구별되는 또 다른 좋은 기능이 있다. 배포된 서비스와 이들이 있는 노드에 관한 정보를 검색하는 데 사용할 수 있을 뿐만 아니라, HTTP와 TCP 요청, TTL[time-to-live], 커스텀 스크립트 그리고 도커 명령을 통해 상태 검사를 쉽게 확장할 수 있다.

컨설 설정

이전과 마찬가지로 수작업 설치 명령을 살펴본 다음에 앤시블을 사용해 자동화하기로 한다. 시험적으로 cd 노드에 설정해보자.

```
sudo apt-get install -y unzip
wget https://releases.hashicorp.com/consul/0.6.4/consul_0.6.4_linux_amd64.zip
unzip consul_0.6.4_linux_amd64.zip
sudo mv consul /usr/local/bin/consul
rm -f consul_0.6.4_linux_amd64.zip
sudo mkdir -p /data/consul/{data,config,ui}
```

기본 우분투 배포에는 unzip이 포함되어 있지 않기 때문에 unzip을 설치하면서 시작한다. 다음에는 컨설 ZIP을 다운로드해 압축을 푼 다음, /usr/local/bin 디렉토리로 이동시키고, 더 이상 필요하지 않기 때문에 ZIP 파일을 삭제한다. 그리고 마지막으로 몇 개의 디렉토리를 생성한다. 컨설은 이 정보를 data 디렉토리에, 설정 파일을 config 디렉토리에 둔다.

다음에는 컨설을 실행할 수 있다.

```
sudo consul agent \
    -server \
    -bootstrap-expect 1 \
    -data-dir /data/consul/data \
    -config-dir /data/consul/config \
    -node=cd \
    -bind=10.100.198.200 \
    -client=0.0.0.0 \
    -ui \
    >/tmp/consul.log &
```

컨설을 실행하는 방법은 아주 간단하다. server로 agent를 실행해야 하며, 단 하나의 서버 인스턴스(-bootstrap-expect 1)만 있다고 지정했다. 다음에는 중요한 디렉토리 위치, ui와 data, config가 온다. 그런 다음 노드(node) 이름을 지정하고 이것이 바인딩(bind)할 주소와 어떤 클라이언트(client)가 연결될 수 있는지(0.0.0.0은 전체를 가리킴)를 지정한다. 마지막으로, 결과를 재전송하고 백그라운드(&)에서 실행되게 한다.

컨설이 정확하게 실행되는지 확인하자.

```
cat /tmp/consul.log
```

로그 파일의 결과는 다음과 같다(간단하게 하기 위해 시간을 제거했다).

```
==> Starting Consul agent...
==> Starting Consul agent RPC...
==> Consul agent running!
          Node name: 'cd'
         Datacenter: 'dc1'
             Server: true (bootstrap: true)
        Client Addr: 0.0.0.0 (HTTP: 8500, HTTPS: -1, DNS: 8600, RPC: 8400)
       Cluster Addr: 10.100.198.200 (LAN: 8301, WAN: 8302)
      Gossip encrypt: false, RPC-TLS: false, TLS-Incoming: false
              Atlas: <disabled>
==> Log data will now stream in as it occurs:
[INFO] serf: EventMemberJoin: cd 10.100.198.200
[INFO] serf: EventMemberJoin: cd.dc1 10.100.198.200
[INFO] raft: Node at 10.100.198.200:8300 [Follower] entering Follower state
[WARN] serf: Failed to re-join any previously known node
[INFO] consul: adding LAN server cd (Addr: 10.100.198.200:8300) (DC: dc1)
[WARN] serf: Failed to re-join any previously known node
[INFO] consul: adding WAN server cd.dc1 (Addr: 10.100.198.200:8300) (DC: dc1)
[ERR] agent: failed to sync remote state: No cluster leader
[WARN] raft: Heartbeat timeout reached, starting election
[INFO] raft: Node at 10.100.198.200:8300 [Candidate] entering Candidate state
[INFO] raft: Election won. Tally: 1
[INFO] raft: Node at 10.100.198.200:8300 [Leader] entering Leader state
[INFO] consul: cluster leadership acquired
[INFO] consul: New leader elected: cd
[INFO] raft: Disabling EnableSingleNode (bootstrap)
```

서버 모드에서 실행되는 컨설 에이전트가 리더로 자신을 선출한 것을 볼 수 있다(유일하기 때문에 당연하다).

컨설이 실행됐으므로 데이터를 저장하는 방법을 살펴보자.

```
curl -X PUT -d 'this is a test' \
    http://localhost:8500/v1/kv/msg1
curl -X PUT -d 'this is another test' \
    http://localhost:8500/v1/kv/messages/msg2
curl -X PUT -d 'this is a test with flags' \
    http://localhost:8500/v1/kv/messages/msg3?flags=1234
```

첫 번째 명령은 this is a test 값으로 msg1 키를 생성한다. 두 번째 명령은 부모 messages 키 안에 msg2 키를 중첩했다. 마지막 명령은 1234 값으로 flag를 추가한다. 플래그flag는 버전 번호나 정수로 표현될 수 있는 그 밖의 정보를 저장하는 데 사용될 수 있다.

우리가 저장한 정보를 조회하는 방법을 살펴보자.

```
curl http://localhost:8500/v1/kv/?recurse \
    | jq '.'
```

명령의 결과는 다음과 같다(순서는 보장되지 않는다).

```
[
    {
        "CreateIndex": 141,
        "Flags": 0,
        "Key": "messages/msg2",
        "LockIndex": 0,
        "ModifyIndex": 141,
        "Value": "dGhpcyBpcyBhbm90aGVyIHRlc3Q="
    },
    {
        "CreateIndex": 142,
        "Flags": 1234,
```

```json
        "Key": "messages/msg3",
        "LockIndex": 0,
        "ModifyIndex": 147,
        "Value": "dGhpcyBpcyBhIHRlc3Qgd2l0aCBmbGFncw=="
    },
    {
        "CreateIndex": 140,
        "Flags": 0,
        "Key": "msg1",
        "LockIndex": 0,
        "ModifyIndex": 140,
        "Value": "dGhpcyBpcyBhIHRlc3Q="
    }
]
```

recurse 질의를 사용했기 때문에 키가 루트로부터 재귀적으로 반환됐다.

여기서는 우리가 삽입한 모든 키를 볼 수 있다. 그러나 값은 base64로 인코딩되어 있다. 컨설은 텍스트 이상을 저장할 수 있으며, 사실상 모든 것을 바이너리로 저장할 수 있다. 모든 게 텍스트로 표현되는 건 아니기 때문에 컨설의 K/V로 어떤 것이든 저장할 수 있지만 크기 제한이 있다.

또한 단일 키도 가져올 수 있다.

```
curl http://localhost:8500/v1/kv/msg1 \
  | jq '.'
```

출력은 이전과 같지만 msg1 키로 제한된다.

```json
[
    {
        "CreateIndex": 140,
        "Flags": 0,
        "Key": "msg1",
        "LockIndex": 0,
```

```
        "ModifyIndex": 140,
        "Value": "dGhpcyBpcyBhIHRlc3Q="
    }
]
```

마지막으로, 값만 요청할 수도 있다.

```
curl http://localhost:8500/v1/kv/msg1?raw
```

이번에는 raw 질의 매개변수를 지정했으며, 결과는 요청된 키의 값뿐이다.

```
this is a test
```

추측한 것처럼 컨설 키는 쉽게 삭제될 수 있다. 예를 들어, messages/msg2 키를 삭제하는 명령은 다음과 같다.

```
curl -X DELETE http://localhost:8500/v1/kv/messages/msg2
```

또한 재귀적으로도 삭제할 수 있다.

```
curl -X DELETE http://localhost:8500/v1/kv/?recurse
```

우리가 배포한 컨설 에이전트는 서버로 설정되어 있다. 그러나 대부분의 에이전트는 서버 모드에서 실행할 필요가 없다. 노드의 수에 따라 서버 모드로 실행하는 3개의 컨설 에이전트와 여기에 참여하는 많은 비서버 에이전트가 최적이다. 반면에 노드의 수가 아주 크다면 서버 모드로 실행하는 에이전트의 수를 5까지 늘릴 수 있다. 단 하나의 서버가 실행된다면 실패했을 때 데이터가 손실될 수 있다. 우리의 경우에 클러스터가 3개의 노드로만 구성되고 데모 환경이기 때문에 서버 모드로 실행하는 하나의 컨설 에이전트로 충분하다.

serv-disc-02 노드에서 에이전트를 실행하고 클러스터에 참여하게 만드는 명령은 다음과 같다(아직 실행하지 마라).

```
sudo consul agent \
    -data-dir /data/consul/data \
    -config-dir /data/consul/config \
    -node=serv-disc-02 \
    -bind=10.100.197.202 \
    -client=0.0.0.0 \
    >/tmp/consul.log &
```

이전 실행과 비교했을 때 유일한 차이점은 -server와 -bootstrap-expect 1 인수를 제거한 것이다. 그러나 클러스터 서버 중 하나에서 컨설을 실행하는 것만으로는 충분하지 않다. 다른 서버에서 실행하는 컨설 에이전트에 참여할 필요가 있다. 이를 위한 명령은 다음과 같다(아직 실행하지 마라).

```
consul join 10.100.198.200
```

이 명령을 실행하면 두 서버의 에이전트가 클러스터링되고 이들 사이에 데이터가 동기화된다. 다른 서버에 컨설 에이전트를 추가하고 참여하면 컨설에 등록된 클러스터 노드의 수가 증가한다. 컨설이 가십 프로토콜을 사용해 멤버십을 관리하며 메시지를 클러스터에 브로드캐스팅하므로 하나 이상의 에이전트에 참여할 필요가 없다. 클러스터에 모든 서버의 목록을 지정해야 하는 etcd와 비교하면 유용한 개선사항 중 하나다. 그런 목록을 관리하는 일은 서버의 수가 증가할 때 좀 더 복잡해지기 마련이다. 컨설은 가십 프로토콜을 사용해 클러스터 안에 노드가 어디에 있는지 알려주지 않아도 검색할 수 있는 기능을 제공한다.

컨설 기본 사항을 살펴봤으므로 클러스터 안에 있는 모든 서버에 설정을 자동화하는 방법을 알아보자. 우리는 이미 앤시블을 사용하고 있으므로 컨설을 위한 새로운 역할을 생성할 것이다. 지금 우리가 살펴볼 설정이 여태껏 했던 것과 매우 비슷함에도 불구하고 아직 보지 못한 새로운 세부사항이 약간 있다.

앤시블 역할 roles/consul/tasks/main.yml의 처음 2개의 작업은 다음과 같다.

```
- name: Directories are created
  file:
    path: "{{ item }}"
    state: directory
  with_items: directories
  tags: [consul]
- name: Files are copied
  copy:
    src: "{{ item.src }}"
    dest: "{{ item.dest }}"
    mode: "{{ item.mode }}"
  with_items: files
  tags: [consul]
```

먼저 디렉터리를 만든 다음 파일을 복사했다. 두 작업은 with_items 태그에 지정된 변수 배열을 사용한다.

이 변수들에 대해 살펴보자. 이들은 roles/consul/defaults/main.yml에 정의되어 있다.

```
logs_dir: /data/consul/logs
directories:
  - /data/consul/data
  - /data/consul/config
  - "{{ logs_dir }}"
files: [
  { src: 'consul', dest: '/usr/local/bin/consul', mode: '0755' },
  { src: 'ui', dest: '/data/consul', mode: '0644' }
]
```

이 변수들을 roles/consul/tasks/main.yml 파일 안에 지정할 수도 있었지만 이들을 분리하는 편이 좀 더 값을 변경하기가 쉽다. 이런 경우에는 소스와 대상, 모드가 있는 JSON 형식으로 디렉토리와 파일의 간단한 목록을 작성하라.

roles/consul/tasks/main.yml에 있는 작업을 계속 살펴보자. 세 번째 것은 다음과 같다.

```
- name: Is running
  shell: "nohup consul agent {{ consul_extra }} \
    -data-dir /data/consul/data \
    -config-dir /data/consul/config \
    -node={{ ansible_hostname }} \
    -bind={{ ip }} \
    -client=0.0.0.0 \
    >{{ logs_dir }}/consul.log 2>&1 &"
  tags: [consul]
```

컨설이 이 당시 단 하나의 프로세스만 있음을 확인했기 때문에 이 작업을 여러 번 실행할 위험성은 없다. 이것은 몇 가지 변수를 더해 수작업으로 실행한 명령과 같다.

컨설의 수작업 실행을 기억한다면 하나의 노드가 서버 모드에서 컨설을 실행하고, 다른 노드는 적어도 하나의 노드에 참여해 컨설이 해당 정보를 전체 클러스터에 가십으로 퍼뜨려야 한다. 이들 차이점을 consul_extra 변수로 정의했다. 이전에 사용됐던 노드 안에 있는 roles/consul/defaults/main.yml에 정의된 것과는 달리, consul_extra는 hosts/serv-disc 인벤토리 파일에 정의된다. 살펴보자.

```
[consul]
10.100.194.201 consul_extra="-server -bootstrap"
10.100.194.20[2:3] consul_server_ip="10.100.194.201"
```

서버 IP 오른쪽에 변수를 정의했다. 이 경우에 .201은 서버로서 기능한다. 결과는

consul_server_ip 변수를 정의하는 것이며, 잠시 후 살펴보겠다.

roles/consul/tasks/main.yml 파일에 정의된 네 번째(마지막) 작업으로 넘어가 보자.

```
- name: Has joined
  shell: consul join {{ consul_server_ip }}
  when: consul_server_ip is defined
  tags: [consul]
```

이 작업은 서버 모드에서 실행되는 것을 제외한 모든 컨설 에이전트가 클러스터에 참여하게 한다. 이 작업은 이중 용도를 갖는 consul_server_ip 변수를 추가해 수작업으로 실행했던 것과 같은 명령이다. 첫 번째 용도는 shell 명령에 값을 제공하는 것이고, 두 번째 용도는 이 작업이 실행됐는지 여부를 결정하는 것으로서, when: consul_server_ip is defined 정의를 사용해 이를 수행했다.

마지막으로, consul.yml 플레이북은 다음과 같다.

```
- hosts: consul
  remote_user: vagrant
  serial: 1
  sudo: yes
  roles:
    - common
    - consul
```

전에 사용했던 플레이북과 동일한 구조이기 때문에 설명할 내용이 많지 않다.

이제 플레이북이 있으므로, 실행해 컨설 노드에서 살펴보겠다.

```
ansible-playbook \
    /vagrant/ansible/consul.yml \
    -i /vagrant/ansible/hosts/serv-disc
```

에이전트들에게 nodes 요청을 보내어 컨설이 실제로 모든 노드에서 실행하고 있는지를 확인할 수 있다.

```
curl serv-disc-01:8500/v1/catalog/nodes \
    | jq '.'
```

명령의 결과는 다음과 같다.

```
[
    {
        "Address": "10.100.194.201",
        "Node": "serv-disc-01"
    },
    {
        "Address": "10.100.194.202",
        "Node": "serv-disc-02"
    },
    {
        "Address": "10.100.194.203",
        "Node": "serv-disc-03"
    }
]
```

이제 클러스터에 있는 모든 노드가 컨설을 실행하고 있다. 그렇게 하지 않으면 레지스트레이터로 다시 가서 컨설과 결합될 때 어떻게 기능하는지를 살펴볼 수 있다.

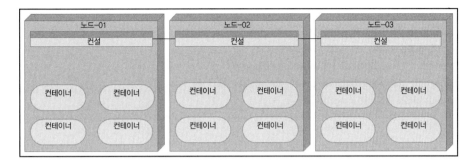

그림 8-9 도커 컨테이너와 컨설을 갖는 다중 노드

레지스트레이터 설정

레지스트레이터는 2개의 컨설 프로토콜을 갖고 있다. 먼저 consulkv부터 살펴보자. 그 결과가 etcd 프로토콜에서 얻은 것과 아주 유사해야 하기 때문이다.

```
export DOCKER_HOST=tcp://serv-disc-01:2375
docker run -d --name registrator-consul-kv \
    -v /var/run/docker.sock:/tmp/docker.sock \
    -h serv-disc-01 \
    gliderlabs/registrator \
    -ip 10.100.194.201 consulkv://10.100.194.201:8500/services
```

레지스트레이터 로그를 살펴보고 모든 게 제대로 작동하는지 확인해보자.

```
docker logs registrator-consul-kv
```

결과는 다음과 같다(간단하게 하기 위해 시간을 제거했다).

```
Starting registrator v6 ...
Forcing host IP to 10.100.194.201
consulkv: current leader  10.100.194.201:8300
```

```
Using consulkv adapter: consulkv://10.100.194.201:8500/services
Listening for Docker events ...
Syncing services on 1 containers
ignored: 19c952849ac2 no published ports
ignored: 46267b399098 port 443 not published on host
added: 46267b399098 nginx
```

결과는 etcd 프로토콜로 레지스트레이터를 실행할 때와 같다. nginx 컨테이너(etcd를 실습하는 동안 이전에 시작했던 것)가 실행 중이며, 노출된 4321 포트를 컨설에 익스포트했다. 컨설을 질의함으로써 확인할 수 있다.

```
curl http://serv-disc-01:8500/v1/kv/services/nginx/nginx?raw
```

기대한 것과 같이 결과는 nginx 컨테이너를 통해 노출된 IP와 포트다.

```
10.100.194.201:4321
```

그러나 레지스트레이터는 서비스 정보를 저장하기 위한 컨설 형식을 사용하는 consul (우리가 방금 사용한 것은 consulkv이다)이라고 하는 또 다른 프로토콜을 갖고 있다.

```
docker run -d --name registrator-consul \
    -v /var/run/docker.sock:/tmp/docker.sock \
    -h serv-disc-01 \
    gliderlabs/registrator \
    -ip 10.100.194.201 consul://10.100.194.201:8500
```

이번에는 레지스트레이터가 컨설에 전송한 정보를 살펴보자.

```
curl http://serv-disc-01:8500/v1/catalog/service/nginx-80 | jq '.'
```

이번에는 데이터가 좀 더 복잡하지만 형식은 아주 단순하다.

```
[
  {
    "ModifyIndex": 185,
    "CreateIndex": 185,
    "Node": "serv-disc-01",
    "Address": "10.100.194.201",
    "ServiceID": "nginx",
    "ServiceName": "nginx-80",
    "ServiceTags": [],
    "ServiceAddress": "10.100.194.201",
    "ServicePort": 4321,
    "ServiceEnableTagOverride": false
  }
]
```

이번에는 etcd나 consulkv 프로토콜에 저장되어 있는 IP와 포트 외에도 좀 더 많은 정보를 얻을 수 있다. 서비스가 실행하고 있는 노드와 서비스 ID, 이름을 알 수 있다. 우리는 몇 가지 추가적인 환경 변수로 더 잘할 수 있다. 또 다른 nginx 컨테이너를 가동해서 컨설에 저장된 데이터를 보자.

```
docker run -d --name nginx2 \
    --env "SERVICE_ID=nginx2" \
    --env "SERVICE_NAME=nginx" \
    --env "SERVICE_TAGS=balancer,proxy,www" \
    -p 1111:80 \
    nginx
curl http://serv-disc-01:8500/v1/catalog/service/nginx-80 | jq '.'
```

마지막 명령의 결과는 다음과 같다.

```
[
  {
    "ModifyIndex": 185,
    "CreateIndex": 185,
    "Node": "serv-disc-01",
    "Address": "10.100.194.201",
    "ServiceID": "nginx",
    "ServiceName": "nginx",
    "ServiceTags": [],
    "ServiceAddress": "10.100.194.201",
    "ServicePort": 4321,
    "ServiceEnableTagOverride": false
  },
  {
    "ModifyIndex": 202,
    "CreateIndex": 202,
    "Node": "serv-disc-01",
    "Address": "10.100.194.201",
    "ServiceID": "nginx2",
    "ServiceName": "nginx",
    "ServiceTags": [
      "balancer",
      "proxy",
      "www"
    ],
    "ServiceAddress": "10.100.194.201",
    "ServicePort": 1111,
    "ServiceEnableTagOverride": false
  }
]
```

두 번째 컨테이너(nginx2)가 등록됐고, 이번에는 컨설이 나중에 유용하게 쓸 수 있는 태그를 가져왔다. 두 컨테이너는 같은 이름으로 열거되어 있기 때문에 컨설은 같은 서비스의 두 인스턴스라고 간주한다.

레지스트레이터가 컨설과 결합해 작동하는 방법을 알았으므로, 클러스터에 있는 모든 노드에 설정하자. 좋은 소식은 이미 역할이 생성됐다는 것이다. 따라서 protocol 변수에 정의된 프로토콜을 설정한다. 또한 이전에 설정한 etcd와 충돌하지 않고서 컨설 프로토콜로 레지스트레이터 컨테이너를 불러올 수 있도록 컨테이너 이름은 registrator_name 변수로 지정한다.

registrator.yml 플레이북은 다음과 같다.

```
- hosts: registrator
  remote_user: vagrant
  serial: 1
  sudo: yes
  vars:
    - registrator_name: registrator-consul
  roles:
    - docker
    - consul
    - registrator
```

registrator-etcd.yml에는 etcd가 저장된 registrator_protocol 변수와 2379가 저장된 registrator_port 변수가 있다. 이 경우에는 이것이 필요 없는데, 이미 roles/registrator/defaults/main.yml에 consul과 8500으로 지정된 디폴트 값을 갖고 있기 때문이다. 반면에 registrator_name의 디폴트 값은 덮어썼다.

모든 것이 준비됐으므로 플레이북을 실행하자.

```
ansible-playbook \
    /vagrant/ansible/registrator.yml \
    -i /vagrant/ansible/hosts/serv-disc
```

플레이북의 실행이 완료되면 컨설 프로토콜을 사용한 레지스트레이터가 클러스터의 모든 노드에 설정될 것이다.

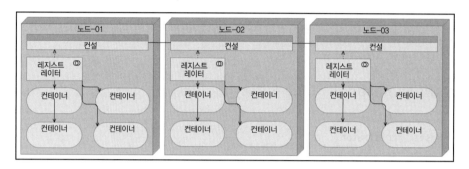

그림 8-10 도커 컨테이너와 컨설, 레지스트레이터를 갖는 다중 노드

템플릿은 어떤가? confd나 다른 것을 사용해야 할까?

컨설 템플릿 설정

etcd와 함께 confd를 사용하는 것과 같은 방법으로 컨설과 함께 confd를 사용할 수 있다. 그러나 컨설은 컨설이 제공하는 것보다 더 많은 기능을 갖춘 자체 템플릿 서비스를 제공한다.

컨설 템플릿^{Consul Template}은 컨설에서 받은 값으로 파일을 생성할 수 있는 아주 편리한 방법이다. 게다가 파일이 업데이트된 후에 임의의 명령을 실행할 수도 있다. confd와 마찬가지로 컨설 템플릿도 Go Template 형식을 사용한다.

지금쯤이면 아마도 일상적인 작업에 익숙해져 있을 것이다. 먼저 컨설 템플릿을 수작업으로 시도한다. 다른 모든 도구와 마찬가지로 이 장에서 설치하고, 설치는 릴리스를 다운로드하고, 압축을 풀어 실행 파일이 시스템 경로에 있는지 확인하는 것으로 구성된다.

```
wget https://releases.hashicorp.com/consul-template/0.12.0/\
consul-template_0.12.0_linux_amd64.zip
sudo apt-get install -y unzip
unzip consul-template_0.12.0_linux_amd64.zip
sudo mv consul-template /usr/local/bin
rm -rf consul-template_0.12.0_linux_amd64*
```

컨설 템플릿을 노드에서 사용할 수 있게 됐으므로 템플릿 하나를 생성해야 한다.

```
echo '
{{range service "nginx-80"}}
The address is {{.Address}}:{{.Port}}
{{end}}
' >/tmp/nginx.ctmpl
```

이 템플릿이 처리될 때 nginx-80이란 이름으로 모든 서비스를 반복(range)한다. 각 반복에서 서비스 Address와 Port로 텍스트를 생성한다. 템플릿은 /tmp/nginx.ctmpl로 생성된다.

컨설 템플릿을 실행하기 전에, nginx 서비스에 관해 컨설에 저장된 내용을 살펴보자.

```
curl http://serv-disc-01:8500/v1/catalog/service/nginx-80 | jq '.'
```

출력은 다음과 같다.

```
[
  {
    "ModifyIndex": 185,
    "CreateIndex": 185,
    "Node": "serv-disc-01",
    "Address": "10.100.194.201",
    "ServiceID": "nginx",
```

```
      "ServiceName": "nginx-80",
      "ServiceTags": [],
      "ServiceAddress": "10.100.194.201",
      "ServicePort": 4321,
      "ServiceEnableTagOverride": false
  },
  {
      "ModifyIndex": 202,
      "CreateIndex": 202,
      "Node": "serv-disc-01",
      "Address": "10.100.194.201",
      "ServiceID": "nginx2",
      "ServiceName": "nginx-80",
      "ServiceTags": [
        "balancer",
        "proxy",
        "www"
      ],
      "ServiceAddress": "10.100.194.201",
      "ServicePort": 1111,
      "ServiceEnableTagOverride": false
  }
]
```

2개의 nginx 서비스가 실행되고 있으며 컨설에 등록되어 있다. 생성한 템플릿을 적용한 결과를 살펴보자.

```
consul-template \
    -consul serv-disc-01:8500 \
    -template "/tmp/nginx.ctmpl:/tmp/nginx.conf" \
    -once
cat /tmp/nginx.conf
```

두 번째 명령의 결과는 다음과 같다.

```
The address is 10.100.194.201:4321
The address is 10.100.194.201:1111
```

우리가 실행한 컨설 템플릿 명령은 두 서비스를 발견하고 우리가 지정한 형식으로 출력을 생성했다. 단 한 번만 실행하도록 지정했다. 다른 방법은 데몬 모드로 실행하는 것이다. 이 경우에 레지스트리에서 변경된 것을 모니터링해서 지정된 설정 파일에 적용한다.

나중에 배포 파이프라인에서 컨설 템플릿을 사용할 때 작동하는 방법을 상세히 설명할 것이다. 그때까지는 https://www.consul.io/docs/를 참조하기 바란다. 지금은 컨설에 저장된 정보를 얻을 수 있으며, 우리가 지정한 템플릿에 적용할 수 있다는 사실을 이해하는 게 중요하다. 역방향 프록시로도 쉽게 할 수 있으며, 이것은 다음 장의 주제다.

컨설 템플릿에 컨설의 키/값 형식을 적용하지 않았다. 이 조합으로 confd와 비교할 때 중요한 차이는 없다.

컨설 템플릿의 중요한 단점은 컨설과 밀접하게 결합돼 있다는 것이다. 다른 많은 레지스트리와도 사용할 수 있는 confd와는 달리 컨설 템플릿은 컨설과 밀접하게 결합된 템플릿 엔진으로 생성된다. 이는 컨설의 서비스 형식을 이해하기 때문에 이점도 된다. 컨설을 사용하기로 했다면 컨설 템플릿이 아주 적합하다.

다음 주제로 넘어가기 전에 컨설 템플릿 역할을 생성하고 모든 노드에 설정해보자. roles/consul-template/tasks/main.yml 파일은 다음과 같다.

```
- name: Directory is created
  file:
    path: /data/consul-template
    state: directory
  tags: [consul-template]
```

```
- name: File is copied
  copy:
    src: consul-template
    dest: /usr/local/bin/consul-template
    mode: 0755
  tags: [consul-template]
```

이 역할에서 흥미로운 부분은 없다. 아마도 지금까지 우리가 했던 것 중 가장 단순할 것이다. consul-template.yml 플레이북도 마찬가지다.

```
- hosts: consul-template
  remote_user: vagrant
  serial: 1
  sudo: yes
  roles:
    - common
    - consul-template
```

그리고 마지막으로 모든 노드에 설정할 수 있다.

```
ansible-playbook \
    /vagrant/ansible/consul-template.yml \
    -i /vagrant/ansible/hosts/serv-disc
```

마지막 결과는 etcd/레지스트레이터 결과와 유사하다. 차이점은 컨설에 전송되는 데 이터 형식뿐이다.

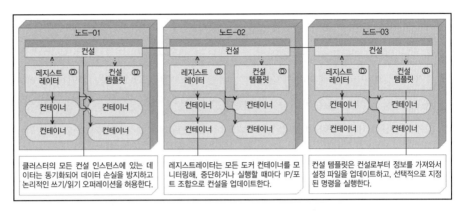

그림 8-11 도커 컨테이너와 컨설, 레지스트레이터, 컨설 템플릿을 갖는 다중 노드

지금까지 어느 정도는 etcd/레지스트레이터/confd 조합과 유사한 컨설의 기능을 살펴봤다. 이제는 컨설의 두드러진 특징을 살펴볼 시간이다.

컨설 상태 검사, 웹 UI, 데이터 센터

클러스터 노드와 서비스의 상태를 모니터링하는 일은 테스트와 배포만큼이나 중요하다. 우리는 결코 실패하지 않는 견고한 환경을 목표로 하지만, 예기치 않은 실패가 발생할 수 있음을 인정하고, 그에 따라 적절한 행위를 할 수 있게 준비해야 한다. 예를 들어, 메모리 사용을 모니터링하여 만약 어떤 임계치에 도달하면 일부 서비스를 클러스터에 있는 다른 노드로 이동할 수 있다. '재앙'이 발생하기 전에 예방 조치를 수행하는 것이 하나의 예가 될 수 있다. 반면에 우리가 제시간에 잠재적인 실패를 모두 탐지할 수 있는 것은 아니다. 단일 서비스가 실패할 수도 있고, 하드웨어 실패로 인해 전체 노드의 작동이 중단될 수도 있다. 이와 같은 경우에 가능한 한 빨리, 예를 들어 새로운 노드로 대체하고 실패한 서비스를 옮기는 것과 같은 행위를 준비해야 한다. 이러한 작업에서 컨설이 어떻게 도와줄 수 있는지 자세히 설명하진 않을 것이다. 자가 치유 시스템을 다루는 장이 따로 있으며, 컨설이 그 안에서 중요한 역할을 하기 때문이다. 지금으로서는 컨설이 단순하고 우아하지만 강력한 방식으로 상태 검사를 수행해, 상태 임계치에 도달할 때 어떤 행위를 수행할지 정의할 수 있게 돕는다는 설명으로 충분하다.

'etcd ui'나 'etcd dashboard'를 웹에서 검색해보면 사용 가능한 몇 가지 솔루션이 있음을 알게 되고 왜 이들을 제시하지 않는지 궁금할 수도 있다. 그 이유는 간단하다. etcd는 키/값 저장소 그 이상은 아니다. 데이터를 표현하는 UI를 갖는다는 건 그다지 유용하지 않다. etcdctl을 통해 얻을 수 있기 때문이다. 그렇다고 etcd UI가 쓸모가 없다는 뜻은 아니다. 그 제한된 영역으로 인해 차이점이 크지 않을 뿐이다.

컨설은 단순한 키/값 저장소 그 이상이다. 이미 살펴봤듯이, 키/값 쌍을 저장하는 것 외에도 그것에 속해 있는 데이터를 사용하는 서비스 개념을 갖고 있다. 또한 상태 검사를 수행해 우리의 노드와 노드 위에서 실행하는 서비스의 상태를 보기 위해 사용될 수 있는 대시보드의 좋은 후보가 되기도 한다. 마지막으로, 다중 데이터 센터의 개념을 이해한다. 이 모든 특징이 결합되어 다른 관점의 대시보드가 필요하다는 사실을 알게 될 것이다.

컨설 웹 UI^{Consul Web UI}로 모든 서비스와 노드를 볼 수 있으며, 상태 검사와 이들의 상태를 모니터링하고, 키/값 데이터를 읽고 저장할 수 있으며, 그뿐 아니라 하나의 데이터 센터에서 다른 것으로 전환할 수도 있다. 작동하는 모습을 보려면 웹 브라우저에서 http://10.100.194.201:8500/ui를 열어보기 바란다. 상위 메뉴에서 API를 통해 앞에서 우리가 수행했던 단계에 대응하는 항목을 볼 수 있다.

SERVICES 메뉴 항목은 우리가 등록한 모든 서비스의 목록을 나열하는데, 지금은 많지 않다(그림 8-12 참조). 오직 컨설 서버와 도커 UI, 그리고 nginx 서비스 인스턴스 2개가 실행되고 있기 때문이다. 우리는 이름이나 상태로 이들을 필터링할 수 있고, 등록된 서비스 중 하나를 클릭해 세부 정보를 볼 수 있다.

NODES 메뉴 항목은 선택된 데이터 센터에 속한 모든 노드의 목록을 보여준다(그림 8-13 참조). 우리의 경우에는 3개의 노드가 있다. 첫 번째 노드에는 등록된 서비스 3개가 있다.

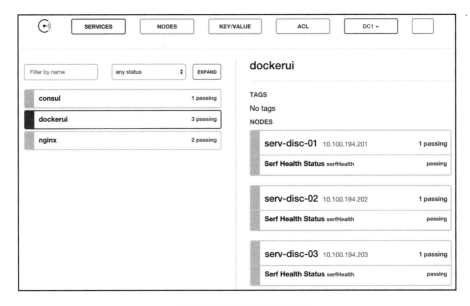

그림 8-12 컨설 웹 UI SERVICES

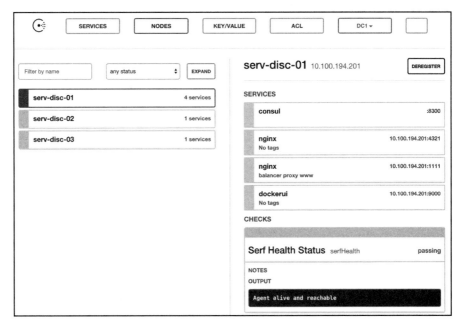

그림 8-13 컨설 웹 UI NODES

KEY/VALUE 화면은 데이터를 표시하고 수정할 수 있다(그림 8-14 참조). 이 안에서 여러분은 프로토콜로 consulkv를 사용하도록 설정된 레지스트레이터 인스턴스가 컨설에 저장한 데이터를 볼 수 있다. 데이터를 직접 추가하고 UI 안에 시각화되는 방법을 살펴보기 바란다. 앞에서 사용한 API로 컨설 키/값 데이터를 다루는 것 외에도 UI를 통해 이들을 관리할 수 있다.

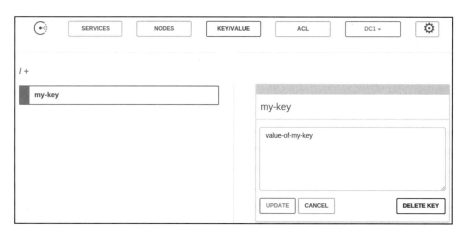

그림 8-14 컨설 웹 UI KEY/VALUE

 컨설이 데이터 센터로 노드를 그룹화할 수 있음을 주목하기 바란다. 우리는 단지 3개의 노드만 실행하고 있기 때문에 이 기능을 사용하지 않았다. 클러스터에 있는 노드가 증가하기 시작하면 데이터 센터로 분리하는 것이 바람직하며, 컨설은 UI를 통해 이를 시각화하는 데 도움이 된다.

컨설, 레지스트레이터, 템플릿, 상태 검사, 웹 UI

우리가 살펴본 도구와 함께 컨설은 etcd가 제공하는 것보다는 좋은 솔루션인 경우가 많다. 서비스 아키텍처와 검색을 염두에 두고 설계됐으며, 단순하지만 강력하다. 단순함을 희생하지 않고 완벽한 솔루션을 제공하며, 많은 경우에 있어서 서비스 검색과 상태 검사 필요에 가장 적합한 도구다(적어도 우리가 평가한 것 중에서는).

▌ 서비스 검색 도구 비교

모든 도구는 유사한 원리와 아키텍처를 기반으로 한다. 노드에서 실행하며 작동하기 위한 쿼럼quorum이 필요하며 일관성이 있다. 이들 모두는 어떤 형식의 키/값 저장소를 제공한다.

주키퍼는 이 셋 중 가장 오래된 것으로, 복잡성과 리소스 활용성, 달성하려는 목표에서 성숙도를 보여준다. 우리가 평가한 나머지 도구와는 다른 성숙도로 설계됐다(그렇게 많은 성숙도는 아니지만).

레지스트레이터 및 confd와 함께 사용되는 etcd는 아주 단순하지만, 대부분의(전부는 아니지만) 서비스 검색 요구를 해결할 수 있는 아주 강력한 조합이다. 단순하지만 아주 특정한 도구와 결합할 때 얻을 수 있는 힘을 보여준다. 이들 각각은 아주 특별한 작업을 수행하며, 잘 수립된 API를 통해 커뮤니케이션하고, 비교적 자치적으로 작업할 수 있다. 이들은 아키텍처뿐만 아니라 기능적인 접근 방법에서 모두 마이크로서비스다.

컨설을 구별 짓는 것은 다중 데이터 센터와 서드파티 도구 없이 상태 검사를 지원한다는 점이다. 서드파티 도구를 사용하는 게 나쁘다는 뜻은 아니다. 실제로 이 책에서는 불필요한 기능 오버헤드를 도입하지 않고 다른 것보다 잘 수행할 수 있는 것들을 선택함으로써 다른 도구들을 조합하려고 애쓰고 있다. 최선의 결과를 얻으려면 해당 작업에 적절한 도구를 사용해야 한다. 우리가 하려는 작업 이상의 일을 하는 도구는 효율성이 떨어진다. 반면에 우리에게 필요한 일을 하지 못하는 도구는 쓸데없다. 컨설은 좋은 균형을 이룬다. 아주 소수의 일을 하지만 아주 잘한다.

컨설이 가십 프로토콜을 사용해 클러스터에 관한 지식을 전파하는 방식은 특히 대규모 데이터 센터의 경우에 etcd보다 더 설정하기 쉽게 해준다. 데이터를 서비스로서 저장하는 능력은 etcd에서 사용되는 키/값 저장소보다 더 완벽하고 유용하다(컨설은 해당 옵션을 제공하지만). etcd에 다중 키를 삽입함으로써 같은 일을 할 수 있지만, 컨설의 서비스는 보통 서비스에 관련된 모든 데이터를 추출하는 단일 질의를 필요로 하는 좀 더 간결한 결과를 달성한다. 그 위에서 레지스트레이터는 컨설 프로토콜의 아주 좋은 구현을 갖고 있어 이 둘을 훌륭하게 결합할 수 있게 하는데, 특히 컨설 템플릿이 여기에 더해질 때 좋다. 컨설의 웹 UI는 케이크 위에 얹힌 체리와 같이 서비스와 상태를 시각화하는 좋은 방법을 제공한다.

컨설이 확실한 승자라고 말할 수는 없다. 대신, etcd와 비교할 때 약간 우세한 부분이 있다. 우리가 사용할 수 있는 도구뿐만 아니라 개념으로서 서비스 검색은 새로운 것이어서 이 분야에서 많은 변화를 기대할 수 있다. 여러분이 이 책을 읽을 때쯤이면 새로운 도구가 나올 것 같다. 아니면 우리가 평가한 도구들이 변경되어 우리가 했던 실습 중 일부가 쓸모없어질 수도 있다. 열린 마음을 가지고 줄잡아서 이번 장의 조언을 받기 바란다. 우리가 사용한 논리는 견고하며 곧 바뀔 가능성이 별로 없다. 도구에 대해서는 그렇게 말할 수 없다. 이들은 빨리 발전할 수밖에 없다.

우리의 배포 절차로 되돌아가기 전에 한 가지 주제가 더 남아 있다. 통합 단계는 역방향 프록시를 통해 이뤄져야 할 것이다.

계속 진행하기 전에 다음 장을 위해 서비스 검색 실습을 목적으로 생성했던 가상 머신을 삭제하고 리소스를 해제하자.

```
exit
vagrant destroy -f
```

09

프록시 서비스

우리는 배포할 컨테이너를 함께 묶어줄 무엇인가가 필요한 시점에 도달했다. 서비스에 대한 접근을 단순화하고 컨테이너가 배포되는 모든 서버와 포트를 통일할 필요가 있다. 여러 솔루션이 이 문제를 해결하고 있지만, 가장 일반적으로 사용되는 것은 **ESB**Enterprise Service Bus 제품이다. 그렇다고 해서 대상 서비스로 전송하는 것이 이들의 유일한 목적이라는 뜻은 아니다. 실제로도 그렇지 않다. 그게 바로 ESB를 우리 아키텍처의 솔루션으로 거부하는 이유 중 하나다. ESB는 (우리가 필요한 것보다 훨씬) 많은 일을 하려고 하지만, 우리가 원하는 건 아주 특정한 작은 컴포넌트나 서비스로 정확하게 우리에게 필요한 일만 하도록 시스템을 구성하는 것이다. 넘치지도 모자라지도 않아야 한다. ESB는 마이크로서비스와 정반대이며, 어떤 면에서는 서비스 지향 아키텍처의 초기 아이디어를 배반하고 있다. 마이크로서비스에 전념하고 좀 더 구체적인 솔루션을 찾고 있다면 대안은 프록시 서비스다. 프록시 서비스가 무엇이며 우리 아키텍처와 프로세스에 어떤 제품이 도움이 될 수 있는지 논의하는 데 좀 더 많은 시간을 할애해야 하는 이유다.

프록시 서비스^{proxy service}는 요청을 하는 클라이언트와 요청을 처리하는 서버 사이에서 중개자 역할을 하는 서비스다. 클라이언트가 프록시 서비스에 요청을 보내면, 프록시 서비스는 대상 서비스로 요청을 전송해 서비스가 거주하는 아키텍처의 복잡한 레이어를 단순화하고 통제한다.

적어도 세 가지 이상의 프록시 서비스 유형이 있다.

- 게이트웨이^{gateway} 또는 터널링 서비스^{tunneling service}는 대상 서비스로 요청을 전송하고 요청을 한 클라이언트에게 응답을 보내는 프록시 서비스의 일종이다.
- 순방향 프록시^{forward proxy}는 다른 (주로 인터넷) 소스에서 데이터를 검색하는 데 사용된다.
- 역방향 프록시^{reverse proxy}는 보통 사설 네트워크에 있는 서버나 서비스의 접근을 통제하고 보호하는 데 사용된다. 이런 기본 기능 외에 보통 로드 밸런싱, 암호화, 캐싱, 인증 같은 작업도 수행한다.

역방향 프록시가 당면한 문제에 대한 최선의 솔루션일 수 있으므로, 좀 더 자세히 살펴보겠다.

▌ 역방향 프록시 서비스

프록시 서비스의 주요 목적은 요청을 최종 목적지로 전송하는 것뿐만 아니라 나머지 서비스를 감추는 것이다. 응답도 마찬가지다. 서비스가 요청에 응답하면 해당 응답은 프록시 서비스로 돌아가 거기서 처음 요청한 클라이언트에게로 전송된다. 어떤 용도로든 대상 서비스 관점에서 보면 요청은 프록시에서 온다. 다시 말해 요청을 생성한 클라이언트도 프록시 뒤에 무엇이 있는지 알지 못하며, 요청에 응답하는 서비스도 프록시 너머 어디에서 요청이 왔는지 알지 못한다. 즉 클라이언트와 서비스 둘 다 프록시 서비스의 존재에 관해서만 알고 있다.

우리는 (마이크로)서비스에 기반한 아키텍처 컨텍스트에서의 프록시 서비스 사용에 집중할 것이다. 그러나 프록시 서비스가 전체 서버(프록시 서버라고 하는 경우는 제외)상에서 사용된다고 하더라도 대부분의 개념은 같다.

프록시 서비스의 주요 목적(요청 및 응답 오케스트레이션을 넘어서)은 다음과 같다.

- 거의 모든 애플리케이션 서버는 **암호화**encryption(대부분 SSL Secure Sockets Layer)를 제공하지만 보통은 그것을 담당하는 미들맨middle man을 두는 편이 더 쉽다.
- 이 경우에 **로드 밸런싱**load balancing은 프록시 서비스가 같은 서비스의 여러 인스턴스 간에 부하의 균형을 조정하는 프로세스다. 대부분의 경우에 이들 인스턴스는 여러 서버에 걸쳐 확장된다. 이러한 조합(로드 밸런싱과 확장)으로 특히 아키텍처가 마이크로서비스를 기반으로 할 때 성능 향상을 빨리 달성할 수 있고 타임아웃과 중단 시간을 피할 수 있게 된다.
- **압축**compression은 단일 서비스로 중앙집중화될 때 쉽게 달성할 수 있는 기능의 또 다른 후보다. 프록시 서비스로서 역할을 하는 주요 제품은 압축 면에서 아주 효율적이며, 비교적 쉽게 설치할 수 있게 한다. 트래픽을 압축하는 주된 이유는 로드 시간이 빨라지기 때문이다. 크기가 작으면 그만큼 로드는 빨라진다.
- **캐싱**caching은 프록시 서비스에서 쉽게 구현할 수 있는 기능 중 하나이며, (일부 경우에) 중앙집중식으로 이점을 얻는다. 응답을 캐싱함으로써 서비스가 수행해야 하는 작업의 일부를 오프로드offload할 수 있다. 캐싱의 요지는 규칙(예를 들어, 제품 목록과 관련된 요청을 캐시한다)과 캐싱 타임아웃의 설정이다. 거기에서부터 요청이 같다면 서비스로 요청을 보내지 않고 프록시가 직접 제공한다. 즉 타임아웃에 도달할 때까지 프로세스는 반복된다. 사용할 수 있는 훨씬 더 복잡한 조합이 있지만, 우리가 설명한 내용이 가장 일반적인 사용이다.

- 대부분의 프록시 서비스는 서비스에서 노출되는 공개 API에 대한 단일 진입 점으로서 역할을 한다. 이 자체는 보안을 증가시킨다. 대부분의 경우 외부에서는 80(HTTP)과 443(HTTPS) 포트만 사용할 수 있다. 서비스가 요구하는 다른 모든 포트는 내부용으로만 열려 있어야 한다.
- 다른 유형의 인증(예: OAuth)이 프록시 서비스를 통해 구현될 수 있다. 요청에 사용자 ID가 없으면 프록시 서비스가 호출자에게 적절한 응답 코드를 반환하도록 설정할 수 있다. 반대로 ID가 있다면 프록시는 대상 서비스로 계속 이동해 그 ID를 확인하게 하던가, 아니면 자신이 확인할 수도 있다. 물론 인증을 수행하기 위해 많은 변형이 사용될 수 있다. 주목해야 할 중요한 점은 프록시가 사용된다면 어떤 방식으로든 이 프로세스와 관련될 가능성이 높다는 것이다.

이 목록은 결코 광범위하지도 최종적이지도 않지만, 가장 일반적으로 사용되는 사례들을 포함한다. 합법적이거나 불법적인 목적으로 그 밖의 많은 조합도 가능하다. 예를 들어, 프록시는 익명을 유지하려는 해커에게는 필수적인 도구다.

이 책에서는 주로 기본적인 기능에 초점을 맞출 텐데, 프록시 역할을 하도록 프록시 서비스를 사용할 것이다. 이들은 우리가 배포하는 마이크로서비스 간 모든 트래픽의 오케스트레이션을 담당한다. 배포에서 사용되는 간단한 사용법에서 시작해 더 복잡한 오케스트레이션, 즉 청—녹 배포blue-green deployment를 향해서 천천히 나아간다.

어떤 경우에는 프록시 서비스가 마이크로서비스 접근 방법에서 벗어난 것처럼 들릴 수 있다. 프록시 서비스가 (보통의 경우처럼) 여러 가지 일을 할 수 있기 때문이다. 그러나 기능적인 관점에서 보면 한 가지 목적만 갖는다. 외부 세계와 우리가 내부적으로 호스트하는 모든 서비스 사이에 다리를 제공한다. 동시에 아주 적은 리소스만 사용하며 몇 가지 설정 파일만으로 처리할 수 있다.

프록시 서비스에 대한 기본적인 사항을 이해했다면 우리가 사용할 수 있는 제품들을 살펴볼 시간이다.

지금부터는 역방향 프록시를 그냥 프록시라고 하겠다.

프록시 서비스가 우리 프로젝트를 어떻게 도와주는가?

지금까지 우리는 서비스를 배포할 수 있는 통제된 방법을 갖도록 관리했다. 우리가 달성하려고 하는 배포의 특성상 이 서비스는 포트와, 잠재적으로 우리가 미리 알 수 없는 서버에 배포돼야 한다. 유연성은 확장 가능한 아키텍처와 결함 감내, 그리고 앞으로 계속해서 살펴볼 그 밖의 많은 개념의 핵심이다. 그러나 이러한 유연성에는 비용이 따른다. 우리는 서비스가 어디에 배포될지, 어떤 포트를 노출할지 미리 알지 못할 수 있다. 배포 전에 이 정보를 사용할 수 있다고 하더라도 요청을 보낼 때 서비스의 사용자가 다른 포트와 IP를 강제로 지정하게 해서는 안 된다. 해결 방안은 내부 서비스뿐만 아니라 서드파티로부터의 모든 커뮤니케이션을 단일점으로 중앙집중화하는 것이다. 요청을 전송하는 책임을 맡게 될 단일 위치가 프록시 서비스다. 사용 가능한 몇 가지 도구를 살펴보고 장단점을 비교해볼 것이다.

이전과 마찬가지로 다른 프록시 서비스를 실행하는 데 사용할 가상 머신을 생성하는 것으로 시작한다. cd 노드를 재생성하고 이것을 사용해 다른 프록시 서비스를 갖는 프록시 서버를 프로비저닝할 것이다.

```
vagrant up cd proxy
```

첫 번째 도구로 nginx를 살펴보자.

nginx

nginx^{engine x}는 HTTP 및 역방향 프록시 서버, 메일 프록시 서버, 그리고 일반적인 TCP 프록시 서버다. 원래 이고르 시소에프^{Igor Sysoev}가 작성했다. 러시아 사이트에 처음 공급된 이후, 세상에서 가장 바쁜 사이트(예: 넷플릭스^{NetFlix}, 워드프레스^{Wordpress}, 패스트메일

FastMail)에 선택된 서버가 되었다. 넷크래프트^{Netcraft}에 따르면 nginx는 2015년 9월 기준 가장 바쁜 사이트 중 23% 정도에서 사용됐다. 아파치^{Apache}에 이어 2위다. 넷크래프트가 제공하는 숫자에 의문의 여지가 있긴 하지만, nginx는 아주 인기가 있으며, 아마도 아파치와 IIS 다음으로 3위에 가까울 것이다. 지금 우리가 수행한 모든 것은 리눅스를 기반으로 하므로 마이크로소프트 IIS는 폐기돼야 한다. 우리의 프록시 서비스가 될 유효한 후보로서 아파치만 남는다. 따라서 이 둘을 비교해야 한다.

아파치는 오랫동안 사용돼왔고 광범위한 사용자 기반을 구축했다. 이러한 커다란 인기는 부분적으로는 아파치 위에서 실행되는 톰캣^{Tomcat} 덕분이며, 오늘날 가장 인기 있는 애플리케이션 서버 중 하나다. 톰캣은 아파치 유연성의 많은 예 중 하나다. 모듈을 통해 거의 어떤 프로그래밍 언어든 처리할 수 있게 확장 가능하다.

가장 인기가 있다고 해서 늘 최선의 선택이라고 할 수는 없다. 아파치는 설계 결함으로 인한 과부하로 크롤링 속도를 떨어뜨릴 수 있다. 새로운 프로세스를 생성해 아주 많은 메모리를 소비한다. 그 위에서 모든 요청에 대해 새로운 스레드를 생성함으로써 CPU와 메모리에 접근하기 위해 서로 경쟁하게 한다. 마지막으로, 설정할 수 있는 프로세스의 한계에 도달하면 새로운 연결을 그냥 거절해버린다. 아파치는 프록시 서비스로서 사용하도록 설계된 것이 아니다. 이 기능은 그 이후에 추가된 것이다.

nginx는 아파치가 갖고 있는 문제들, 특히 C10K 문제를 해결하기 위해 생성됐다. 당시 C10K는 웹 서버가 10개의 1000개(10K), 즉 1만 개의 동시 연결(C)을 처리하는 과제였다. nginx는 2004년에 릴리스됐고 이 과제의 목표를 달성했다. 아파치와 달리 아키텍처는 비동기, 논블로킹, 이벤트 주도적 아키텍처를 기반으로 한다. 처리할 수 있는 동시 요청 수에서 아파치를 압도할 뿐만 아니라, 리소스 사용도 훨씬 적다. 아파치 이후에 등장했고 동시성 문제에 대한 솔루션으로서 철저히 설계됐다. 우리는 더 많은 요청을 더 낮은 비용으로 처리할 수 있는 서버를 갖게 됐다.

nginx의 단점은 정적 콘텐츠를 제공하도록 설계됐다는 것이다. 자바나 PHP, 또는 기타 동적인 언어가 생성한 콘텐츠를 제공하는 서버가 필요하다면 아파치가 더 좋은 선택이다. 우리의 경우 이러한 단점은 거의 중요하지 않다. 우리는 로드 밸런싱과 몇 가지 기능을 수행하는 능력을 갖춘 프록시 서비스를 찾고 있기 때문이다. 프록시가 직접 어떤 콘텐츠(정적 또는 동적)를 제공하게 하지 않고 전문 서비스로 요청을 전송하게 할 것이다.

전체적으로 보면 아파치가 좋은 선택일 경우가 많겠지만, 우리가 달성하려고 하는 작업에는 nginx가 확실한 승자다. 프록시와 로드 밸런싱 작업을 수행한다면 아파치보다 훨씬 더 잘한다. 메모리 소비는 아주 적을 것이고 방대한 양의 동시 요청을 처리할 수 있을 것이다. 적어도 프록시 우월성에 있어 다른 참가자를 구할 수 있기 전까지는 nginx가 결론이다.

nginx 설정

nginx 프록시 서비스를 설정하기 전에, 실행하려고 하는 앤시블 파일을 잠깐 살펴보자. nginx.yml 플레이북은 전에 사용했던 것과 유사하다. nginx를 추가해 이미 이전에 실행했던 역할을 실행할 것이다.

```
- hosts: proxy
  remote_user: vagrant
  serial: 1
  sudo: yes
  roles:
    - common
    - docker
    - docker-compose
    - consul
    - registrator
    - consul-template
    - nginx
```

roles/nginx/tasks/main.yml 역할에도 특별한 부분은 없다.

```
- name: Directories are present
  file:
    dest: "{{ item }}"
    state: directory
  with_items: directories
  tags: [nginx]
- name: Container is running
  docker:
    image: nginx
    name: nginx
    state: running
    ports: "{{ ports }}"
    volumes: "{{ volumes }}"
  tags: [nginx]
- name: Files are present
  copy:
    src: "{{ item.src }}"
    dest: "{{ item.dest }}"
  with_items: files
  register: result
  tags: [nginx]
- name: Container is reloaded
  shell: docker kill -s HUP nginx
  when: result|changed
  tags: [nginx]
- name: Info is sent to Consul
  uri:
    url: http://localhost:8500/v1/kv/proxy/ip
    method: PUT
    body: "{{ ip }}"
  ignore_errors: yes
  tags: [nginx]
```

몇 개의 디렉토리를 생성하고, nginx 컨테이너가 실행되는지 확인하며, 몇 개의 파일
을 넘겨주어 이 중에 변경된 것이 있으면 nginx를 다시 로드한다. 마지막으로, 나중에
필요할 때를 대비해 nginx IP를 컨설에 저장한다. 주목해야 할 중요한 부분은 nginx

설정 파일 roles/nginx/files/services.conf이다.

```
log_format upstreamlog
    '$remote_addr - $remote_user [$time_local] '
    '"$request" $status $bytes_sent '
    '"$http_referer" "$http_user_agent" "$gzip_ratio" '
    '$upstream_addr';
server {
  listen 80;
  server_name _;
  access_log /var/log/nginx/access.log upstreamlog;
  include includes/*.conf;
}
include upstreams/*.conf;
```

지금은 로그 형식화를 무시하고 server 사양으로 이동하자. nginx가 표준 HTTP 포트 80에서 듣고(listen) 어떤 서버(server_name _)에 전송된 요청을 받아야 한다고 지정했다. 다음은 include 문이다. 모든 설정을 한 곳에서 지정하는 대신에, 인클루드로 각 서비스별로 설정을 추가할 수 있다. 결과적으로 한 번에 하나의 서비스에만 집중해, 배포할 것을 정확하게 설정하도록 할 것이다. 나중에 어떤 유형의 설정이 각 인클루드에 들어가는지를 깊이 있게 다룰 것이다.

nginx 플레이북을 실행해 이것을 가지고 놀아보자. cd 노드에 들어가 proxy 노드를 프로비저닝하도록 플레이북을 실행할 것이다.

```
vagrant ssh cd
ansible-playbook /vagrant/ansible/nginx.yml \
    -i /vagrant/ansible/hosts/proxy
```

프록시 없이 살아보기

nginx가 동작하는 모습을 보기 전에, 프록시 서비스가 없을 때 직면하게 될 어려움을 환기해볼 필요가 있다. books-ms 애플리케이션을 실행함으로써 시작한다.

```
wget https://raw.githubusercontent.com/vfarcic\/books-ms/master/docker-compose.yml
export DOCKER_HOST=tcp://proxy:2375
docker-compose up -d app
docker-compose ps
curl http://proxy/api/v1/books
```

마지막 명령의 결과는 다음과 같다.

```
<html>
<head><title>404 Not Found</title></head>
<body bgcolor="white">
<center><h1>404 Not Found</h1></center>
<hr><center>nginx/1.9.9</center>
</body>
</html>
```

docker-compose로 애플리케이션을 실행해 docker-compose ps를 실행함으로써 프록시 노드에서 실행하는 것을 확인한다고 해도 curl을 통해 서비스가 표준 HTTP 포트 80에서 접근할 수 없음(nginx가 제공하는 404 Not Found 메시지가 있다)을 확인할 수 있다. 이 결과는 서비스가 임의의 포트에서 실행 중이기 때문에 예상했던 것이다. 포트를 지정한다 하더라도(이미 앞에서 좋지 않은 아이디어라고 말했다) 각각 별도로 배포된 서비스에 대해 사용자가 다른 포트를 기억하리라고 기대할 수 없다. 게다가 우리는 이미 컨설로 서비스를 검색했다.

```
curl http://10.100.193.200:8500/v1/catalog/service/books-ms | jq '.'
```

마지막 명령의 결과는 다음과 같다.

```json
[
  {
    "ModifyIndex": 42,
    "CreateIndex": 42,
    "Node": "proxy",
    "Address": "10.100.193.200",
    "ServiceID": "proxy:vagrant_app_1:8080",
    "ServiceName": "books-ms",
    "ServiceTags": [],
    "ServiceAddress": "10.100.193.200",
    "ServicePort": 32768,
    "ServiceEnableTagOverride": false
  }
]
```

또한 컨테이너를 조사해 포트를 얻을 수 있다.

```
PORT=$(docker inspect \
    --format='{{(index (index .NetworkSettings.Ports "8080/tcp")
0).HostPort}}' \
    vagrant_app_1)
echo $PORT
curl http://proxy:$PORT/api/v1/books | jq '.'
```

컨테이너를 조사해 서비스의 포트만 가져오도록 형식화를 적용하고 그 정보를 PORT 변수에 저장했다. 나중에 서비스에게 적절한 요청을 하는 데 이 변수를 사용했다. 예상대로 이번에는 결과가 정확했다. 데이터가 없기 때문에 서비스는 빈 JSON 배열을 반환했다(이번에는 404 에러가 없다).

이 오퍼레이션이 성공적이긴 하지만 우리의 사용자가 받아들이기는 어렵다. 우리 서버에는 접근할 수 없어서 필요한 정보를 얻기 위해 컨설에 질의하거나 컨테이너를 검사해야 한다. 프록시가 없다면 서비스에는 접근할 수 없다. 실행되고 있더라도 아무도 사용할 수 없게 된다.

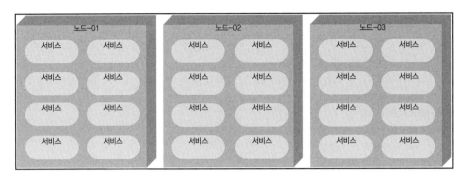

그림 9-1 프록시 없는 서비스

이제 프록시가 없다면 사용자가 느꼈을 고통을 맛보았으므로 nginx를 정확하게 설정하자. 수작업 설정으로 시작한 다음 자동화를 향해 나아갈 것이다.

수작업 nginx 설정

nginx 설정에서 첫 번째 include 문을 기억하는가? 그것을 사용하자. 이미 PORT 변수를 갖고 있으며, 우리가 할 일은 80 포트로 nginx에 들어오고 /api/v1/books 주소로 시작하는 모든 요청이 정확한 포트로 전송되게 하는 것이 전부다. 다음 명령을 실행함으로써 이 작업을 수행할 수 있다.

```
echo "
location /api/v1/books {
  proxy_pass http://10.100.193.200:$PORT/api/v1/books;
}
" | tee books-ms.conf
scp books-ms.conf \
    proxy:/data/nginx/includes/books-ms.conf # pass: vagrant
docker kill -s HUP nginx
```

/api/v1/books에 대한 모든 요청을 정확한 IP와 포트로 위임^{proxy}하는 books-ms.conf 파일을 생성했다. location 문은 /api/v1/books로 시작하는 모든 요청을 매칭해서 지정된 IP와 포트에서 실행하는 같은 주소에 이들을 위임할 것이다. IP는 불필요하지만 대부분의 경우에 프록시 서비스가 별도의 서버에서 실행되기 때문에 사용하는 편이 좋다. 더 나아가서 **안전한 복사**^{scp, secure copy}를 사용해 proxy 노드에 있는 /data/nginx/includes/ 디렉토리에 파일을 전송했다. 일단 설정이 복사되면 kill -s HUP 명령을 사용해 nginx를 다시 로드해야 한다.

방금 한 변경이 정확하게 작동하는지 살펴보자.

```
curl -H 'Content-Type: application/json' -X PUT -d \
    "{\"_id\": 1,
    \"title\": \"My First Book\",
    \"author\": \"John Doe\",
    \"description\": \"Not a very good book\"}" \
    http://proxy/api/v1/books | jq '.'
curl http://proxy/api/v1/books | jq '.'
```

성공적으로 PUT 요청을 하여 데이터베이스에 책을 삽입하고 같은 책을 반환하도록 서비스에 질의했다. 마침내, 포트에 신경 쓰지 않고 요청할 수 있다.

우리 문제가 해결됐는가? 부분적으로는 그렇다. 아직도 nginx 설정을 자동적으로 갱신할 수 있게 하는 방법을 찾아내야 한다. 마이크로서비스를 자주 배포할 예정이라면 결국에는 배포를 지속적으로 모니터링하고 설정을 갱신하는 데 사람인 운영자에게 의존할 수는 없다.

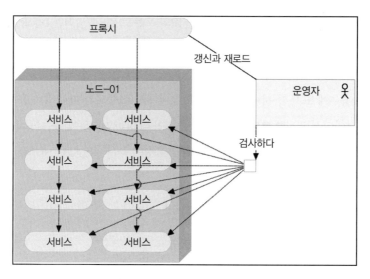

그림 9-2 수작업 프록시를 갖는 서비스

nginx 자동 설정

우리는 이미 서비스 검색 도구를 논의했으며, 앞에서 실행한 nginx 플레이북이 컨설과 레지스트레이터, 컨설 템플릿이 proxy 노드에 적절하게 설정됐는지 확인했다. 이것은 레지스트레이터가 우리가 실행하고 그 정보를 컨설 레지스트리에 저장한 서비스 컨테이너를 찾아냈음을 의미한다. 남은 일은 템플릿을 만들고, 컨설 템플릿에 보내서 설정 파일을 출력하고 nginx를 다시 로드하는 것이다.

이 상황을 좀 더 복잡하게 만들어서 서비스가 2개의 인스턴스에서 실행되도록 확장해 보자. 도커 컴포즈로 확장하는 방법은 비교적 쉽다.

```
docker-compose scale app=2
docker-compose ps
```

두 번째 명령의 결과는 다음과 같다.

```
Name              Command                 State       Ports
-------------------------------------------------------------------------
vagrant_app_1     /run.sh                 Up          0.0.0.0:32768->8080/tcp
vagrant_app_2     /run.sh                 Up          0.0.0.0:32769->8080/tcp
vagrant_db_1      /entrypoint.sh mongod   Up          27017/tcp
```

2개의 서비스 인스턴스가 있으며, 둘 다 다른 임의의 포트를 사용하고 있음을 볼 수 있다. nginx에 관해 이것이 의미하는 몇 가지 중 가장 중요한 부분은 이전과 같은 방식으로 위임할 수 없다는 것이다. 2개의 서비스 인스턴스를 실행하고 모든 요청을 이 중 하나에게만 전송하는 것은 의미가 없다. 프록시를 로드 밸런싱과 결합해야 한다.

여기서 모든 로드 밸런싱 기법을 살펴보진 않는다. 대신, 가장 단순하며 nginx에 디폴트로 사용되는 라운드 로빈round robin을 사용할 것이다. 라운드 로빈은 프록시가 요청을 모든 서비스에 동등하게 분배하는 것을 의미한다. 이전과 마찬가지로 프로젝트에 밀접하게 관련된 것들은 코드 및 nginx 설정 파일과 함께 리포지터리에 저장돼야 하며, 템플릿도 예외는 아니다.

먼저 nginx-includes.conf 설정 파일을 살펴보자.

```
location /api/v1/books {
  proxy_pass http://books-ms/api/v1/books;
  proxy_next_upstream error timeout invalid_header http_500;
}
```

이번에는 IP와 포트를 지정하는 대신에 books_ms를 사용하고 있다. 분명히 해당 도메인은 존재하지 않는다. 이것이 nginx에게 그 위치에서 업스트림upstream으로 모든 요청을 위임하라고 말해주는 방법이다. 이와 함께 proxy_next_upstream 지시를 추가했다. 에러나 타임아웃, 유효하지 않은 헤더, 500 에러를 서비스 응답으로 받으면 nginx는 다음 업스트림 연결에 넘겨줄 것이다.

그때 기본 설정 파일에서 두 번째 include 문을 사용할 수 있다. 그러나 서비스가 사용할 IP와 포트를 알지 못하기 때문에 업스트림은 컨설 템플릿 파일 nginx-upstreams.ctmpl이다.

```
upstream books-ms {
    {{range service "books-ms" "any"}}
    server {{.Address}}:{{.Port}};
    {{end}}
}
```

이는 프록시 업스트림으로 설정한 업스트림 요청 books-ms가 모든 서비스 인스턴스 사이에 로드 밸런싱될 것이며, 데이터는 컨설에서 획득될 것임을 의미한다. 일단 컨설 템플릿을 실행해 결과를 보자.

먼저 첫 번째다. 방금 논의한 2개의 파일을 다운로드하자.

```
wget http://raw.githubusercontent.com/vfarcic\
/books-ms/master/nginx-includes.conf
wget http://raw.githubusercontent.com/vfarcic\
/books-ms/master/nginx-upstreams.ctmpl
```

이제 프록시 설정과 업스트림 템플릿이 cd 서버에 있으므로 컨설 템플릿을 실행해야 한다.

```
consul-template \
    -consul proxy:8500 \
    -template "nginx-upstreams.ctmpl:nginx-upstreams.conf" \
    -once
cat nginx-upstreams.conf
```

컨설 템플릿은 입력으로 다운로드된 템플릿을 취해서 books-ms.conf 업스트림 설정을 생성했다. 두 번째 명령은 다음과 같은 결과를 산출한다.

```
upstream books-ms {
    server 10.100.193.200:32768;
    server 10.100.193.200:32769;
}
```

같은 서비스의 인스턴스 2개를 실행했기 때문에 컨설 템플릿은 이들의 IP와 포트를 추출해 books-ms.ctmpl 템플릿에 지정된 형식 안에 넣는다.

컨설 템플릿에 세 번째 인수를 전달할 수 있다는 점에 주목하기 바란다. 이것은 우리가 지정한 명령을 실행할 것이다. 나중에 이 책 전체에서 사용할 것이다.

모든 설정 파일이 생성됐으므로 proxy 노드에 복사하고 nginx를 다시 로드해야 한다.

```
scp nginx-includes.conf \
    proxy:/data/nginx/includes/books-ms.conf # Pass: vagrant
scp nginx-upstreams.conf \
    proxy:/data/nginx/upstreams/books-ms.conf # Pass: vagrant
docker kill -s HUP nginx
```

남은 일은 프록시가 작동하는지 확인하고 두 인스턴스 사이의 요청을 밸런싱하는 것이다.

```
curl http://proxy/api/v1/books | jq '.'
curl http://proxy/api/v1/books | jq '.'
curl http://proxy/api/v1/books | jq '.'
curl http://proxy/api/v1/books | jq '.'
docker logs nginx
```

4번의 요청을 한 후에 다음과 같이 나타나도록 nginx 로그를 출력한다(간결함을 위해 시간은 제외했다).

```
"GET /api/v1/books HTTP/1.1" 200 268 "-" "curl/7.35.0" "-"
10.100.193.200:32768
"GET /api/v1/books HTTP/1.1" 200 268 "-" "curl/7.35.0" "-"
10.100.193.200:32769
"GET /api/v1/books HTTP/1.1" 200 268 "-" "curl/7.35.0" "-"
10.100.193.200:32768
"GET /api/v1/books HTTP/1.1" 200 268 "-" "curl/7.35.0" "-"
10.100.193.200:32769
```

여러분의 경우에 포트가 다를 수는 있지만, 명백히 첫 번째 요청이 32768 포트에 전송되고, 다음은 32769, 그리고 그다음은 다시 32768, 마지막도 32769에 전송된다. nginx를 사용해 성공적으로 프록시로서 역할을 할 뿐만 아니라, 배포한 서비스의 모든 인스턴스 사이에서 요청을 로드 밸런싱했다.

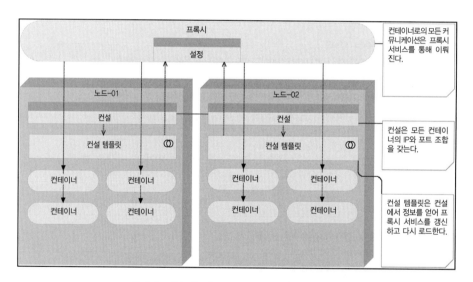

그림 9-3 컨설 템플릿으로 자동화 프록시를 갖는 서비스

아직 proxy_next_upstream 지시로 설정한 에러 처리를 테스트하지 않았다. 서비스 인스턴스 중 하나를 제거하고 nginx가 실패를 정확하게 처리하는지 확인해보자.

```
docker stop vagrant_app_2
curl http://proxy/api/v1/books | jq '.'
curl http://proxy/api/v1/books | jq '.'
curl http://proxy/api/v1/books | jq '.'
curl http://proxy/api/v1/books | jq '.'
```

하나의 서비스 인스턴스를 중지하고 여러 요청을 했다. proxy_next_upstream 지시를 사용하지 않으면 업스트림으로 설정된 두 서비스 중 하나가 더 이상 작동하지 않으므로 nginx는 모든 두 번째 요청을 실패할 것이다. 그러나 4개의 요청 모두가 정확하게 작동된다. 로그를 살펴봄으로써 nginx가 한 일을 관찰할 수 있다.

```
docker logs nginx
```

결과는 다음과 같다(간결함을 위해 시간은 제외했다).

```
"GET /api/v1/books HTTP/1.1" 200 268 "-" "curl/7.35.0" "-"
10.100.193.200:32768
[error] 12#12: *98 connect() failed (111: Connection refused) while
connecting to upstream, client: 172.17.42.1, server: _, request: "GET /
api/v1/books HTTP/1.1", upstream: "http://10.100.193.200:32769/api/v1/
books", host: "localhost"
[warn] 12#12: *98 upstream server temporarily disabled while connecting
to upstream, client: 172.17.42.1, server: _, request: "GET /api/v1/books
HTTP/1.1", upstream: "http://10.100.193.200:32768/api/v1/books", host:
"localhost"
"GET /api/v1/books HTTP/1.1" 200 268 "-" "curl/7.35.0" "-"
10.100.193.200:32768, 10.100.193.200:32768
"GET /api/v1/books HTTP/1.1" 200 268 "-" "curl/7.35.0" "-"
10.100.193.200:32768
"GET /api/v1/books HTTP/1.1" 200 268 "-" "curl/7.35.0" "-"
10.100.193.200:32768
```

첫 번째 요청은 아직 실행 중인 인스턴스가 제공하는 32768 포트로 갔다. 예상대로 nginx는 두 번째 요청을 32768 포트로 보냈다. 응답이 111(연결 거절)이기 때문에 일시적으로 이 업스트림을 사용하지 않게 하고 같은 행의 다음 명령을 시도한다. 거기에서 나머지 모든 요청은 32768 포트로 위임됐다.

설정 파일에서 몇 개의 행만으로도 프록시 설정을 관리하고, 로드 밸런싱과 장애조치 전략을 결합했다. 나중에 자가 치유 시스템을 검토하는 장에서 프록시가 실행하는 서비스하고만 작동할 뿐만 아니라, 전체 시스템을 건강 상태로 복구하는 방법을 확인한다.

nginx가 서비스 검색 도구와 결합되면 훌륭한 솔루션이 된다. 그러나 같이 따라오는 첫 번째 도구를 사용하지 않아야 하므로 몇 가지 옵션을 좀 더 평가해볼 것이다. nginx 컨테이너를 중단하고 HA프록시HAProxy가 어떻게 작동하는지 살펴보자.

```
docker stop nginx
```

HA프록시

nginx와 마찬가지로 HA프록시도 무료이며, 고가용성과 로드 밸런싱, 프록싱을 제공하는 아주 빠르고 신뢰할 수 있는 솔루션이다. 특히 트래픽이 아주 많은 웹사이트와 세계에서 가장 많이 방문하는 웹사이트에 적합하다.

나중에 우리가 살펴보고 있는 모든 프록시 솔루션을 비교할 때 차이점에 대해 말하겠지만, 지금은 HA프록시가 훌륭한 솔루션이고 최고의 nginx 대안이라고 말하는 것으로 충분하다.

실제 실습으로 시작해 nginx와 동일한 행위를 HA프록시로 수행하려고 한다. HA프록시로 proxy 노드를 프로비저닝하기 전에 앤시블 역할 haproxy에 있는 작업을 잠깐 살펴보자.

```
- name: Directories are present
  file:
  dest: "{{ item }}"
    state: directory
  with_items: directories
  tags: [haproxy]
- name: Files are present
  copy:
    src: "{{ item.src }}"
    dest: "{{ item.dest }}"
  with_items: files
  register: result
  tags: [haproxy]
- name: Container is running
  docker:
    image: million12/haproxy
    name: haproxy
    state: running
    ports: "{{ ports }}"
    volumes: /data/haproxy/config/:/etc/haproxy/
  tags: [haproxy]
```

haproxy 역할은 nginx에서 사용했던 것과 아주 유사하다. 몇 개의 디렉토리를 만들고 몇 개의 파일을 복사했다(나중에 이들을 살펴볼 것이다). 우리가 빌드하지 않은 대부분의 컨테이너와는 달리, 공식적인 haproxy 컨테이너를 사용하지 않는다는 점을 주목하자. 주된 이유는 공식적인 이미지가 HA프록시 설정을 재로드할 방법이 없다는 것이다. 이는 어느 정도 중단 시간을 야기한다. 우리의 목표 중 하나가 무중단 시간을 달성하는 것이기 때문에 컨테이너를 다시 시작하는 방법은 선택할 수 없다. 그러므로 대안을 찾아봐야 하며, 사용자 million12가 바로 우리에게 필요한 것을 갖고 있다. million12/haproxy 컨테이너는 inotify[inode notify]와 함께 제공된다. 이것은 리눅스 커널 서브시스템으로, 변경사항을 통지하고 이를 애플리케이션에 보고하도록 파일 시스템을 확장

함으로써 기능을 한다. 우리의 경우에는 설정이 변경될 때마다 inotify가 HA프록시를
다시 로드할 것이다.

계속 진행하여 proxy 노드에 HA프록시를 프로비저닝하자.

```
ansible-playbook /vagrant/ansible/haproxy.yml \
    -i /vagrant/ansible/hosts/proxy
```

HA프록시 수작업 설정

HA프록시가 실행되는지 여부를 검사함으로써 시작할 것이다.

```
export DOCKER_HOST=tcp://proxy:2375
docker ps -a
docker logs haproxy
```

docker ps 명령은 haproxy 컨테이너가 Exited 상태를 갖고 있음을 보여줬으며, 결과
를 산출한 로그는 다음과 같다.

```
[2015-10-16 08:55:40] /usr/local/sbin/haproxy -f /etc/haproxy/haproxy.cfg
-D -p /var/run/haproxy.pid
[2015-10-16 08:55:40] Current HAProxy config /etc/haproxy/haproxy.cfg:
====================================================================
=====================
cat: /etc/haproxy/haproxy.cfg: No such file or directory
====================================================================
=====================
[ALERT] 288/085540 (9) : Could not open configuration file /etc/haproxy/
haproxy.cfg : No such file or directory
[ALERT] 288/085540 (10) : Could not open configuration file /etc/haproxy/
haproxy.cfg : No such file or directory
```

HA프록시는 haproxy.cfg 설정 파일이 없다고 불평하며 프로세스를 중단했다. 실제로 우리가 실행한 플레이북에 잘못이 있다. 우리가 생성한 유일한 파일은 haproxy.cfg.orig(나중에 좀 더 설명함)이고, haproxy.cfg 파일은 없다. nginx와 달리, HA프록시는 적어도 하나의 프록시 집합을 갖고 있지 않으면 실행될 수 없다. 곧 첫 번째 프록시를 설정하겠지만, 지금은 아무것도 없다. 프록시 없이 설정을 생성하는 건 시간 낭비이고(HA프록시는 어떤 식으로든 실패함), 처음에 노드를 프로시저닝할 때는 어떤 서비스도 실행하지 않아서 서비스를 제공할 수 없으므로 그냥 haproxy.cfg 생성을 건너뛰기로 한다.

첫 번째 프록시의 설정을 계속 진행하기 전에, 프로세스를 복잡하게 할 수 있다는 또 다른 차이점에 대해 설명하겠다. nginx와 달리, HA프록시는 includes를 허용하지 않는다. 완전한 설정이 하나의 파일 안에 있어야 한다. 이것은 우리가 배포하는 서비스의 설정만 추가하거나 변경하고 나머지는 무시하기 때문에 분명한 문제를 야기한다. 그러나 별도의 파일에 설정의 일부를 생성하고 새로운 컨테이너를 배포할 때마다 이를 결합함으로써 includes를 모방할 수 있다. 이런 이유로 프로비저닝 프로세스의 일부로서 haproxy.cfg.orig 파일을 복사했다. 자유롭게 살펴보기 바란다. 대부분 디폴트 설정을 포함하고 있고, HA프록시는 우리가 참조할 수 있는 최근 문서를 포함하고 있기 때문에 상세하게 들어가지 않을 것이다. 주목해야 할 중요한 부분은 haproxy.cfg.orig 파일이 단일 프록시가 설정되지 않은 설정을 포함하고 있다는 점이다.

이전과 유사한 방식으로 실행하고 있는 서비스와 관련된 HA프록시 설정을 생성할 것이다.

```
PORT=$(docker inspect \
    --format='{{(index (index .NetworkSettings.Ports "8080/tcp")
0).HostPort}}' \
    vagrant_app_1)
echo $PORT
echo "
frontend books-ms-fe
```

```
    bind *:80
    option http-server-close
    acl url_books-ms path_beg /api/v1/books
    use_backend books-ms-be if url_books-ms
backend books-ms-be
    server books-ms-1 10.100.193.200:$PORT check
" | tee books-ms.service.cfg
```

현재 포트를 PORT 변수에 할당하고 이것을 사용해 books-ms.service.cfg 파일을 생성하기 위해 vagrant_app_1 컨테이너를 조사함으로써 시작했다.

HA프록시는 이름은 다르지만 nginx와 유사한 로직을 사용한다. frontend는 요청이 backend로 전달되는 방법을 정의한다. 어떤 면에서 frontend는 nginx의 location 지시와 유사하며, backend는 upstream과 유사하다. 우리가 한 일은 다음과 같이 번역될 수 있다. books-ms-fe라고 하는 프론트엔드를 정의하고 80 포트에 바인딩한다. 그리고 요청이 /api/v1/books로 시작할 때마다 books-ms-be라는 백엔드를 사용한다. books-ms-be 백엔드는 (현재) IP가 10.100.193.200이고 도커가 할당한 포트를 갖도록 정의된 단 하나의 서버를 갖는다. check 인수는 nginx에서와 (다소) 같은 의미를 가지며, 건강하지 못한 서비스에 위임하는 것을 건너뛰게 하는 데 사용된다.

이제 haproxy.cfg.orig 파일에 일반적인 설정이 있고, 우리가 배포하는 서비스 (.service.cfg 확장자를 가짐)에 특화된 것이 있으므로 이들을 haproxy.cfg 설정 파일에 결합하고 proxy 노드에 복사할 수 있다.

```
cat /vagrant/ansible/roles/haproxy/files/haproxy.cfg.orig \
    *.service.cfg | tee haproxy.cfg
scp haproxy.cfg proxy:/data/haproxy/config/haproxy.cfg
```

컨테이너가 실행하지 않기 때문에 (다시) 시작해야 한다. 그다음에는 서비스를 질의함으로써 프록시가 정확하게 작동하고 있는지를 검사할 수 있다.

```
curl http://proxy/api/v1/books | jq '.'
docker start haproxy
docker logs haproxy
curl http://proxy/api/v1/books | jq '.'
```

첫 번째 요청은 연결 거절 에러를 반환했다. 이것으로 프록시가 실행되고 있지 않음을 확인할 수 있다. 그다음에 haproxy 컨테이너를 시작하고 우리가 생성한 설정 파일이 유효한지, 정말로 프록시 서비스에서 사용되고 있는지를 컨테이너 로그를 통해 확인했다. 마지막으로, 요청을 다시 보냈고 이번에는 유효한 응답을 반환했다.

지금까지는 그런대로 좋다. 계속해서 컨설 템플릿을 사용해 프로세스를 자동화할 수 있다.

HA프록시 자동 설정

이전에 nginx로 했던 것과 동일하거나 아주 유사한 단계를 시도할 텐데, 이렇게 하여 두 도구를 쉽게 비교할 수 있다.

서비스를 확장함으로써 시작할 것이다.

```
docker-compose scale app=2
docker-compose ps
```

다음에는 코드 리포지터리로부터 haproxy.ctmpl 템플릿을 다운로드해야 한다. 그렇게 하기 전에 내용을 잠깐 살펴보자.

```
frontend books-ms-fe
    bind *:80
    option http-server-close
    acl url_books-ms path_beg /api/v1/books
    use_backend books-ms-be if url_books-ms
```

```
backend books-ms-be
    {{range service "books-ms" "any"}}
    server {{.Node}}_{{.Port}} {{.Address}}:{{.Port}} check
    {{end}}
```

템플릿을 생성한 방식은 nginx에서 사용했던 것과 같은 패턴을 따른다. 유일한 차이점은 HA프록시가 각 서버를 유일하게 식별해야 하므로 서버 ID로 사용할 서비스 Node와 Port를 추가한 것이다.

이제 템플릿을 다운로드하고 컨설 템플릿을 통해 실행해보자.

```
wget http://raw.githubusercontent.com/vfarcic\
/books-ms/master/haproxy.ctmpl \
    -O haproxy.ctmpl
sudo consul-template \
    -consul proxy:8500 \
    -template "haproxy.ctmpl:books-ms.service.cfg" \
    -once
cat books-ms.service.cfg
```

wget을 사용해 템플릿을 다운로드하고 consul-template 명령을 실행했다.

모든 파일을 haproxy.cfg 파일에 결합하고 proxy 노드에 복사한 후 haproxy 로그를 살펴보자.

```
cat /vagrant/ansible/roles/haproxy/files/haproxy.cfg.orig \
    *.service.cfg | tee haproxy.cfg
scp haproxy.cfg proxy:/data/haproxy/config/haproxy.cfg
docker logs haproxy
curl http://proxy/api/v1/books | jq '.'
```

남은 건 프록시 밸런싱이 두 인스턴스에서 작동하는지를 다시 확인하는 것이다.

```
curl http://proxy/api/v1/books | jq '.'
curl http://proxy/api/v1/books | jq '.'
curl http://proxy/api/v1/books | jq '.'
curl http://proxy/api/v1/books | jq '.'
```

불행하게도 HA프록시는 stdout에 로그를 출력할 수 없기 때문에(도커 컨테이너를 로깅
하는 방법이 선호됨) 밸런싱이 작동하는지 확인할 수 없다. 로그를 syslog에 출력할 수
있지만 이 내용은 이 장의 범위를 벗어난다.

우리는 backend 지시로 설정한 에러 처리를 아직 테스트하지 않았다. 서비스 인스턴스
중 하나를 제거하고 HA프록시가 실패를 정확하게 처리하는지 확인한다.

```
docker stop vagrant_app_1
curl http://proxy/api/v1/books | jq '.'
curl http://proxy/api/v1/books | jq '.'
curl http://proxy/api/v1/books | jq '.'
curl http://proxy/api/v1/books | jq '.'
```

하나의 서비스 인스턴스를 중지하고 여러 요청을 했으며 모두 제대로 작동했다.

파일을 HA프록시 설정에 포함시킬 수 있는 가능성이 없으면 작업은 좀 더 복잡해진다.
stdout에 로그할 수 없는 문제는 syslog로 해결될 수 있지만, 컨테이너의 모범 사례 중
하나로부터 벗어날 것이다. 이러한 HA프록시 행위에는 나름의 이유가 있다. stdout
으로 로깅하면 속도가 떨어진다(엄청난 요청이 있을 때만 눈에 띈다). 그러나 그것을 전부
지원하지 않는 대신에 우리의 선택으로 남겨두고 디폴트 행위로 했더라면 좋았을 뻔
했다. 마지막으로, 공식적인 HA프록시 컨테이너를 사용할 수 없기 때문에 사소하게
불편할 수 있다. 이 중 어떤 문제도 아주 중요하진 않다. includes 결여를 해결했고,
syslog에 로깅할 수 있으며, million12/haproxy에서 컨테이너를 사용할 수 있다(또한
공식적인 것에서 확장되는 우리만의 고유한 것을 생성할 수도 있다).

▌프록시 도구 비교

우리가 사용할 수 있는 솔루션이 아파치와 nginx, HA프록시가 전부는 아니다. 많은 프로젝트를 사용할 수 있으며 선택은 무엇보다 어렵다.

시도해볼 만한 가치가 있는 오픈소스 프로젝트 중 하나는 lighttpd다. nginx와 HA프록시처럼 보안, 속도, 준수, 유연성과 고성능을 위해 설계됐다. 이 제품의 특징은 작은 메모리 공간과 효율적인 CPU 부하 관리다.

자바스크립트 언어를 선호한다면 node-http-proxy도 가치 있는 후보가 될 수 있다. 지금까지 살펴본 제품들과는 달리, node-http-proxy는 자바스크립트 코드를 사용해 프록시와 로드 밸런싱을 정의한다.

VulcanD도 계속 주시하고 있는 프로젝트다. 프로그래밍할 수 있는 프록시이며, etcd가 지원하는 로드 밸런서다. 컨설 템플릿과 nginx/HA프록시로 했던 것과 유사한 프로세스가 VulcanD 안에 포함되어 있다. Sidekick과 결합되어 nginx와 HA프록시의 check 인수와 유사한 기능을 제공한다.

유사한 프로젝트가 많으며, 새로운 프로젝트와 기존 프로젝트가 계속 만들어지고 있음이 분명하다. 우리는 프록시와 로드 밸런싱, 서비스 검색을 다양한 방법으로 결합하는 좀 더 색다른 프로젝트가 등장하기를 기대하고 있다.

그러나 현재로서 나의 선택은 nginx와 HA프록시다. 추가할 다른 제품은 없으며, 이들 각 항목에는 결함이 적어도 하나씩은 있다.

아파치는 프로세스 기반으로, 방대한 트래픽이 발생하면 바람직하지 않은 성능을 낸다. 동시에 리소스 사용이 쉽게 치솟는다. 동적인 콘텐츠를 제공할 서버가 필요하다면 아파치가 훌륭한 선택이지만 프록시로는 사용하지 않아야 한다.

lighttpd는 등장했을 때 기대가 많았지만 많은 장애물(메모리 누수, CPU 사용 등)에 직면해 사용자들이 다른 대안으로 전환했다. 커뮤니티도 nginx와 HA프록시보다 훨씬 작다. 그때는 가치가 있었고 그로 인해 사람들의 기대가 높았지만 지금은 추천할 만한 솔루션이 아니다.

node-http-proxy는 어떨까? nginx와 HA프록시를 능가하는 것은 아니지만 아주 가깝다. 가장 큰 장애물은 지속적으로 변하는 프록시에 적당하지 않은 프로그래밍할 수 있는 설정일 것이다. 자바스크립트 언어를 선호하고 프록시가 비교적 정적이라면 node-http-proxy는 유효한 선택일 수도 있다. 그러나 nginx와 HAProxy보다 이점을 제공하지는 않는다.

VulcanD는 Sidekick과 결합해 시선을 사로잡는 프로젝트지만 아직 생산적이지 않다(적어도 이 책을 쓰는 시점에서는 그렇다). 주력 선수를 능가할 수 있을 것 같지 않다. VulcanD의 잠재적인 문제는 etcd와 묶여 있다는 점이다. 이미 etcd를 사용하고 있다면 아주 좋다. 반대로 다른 유형의 레지스트리(예를 들어, 컨설이나 주키퍼)를 선택한다면 VulcanD가 제공할 수 있는 게 없다. 나는 프록시와 서비스 검색을 분리하고 이들 사이를 연결하는 것을 선호한다. VulcanD가 제공하는 실제 가치는 프록시 서비스를 서비스 검색과 결합한다는 새로운 사고방식에 있다. 그리고 새로운 유형의 프록시 서비스를 위한 문을 열어주는 개척자 중 하나로 간주될 수 있다.

이제 nginx와 HA프록시가 남았다. 의견을 조사하는 데 더 많은 시간을 할애하면 두 캠프가 모두 막대한 사용자를 보유하고 있음을 알 수 있다. nginx가 HA프록시를 능가하는 영역이 있고, 그렇지 않은 영역이 있다. HA프록시에는 없는 기능과 nginx에는 누락된 기능이 있다. 그러나 이 둘은 모두 실전 테스트를 거친 훌륭한 솔루션으로, 엄청난 사용자를 보유하고 있으며, 트래픽이 방대한 회사에서 성공적으로 사용됐다. 여러분이 로드 밸런싱을 갖춘 프록시 서비스를 찾는 중이라면 어느 것을 선택해도 좋다.

내 경우에는 nginx를 좀 더 선호한다. nginx가 더 나은(공식적인) 도커 컨테이너(예를 들어, HUP 신호로 설정을 재로드할 수 있다)를 제공하며, stdout에 로그를 출력할 수 있는 설정 파일을 포함할 수 있기 때문이다. 도커 컨테이너를 제외하면 HA프록시는 이러한 기능들이 생성할 수 있는 성능 문제 때문에 의식적으로 지원하지 않았다. 그러나 나는 사용하기 적절한 경우와 그렇지 않은 경우를 선택할 수 있는 기능을 갖는 편을 더 선호한다. 그러나 이들 모두는 선택하는 데 중요한 사항이 아니며, 달성하고자 하는 특별한 사용 사례에 따라서 선택되는 경우가 많다. 그러나 nginx에는 HA프록시가 지원하지 않는 중요한 기능이 있다. HA프록시는 재로드 동안에 트래픽을 떨어뜨릴 수 있다. 마이크로서비스 아키텍처, 지속적인 배포, 청-녹 프로세스가 채택된다면 설정 재로드는 아주 빈번하다. 하루에도 여러 번 또는 수백 번씩 재로드할 수 있다. 재로드 빈도와 관계없이 HA프록시는 중단 시간의 가능성이 있다.

선택해야만 한다면 nginx이다. 이 책의 나머지 부분에서도 선택의 여지가 없다.

이제 이 장에서 사용한 VM을 제거하고 배포 파이프라인의 구현을 마무리한다. 서비스 검색과 프록시로 우리에게 필요한 모든 것을 갖췄다.

```
exit
vagrant destroy -f
```

10

배포 파이프라인 구현: 최종 단계

우리는 잠시 배포 파이프라인 구현을 중단하고 서비스 검색과 프록시 서비스를 살펴봐야 했다. 프록시 서비스가 없으면 컨테이너는 쉽게 그리고 신뢰할 수 있도록 접근할 수 없을 것이다. 모든 데이터 프록시 서비스 필요성을 제공하기 위해 다른 선택을 살펴볼 시간이 필요했고, 서비스 검색 솔루션으로서 사용할 수 있는 몇 가지 조합을 모색했다.

서비스 검색과 프록시 서비스를 사용할 수 있게 됐으므로, 우리가 떠났던 곳에서 계속해서 배포 파이프라인의 수작업 실행을 완료해보자.

1. 코드를 체크아웃한다. – 완료
2. 사전 배포 테스트를 실행한다. – 완료
3. 코드를 컴파일 및 패키징한다. – 완료
4. 컨테이너를 빌드한다. – 완료

5. 컨테이너를 레지스트리에 푸시한다. – 완료

6. 컨테이너를 생산 서버에 배포한다. – 완료

7. 컨테이너를 통합한다. – 미완

8. 사후 통합 테스트를 실행한다. – 미완

9. 테스트 컨테이너를 레지스트리에 푸시한다. – 미완

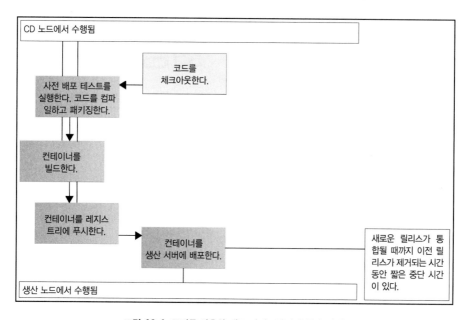

그림 10-1 도커를 사용한 배포 파이프라인의 중간 단계

배포 파이프라인에서 3개의 단계가 남았다. 컨테이너를 통합해야 하고, 이것이 완료되면 사후 통합 테스트를 실행해야 한다. 마지막으로, 레지스트리에 테스트 컨테이너를 푸시해 모든 사람이 사용할 수 있게 해야 한다.

배포 파이프라인에 사용할 2개의 노드를 불러옴으로써 시작할 것이다.

```
vagrant up cd prod
```

prod2.yml 앤시블 플레이북을 사용해 prod 노드를 프로비저닝할 것이다. 여기에는 이전 장에서 이미 논의한 서비스 검색과 프록시 역할이 포함되어 있다.

```
- hosts: prod
  remote_user: vagrant
  serial: 1
  sudo: yes
  roles:
- common
- docker
- docker-compose
- consul
- registrator
- consul-template
- nginx
```

일단 실행되면 prod 노드에는 컨설과 레지스트레이터, 컨설 템플릿, nginx가 실행될 것이다. 이들은 대상 서비스(지금 당장은 books-ms뿐)에 모든 요청을 위임하게 한다. cd 노드에서 플레이북을 실행해보자.

```
vagrant ssh cd
ansible-playbook /vagrant/ansible/prod2.yml \
    -i /vagrant/ansible/hosts/prod
```


▌ 컨테이너 시작

통합을 진행하기 전에 컨테이너를 실행해야 한다.

```
wget https://raw.githubusercontent.com/vfarcic\
/books-ms/master/docker-compose.yml
```

```
export DOCKER_HOST=tcp://prod:2375
docker-compose up -d app
```

컨설과 레지스트레이터로 이 노드를 프로비저닝했기 때문에 이 두 컨테이너의 IP와 포트는 레지스트리에서 사용될 수 있어야 한다. 브라우저에서 http://10.100.198.201:8500/ui를 열어서 컨설 UI를 방문해 확인할 수 있다.

NODES 버튼을 클릭하면 prod 노드가 등록되어 있는 모습을 볼 수 있다. 더 나아가 prod 노드 버튼을 클릭하면 2개의 서비스, 즉 consul과 books-ms를 포함하고 있음을 볼 수 있다. 우리가 시작한 mongo 컨테이너는 포트를 노출하지 않으므로 등록되지 않았다.

그림 10-2 prod 노드와 노드에서 실행되는 서비스를 보여주는 컨설 화면

컨설에 요청을 보내도 같은 정보를 볼 수 있다.

```
curl prod:8500/v1/catalog/services | jq '.'
curl prod:8500/v1/catalog/service/books-ms | jq '.'
```

238

첫 번째 명령은 컨설에 등록된 모든 서비스의 목록을 보여준다. 결과는 다음과 같다.

```
{
  "dockerui": [],
  "consul": [],
  "books-ms": []
}
```

두 번째 명령은 books-ms 서비스에 관련된 모든 정보를 출력한다.

```
[
  {
    "ModifyIndex": 27,
    "CreateIndex": 27,
    "Node": "prod",
    "Address": "10.100.198.201",
    "ServiceID": "prod:vagrant_app_1:8080",
    "ServiceName": "books-ms",
    "ServiceTags": [],
    "ServiceAddress": "10.100.198.201",
    "ServicePort": 32768,
    "ServiceEnableTagOverride": false
  }
]
```

컨테이너가 실행되고 정보가 서비스 레지스트리에 저장됐으므로 nginx를 재설정해
books-ms 서비스를 표준 HTTP 80 포트에서 접근 가능하게 할 수 있다.

▌ 서비스 통합

nginx가 서비스의 존재를 알지 못한다는 사실을 확인함으로써 시작할 것이다.

```
curl http://prod/api/v1/books
```

요청을 보낸 후에 nginx는 404 Not Found 메시지로 응답했다. 이것을 바꿔보자.

```
Exit
vagrant ssh prod
wget https://raw.githubusercontent.com/vfarcic\
/books-ms/master/nginx-includes.conf \
    -O /data/nginx/includes/books-ms.conf
wget https://raw.githubusercontent.com/vfarcic\
/books-ms/master/nginx-upstreams.ctmpl \
    -O /data/nginx/upstreams/books-ms.ctmpl
consul-template \
    -consul localhost:8500 \
    -template "/data/nginx/upstreams/books-ms.ctmpl:\
/data/nginx/upstreams/books-ms.conf:\
docker kill -s HUP nginx" \
    -once
```

이전 장에서 이미 대부분의 단계를 수행했으므로, 간략하게 살펴보겠다. prod 노드에 들어가서 includes 파일과 업스트림 템플릿을 코드 레지스트리에서 다운로드했다. 그런 다음 컨설에서 데이터를 가져와 템플릿에 적용한 consul-template을 실행했다. 결과는 nginx 업스트림 설정 파일이다. 이번에는 세 번째 인수 docker kill -s HUP nginx를 추가했다는 점에 주목하기 바란다. consul-template이 템플릿에서 설정 파일을 생성했을 뿐만 아니라, nginx도 다시 로드했다. 이전 장에서처럼 원격으로 모든 것을 하는 대신에 prod 서버에서 이 명령들을 수행한 이유는 자동화에 있다. 우리가 방금 실행한 단계는 다음 장에서 프로세스의 이 부분을 자동화할 방법과 아주 가깝다.

이제 서비스가 실제로 80 포트에서 접근 가능한지를 테스트할 수 있다.

```
exit
vagrant ssh cd
curl -H 'Content-Type: application/json' -X PUT -d \
    "{\"_id\": 1,
    \"title\": \"My First Book\",
    \"author\": \"John Doe\",
    \"description\": \"Not a very good book\"}" \
    http://prod/api/v1/books | jq '.'
curl http://prod/api/v1/books | jq '.'
```

▌ 사후 배포 테스트 실행

요청을 보내고 적절한 응답을 관찰함으로써 nginx에서 서비스에 접근할 수 있다는 사실을 확인했지만, 우리가 완전히 프로세스를 자동화한다면 이러한 검증 방식은 신뢰할 수 없다. 그 대신에 통합 테스트의 실행을 반복해야 한다. 그러나 이번에는 80 포트를 사용한다(또는 80이 표준 HTTP 포트이기 때문에 포트가 전혀 없다).

```
git clone https://github.com/vfarcic/books-ms.git
cd books-ms
docker-compose \
    -f docker-compose-dev.yml \
    run --rm \
    -e DOMAIN=http://10.100.198.201 \
    integ
```

결과는 다음과 같다.

```
[info] Loading project definition from /source/project
[info] Set current project to books-ms (in build file:/source/)
```

```
[info] Compiling 2 Scala sources to /source/target/scala-2.10/classes...
[info] Compiling 2 Scala sources to /source/target/scala-2.10/test-classes...
[info] ServiceInteg
[info]
[info] GET http://10.100.198.201/api/v1/books should
[info] + return OK
[info]
[info] Total for specification ServiceInteg
[info] Finished in 23 ms
[info] 1 example, 0 failure, 0 error
[info] Passed: Total 1, Failed 0, Errors 0, Passed 1
[success] Total time: 27 s, completed Sep 17, 2015 7:49:28 PM
```

예상했듯이, 출력은 통합 테스트가 성공적으로 통과됐음을 보여준다. 우리가 앞에서
실행했던 curl 명령과 동일한 요청을 하는 단 하나의 테스트만 했다. 그러나 실무 상황
에서는 테스트 수가 증가할 것이며, 적절한 테스트 프레임워크를 사용하는 편이 curl
요청을 하는 것보다 더 신뢰할 수 있을 것이다.

레지스트리에 테스트 컨테이너 푸시하기

진실을 말하자면, 우리는 이 컨테이너를 필요할 때마다 빌드하고 기다리는 것을 피하
기 위해 이미 레지스트리에 푸시했다. 그러나 이번에는 배포 파이프라인 프로세스의
일부로서 푸시해야 한다. 가능한 한 빨리 피드백을 얻을 수 있도록 중요성을 고려해 작
업을 수행하려고 한다. 테스트가 된 컨테이너를 푸시하는 일은 우선순위가 낮기 때문
에 끝으로 남겨뒀다. 다른 모든 것이 성공적으로 실행됐으므로 컨테이너를 푸시해 다
른 사람이 레지스트리에서 끌어와 적절할 때 사용하게 할 수 있다.

```
docker push 10.100.198.200:5000/books-ms-tests
```

▌체크리스트

전체 배포 파이프라인을 검토해봤다. 몇 번 중단한 적도 있고 다른 진행 방식을 살펴 봤기 때문에 많은 시간이 걸렸다. 형상 관리 개념과 도구를 살펴보지 않고서는 생산에 배포할 수 없었다. 나중에 우리는 다시 서비스 검색과 프록시에 관해 배워야만 서비스 컨테이너를 통합할 수 있게 된다.

1. 코드를 체크아웃한다. – 완료
2. 사전 배포 테스트를 실행한다. – 완료
3. 코드를 컴파일 및 패키징한다. – 완료
4. 컨테이너를 빌드한다. – 완료
5. 컨테이너를 레지스트리에 푸시한다. – 완료
6. 컨테이너를 생산 서버에 배포한다. – 완료
7. 컨테이너를 통합한다. – 완료
8. 사후 통합 테스트를 실행한다. – 완료
9. 테스트 컨테이너를 레지스트리에 푸시한다. – 완료

이제 모든 것이 설정됐다. 수작업으로 배포 프로시저를 실행할 수 있다. 다음 단계는 이 모든 명령을 자동화해 처음부터 끝까지 자동적으로 파이프라인을 실행하는 것이 다. 사용했던 노드를 제거해 처음부터 새로 시작하여 자동화된 프로시저에서 실제로 작동하는지 확인해보자.

```
exit
vagrant destroy -f
```

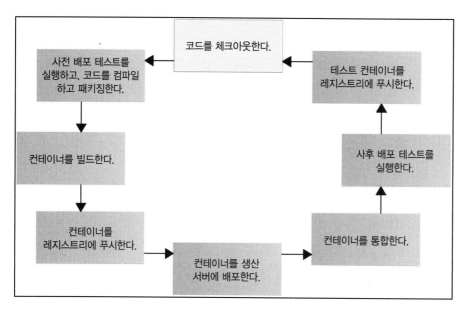

그림 10-3 도커를 사용한 배포 파이프라인의 최종 단계

11

배포 파이프라인 자동화 구현

이제 수작업으로 배포 파이프라인을 실행하는 프로세스를 제어할 수 있게 됐으므로, 완전한 자동화 버전을 생성하는 작업을 시작할 수 있다. 결국 우리의 목표는 운영자가 자신의 컴퓨터 앞에 앉아서 지속적으로 배포 명령을 실행하는 것이 아니다. 진행하기 전에, 한 번 더 프로세스를 빨리 살펴보자.

▌ 배포 파이프라인 단계

파이프라인의 단계는 다음과 같다.

1. 코드를 체크아웃한다.
2. 사전 배포 테스트를 실행한다.

3. 코드를 컴파일 및 패키징한다.

4. 컨테이너를 빌드한다.

5. 컨테이너를 레지스트리에 푸시한다.

6. 컨테이너를 생산 서버에 배포한다.

7. 컨테이너를 통합한다.

8. 사후 통합 테스트를 실행한다.

9. 테스트 컨테이너를 레지스트리에 푸시한다.

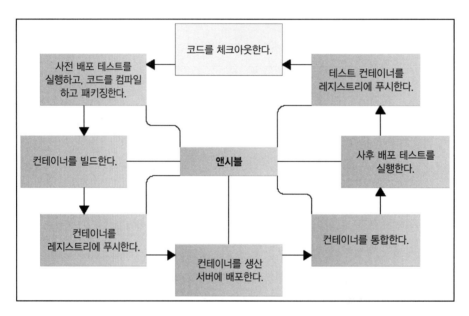

그림 11-1 배포 파이프라인

파이프라인이 우리의 비즈니스에 미치는 영향을 최소화하기 위해 가능한 한 많은 작업을 생산 서버 외부에서 수행하도록 최선을 다했다. prod 노드에서 수행해야 하는 두가지 단계는 배포 그 자체와 통합이다(현재는 프록시 서비스만 사용). 나머지 모든 단계는 cd 서버에서 수행됐다.

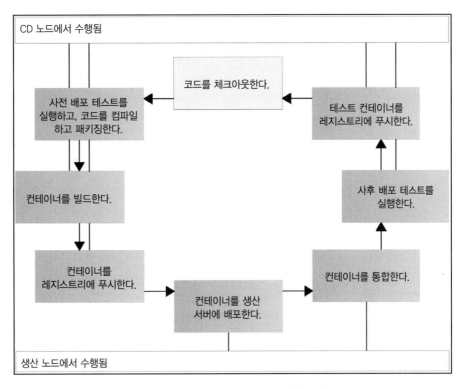

그림 11-2 cd와 생산 노드 사이의 작업 분배

우리는 이미 서버 프로비저닝으로 사용하는 도구로 앤시블을 선택했다. 패키지를 설치하고, 설정을 하는 등의 다양한 상황에서 사용했다. 지금까지의 모든 사용은 컨테이너의 배포에 필요한 모든 요구사항을 제공하기 위한 것이었다. 앤시블 플레이북의 사용을 확장해 배포 파이프라인을 추가할 것이다.

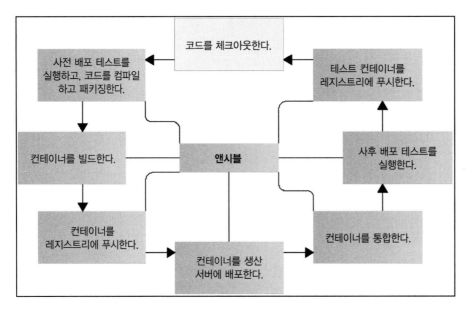

그림 11-3 앤시블로 자동화된 배포 파이프라인

관련된 모든 단계 중에서 하나만 자동화 범위 밖에 남겨둘 것이다. 앤시블로 코드를 체크아웃하지 않을 것이다. 그 이유는 앤시블이 깃^{Git} 리포지터리를 복제할 수 없어서가 아니다. 확실히 할 수 있다. 문제는 앤시블이 지속적으로 실행해 코드 리포지터리의 변경을 모니터링하기 위해 설계된 도구가 아니라는 점이다. 아직 다루지 않은 몇 가지 문제가 더 있다. 예를 들어, 프로세스가 실패하는 경우에 실행돼야 하는 일련의 행위가 없다. 현재의 파이프라인에서 또 다른 구멍은 각 배포에 관련된 짧은 중단 시간이 있다는 것이다. 프로세스는 실행하는 릴리스를 중단하고 새로운 것을 불러온다. 이 두 행위 사이에 우리가 배포하는 서비스가 운용되지 않는 (짧은) 시간이 있다.

이들을 포함한 그 밖의 가능한 개선사항은 나중을 위해 남겨두겠다.

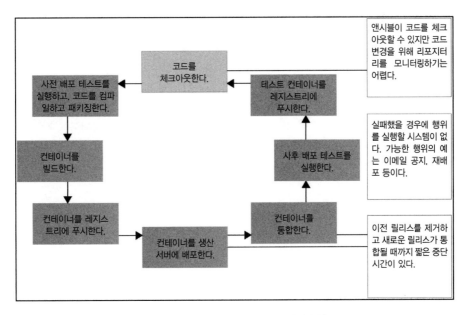

그림 11-4 배포 파이프라인에서 누락된 부분

프로세스를 좀 더 잘 이해하기 위해, 이전에 수행한 각 수작업 단계를 앤시블로 어떻게 하는지를 살펴보자.

노드를 생성하고 코드를 복제함으로써 시작할 것이다.

```
vagrant up cd prod
vagrant ssh cd
git clone https://github.com/vfarcic/books-ms.git
```

플레이북과 역할

여러분이 이미 자동화된 배포를 시도했다면 여러분이 생성한 스크립트가 대부분 배포 그 자체와 관련되어 있다는 사실을 알고 있을 것이다. 앤시블(그리고 일반적인 CM 도구)을 사용할 때 매번 처음부터 프로세스를 수행할 수 있는 옵션이 있다. 배포를 자동화할 뿐만 아니라, 전체 서버를 설정할 것이다. 여러분은 서버가 어떤 상태에 있는지 확신할 수 없다. 예를 들어, nginx가 있는지 그렇지 않은지 알 수 없다. 어쩌면 nginx 컨테이너가 실행되어 있지만 어떤 이유로든 프로세스가 중단됐을 수도 있다. 같은 로직이 배포하기 원하는 서비스와 관련된 어떤 것에든 직간접적으로 적용될 수 있다. 우리가 취할 접근 방법은 모든 것이 정확하게 설정됐다고 확신하게 할 플레이북을 갖는 것이다. 앤시블은 이러한 모든 의존성의 상태를 체크하고 어떤 것이 잘못된 경우에만 변경을 적용할 수 있을 정도로 지능적이다.

service.yml 플레이북을 살펴보자.

```
- hosts: prod
  remote_user: vagrant
  serial: 1
  sudo: yes
  roles:
    - common
    - docker
    - docker-compose
    - consul
    - registrator
    - consul-template
    - nginx
    - service
```

service 역할은 배포에 직접적으로 관련된 작업을 포함할 것이며, 그 앞의 다른 모든 것은 서비스가 정확하게 작동하는 데 필요한 의존성이다. 마지막 역할을 제외한 모든 작업을 이미 거쳤으므로 roles/service/tasks/main.yml 파일에 정의된 service 역할에 있는 작업의 목록 정의로 바로 넘어가야 한다.

```
- include: pre-deployment.yml
- include: deployment.yml
- include: post-deployment.yml
```

이 역할은 이전에 사용했던 것보다는 다소 커질 것이기 때문에 논리적인 그룹(사전 배포, 배포, 사후 배포)으로 분할하기로 결정했다. 그리고 이들을 main.yml에 포함시켰다. 이런 방식으로 한 번에 너무 많은 작업을 처리하지 않을 것이며, 역할의 가독성을 증가시킬 것이다.

사전 배포 작업

가장 먼저 해야 하는 작업은 테스트 컨테이너를 빌드하는 것이다. 우리는 이미 다음과 같은 명령을 사용했다(실행하지 않기 바란다).

```
docker pull \
    -t 10.100.198.200:5000/books-ms-tests
docker build \
    -t 10.100.198.200:5000/books-ms-tests \
    -f Dockerfile.test \
    .
```

shell 모듈을 사용하면 앤시블에 같은 명령을 복제하기가 아주 쉽다.

```
- name: Tests container is pulled
  shell: docker pull \
    {{ registry_url }}{{ service_name }}-tests
  delegate_to: 127.0.0.1
  ignore_errors: yes
  tags: [service, tests]
- name: Tests container is built
  shell: docker build \
    -t {{ registry_url }}{{ service_name }}-tests \
    -f Dockerfile.test \
    .
  args:
    chdir: "{{ repo_dir }}"
```

```
delegate_to: 127.0.0.1
tags: [service, tests]
```

변경되기 쉬운 부분이 변수로 사용되도록 명령 자체를 변경했는데, 첫 번째는 도커 레지스트리의 IP와 포트를 포함해야 하는 registry_url이다. 디폴트 값은 group_vars/all 파일에 지정된다. 두 번째는 좀 더 재미있다. 이 역할을 books-ms 서비스와 함께 작업하도록 생성하진 않았지만 모든 서비스가 같은 패턴을 따를 수 있기 때문에 (거의) 모든 서비스에 사용될 수 있다. 핵심 지시가 각 서비스의 리포지터리에 위치한 몇 개의 파일에 저장되어 있기 때문에 이런 종류의 일을 자유롭게 할 수 있다. 가장 중요한 것은 테스트 및 서비스 컨테이너를 정의한 Dockerfile.test와 Dockerfile, 컨테이너가 실행되는 방법을 정의한 도커 컴포즈 설정, 그리고 마지막으로 프록시 설정과 템플릿이다. 이 모든 파일은 우리가 생성하는 프로세스와 분리되어 있으며, 프로젝트 담당자는 필요에 따라 자유롭게 조정할 수 있다. 이것은 우리가 촉진하려고 하는 아주 중요한 점을 보여준다. 이것은 올바른 프로세스를 갖추는 것뿐만 아니라, 스크립트와 설정, 코드가 적절하게 위치할 수 있게 하는 데 중요하다. 여러 프로젝트에 공통적인 모든 것은 중앙집중화돼야 한다(앤시블 플레이북이 https://github.com/vfarcic/ms-lifecycle 리포지터리에 위치하고 있는 것처럼). 다른 한편으로는 프로젝트에 특정한 것들은 프로젝트가 있는 리포지터리에 저장돼야 한다. 모든 것을 하나의 중앙집중화된 위치에 저장하려면 프로젝트 팀이 인도 팀에게 변경을 요청해야 하기 때문에 아주 많은 대기 시간을 초래할 것이다. 다른 극단의 경우도 마찬가지로 나쁘다. 모든 것이 프로젝트 리포지터리에 저장되어 있기 때문에 많은 중복이 발생한다. 각 프로젝트는 서버를 설정하는 스크립트와 서비스를 배포하는 스크립트 등을 만들어야 한다.

다음으로는 단일 인수 chdir을 지정했다. 이것은 명령이 (이 경우에는) Dockerfile.test 파일이 있는 디렉토리에서 실행되게 할 것이다. chdir 값은 registry_url과 달리 디폴트 값을 갖지 않는 repo_dir 변수로, 런타임 시에 플레이북을 실행할 때 지정할 것이다. 그다음에는 delegate_to 지시가 온다. 대상 서버를 가능한 한 방해하지 않도록 이와 같은 작업은 localhost(127.0.0.1)에서 실행할 것이다. 마지막으로, 어떤 작업이 실행될 것인지 아닌지를 필터링하기 위해 사용될 수 있는 몇 가지 태그를 설정했다.

빌드하기 전에 테스트 컨테이너를 끌어오는 이유는 시간을 절약하기 위해서다. 플레이북의 실행이 서버마다 다를 수 있으며, 이런 일이 발생하면 먼저 레지스트리에서 컨테이너를 끌어오지 않을 경우 도커는 대부분이 이전과 같을지라도 모든 레이어를 빌드할 것이다. ignore_errors 지시를 도입했다는 점에 유의하기 바란다. 이것이 없다면 컨테이너를 첫 번째 빌드할 때 끌어온 것이 없을 경우 플레이북은 실패할 것이다.

대부분의 경우에 shell 모듈을 피해야 한다는 점을 명심하기 바란다. 앤시블 뒤에 있는 아이디어는 수행돼야 할 행위가 아니라 원하는 행위를 지정하는 것이다. 일단 원하는 것이 실행되면 앤시블은 정확한 것을 하려고 할 것이다. 예를 들어, 몇 개의 패키지가 설치돼야 한다고 지정한다면 앤시블은 그런 패키지가 이미 존재하는지를 체크해 없는 경우에만 설치할 것이다. 이 경우에 shell 모듈은 시스템의 상태와 관계없이 항상 실행할 것이다. 이러한 특별한 상황에서는 좋다. 도커 자체가 단지 변경된 레이어만 빌드되게 할 것이기 때문이다. 매번 전체 컨테이너를 빌드하지 않을 것이다. 여러분이 역할을 설계할 때 이 점을 명심하기 바란다.

사전 배포 단계에서 사용되는 나머지 명령은 다음과 같다(아직 실행하지 마라).

```
docker-compose -f docker-compose-dev.yml \
    run --rm tests
docker pull 10.100.198.200:5000/books-ms
docker build -t 10.100.198.200:5000/books-ms .
docker push 10.100.198.200:5000/books-ms
```

앤시블 형식으로 번역될 때 결과는 다음과 같다.

```
- name: Pre-deployment tests are run
  shell: docker-compose \
```

```
    -f docker-compose-dev.yml \
    run --rm tests
  args:
    chdir: "{{ repo_dir }}"
  delegate_to: 127.0.0.1
  tags: [service, tests]
- name: Container is built
  shell: docker build \
    -t {{ registry_url }}{{ service_name }} \
    .
  args:
    chdir: "{{ repo_dir }}"
  delegate_to: 127.0.0.1
  tags: [service]
- name: Container is pushed
  shell: docker push \
    {{ registry_url }}{{ service_name }}
  delegate_to: 127.0.0.1
  tags: [service]
```

이 작업에 대해서는 설명할 부분이 많지 않다. 이들은 모두 shell 모듈을 사용해 localhost상에서 실행된다. 코드의 품질을 검사하는 분명한 기능 외에도, 서비스를 컴파일하는 테스트 컨테이너를 실행한다. 해당 컴파일의 결과는 나중에 도커 레지스트리에 푸시되는 서비스 컨테이너를 빌드하기 위해 사용된다.

최종 결과는 roles/service/tasks/pre-deployment.yml 파일에서 볼 수 있으며, 우리는 배포 작업을 진행할 수 있다.

배포 작업

배포 파이프라인을 수작업으로 실행할 때 우리가 수행한 다음 명령 집합은 프로세스에 필요한 디렉토리와 파일을 생성하는 목표를 갖는다(실행하지 마라).

```
mkdir -p /data/books-ms
cd /data/books-ms
wget https://raw.githubusercontent.com/vfarcic\
/books-ms/master/docker-compose.yml
wget https://raw.githubusercontent.com/vfarcic\
/books-ms/master/nginx-includes.conf \
    -O /data/nginx/includes/books-ms.conf
wget https://raw.githubusercontent.com/vfarcic\
/books-ms/master/nginx-upstreams.ctmpl \
    -O /data/nginx/upstreams/books-ms.ctmpl
```

서비스 디렉토리를 생성하고 docker-compose.yml과 nginx-includes.conf, nginx-upstreams.ctmpl 파일을 코드 리포지터리에서 다운로드했다. 후자의 2개는 나중에 프록시를 변경할 시점이 되면 다운로드할 것이지만, 단일 앤시블 작업으로 모두 묶을 수 있다. 앤시블로는 조금 다르게 할 것이다. 이미 코드를 체크아웃했기 때문에 이 파일들을 다운로드할 이유가 없다. 그냥 대상 서버에 복사할 수 있다. 이와 같은 명령 집합을 복제하는 앤시블 작업은 다음과 같다.

```
- name: Directory is created
  file:
    path: /data/{{ service_name }}
    recurse: yes
    state: directory
  tags: [service]
- name: Files are copied
  copy:
    src: "{{ item.src }}"
    dest: "{{ item.dest }}"
  with_items: files
  tags: [service]
```

우리는 2개의 작업을 생성했다. 첫 번째 작업은 앤시블 모듈 file을 사용해 서비스 디렉토리를 생성한다. 이 역할은 일반적인 것으로 (거의) 모든 서비스에 적용된다고 간주되기 때문에 서비스 이름이 플레이북을 실행할 때 지정할 변수가 된다. 두 번째 작업은 copy 모듈을 사용해 대상 서버에 필요한 모든 파일을 복사한다. with_items 지시를 사용해 *files_ 변수의 각 항목에 대해 이 작업을 반복할 것이다. 변수는 roles/service/defaults/main.yml 파일에 정의되어 있으며 다음과 같다.

```
files: [
  {
    src: "{{ repo_dir }}/docker-compose.yml",
    dest: "/data/{{ service_name }}/docker-compose.yml"
  },
  {
    src: "{{ repo_dir }}/nginx-includes.conf",
    dest: "/data/nginx/includes/{{ service_name }}.conf"
  },
  {
    src: "{{ repo_dir }}/nginx-upstreams.ctmpl",
    dest: "/data/nginx/upstreams/{{ service_name }}.ctmpl"
  }
]
```

이 모든 파일의 소스는 이미 사전 배포 작업에서 사용했던 repo_dir 변수를 활용한다. 마찬가지로 파일 대상은 service_name 변수를 사용한다.

일단 필요한 모든 파일이 대상 서버에 있으므로 2단계로 구성된 실제 배포를 진행할 수 있다(실행하지 마라).

```
docker-compose pull app
docker-compose up -d app
consul-template \
    -consul localhost:8500 \
    -template "/data/nginx/upstreams/books-ms.ctmpl:\
/data/nginx/upstreams/books-ms.conf:\
docker kill -s HUP nginx" \
    -once
```

256

먼저 도커 레지스트리에서 가장 최신의 이미지를 끌어와서 불러왔다. docker-compose up이 실행될 때 실행되고 있는 컨테이너와 비교할 때 컨테이너 이미지나 설정이 변경됐는지를 검사한다. 만약 다르다면 도커 컴포즈는 실행되고 있는 컨테이너를 중단하고 마운트된 볼륨을 유지하면서 새로운 컨테이너를 실행할 것이다. 이미 논의했듯이, 얼마의 시간 동안(현재 버전을 중단하고 새로운 버전을 실행하는 것 사이)은 서비스를 사용할 수 없을 것이다. 지금은 아주 짧은 중단 시간만 있을 것이다. 마지막으로, consul-template을 실행해 설정을 갱신하고 nginx를 다시 로드한다.

아마도 짐작하겠지만, 앤시블 shell 모듈을 통해 이 두 명령을 실행할 것이다.

```
- name: Containers are pulled
  shell: docker-compose pull app
  args:
    chdir: /data/{{ service_name }}
  tags: [service]
- name: Containers are running
  shell: docker-compose up -d app
  args:
    chdir: /data/{{ service_name }}
  tags: [service]
- name: Proxy is configured
  shell: consul-template \
    -consul localhost:8500 \
    -template "{{ ct_src }}:{{ ct_dest }}:{{ ct_cmd }}" \
    -once
  tags: [service]
```

새로운 부분은 없으며, 사전 배포 작업으로 정의한 shell 작업과 같은 패턴이다. 주목할 가치가 있는 단 한 가지는 변수를 -template 값으로 사용했다는 점이다. 그 이유는 이 책의 길이에는 한 줄당 최대 문자 수의 제한이 있으며 모든 매개변수가 적합하진 않기 때문이다. 이 변수들은 roles/service/defaults/main.yml 파일에 정의되어 있으며 다음과 같다.

```
ct_src: /data/nginx/upstreams/{{ service_name }}.ctmpl
ct_dest: /data/nginx/upstreams/{{ service_name }}.conf
ct_cmd: docker kill -s HUP nginx
```

최종 결과는 roles/service/tasks/deployment.yml 파일에서 볼 수 있다. 사전 배포 작업과 달리, 이 그룹에 있는 모든 것은 대상 서버에서 실행될 것이다. 이것은 delegate_to: 127.0.0.1 지시가 없기 때문이다.

이제 배포가 끝났고 작업의 마지막 그룹에 주목할 차례다.

사후 배포 작업

이제 남은 건 통합 테스트를 실행하고 테스트 컨테이너를 레지스트리에 푸시하는 것이다. 기억을 돕기 위해 명령은 다음과 같다(실행하지 마라).

```
docker-compose \
    -f docker-compose-dev.yml \
    run --rm \
    -e DOMAIN=http://10.100.198.201 \
    integ
docker push 10.100.198.200:5000/books-ms-tests
```

이 명령과 동일한 앤시블은 다음과 같다.

```
- name: Post-deployment tests are run
  shell: docker-compose \
    -f docker-compose-dev.yml \
    run --rm \
    -e DOMAIN={{ proxy_url }} \
    Integ
  args:
    chdir: "{{ repo_dir }}"
```

```
  delegate_to: 127.0.0.1
  tags: [service, tests]
- name: Tests container is pushed
  shell: docker push \
    {{ registry_url }}{{ service_name }}-tests
  delegate_to: 127.0.0.1
  tags: [service, tests]
```

새로운 부분은 없기 때문에 자세한 내용을 다루진 않을 것이다. 사후 배포 작업의 완전한 버전은 roles/service/tasks/post-deployment.yml 파일에 있다.

▌ 자동화된 배포 파이프라인 실행

실행되는 service 플레이북을 살펴보자.

```
cd ~/books-ms
ansible-playbook /vagrant/ansible/service.yml \
    -i /vagrant/ansible/hosts/prod \
    --extra-vars "repo_dir=$PWD service_name=books-ms"
```

hosts/prod 파일과 몇 가지 추가 변수를 가리키는 인벤토리로 service.yml 플레이북을 실행한다. 첫 번째는 현재 디렉토리($PWD) 값을 갖는 repo_dir이다. 두 번째는 배포할 서비스 이름(books-ms)이다. 현재 우리에겐 이 서비스밖에 없다. 더 많이 있다면 이 변수의 값을 변경해서 이 플레이북으로 배포될 수 있다.

우리는 완전히 자동화된 배포뿐만 아니라 대상 서버의 프로비저닝도 관리했다. 첫 번째 플레이북은 순수한 우분투 서버에 수행되어 앤시블은 배포에 필요한 모든 것이 적절하게 설정됐는지를 확인했다. 결과는 완전하지 않았지만 좋은 출발이었다.

플레이북의 실행을 자유롭게 반복하고 첫 번째 실행과 비교해 차이점을 관찰한다. 대부분의 앤시블 작업의 상태가 ok임을 알 수 있다. 이는 실행할 게 아무것도 없기 때문이며, 따라서 플레이북이 훨씬 빨리 실행한다.

누락된 부분이 있다면 무엇일까? 많이 있다. 그러나 계속 진행해 수정하기 전에, 적절한 '지속적인 배포' 플랫폼을 설정하고 현재 프로세스에 도움이 될 수 있는지를 확인해야 한다. 그때까지 VM을 제거하고 컴퓨터를 잠시 쉬게 하자.

```
exit
vagrant destroy -f
```

12

지속적인 통합, 인도 및 배포 도구

우리는 이미 앤시블로 대부분의 프로세스를 자동화했다. 지금까지 플레이북을 사용해 두 유형의 작업을 자동화했는데, 서버 프로비저닝과 설정 및 배포 프로세스다. 앤시블이 서버를 프로비저닝하고 설정하는 도구로서는 빛나지만, (적어도 우리의 컨텍스트에서는) 배포 면은 강점이 아니다. 우리는 주로 배시bash 스크립트의 대체로서 사용했다. 지금 갖고 있는 대부분의 배포 작업은 앤시블 shell 모듈을 사용하고 있다. 셸 스크립트를 대신 사용할 수 있으며, 그 결과는 대체로 같을 것이다. 앤시블은 시스템이 정확한 상태에 있음을 보장하는 수단으로서 프로미스promise를 사용하도록 설계되어 있다. 조건문이나 try/catch 문, 기타 유형의 로직이 필요할 때는 배포와 함께 잘 작동하지 않는다. 앤시블을 컨테이너를 배포하는 데 사용하는 주된 이유는 프로세스를 여러 개의 명령(앤시블로 프로비저닝, 스크립트 실행, 더 많은 프로비저닝, 더 많은 스크립트 실행 등)으로 분할하는 것을 피하기 위해서다. 좀 더 중요한 두 번째 이유는 아직 CI/CD 도구를 다루지 않아서 우리가 가진 것을 사용했기 때문이다. 그것은 곧 바뀔 것이다.

배포 파이프라인에서 누락된 것은 무엇일까? 앤시블을 사용해 서버를 설정하고 프로비저닝했으며 잘 작동했지만, 아직도 소프트웨어를 배포하는 더 좋은 방법을 찾고 있다(앤시블 shell 모듈을 호출하는 일은 다소 번거롭다). 또한 코드가 변경될 때마다 새로운 배포가 실행되도록 리포지터리를 모니터링하는 방법이 없다. 프로세스의 일부가 실패할 때 통지를 보내는 메커니즘이 없다. 빌드와 배포의 시각적인 표현도 빠졌다. 목록은 계속된다. 누락된 이러한 모든 기능이 일반적이라면 CI/CD 도구를 사용해 쉽게 해결할 수 있다. 그러므로 CI/CD 플랫폼을 찾아서 이 중 하나를 채택하고 사용해야 한다.

▌ CI/CD 도구 비교

CI/CD 도구를 구분하는 한 가지 방법은 클라우드 서비스와 자체 호스팅된 솔루션 그룹으로 넣는 것이다. 많은 무료 및 유료 클라우드 서비스가 있다. 대부분은 우리가 달성하려고 하는 것보다 더 단순화된 프로세스에 좋다. 소수의 서비스로 구성되며 몇 개의 서버에 있는 작은 애플리케이션인 경우에는 클라우드 솔루션이 훌륭하다. 내 프로젝트에서 많이 사용했는데, 그중 일부만 열거하자면 트래비스Travis, 쉬퍼블Shippable, 서클CICircleCI, Drone.io 등이 있다. 이들은 스크립트를 실행하고 애플리케이션과 서비스를 빌드해 컨테이너 안에 패키징한다. 대부분은 특별히 비공개 및 자체 호스팅될 때 서버 클러스터를 처리하도록 설계되지도 않았고 그럴 능력도 없다. 그렇다고 해서 이러한 시나리오에 적합한 클라우드 솔루션이 없다는 뜻은 아니다. 있다. 그러나 대규모로 너무 비싸다. 이것을 염두에 둔다면 자체 호스팅 솔루션을 찾아야 한다.

무료로 제공하는 것에서부터 아주 비싼 것에 이르기까지 수많은 자체 호스팅 CI/CD 도구가 있다. 많이 사용되는 자체 호스팅 CI/CD 도구로는 젠킨스Jenkins, 밤부Bamboo, 고CDGoCD, 팀 시티Team City, 일렉트릭 클라우드Electric Cloud 등을 들 수 있다. 모두 제각각 장단점이 있다. 그러나 젠킨스는 커뮤니티 덕분에 두드러지는데, 매일 그렇게 많은 사람이 공헌하는 도구는 이것뿐이다. 지원도 훌륭하며, 플러그인을 통해 필요한 거의 모든 것을 하도록 확장할 수 있다. 이미 하나 이상의 플러그인으로 다뤄지지 않은 무언가가 필요하다고 느끼는 일은 거의 없을 것이다. 다루지 않은 사용 사례가 있다고 하더라도 여러분 스스로 플러그인을 만들어서(그리고 다른 사람이 사용할 수 있게 공개함으로써) 아주 쉽게 그 일을 할 수 있다. 커뮤니티와 플러그인이 가장 큰 장점으로, 이게 바로 여타 도구들보다 광범위하게 채택되는 이유다.

이미 젠킨스를 사용해봤거나 적어도 들어본 적은 있을 것이다. 회사들이 그 밖의 도구(특히 밤부와 팀 시티)를 선택하는 주된 이유 중 하나는 기업 오퍼링^{enterprise offerings}이다. 조직이 커지면 지원과 신뢰성에 대한 요구가 따라온다. 기업 오퍼링을 제공하기 위해서는 추가 기능과 노하우가 필요하다. 클라우드비즈^{CloudBees}는 최근에 설립된 회사다. 이들은 젠킨스 엔터프라이즈 버전을 제공하고 있으며, 지속적인 통합, 인도 및 배포에 관련된 거의 모든 시나리오를 처리할 수 있는 훌륭한 지원을 제공한다. 이것이 젠킨스를 선택해야 하는 또 다른 이유다. 젠킨스 외엔 어떤 도구도(적어도 앞에서 언급한 것 중에서) 완전히 무료가 아니다. 유료 지원과 추가 기능도 제공한다. 팀 시티^{Team City}는 무료로 다운로드할 수 있지만 에이전트 수가 제한되어 있다. 고CD^{GoCD}는 무료지만 어떤 지원도 하지 않는다. 밤부^{Bamboo}도 팀 시티와 마찬가지로 무료 버전에는 제약이 있다. 젠킨스는 현장 테스트되었고 가장 널리 사용되며 광대한 커뮤니티가 지원하는 도구이며, 필요하다면 클라우드비즈에서 유료 지원과 기능을 제공받을 수 있다.

 이 책을 쓰는 동안 클라우드비즈 팀(엔터프라이즈 젠킨스(Enterprise Jenkins) 회사)에 합류했다. 이 책에서 젠킨스를 홍보하기로 결정한 이유는 클라우드비즈에 입사했기 때문이 아니다. 방향이 다르다. 나는 젠킨스가 시장에서 가장 우수한 CI/CD 도구라고 믿기 때문에 합류한 것이다.

CI/CD 도구의 간단한 역사

젠킨스(오라클^{Oracle}과 분쟁 후에 허드슨^{Hudson}에서 파생됨)는 오랫동안 사용돼왔으며, **지속적인 통합**^{CI, continuous integration}과 **지속적인 인도/배포**^{CD, continuous delivery/deployment} 파이프라인 구축을 위한 선도적인 플랫폼으로 자리매김했다. 그 배후에 있는 아이디어는 우리가 구축, 테스트, 배포 같은 운영을 수행하는 작업^{job}을 만들어야 한다는 것이다. CI/CD 파이프라인을 생성하려면 이 작업들은 함께 묶여야 한다. 이것은 아주 성공적이어서 밤부^{Bamboo}와 팀 시티^{Team City} 같은 제품들이 그 선두를 따랐다. 이들 모두 작업을 갖고 이들을 묶는 유사한 로직을 사용했다. 운영과 유지보수, 모니터링, 그리고 작업 생성이 대부분 자신의 UI를 통해 이뤄진다. 그러나 다른 어떤 제품도 젠킨스를 압도하지 못했는데, 젠킨스의 커뮤니티 지원이 강력하기 때문이다. 1000개가 넘는 플러그인이 있고, 적어도 이들 중 하나로 지원하지 않은 작업을 생각해내기 어렵다. 젠킨스가 제공하는 지원, 유연성, 확장성은 지금까지 가장 유명하고 널리 사용되는 CI/CD 도구로서 자신의 영역을 공고히 했다. 무거운 UI 사용을 기반으로 하는 접근 방법은 CI/CD 도구의 1세대로 간주될 수 있다(이전에 다른 것도 있었지만).

시간이 지나면서 새로운 제품이 등장하고 새로운 접근 방법이 생겨났다. 트래비스^{Travis}, 서클CI^{CircleCI} 등은 프로세스를 클라우드로 옮기고 자동 검색과 파이프라인을 통해 이동돼야 하는 코드와 같은 리포지터리에 있는 설정, 주로 YML을 기반으로 한다. 아이디어는 좋았고 아주 신선했다. 중앙집중화된 위치에 작업을 정의하는 대신에, 이 도구들은 코드를 검사해 프로젝트의 유형에 따라 행위를 한다. 예를 들어, build. gradle 파일이 있으면 프로젝트가 그레이들^{Gradle}을 사용해 테스트하고 빌드돼야 한다고 가정한다. 결과적으로 `gradle check`를 사용해 코드를 테스트하고, 테스트에 통과하면 `gradle assemble`로 아티팩트를 산출한다. 이러한 제품이 CI/CD 도구의 2세대라고 할 수 있다.

1세대와 2세대 도구는 다른 문제로부터 고통을 받았다. 젠킨스 등은 거의 모든 수준의 복잡성을 처리할 수 있는 맞춤형 파이프라인을 생성할 수 있는 강력함과 유연성을 특징으로 한다. 이러한 강력함은 가격으로 온다. 수십 개의 작업이 있을 때 유지보수는 아주 쉽다. 그러나 그 수가 수백 개로 증가하면 유지하는 일은 아주 번거롭고 시간이 많이 걸릴 수 있다.

평균적으로 파이프라인에 5개의 작업(빌드, 사전 배포 테스트, 준비 환경에 배포, 사후 배포 테스트, 생산 배포)이 있다고 하자. 실제로는 보통 5개가 넘지만 그것이 최적화된 산정이라고 하자. 가령 이 작업을 20개의 다른 프로젝트에 속해 있는 20개 파이프라인으로 늘린다면 전체 개수는 100개가 된다. 이제 이들 모드 작업을 가령 메이븐Maven에서 그레이들Gradle로 변경해야 한다고 하자. 젠킨스 UI로 이를 수정하거나 용감하게 각 작업을 나타내는 젠킨스 XML 파일에 직접 변경을 적용할 수도 있다. 어떤 방법이든, 간단하게 보이는 이 변경으로 상당한 헌신이 요구된다. 게다가 그 본질상 모든 것이 한 위치에 중앙집중화되어 있어서 팀이 자신의 프로젝트에 속해 있는 작업을 관리하기가 어렵다. 게다가 프로젝트에 특정한 설정과 코드가 다른 애플리케이션 코드가 있는 같은 리포지터리에 속해 있으며, 일부는 중앙집중화된 위치에 있지도 않다. 비단 젠킨스만의 문제는 아니다. 대부분의 자체 호스팅 도구도 마찬가지다. 무거운 중앙집중화와 수평적인 작업 분할이 좋은 아이디어로 여겨졌던 시대로부터 온 것이다. 거의 동시에, UI가 대부분의 문제를 해결해야 한다고 생각했다. 오늘날에는 많은 유형의 작업이 UI를 사용하기보다 코드로 정의하고 관리하는 편이 더 쉽다고 알고 있다.

드림위버Dreamweaver가 위대했던 시절이 있었다. 대략 90년대 말과 2000년대 초반이었다(당시 드림위버는 지금과 아주 달랐다). 꿈이 실현되는 것처럼 보였다(그래서 이름을 그렇게 붙였나?). 마우스로 전체 웹 페이지를 생성할 수 있었는데, 위젯을 끌어놓기 하고 몇 개의 옵션을 선택하고 라벨을 작성하고, 반복한다. 아주 빨리 웹 페이지를 만들 수 있었다. 당시에는 그 결과가 이자로 지불돼야 하는 부채라는 사실이 그렇게 분명하지 않았다. 드림위버가 생성한 코드는 유지보수가 불가능했다. 사실상, 때로는 생성된 코드를 수정하는 것보다 처음부터 다시 시작하는 편이 더 쉬웠다. 특히 위젯에는 포함되지 않은 것을 해야 할 때 더욱 그랬다. 악몽이었다. 오늘날에는 끌어놓기 도구를 사용해 HTML과 자바스크립트 코드를 작성하는 사람이 거의 없다. 코드를 작성해주는 도구 대신에 우리가 직접 코드를 작성한다. 그 밖에도 많은 예가 있다. 예를 들어 오라클 ESB는 적어도 초기 단계에서는 마찬가지였다. 끌어놓기는 사용할 게 못 된다(그러나 판매에는 좋다). 그렇다고 GUI가 더 이상 사용되지 않는다는 뜻은 아니다. 사용되지만 특별한 목적으로만 사용돼야 한다. 웹 디자이너는 코드에게 결과를 넘겨주기 전에 끌어놓기에 의존할 수 있다.

내가 말하고자 하는 바는, 각기 다른 접근 방식이 각기 다른 컨텍스트와 작업 유형에 속해 있다는 것이다. 젠킨스와 유사한 도구는 모니터링과 시각적인 상태 표현에 있어 UI로부터 커다란 이점을 얻는다. 실패한 부분은 작업 생성과 유지보수다. 이러한 유형의 작업은 코드를 통해 훨씬 더 잘할 수 있을 것이다. 젠킨스도 강력함은 있지만 유지보수 노력이란 형태로 비용을 지불해야 했다.

CI/CD 도구 2세대(트래비스, 서클CI 등)는 유지보수 문제를 거의 무시할 수 있을 정도로 축소했다. 많은 경우에서 할 일이 아무것도 없다. 도구가 프로젝트의 유형을 찾아서 올바른 작업을 수행하기 때문이다. 경우에 따라서는 도구에 추가적인 지시를 하기 위해 travis.yml, circle.yml 등의 파일을 작성해야 한다. 이때도 해당 파일은 단지 몇 행 정도의 명세만 갖고 있으면 되며, 프로젝트 팀이 관리하기 쉽도록 코드와 함께 둔다. 그러나 이 도구들은 1세대를 대체하지 않았다. 이들이 파이프라인이 아주 단순한 작은 프로젝트에만 잘 작동하기 때문이다. 실제 지속적인 인도/배포 파이프라인은 이 도구들이 할 수 있는 것보다 훨씬 더 복잡하다. 다시 말해, 낮은 유지보수라는 이점을 얻었지만 (많은 경우) 강력함과 유연성은 잃었다.

오늘날에는 젠킨스와 밤부, 팀 시티 같은 이전 도구가 계속해서 시장을 지배하고 있으며, 작은 프로젝트를 제외하고는 어디에서든 사용할 수 있는 도구로 추천된다. 동시에 트래비스와 서클CI 같은 클라우드 도구는 더 작은 설정을 지배한다. 젠킨스 코드베이스를 유지하는 팀은 두 세대의 최선의 것을 결합해 다음 수준 그 이상으로 끌어올릴 중요한 개선점들을 도입할 필요성을 인정했다. 나는 이러한 변화를 CI/CD 도구의 3세대라고 부를 것이다. 이들은 젠킨스 워크플로우^{Jenkins Workflow}와 Jenkinsfile을 도입했다. 이들은 함께 아주 유용하고 강력한 기능들을 가져온다. 젠킨스 워크플로우로 그루비^{Groovy} 기반의 DSL을 사용해 전체 파이프라인을 작성할 수 있다. 프로세스는 기존 젠킨스 기능의 대부분을 활용하는 단일 스크립트로 작성된다. 그 결과는 상당한 코드 감소(워크플로우 스크립트는 전통적인 젠킨스 XML 작업 정의보다 훨씬 더 작다)와 작업 감소(하나의 워크플로우 작업은 많은 전통적인 젠킨스 작업을 대체할 수 있다)다. 이로써 관리와 유지보수가 훨씬 더 쉬워졌다. 반면에 새로 도입된 Jenkinsfile은 코드와 함께 리포지터리 안에서 워크플로우를 정의할 수 있게 한다. 따라서 프로젝트를 관리하는 개발자가 CI/CD 파이프라인도 함께 통제할 수 있게 됐다. 이와 같은 방식으로 책임이 훨씬 더 잘 분할될 수 있다. 전반적인 젠킨스 관리는 중앙집중화되어 있지만, 개별적인 CI/CD 파이프라인은 그들이 속해 있는 곳(함께 이동해야 할 코드와 함께)에 위치한다. 게다가 다중분기 워크플로우^{Multibranch Workflow} 작업 유형과 함께 결합한다면 분기에 의존하는 파이프라인을 좀 더 세밀하게 조정할 수 있게 된다. 예를 들어 mater 분기에서 Jenkinsfile에 전체 프로세스를 정의하고, 각 기능 분기에는 좀 더 짧은 플로우를 둘 수 있다. 각 Jenkinsfile에 어떤 것을 둘지는 각 리포지터리/분기를 유지하는 데 달려 있다. 다중분기 워크플로우 작업으로 젠킨스는 새로운 분기를 생성할 때마다 작업을 생성하고 파일에 정의된 것을 실행할 것이다. 마찬가지로, 분기가 제거될 때 작업을 제거할 것이다. 마지막으로, 도커 워크플로우^{Docker Workflow}를 도입해 도커를 젠킨스의 일등 시민으로 만들었다.

 젠킨스는 Pipeline 플러그인으로 이끈 오랜 역사가 있다. 연결된 작업에 대한 시각화를 제공했던 Build Pipeline 플러그인이 있었고, 그다음에는 젠킨스 작업을 정의하는 방법으로서 그루비 DSL의 개념을 도입한 Build Flow 플러그인이 왔다. 후자는 해당 저자가 처음부터 다시 시작해 Workflow 플러그인을 생성하게 했던 많은 장애에 부딪혔다. 나중에 이름을 Pipeline 플러그인으로 바꾸었다.

이러한 모든 개선으로 인해 젠킨스는 CI/CD 플랫폼 사이에서 최고의 자리를 차지하게 됐다.

더 많은 것이 필요하다면 특히 젠킨스를 대규모로 실행할 필요가 있을 때 환상적인 기능을 제공하는 클라우드비즈 젠킨스 플랫폼 엔터프라이즈 에디션^{CloudBees Jenkins Platform-Enterprise Edition}이 있다.

 Workflow 저자들은 플러그인 이름을 Pipeline으로 바꾸기로 했다. 그러나 현재 모든 소스 코드의 이름이 변경된 것은 아니며, 파이프라인과 워크플로우 둘 다에 대한 참조가 있다. 일관성을 위해 그리고 실패의 가능성을 피하기 위해 이전 이름을 고수하여 이 책 전체에서 Workflow라는 단어를 사용했다.

젠킨스

젠킨스^{Jenkins}는 플러그인으로 빛난다. 많은 플러그인이 있어서 우리가 원하는 바를 달성할 수 있게 한다. 코드 리포지터리에 연결하고 싶은가? 플러그인이 있다. 누군가에게 통지를 보내고 싶은가? 플러그인이 있다. 공식을 사용해 로그를 파싱하고 싶은가? 플러그인이 있다.

이렇게 많은 플러그인에서 선택할 수 있다는 건 양날의 검이다. 사람들은 플러그인을 오용하며, 실제로 필요한 것보다 많은 플러그인을 설치하는 경향이 있다. 한 예가 앤시블 플러그인이다.

우리는 빌드 단계로서 이것을 선택하고 Playbook path, Inventory, Tags to skip, Additional parameters 등의 필드를 채울 수 있다. 화면은 그림 12-1과 같다.

Invoke Ansible Playbook
Playbook path
/vagrant/ansible/service.yml
Inventory
File
File path
/vagrant/ansible/hosts/prod
Inline content
Host subset
Credentials
- none -
Add
sudo
Tags to run
Tags to skip
Task to start at
Number of parallel processes
5
Check host SSH key
Unbuffered stdout
Colorized stdout
Additional parameters
--extra-vars "repo_dir=$PWD service_name=books-ms"

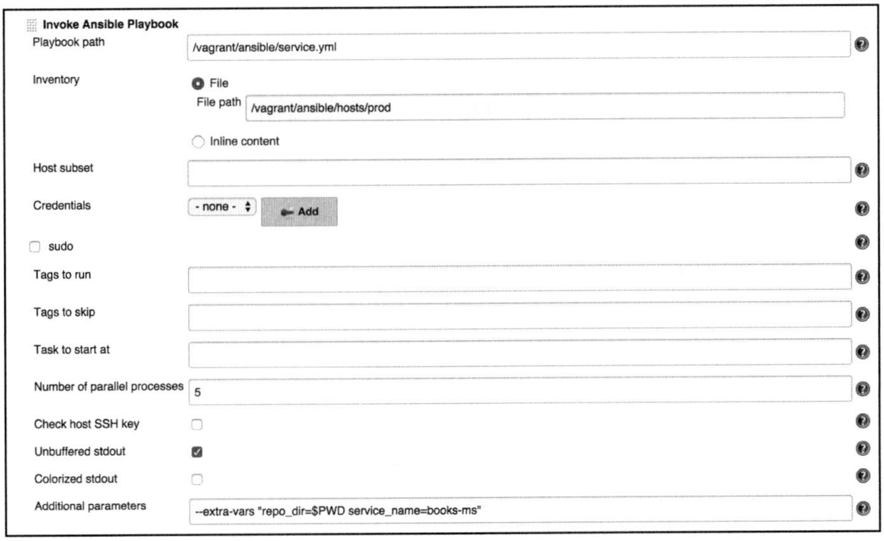

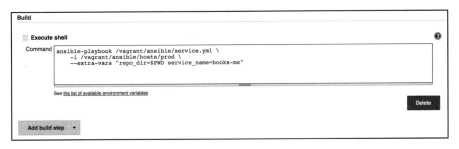

그림 12-1 젠킨스 작업 안에서 사용되는 앤시블 플러그인

앤시블 플러그인의 대안은 Execute shell 빌드 단계(젠킨스 코어의 일부)를 사용하고 실행하고 싶은 명령을 넣는 것이다. 우리는 자동화를 직접 작성했으며 실행돼야 할 명령에 익숙하다. 이와 같은 명령을 사용함으로써 채워야 하거나 무시해야 할 필드가 줄어들어 같은 프로세스가 젠킨스 외부에서 반복돼야 하는 경우 실행할 명령이 무엇인지 알 수 있으며 참조로 이러한 명령을 사용할 수 있다.

Build
Execute shell
Command
ansible-playbook /vagrant/ansible/service.yml \
-i /vagrant/ansible/hosts/prod \
--extra-vars "repo_dir=$PWD service_name=books-ms"
See the list of available environment variables
Delete
Add build step

그림 12-2 shell 명령으로 앤시블 플레이북 실행

많은 경우 자동화는 젠킨스(또는 그 밖의 CI/CD 도구) 외부에서 수행해야 한다. 거기에서 우리가 해야 할 일은 젠킨스에게 어떤 스크립트를 실행할지를 알려주는 것이다. 그 스크립트는 배포하는 서비스의 코드(예: deploy.sh)와 함께 리포지터리에 있을 수 있으며, 또는 우리의 경우에서처럼 몇 가지 명명 규칙으로 일반화되어 모든 서비스에 사용될 수 있다. 자동화 스크립트가 구성되는 방식에 상관없이 대부분의 경우에 젠킨스 안에서 사용하는 가장 좋고 쉬운 방법은 그냥 이들 스크립트와 관련된 명령을 실행하는 것이다. 최근까지는 진짜였다. 이제는 Jenkinsfile이 추가되어 프로젝트에 특정한 스크립트를 생성하고 프로젝트 리포지터리에 보관하는 같은 로직을 따를 수 있다. 이로 인한 추가적인 이점은 Jenkinsfile에 있는 Workflow 스크립트 안에서 젠킨스에 특화된 기능을 활용할 수 있다는 것이다. 특정한 노드에서 어떤 것을 실행해야 한다면 그것을 위한 모듈이 있다. 젠킨스 안에 저장된 인증을 사용해야 한다면 그것을 위한 모듈이 있다. 목록은 계속되지만, 요점은 Jenkinsfile과 Workflow로 코드 리포지터리에 있는 스크립트에 계속 의존하면서, 동시에 고급 젠킨스 기능을 활용할 수 있다는 것이다.

이제 젠킨스를 설정할 시간이 왔다.

젠킨스 설정

항상 그렇듯, 젠킨스를 살펴보는 데 사용할 가상 머신을 생성함으로써 시작한다. 젠킨스 서버를 호스팅할 cd 노드와 우리가 실행할 앤시블 플레이북을 만들 것이다.

```
vagrant up cd prod
```

일단 두 서버가 실행되면 이전과 같은 방법으로 진행해 prod 노드를 프로비저닝할 수 있다.

```
vagrant ssh cd
ansible-playbook /vagrant/ansible/prod2.yml \
    -i /vagrant/ansible/hosts/prod
```

이제 젠킨스를 가동할 준비가 되었다. 도커를 사용하면 기본 설치를 설정하는 것은 아주 쉽다. 우리가 할 일은 몇 개의 인수로 컨테이너를 실행하는 것이다.

```
sudo mkdir -p /data/jenkins
sudo chmod 0777 /data/jenkins
docker run -d --name jenkins \
    -p 8080:8080 \
    -v /data/jenkins:/var/jenkins_home \
    -v /vagrant/.vagrant/machines:/machines \
    jenkins
```

도커는 젠킨스 컨테이너의 로컬 복사본이 없음을 감지하고 도커 허브^{Docker Hub}에서 끌어오기 시작했다. 일단 끌어오고 나면, 8080 포트를 노출하고 몇 개의 볼륨을 공유하는 실행되는 인스턴스를 갖게 될 것이다. /var/jenkins_home 디렉토리는 모든 젠킨스 설정을 포함한다. 우리가 곧 살펴볼 설정 관리를 위해 공유하는 것이 편리하다. 호스트에서 해당 디렉토리에 전체 권한(0777)을 주었다. 컨테이너 프로세스가 시스템에는 없는 jenkins 사용자로 실행하기 때문이다. 보안상으로는 좋지 않은 솔루션이지만 지금으로서는 좋다. 두 번째 공유 디렉토리는 /machines로, 호스트의 /vagrant/.vagrant/machines 디렉토리에 매핑되어 있다. 이 경로는 베이그런트^{Vagrant}가 실제 작업이 실행될 젠킨스 노드를 설정하는 데 필요한 모든 SSH 키를 저장하는 곳이다. 만약 생산 서버에서 실행해야 한다면 ssh-copy-id로 키를 생성하고 베이그런트가 생성한 것 대신에 이들을 공유해야 한다.

일단 젠킨스 컨테이너가 실행되면 http://10.100.198.200:8080을 열어서 GUI를 탐색한다.

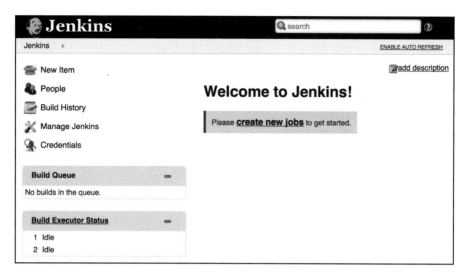

그림 12-3 표준 설치 후 젠킨스 홈 화면

젠킨스 화면을 처음 보는 것이라면 이 책을 잠깐 쉬고 익숙해지도록 시간을 보낸다. GUI는 아주 직관적이어서 작동하는 기본적인 방법을 이해하는 데 도움이 될 많은 온라인 소스가 있다. 우리는 젠킨스 관리 자동화로 들어가려고 한다. GUI를 사용하지 않았다고 하더라도 시각적으로 작동하는 방법을 이해하면 우리가 수행하려는 작업이 더 잘 이해될 것이다. 시간을 내서 사용해보고 편안한 느낌이 들면 다시 여기로 돌아오기 바란다.

내가 알고 있는 사람들 대부분은 전적으로 GUI를 통해서만 젠킨스를 사용한다. 어떤 사람은 API를 사용해 작업을 실행하거나 몇 가지 기본적인 오퍼레이션을 자동화한다. 그리고 잠시 동안이면 그것도 좋다. 몇 가지 플러그인을 설치하고, 몇 개의 작업을 생성하며, 아주 신속하게 많은 것을 수행하는 것에 굉장함을 느낌으로써 시작한다. 시간이 지나면 작업의 수가 증가하고, 덩달아 유지보수 노력도 늘어난다. 수십, 수백 또는 수천 개의 작업이 정의되어 정기적으로 또는 어떤 이벤트(예를 들어, 코드 커밋)에 의해 트리거되는 경우가 보통이다. 이 모든 작업을 GUI로 관리하기란 어렵고 시간이 많이 소요된다. 예를 들어, 모든 작업에 Slack 알림을 추가한다고 하자. 그 수가 많기 때문에 하나씩 작업을 수정하는 방법은 좋은 선택이 아니다.

주로 작업의 생성과 유지보수에 집중된 젠킨스 자동화의 문제를 해결할 수 있는 다양한 방법이 있다. 한 가지 방법은 우리를 도와줄 수 있는 젠킨스 플러그인을 사용하는 것이다. 그중에는 Job DSL과 Job Generator 플러그인이 있다. 우리는 다른 접근 방법을 취할 것이다. 모든 젠킨스 설정은 /var/jenkins_home 디렉토리(우리는 도커 볼륨으로 노출했다)에 있는 XML 파일로 저장된다. 젠킨스 행위를 변경해야 할 때는 단순히 새로운 파일을 추가하고 기존의 것을 변경할 수 있다. 우리는 이미 앤시블에 익숙하기 때문에 설치뿐만 아니라 젠킨스를 유지하는 도구로서 계속 사용할 수 있다. 이러한 관점에서 현재 젠킨스 설치를 제거하고 앤시블로 다시 시작할 것이다.

```
docker rm -f jenkins
sudo rm -rf /data/jenkins
```

젠킨스 컨테이너를 제거하고 볼륨으로 노출한 디렉토리를 삭제했다. 이제 앤시블로 설치하고 설정할 수 있다.

앤시블로 젠킨스 설정

우리가 사용할 역할이 이전에 접하지 못한 복잡성을 약간 갖더라도 앤시블로 젠킨스를 설정하는 것은 쉽다. 플레이북이 실행을 완료하는 데 몇 분이 걸리므로, 먼저 실행하고 기다리는 동안 정의를 논의하겠다.

```
ansible-playbook /vagrant/ansible/jenkins-node.yml \
  -i /vagrant/ansible/hosts/prod
ansible-playbook /vagrant/ansible/jenkins.yml \
  -c local
```

먼저 나중에서 사용하게 될 젠킨스 노드를 설정한다. 첫 번째 플레이북을 실행하는 데는 오랜 시간이 걸리지 않는다. JDK가 설치됐는지(젠킨스가 사용하며 노드에 연결할 수 있

어야 함), 단일 디렉토리 /data/jenkins_slaves인지 확인하면 되기 때문이다. 젠킨스
는 이 디렉토리를 사용해 이들 노드에서 프로세스를 실행할 때 파일을 저장할 것이다.
jenkins 역할은 jenkins.yml 플레이북에 있으며, 조금 길고, 어느 정도 시간을 보낼
가치가 있다. 좀 더 자세히 살펴보자. jenkins.yml 플레이북은 다음과 같다.

```
- hosts: localhost
 remote_user: vagrant
 serial: 1
 sudo: yes
 roles:
   - consul-template
   - jenkins
```

우리에게 이미 친숙한 컨설 템플릿을 설치하기 때문에 곧바로 roles/jenkins 역할로
이동할 것이다. 작업은 roles/jenkins/tasks/main.yml 파일에 정의됐으며 하나씩 살
펴보기로 한다.

```
- name: Directories are created
  file:
    path: "{{ item.dir }}"
    mode: 0777
    recurse: yes
    state: directory
  with_items: configs
  tags: [jenkins]
```

디렉토리가 생성됐기 때문에 젠킨스 컨테이너를 실행할 수 있다. 컨테이너가 실행을
시작하는 데는 시간이 걸리지 않지만, 젠킨스 자체가 완전히 작동할 때까지는 약간의
인내가 필요하다. 나중에 젠킨스 API로 몇 가지 명령을 내릴 것이므로 젠킨스가 작동
하는지 확인하기 위해 가령 30분 정도 플레이북을 중지해야 할 것이다. 동시에 이것은
pause 모듈이 작동하는 것(거의 사용되지 않아야 하지만)을 볼 수 있는 기회를 제공한다.

container_result 변수를 등록하고, 나중에 젠킨스 애플리케이션이 완전히 작동할 수 있도록 나머지 작업을 진행하기 전에 잠시 멈추는 것에 유의하기 바란다. 젠킨스 컨테이너의 상태가 변경된다면 이 일시 중지가 수행된다.

```
- name: Container is running
  docker:
    name: jenkins
    image: jenkins
    ports: 8080:8080
    volumes:
      - /data/jenkins:/var/jenkins_home
      - /vagrant/.vagrant/machines:/machines
  register: container_result
  tags: [jenkins]
- pause: seconds=30
  when: container_result|changed
  tags: [jenkins]
```

다음에는 설정 파일 몇 개를 복사해야 한다. roles/jenkins/files/credentials.xml로 시작해 몇 개의 노드(roles/jenkins/files/cd_config.xml, roles/jenkins/files/prod_config. xml 등)가 오고, 그 밖의 덜 중요한 설정 몇몇이 온다. 이 파일들의 내용을 자유롭게 볼 수 있다. 지금은 이러한 설정이 필요하다는 사실만 이해하면 된다.

```
- name: Configurations are present
  copy:
    src: "{{ item.src }}"
    dest: "{{ item.dir }}/{{ item.file }}"
    mode: 0777
  with_items: configs
  register: configs_result
  tags: [jenkins]
```

다음에는 몇 개의 플러그인이 설치됐는지 확인해야 한다. 우리 코드는 깃허브에 있기 때문에 Git 플러그인이 필요하다. 우리가 사용할 또 다른 유용한 플러그인은 Log Parser이다. 앤시블 로그가 아주 크기 때문에 이 플러그인을 사용해 좀 더 관리하기 쉬운 조각으로 나눌 것이다. 그 밖의 플러그인들도 마찬가지로 설치할 것이다. 그리고 이들을 사용할 시간이 되면 각각 설명할 것이다.

대부분의 사람들은 필요한 플러그인을 다운로드하는 경향이 있다. 우리가 사용하는 공식적인 젠킨스 컨테이너도 어떤 플러그인을 다운로드할지를 지정하는 방법이 있다. 그러나 이러한 접근 방법은 아주 위험하다. 필요한 플러그인뿐만 아니라 이들의 의존성과 의존성의 의존성 등을 정의해야 하기 때문이다. 이들 중 하나를 잊거나 다른 의존성을 지정하기 쉽다. 이런 경우가 발생하면 사용하려는 플러그인이 작동하지 않는 것은 물론이고, 경우에 따라서는 전체 젠킨스 서버가 작동을 멈출 때도 있다. 다른 접근 방법을 취하기로 하자. 플러그인은 /pluginManager/installNecessaryPlugins로 본문에 XML과 함께 HTTP 요청을 보냄으로써 설치할 수 있다. 젠킨스는 요청을 받으면 지정한 플러그인과 의존성을 둘 다 다운로드할 것이다. 우리는 이미 플러그인이 설치됐다면 요청을 보내고 싶지 않기 때문에 플러그인의 경로를 지정하는 creates 지시를 사용할 것이다. 플러그인이 있다면 작업은 실행되지 않을 것이다.

대부분의 플러그인은 애플리케이션의 재시작을 요구한다. 따라서 플러그인이 추가되면 컨테이너를 다시 실행할 것이다. 플러그인을 설치하는 요청이 비동기적이기 때문에 먼저 플러그인 디렉토리가 생성될 때까지 기다려야 할 것이다(젠킨스는 이름이 같은 디렉토리에 플러그인 압축을 푼다). 일단 모든 플러그인이 설치됐음을 확인했으면 젠킨스를 다시 시작해 완전히 작동할 때까지 조금 기다린다. 다시 말해 우리는 젠킨스에게 플러그인을 설치하라고 요청을 보내고, 아직 설치되지 않았다면 젠킨스가 설치를 완료할 때까지 기다렸다가 컨테이너를 다시 시작해 새로운 플러그인이 사용되고 재시작을 마칠 때까지 한동안 기다린다.

```
- name: Plugins are installed
  shell: "curl -X POST \
    -d '<jenkins><install plugin=\"{{ item }}@latest\" /></jenkins>' \
    --header 'Content-Type: text/xml' \
    http://{{ ip }}:8080/pluginManager/installNecessaryPlugins"
  args:
    creates: /data/jenkins/plugins/{{ item }}
  with_items: plugins
  register: plugins_result
  tags: [jenkins]

- wait_for:
  path: /data/jenkins/plugins/{{ item }}
  with_items: plugins
  tags: [jenkins]

- name: Container is restarted
  docker:
    name: jenkins
    image: jenkins
    state: restarted
  when: configs_result|changed or plugins_result|changed
  tags: [jenkins]

- pause: seconds=30
  when: configs_result|changed or plugins_result|changed
  tags: [jenkins]
```

이제 작업을 생성할 준비가 되었다. 모든 것이 (다소) 같은 방식으로 작동하기 때문에 하나의 템플릿을 사용해 서비스 배포와 관련된 모든 작업에 적용할 수 있다. 각 작업에 대해 별도의 디렉토리를 생성하고 템플릿을 적용하고 그 결과를 대상 서버로 복사하며, 마지막으로 작업이 변경됐으면 젠킨스를 다시 로드한다. 전체 재시작이 필요한 플러그인과는 달리 아주 빠르게(거의 즉각적으로) 재로드한 후에 새로운 작업을 사용하기 시작할 것이다.

```
- name: Job directories are present
  file:
    path: "{{ home }}/jobs/{{ item.name }}"
    state: directory
    mode: 0777
  with_items: jobs
  tags: [jenkins]

- name: Jobs are present
  template:
    src: "{{ item.src }}"
    dest: "{{ home }}/jobs/{{ item.name }}/config.xml"
    mode: 0777
  with_items: jobs
  register: jobs_result
  tags: [jenkins]

- name: Jenkins is reloaded
  uri:
    url: http://{{ ip }}:8080/reload
    method: POST
    status_code: 200,302
  when: jobs_result|changed
  ignore_errors: yes
  tags: [jenkins]
```

앞으로 더 많은 작업을 추가하고 싶다면 jobs 변수에 더 많은 항목을 추가하기만 하면
된다. 이와 같은 시스템으로 거의 아무런 노력 없이 서비스만큼 젠킨스 작업을 쉽게 생
성할 수 있다. 그뿐만 아니라, 작업이 갱신돼야 한다면 템플릿을 변경하고 다시 플레
이북을 실행하기만 하면 된다. 그러면 변경사항이 서비스 빌드와 테스트, 배포를 담당
하는 전체 작업에 전파된다.

roles/jenkins/defaults/main.yml 파일에 정의된 jobs 변수는 다음과 같다.

```
jobs: [
  {
    name: "books-ms-ansible",
    service_name: "books-ms",
    src: "service-ansible-config.xml"
  },
...
]
```

name과 service_name 값은 이해하기 쉽다. 작업 이름과 서비스 이름을 나타낸다. 세 번째 값은 작업 설정을 생성할 때 사용할 소스 템플릿이다.

마지막으로, roles/jenkins/templates/service-ansible-config.xml 템플릿을 살펴 보자.

```xml
<?xml version='1.0' encoding='UTF-8'?>
<project>
  <actions/>
  <description></description>
<logRotator class="hudson.tasks.LogRotator">
    <daysToKeep>-1</daysToKeep>
    <numToKeep>25</numToKeep>
    <artifactDaysToKeep>-1</artifactDaysToKeep>
    <artifactNumToKeep>-1</artifactNumToKeep>
  </logRotator>
  <keepDependencies>false</keepDependencies>
  <properties>
  </properties>
  <scm class="hudson.plugins.git.GitSCM" plugin="git@2.4.1">
    <configVersion>2</configVersion>
    <userRemoteConfigs>
      <hudson.plugins.git.UserRemoteConfig>
        <url>https://github.com/vfarcic/{{ item.service_name }}.git</url>
      </hudson.plugins.git.UserRemoteConfig>
    </userRemoteConfigs>
    <branches>
```

```
    <hudson.plugins.git.BranchSpec>
      <name>*/master</name>
    </hudson.plugins.git.BranchSpec>
  </branches>
  <doGenerateSubmoduleConfigurations>false</
doGenerateSubmoduleConfigurations>
  <submoduleCfg class="list"/>
  <extensions/>
 </scm>
 <canRoam>true</canRoam>
 <disabled>false</disabled>
 <blockBuildWhenDownstreamBuilding>false</
blockBuildWhenDownstreamBuilding>
 <blockBuildWhenUpstreamBuilding>false</blockBuildWhenUpstreamBuilding>
 <triggers/>
 <concurrentBuild>false</concurrentBuild>
 <builders>
   <hudson.tasks.Shell>
   <command>export PYTHONUNBUFFERED=1

ansible-playbook /vagrant/ansible/service.yml \
   -i /vagrant/ansible/hosts/prod \
   --extra-vars &quot;repo_dir=${PWD} service_name={{ item.service_name
}}&quot;</command>
   </hudson.tasks.Shell>
  </builders>
  <publishers/>
  <buildWrappers/>
</project>
```

비교적 큰 젠킨스 작업의 XML 정의다. GUI를 통해 수작업으로 생성해서 파일을 복사한 다음, 값을 변수로 대체했다. 주요 항목 중 하나는 젠킨스에게 코드 리포지터리의 위치를 알려주는 것이다.

```
<url>https://github.com/vfarcic/{{ item.service_name }}.git</url>
```

보다시피 다시 명명 규칙을 사용하고 있다. 리포지터리 이름은 서비스 이름과 같으며, 앞에서 봤던 변수의 값으로 대체할 것이다.

두 번째 항목은 앤시블 플레이북을 실행하고, 서비스를 빌드, 패키징, 테스트, 배포하는 명령을 실행하는 것이다.

```
<command>export PYTHONUNBUFFERED=1
ansible-playbook /vagrant/ansible/service.yml \
    -i /vagrant/ansible/hosts/prod \
    --extra-vars &quot;repo_dir=${PWD} service_name={{ item.service_name
}}&quot;</command>
```

보다시피 이전 장에서 생성한 것과 동일한 앤시블 플레이북을 실행한다.

마지막으로, jenkins 역할에서 마지막 작업은 다음과 같다.

```
- name: Scripts are present
  copy:
    src: scripts
    dest: /data
    mode: 0766
  tags: [jenkins]
```

이것은 /data 디렉토리로 스크립트를 복사한다. 나중에 이 스크립트를 살펴볼 것이다.

앤시블 역할 jenkins는 좀 더 복잡한 사용 사례의 좋은 예다. 이 장까지 앤시블로 했던 대부분의 프로비저닝과 설정은 훨씬 단순했다. 대부분의 경우에 APT 리포지터리를 갱신하고 패키지를 설치하며, 몇 가지 설정 파일을 복사한다. 몇몇 경우에는 도커 컨테이너만 실행하면 된다. 그 밖에도 많은 경우가 있지만 본질적으로는 모두 아주 단순한데, 다른 어떤 도구도 많은 설정이 필요하지 않기 때문이다. 젠킨스는 아주 다르다. 컨테이너를 실행하는 것 외에도, 꽤 많은 설정 파일을 생성하고 여러 플러그인을 설치하고 몇 가지 작업을 생성해야 했다. 대안으로, 작업을 제외한 모든 것을 담는 우리의 컨테이너를 생성할 수 있다. 이것은 설정을 단순하게 하고, 동시에 좀 더 신뢰할 수 있는 솔루션을 제공한다. 그러나 나는 좀 더 복잡한 앤시블 프로세스를 보여주기를 원한다.

커스텀 젠킨스 이미지의 생성을 연습문제로 남겨두겠다. 이미지는 그 안에 작업을 제외한 모든 것을 포함해야 한다. Dockerfile을 생성하고, 이미지를 빌드한 후 도커 허브에 푸시하고, 앤시블 역할 jenkins를 수정해 새로운 컨테이너가 사용되게 하라. SSH 키로 볼륨과 작업을 공유해 컨테이너 외부에서 갱신될 수 있게 해야 한다.

젠킨스 작업 실행

지금까지 우리가 앞에서 실행했던 앤시블 플레이북은 실행을 완료해야 했다. 젠킨스가 실행되고 있을 뿐만 아니라, books-ms 작업이 생성되고 우리가 사용하기를 기다리고 있다.

이제 젠킨스 GUI를 살펴보자. http://10.100.198.200:8080을 연다. 몇 가지 작업과 함께 홈페이지를 볼 수 있을 것이다. 먼저 살펴보고자 하는 것은 books-ms-ansible 작업이다. 다른 상황에서는 코드 리포지터리가 빌드를 실행하도록 젠킨스에게 요청을 트리거한다. 그러나 공개 깃허브 저장소를 사용하고 이 젠킨스 인스턴스가 (아마도) 노트북에서 실행되고 공용 네트워크에 접근할 수 없기 때문에 수작업으로 작업을 실행해야 한다. **Schedule a build for books-ms-ansible**(빌드 스케줄) 버튼(시계와 재생 화살표가 있는 아이콘)을 클릭하자. 그러면 화면 왼쪽에 있는 cd 노드에서 books-ms-ansible 작업의 첫 번째 빌드가 실행되는 모습을 볼 수 있을 것이다.

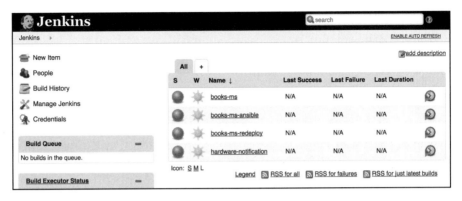

그림 12-4 몇 개의 작업이 있는 젠킨스 홈 화면

`books-ms-ansible` 작업을 클릭하고 Build History(빌드 이력)에 있는 #1 링크를 클릭한 다음, 마지막으로 Console Output(콘솔 출력)을 클릭한다. http://10.100.198.200: 8080/job/books-ms-ansible/lastBuild/console URL을 열어서 동일한 작업을 수행할 수도 있다. 해당 작업의 마지막 빌드의 출력이 표시될 것이다. 아마도 눈치챘겠지만, 로그가 조금 크고 특정한 작업에 관한 정보를 찾기 어려울 수 있다. 다행히도 Log Parser(로그 파서) 플러그인을 설치해서 로그를 좀 더 쉽게 추적할 수 있다. 그러나 먼저 빌드가 완료되기를 기다려야 한다. 그 시간 동안에 작업 설정을 살펴보자.

`books-ms-ansible` 작업 메인 화면으로 돌아가서 왼쪽 메뉴에 있는 Configure(설정) 링크를 클릭한다(또는 http://10.100.198.200:8080/job/books-ms-ansible/configure 링크를 연다).

`books-ms-ansible`은 아주 단순한 작업이지만, 대부분의 경우에 우리의 자동화 스크립트가 정확하게 수행된다면(앤시블을 사용하든 안 하든) 더 복잡할 필요가 없다. 여러분은 작업이 cd 노드에 제한된다는 사실을 알 수 있다. 이는 cd라는 이름 또는 레이블이 붙은 서버에서만 실행될 수 있다는 뜻이다. 젠킨스 설정의 일부분으로 cd라는 하나의 노드를 생성했다.

Source Code Management(소스 코드 관리) 섹션에는 깃허브 리포지터리 참조가 있다. 새로운 커밋이 있을 때마다 이 작업을 실행할 트리거가 누락됐음을 주목하라. 이것은 다양한 방법으로 할 수 있다. Build Trigger(빌드 트리거)를 Poll SCM(SCM 폴링)으로 설정하고 주기적으로(가령 10초마다) 실행하도록 스케줄링할 수 있다. 스케줄링 형식으로 cron 구문을 사용하고 있음을 주목하라. 이 경우에 젠킨스는 규칙적으로 리포지터리를 검사해 변경된 부분이 있으면(커밋이 있으면) 작업을 실행할 것이다. 더 좋은 방법은 리포지터리에 직접 webhook을 생성하는 것이다. 이 훅hook은 커밋할 때마다 젠킨스 빌드를 호출한다. 이 경우, 커밋 후에 빌드가 거의 즉시 실행될 것이다. 동시에 리포지터리를 정기적으로 확인하는 오버헤드가 없다. 그러나 이 접근 방법은 젠킨스가 리포지터리(이 경우에는 깃허브)에 접근할 수 있고, 사설망 안에서 젠킨스가 실행되고 있어야 한다. 이 책을 읽는 동안에는 books-ms 리포지터리에 커밋이 있지 않을 것이기 때문에 어느 것도 선택하지 않는다. 이 작업을 트리거하는 다른 방법을 조사하는 것은 여러분에게 달려 있다. 우리는 수작업으로 빌드를 실행함으로써 같은 프로세스를 시뮬레이션할 것이다. 작업을 실행하는 방법에 관계없이 가장 먼저 해야 할 일은 Source Code Management 섹션에서 제공되는 정보를 사용해 리포지터리를 복제하는 것이다.

이제 작업의 주요 부분인 Build(빌드) 섹션에 도달했다. 플레이북을 실행하는 데 Ansible 플러그인을 사용할 수 있다고 이미 언급했다. 그러나 실행해야 하는 명령이 아주 간단해서 플러그인을 사용할 경우 복잡성만 추가될 수 있다. Build 섹션에서 service.yml 플레이북을 실행하는 Execute shell(셸 실행) 단계를 수작업으로 실행하는 것과 같다. 우리는 코드 리포지터리에 변경된 것을 탐지하는 용도로 사용하지만, 이것을 사용하지 않고도 같은 명령을 실행할 수 있다.

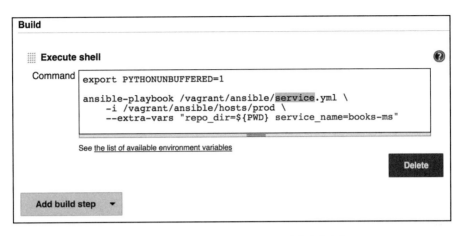

그림 12-5 젠킨스 books-ms-ansible 작업 설정 화면

마지막으로, Console output (build log) parsing(콘솔 출력(빌드 로그) 파싱)을 Post-build actions(사후 빌드 행위) 단계로 설정한다. 이것은 (이 경우에) 앤시블 로그를 파싱해 좀 더 사용자 친화적으로 표시되게 한다. 지금쯤이면 빌드 실행이 끝났을 테니, 파싱된 로그를 살펴볼 수 있다.

books-ms 작업의 빌드 #1로 돌아가서 왼쪽 메뉴에 있는 Parsed Console Output(파싱된 콘솔 출력) 링크를 클릭하거나 http://10.100.198.200:8080/job/books-ms-ansible/ lastBuild/parsed_console/ URL을 연다. Info(정보) 섹션 밑에서 각각 구분된 앤시블 작업을 볼 수 있고 이 중 하나를 클릭해 해당 작업과 관련된 출력 부분으로 이동할 수 있다. 실행 중에 문제가 발생하면 Error(에러) 링크 밑에 나타날 것이다. Log Parser(로그 파서)가 작동하는 방법을 자세히 설명하지는 않을 것이다. 나는 주로 이 작업을 젠킨스가 플러그인을 통해 제공하는 강력함을 데모하기 위해 포함시켰다. 1000개가 넘는 플러그인을 사용할 수 있고 새로운 것이 계속 나오고 있다. 플러그인은 여타 CI/CD 도구에 비해 젠킨스가 갖는 주요 이점이다. 그 뒤에는 커다란 커뮤니티가 있어 필요한 거의 모든 것이 있음을 보장할 수 있어 안심할 수 있다. 게다가, 사용 가능한 플러그인을 살펴보는 것만으로도 새로운 아이디어를 얻을 수 있다.

이 작업이 서비스를 배포하는 데 필요한 모든 필수적인 목적(코드 체크아웃과 앤시블 플레이북 실행)을 달성할 수 있다고 하더라도, 작업에 몇 가지를 더 추가할 수 있다. 아마도 가장 재미있는 건 작업 실패에 대한 통지 추가일 것이다. 이메일 메시지일 수도 있고, Slack 통지나 우리가 사용할 수 있는 거의 모든 유형의 통지일 수도 있다. 이 부분은 연습문제로 남겨두려고 한다. 시간을 내서 통지를 전송할 수 있는 플러그인을 찾아내고 선택한 다음 설치한다. **Manage Plugins**(플러그인 관리) 화면은 홈 화면의 왼쪽 메뉴에 있는 **Manage Jenkins**(젠킨스 관리)를 클릭해 접근할 수 있다. 또는 http://10.100.198.200:8080/pluginManager/ URL을 열어서 접근할 수도 있다. 일단 들어오면 플러그인 지시에 따라서 books-ms-ansible 작업에 추가한다. 일단 익숙해지면 앤시블을 통해서도 같은 작업을 시도해보기 바란다. plugins 변수에 새로운 플러그인을 추가하고 필요한 항목을 service-ansible-config.xml 템플릿에 넣는다. 이를 위한 가장 쉬운 방법은 UI를 통해 변경을 적용하고 cd 노드에 있는 /data/jenkins/jobs/books-ms-ansible/config.xml 파일에 젠킨스가 변경한 사항을 확인하는 것이다.

젠킨스 워크플로우 작업 설정

books-ms 서비스를 배포하는 작업을 구조화하는 더 좋은 방법이 있을까? 우리는 지금 작업을 여러 단계로 구성하고 있다. 한 단계는 코드를 체크하고, 그동안 다른 단계가 앤시블 스크립트를 실행하는 것이다. 우리는 cd 노드에서 실행해야 한다고 명시했으며, 몇 가지 사소한 단계를 추가로 수행했다. 현재 통지가 누락되어 있으며(여러분이 구현하지 않았다면), 이들이 작업에서 또 다른 단계가 될 수 있다. 각 단계는 별도의 플러그인이다. 이 중 일부는 젠킨스 코어와 함께 배포되지만, 우리가 추가해야 하는 것도 있다. 시간이 지날수록 단계 수는 상당히 증가할 수 있다. 동시에 앤시블이 서비스를 빌드하고 테스트, 배포하는 도구로서 사용될 때 서버를 프로비저닝하고 설정하는 데 아주 적합하지만, 다소 성가시며 간단한 배시 스크립트로 더 쉽게 할 수 있는 몇 가지 기능은 부족한 것으로 판명됐다.

반면에 배시 스크립트는 앤시블이 갖고 있는 특성이 부족하다. 예를 들어, 앤시블은 원격 위치에서 명령을 실행하는 데 아주 좋다. 세 번째 옵션은 배포 프로세스를 전통적인 젠킨스 작업으로 이동시키는 것이다. 이것도 좋은 해결 방안은 아니다. 아마도 마찬가지로 배시 스크립트를 실행할 수 있는 꽤 많은 작업으로 끝날 것이다. 하나의 작업이 cd 노드에서 사전 배포 작업을 하고, 다른 작업이 prod 노드에서 배포를 담당한다면, cd 노드에서 사후 배포 작업을 실행하는 세 번째 작업이 필요할 것이다. 최소한 3개가 연결된 작업이 있어야 한다. 더 많을 가능성이 높다. 많은 작업을 유지하는 데는 시간이 걸리고 복잡하기도 하다.

젠킨스의 Workflow 플러그인을 활용해 모든 단계를 수행하는 스크립트를 작성할 수 있다. 지금 앤시블로 하고 있는 배포의 대안으로 사용할 수 있다. 이미 앤시블은 서버 프로비저닝과 설정에서 빛을 발한다고 했다. Workflow 플러그인은 전체 작업을 스크립팅할 수 있게 한다. 이 기능 자체는 계속 자동화에 의존하게 하는 좋은 방법이다. 특히 젠킨스 XML이 아주 번거롭고 작성하고 읽기 어렵기 때문에 그렇다. 서비스를 배포하는 간단한 작업을 정의하는 데 사용한 service-ansible-config.xml을 살펴보는 것으로 충분하다. 젠킨스 XML은 불가해하고 많은 상용구 정의가 있다. 앤시블은 조건문과 함께 사용하도록 설계되지 않았으며, try/catch 문에 어울리는 대안을 갖고 있지 않고, 배시 스크립트는 그저 여분의 복잡성 레이어다. 이 시점에서 우리 프로세스가 복잡한 건 사실이며, 우리 앞에 놓인 목표를 희생하지 않으면서 가능한 한 일을 단순하게 하려고 해야 한다.

Workflow 플러그인을 갖고 가서 도움이 되는지 확인해보자. CloudBees Docker Workflow 플러그인과 결합할 것이다.

books-ms 작업 설정을 살펴보는 것으로 시작하자. 젠킨스 UI에서 작업 설정 화면으로 이동하거나, 그냥 http://10.100.198.200:8080/job/books-ms/configure URL을 열면 된다.

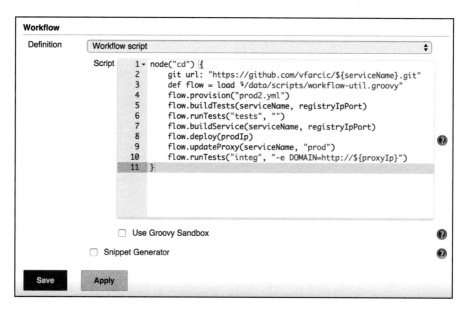

그림 12-6 books-ms 젠킨스 워크플로우 작업 설정 화면

books-ms 설정 안에 들어오면 전체 작업이 몇 개의 매개변수와 워크플로우 스크립트로만 구성되어 있음을 알게 될 것이다. 일반적인 작업과 달리, 워크플로우는 (거의) 모든 것을 스크립트할 수 있다. 그래서 젠킨스 작업을 훨씬 더 쉽게 관리할 수 있다. 우리가 사용하는 roles/jenkins/templates/service-flow.groovy 스크립트는 다음과 같다.

```
node("cd") {
    git url: "https://github.com/vfarcic/${serviceName}.git"
    def flow = load "/data/scripts/workflow-util.groovy"
    flow.provision("prod2.yml")
    flow.buildTests(serviceName, registryIpPort)
    flow.runTests(serviceName, "tests", "")
    flow.buildService(serviceName, registryIpPort)
    flow.deploy(serviceName, prodIp)
    flow.updateProxy(serviceName, "prod")
    flow.runTests(serviceName, "integ", "-e DOMAIN=http://${proxyIp}")
}
```

이 스크립트는 젠킨스에게 모든 지시가 cd 노드에서 실행돼야 한다는 사실을 알려주는 노드 정의로 시작한다.

노드 내부에서 첫 번째 지시는 깃Git 리포지터리에서 코드를 체크아웃하는 것이다. git 모듈은 젠킨스 Workflow용으로 생성한 DSL의 예 중 하나다. 이 지시는 젠킨스 작업에 정의된 serviceName 매개변수를 사용한다.

다음에는 workflow-util.groovy 스크립트에 정의된 모든 유틸리티 함수를 포함하도록 load 지시를 사용한다. 이런 식으로 다른 목표와 프로세스로 작업을 생성할 때 반복하지 않을 수 있다. 곧 workflow-util.groovy 스크립트를 살펴볼 텐데, load의 결과는 flow 변수에 할당된다.

이 시점부터 나머지 스크립트는 자기 설명적이다. provision 함수를 호출하고 변수로 prod2.yml을 넘겨준 다음, buildTest 함수를 호출해 변수로 serviceName과 registryIpPort 작업을 넘겨주는 등등이다. 우리가 호출하는 함수는 앤시블로 구현했던 것과 동일한 행위를 수행하며, 배포 파이프라인을 표현한다. 이와 같이 별도의 파일로 로드되는 유틸리티 함수와 워크플로우 스크립트 자체로 분리함으로써 책임을 적절하게 나눌 수 있다. 유틸리티 스크립트는 여러 워크플로우 스크립트가 사용할 수 있는 기능을 제공하며, 중앙집중화로부터 많은 이점을 얻도록 개선 작업이 한 번에 이뤄졌다. 반면에 하나의 워크플로우는 다른 것과 같지 않을 수 있다. 따라서 이 경우에는 대부분 유틸리티 함수 호출만 포함한다.

workflow-util.groovy 스크립트에 있는 함수를 좀 더 자세히 살펴보자.

```
def provision(playbook) {
    stage "Provision"
    env.PYTHONUNBUFFERED = 1
    sh "ansible-playbook /vagrant/ansible/${playbook} \
        -i /vagrant/ansible/hosts/prod"
}
```

provision 함수는 배포하기 전에 서버 프로비저닝을 담당한다. 이 함수가 담당하는 작업 집합을 더 잘 식별할 수 있도록 stage를 정의한다. 그다음에는 PYTHONUNBUFFERED 환경 변수 선언으로 앤시블이 버퍼링 로그를 건너뛰고 가능한 한 빨리 출력을 표시할 수 있게 한다. 마지막으로, 어떤 셸 스크립트든 실행하는 워크플로우 모듈 sh를 사용해 앤시블 플레이북을 호출한다. 우리는 젠킨스 작업 유형에 따라서 다른 플레이북을 실행할 수도 있기 때문에 함수 변수로 플레이북 이름을 넘겨준다.

다음으로 살펴볼 함수는 테스트 빌드를 담당한다.

```
def buildTests(serviceName, registryIpPort) {
    stage "Build tests"
    def tests = docker.image("${registryIpPort}/${serviceName}-tests")
    try {
        tests.pull()
    } catch(e) {}
    sh "docker build -t \"${registryIpPort}/${serviceName}-tests\" \
        -f Dockerfile.test ."
    tests.push()
}
```

이번에는 docker 모듈을 사용해 도커 이미지를 선언하고 그 결과를 tests 변수에 저장한다. 여기서부터 우리는 이미지를 끌어와서 셸Shell 스크립트를 실행해 변경된 것이 있는 경우에 새로운 것을 빌드하고, 마지막으로 레지스트리에 결과를 푸시한다. 이미지를 가져오는 부분이 try/catch 문 안에 있음을 유의한다. 워크플로우가 처음 실행되면 끌어올 이미지가 없으며, try/catch 문이 없으면 스크립트는 실패할 것이다.

다음 행은 테스트를 실행하고 서비스 이미지를 빌드하는 함수다.

```
def runTests(serviceName, target, extraArgs) {
    stage "Run ${target} tests"
    sh "docker-compose -f docker-compose-dev.yml \
        -p ${serviceName} run --rm ${extraArgs} ${target}"
```

```
}

def buildService(serviceName, registryIpPort) {
    stage "Build service"
    def service = docker.image("${registryIpPort}/${serviceName}")
    try {
        service.pull()
    } catch(e) {}
    docker.build "${registryIpPort}/${serviceName}"
    service.push()
}
```

이 두 함수는 이미 설명한 것과 동일한 지시를 사용하므로 넘어가겠다.

서비스를 배포하는 함수는 좀 더 설명이 필요하다.

```
def deploy(serviceName, prodIp) {
    stage "Deploy"
    withEnv(["DOCKER_HOST=tcp://${prodIp}:2375"]) {
        try {
            sh "docker-compose pull app"
        } catch(e) {}
        sh "docker-compose -p ${serviceName} up -d app"
    }
}
```

새로운 지시는 withEnv이다. 이 지시를 사용해 범위가 제한된 환경 변수를 생성한다. 중괄호 안에 선언된 지시에 대해서만 존재할 것이다. 이 경우에 DOCKER_HOST 환경 변수는 원격 호스트에 있는 app 컨테이너를 끌어와서 실행하는 데만 사용된다.

마지막 함수는 프록시 서비스를 갱신한다.

```
def updateProxy(serviceName, proxyNode) {
    stage "Update proxy"
    stash includes: 'nginx-*', name: 'nginx'
```

```
    node(proxyNode) {
        unstash 'nginx'
        sh "sudo cp nginx-includes.conf /data/nginx/
includes/${serviceName}.conf"
        sh "sudo consul-template \
            -consul localhost:8500 \
            -template \"nginx-upstreams.ctmpl:/data/nginx/
upstreams/${serviceName}.conf:docker kill -s HUP nginx\" \
            -once"
    }
}
```

새로운 지시는 stash와 unstash이다. 다른 노드(proxyNode 변수로 정의된)에서 프록시를 갱신하기 때문에 cd 서버에서 새로운 파일을 숨겨두고^{stash}, 프록시 노드에서 이들을 제거해야^{unstash} 했다. 다시 말해, stash/unstash 조합은 한 서버나 디렉토리에서 다른 곳으로 파일을 복사하는 것과 동일하다.

대체로 젠킨스 Workflow와 그루비 DSL을 사용한 접근 방법은 앤시블에서 정의한 배포의 필요성을 제거한다. 우리는 계속해서 프로비저닝과 설정에 앤시블 플레이북을 사용할 것이다. 이들이 정말로 빛을 발하는 영역이기 때문이다. 다시 말해, 젠킨스 Workflow와 그루비 DSL은 배포 프로세스를 정의할 때 훨씬 많은 기능과 유연성, 자유를 제공한다. 가장 큰 차이점은 그루비가 스크립팅 언어여서 이런 유형의 작업에 더나은 구문을 제공한다는 것이다. 동시에 젠킨스와의 통합으로 몇 가지 강력한 기능을 활용할 수 있다. 예를 들어, tests라는 레이블을 갖는 5개의 노드를 정의할 수 있다. 나중에 어떤 Workflow 지시가 tests 노드에서 실행돼야 한다고 지정한다면 젠킨스는 이 5개의 노드 중에서 활용성이 가장 적은 것을 사용하게 할 것이다(또는 설정 방법에 따라서 다른 로직이 될 수도 있다).

동시에 젠킨스 Workflow를 사용함으로써 복잡하고 이해하기 쉽지 않은 전통적인 젠킨스 작업에 필요한 XML 정의를 이해할 필요가 없으며, 전체 작업 수를 줄일 수도 있다. Workflow가 제공하는 그 밖의 많은 이점은 나중에 논의할 것이다. 그 결과는 단일 스크립트로, 이전에 했던 앤시블보다 배포 작업이 훨씬 더 짧아진 동시에 이해하고 갱신하기 쉬워졌다. 우리는 서버 프로비저닝과 설정에 계속해서 앤시블을 사용하면서도 젠킨스가 잘하는 작업에는 젠킨스를 사용하게 했다. 그 결과는 두 세계에서 최고의 결합이다.

books-ms 작업 설정을 다시 한 번 살펴보자. 브라우저에서 books-ms 설정 화면을 연다. 작업에 두 가지 사양만 포함되어 있음을 볼 수 있다. 매개변수로 시작해서 앞에서 설명한 Workflow 스크립트로 끝난다. 차이점은 매개변수를 통해 선언되기 때문에 스크립트 자체는 아주 일반적일 수 있다. 우리는 이 작업을 모든 서비스에 적용할 수 있으며, 유일한 차이점은 젠킨스 매개변수다. 이런 방식으로 이 작업들의 관리는 roles/jenkins/templates/service-workflow-config.xml 파일에 정의된 단일 앤시블 템플릿을 통해 처리될 수 있다.

작업을 구축하고 그것이 어떻게 되는지 살펴보자. books-ms 빌드 화면을 연다. 이미 합리적인 값으로 매개변수가 미리 정의되어 있는 모습을 볼 수 있다. 서비스 이름은 books-ms 매개변수이고, 생산 서버의 IP는 prodIp 매개변수, 프록시 서버의 IP는 proxyIp 매개변수, 마지막으로 도커 레지스트리의 IP와 포트는 registryIpPort 매개변수로 정의된다. 일단 Build(빌드) 버튼을 클릭하면 배포가 시작될 것이다.

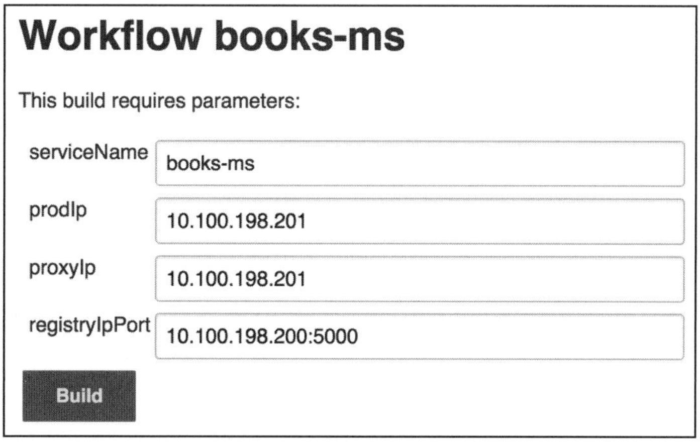

그림 12-7 books-ms 젠킨스 워크플로우 작업의 빌드 화면

마지막 빌드의 books-ms 콘솔 화면을 열면 작업의 실행을 모니터링할 수 있다.

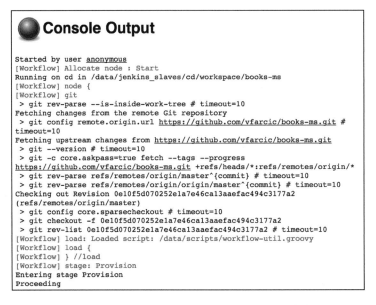

그림 12-8 books-ms 젠킨스 워크플로우 작업의 콘솔 화면

이미 알고 있듯이 많은 일이 배포 작업의 일부로 수행되며, 로그는 너무 커서 어떤 것을 빨리 찾을 수 없다. 다행히도 젠킨스 워크플로우 작업은 Workflow Steps 기능을 제공한다. 실행이 완료될 때 마지막 books-ms 빌드로 이동한 다음에 Workflow Steps 링크를 클릭한다. 각 단계가 링크로 표시되어(터미널 화면으로 표현되는 아이콘) 해당 단계에 속하는 로그만 조사할 수 있게 한다.

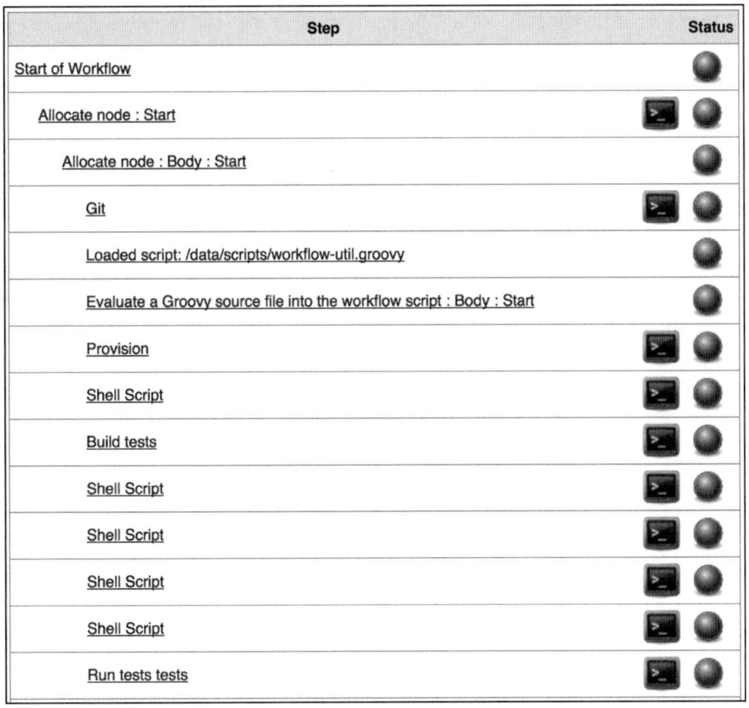

Step	Status
Start of Workflow	
Allocate node : Start	
Allocate node : Body : Start	
Git	
Loaded script: /data/scripts/workflow-util.groovy	
Evaluate a Groovy source file into the workflow script : Body : Start	
Provision	
Shell Script	
Build tests	
Shell Script	
Shell Script	
Shell Script	
Shell Script	
Run tests tests	

그림 12-09 books-ms 젠킨스 워크플로우 작업의 Workflow Steps 화면

여기에 보이는 것보다 훨씬 더 많은 젠킨스 워크플로우가 있으니, 온라인 자습서에서 친숙해지도록 시간을 보내기 바란다. 연습문제로, 예를 들어 이메일 통지를 스크립트에 추가한다. 젠킨스 Workflow를 살펴보는 동안에 `books-ms` 설정 화면에 있는 스크립트 밑에 위치한 Snippet Generator(스니펫 생성기) 확인란을 선택해야 한다. 각 스니펫이 무엇을 하며 어떻게 사용되는지를 발견하는 데 아주 유용한 방법이다.

플레이북을 통해 정의된 배포보다 Workflow가 많은 이점을 제공한다고 하더라도, 앤시블을 통해 스크립트를 관리하는 것이 여전히 최적의 솔루션이다. 더 좋은 방법은 배포 파이프라인을 나머지 서비스 코드와 함께 코드 리포지터리 안에 스크립트로 설정하는 것이다. 그렇게 하면 서비스를 유지하는 팀이 배포를 완전히 통제할 수 있게 된다. 코드 리포지터리 안에 워크플로우가 있어야 하는 것 외에도, 젠킨스 작업이 주 분기쁨만 아니라 문제를 해결할 가치가 있는 모든 것을 처리할 수 있게 될 것이다. 다행히 개선점 둘 다 Multibranch Workflow(다중 분기 워크플로우) 플러그인과 Jenkinsfile로 수행할 수 있다.

젠킨스 Multibranch Workflow와 Jenkinsfile 설정

젠킨스 Multibranch Workflow 플러그인은 코드 리포지터리 안에 Workflow 스크립트를 보관할 수 있게 하는 새로운 작업 유형을 추가한다. 이런 작업은 리포지터리에서 찾은 각 분기에 대해 하위 프로젝트를 생성하고, 이들 각 분기에서 Jenkinsfile을 찾기를 기대한다. 이것은 젠킨스 안에 중앙집중화하는 대신에, 리포지터리 안에 Workflow 스크립트를 저장할 수 있게 한다. 그래서 이것으로 프로젝트를 담당하는 개발자가 자유롭게 배포 파이프라인을 정의할 수 있게 한다. 각 분기는 다른 Jenkinsfile로 별도의 젠킨스 프로젝트를 생성하기 때문에 분기 유형에 따라서 프로세스를 세밀하게 조정할 수 있다. 예를 들어 주 분기에 있는 Jenkinsfile에 전체 파이프라인을 정의하고, 기능 분기에 정의된 작업을 빌드하고 테스트만 하도록 선택할 수 있다. 더 많은 것이 있다. 젠킨스는 모든 분기를 찾아서 그 목록을 갱신하게 할 뿐만 아니라, 대응되는 분기가 제거된다면 하위 프로젝트를 제거할 것이다.

Multibranch Workflow와 Jenkinsfile을 돌려보자. `books-ms-multibranch` 작업을 여는 것으로 시작한다. 우리는 이 프로젝트가 SCM에 있는 분기를 스캔해서 각각에 대해 작업을 생성했지만 설정된 분기가 없다는 메시지를 보게 될 것이다. **Branch Indexing**(분기 인덱싱)을 클릭하고 왼쪽 메뉴에서 **Run Now**(실행) 링크를 클릭한다. 젠킨스는 우리가 설정에서 지정한 필터와 일치하는 모든 분기를 인덱싱할 것이다. 일단 분기가 인덱싱되면 각 분기에 대해 하위 프로젝트를 생성하고 빌드를 시작한다. 빌드가 진행되는 동안 작업 설정을 살펴보자.

`books-ms-multibranch` 설정 화면을 연다. 작업 설정에 중요한 부분은 **Branch Sources**(분기 소스)로, 코드 리포지터리를 정의하는 데 이것을 사용했다. **Advanced**(고급) 버튼에

유의한다. 클릭하면 이름 안에 `workflow`가 포함된 분기만 포함되는 모습을 볼 것이다.
이 설정은 두 가지 이유로 구성된다. 하나는 어떤 분기가 포함될 것인지를 필터링하는
옵션을 보여주기 위해서고, 다른 하나는 제한된 역량(cd 노드는 CPU 하나와 1GB 램만 갖
는다)으로 VM 안에서 너무 많은 분기를 빌드하지 못하게 하기 위해서다.

지금쯤이면 아마도 분기 인덱싱이 완료됐을 것이다. `books-ms-multibranch` 작업 화
면으로 다시 돌아가면 `jenkins-workflow`와 `jenkins-workflow-simple`이라는 2개의
주제 프로젝트가 필터와 일치하고 젠킨스가 이 둘의 빌드를 시작한 모습을 볼 수 있다.
cd 노드가 단 하나의 실행자executor를 갖도록 설정됐기 때문에 두 번째 빌드는 첫 번째
가 완료될 때까지 기다릴 것이다.

해당 분기에 있는 Jenkinsfile을 살펴보자.

`jenkins-workflow` 분기에 있는 Jenkinsfile은 다음과 같다.

```
node("cd") {
    def serviceName = "books-ms"
    def prodIp = "10.100.198.201"
    def proxyIp = "10.100.198.201"
    def registryIpPort = "10.100.198.200:5000"

    git url: "https://github.com/vfarcic/${serviceName}.git"
    def flow = load "/data/scripts/workflow-util.groovy"
    flow.provision("prod2.yml")
    flow.buildTests(serviceName, registryIpPort)
    flow.runTests(serviceName, "tests", "")
    flow.buildService(serviceName, registryIpPort)
    flow.deploy(serviceName, prodIp)
    flow.updateProxy(serviceName, "prod")
    flow.runTests(serviceName, "integ", "-e DOMAIN=http://${proxyIp}")
}
```

스크립트는 이전에 젠킨스 작업 books-ms에 포함된 젠킨스 Workflow로 작업했을 때

정의했던 것과 거의 같다. 유일한 차이점은 이번에는 젠킨스 속성을 사용하는 대신에 스크립트 안에 변수가 정의됐다는 것이다. 프로젝트 팀은 이제 프로세스를 완전히 책임지고 있기 때문에 이 변수를 외부화할 필요가 없다. 이전과 같은 결과를 얻었지만 이번에는 스크립트를 코드 리포지터리로 이동했다.

jenkins-workflow-simple 분기에 있는 Jenkinsfile은 좀 더 간단하다.

```
node("cd") {
    def serviceName = "books-ms"
    def registryIpPort = "10.100.198.200:5000"

    git url: "https://github.com/vfarcic/${serviceName}.git"
    def flow = load "/data/scripts/workflow-util.groovy"
    flow.buildTests(serviceName, registryIpPort)
    flow.runTests(serviceName, "tests", "")
}
```

스크립트를 검사하면 해당 분기를 만든 개발자가 커밋을 할 때마다 젠킨스를 통해 실행되는 테스트로부터 이점을 얻고자 한다고 결론을 내릴 수 있다. 그는 여기에서 배포와 사후 배포 테스트를 제거했는데, 아마도 코드가 생산에 배포될 준비가 되어 있지 않거나 정책이 주 분기나 다른 선택된 분기에 있는 코드만 배포되는 것이기 때문일 것이다. 일단 자신의 코드를 병합하면 다른 스크립트가 실행되어 버그가 없다는 가정하에 변경된 것을 생산에 배포할 것이며, 프로세스는 성공적으로 완료된다.

Multibranch Workflow와 Jenkinsfile의 도입으로 배포 파이프라인이 아주 향상됐다. cd 노드에 유틸리티 스크립트가 있으므로 다른 사람들은 공통 기능을 재사용할 수 있다. 여기서부터 모든 팀이 자신의 리포지터리에 위치한 Jenkinsfile 안에 자신의 스크립트를 호스팅할 수 있게 했다. 게다가 자유롭게 자신의 서비스를 빌드하고 테스트, 배포하는 적절한 방법을 선택할 수 있게 할 뿐만 아니라, 각 분기를 기반으로 프로세스를 세밀하게 조정할 수 있는 유연성을 제공했다.

정리

이 장에서는 CI/CD 도구와 특히 젠킨스에 대해 간략하게 소개했다. CI/CD 도구의 필요성 외에도 젠킨스는 다음 장의 초석 중 하나가 될 텐데, 청-녹 배포 도구 집합의 일부로서 사용할 것이다. 젠킨스를 처음 접해보는 독자라면 이 책은 잠시 덮어두고 시간을 내서 자습서를 읽으며 다른 플러그인을 가지고 놀아본다. 젠킨스에 들인 시간은 실로 빠르게 보상을 받게 되는 귀중한 투자가 될 것이다.

도커 및 Multibranch 플러그인과 함께 젠킨스 Workflow의 도입은 도구 상자에 추가할 가치가 있는 것으로 판명됐다. 젠킨스 UI가 제공할 수 있는 모든 강력함을 사용하면서도, 배포 파이프라인에 스크립팅이 제공하는 유연성을 유지한다. Workflow DSL과 그루비는 두 세계의 최고의 장점을 결합한다. Workflow DSL을 통해서, 배포 용도로 사용하기 위해 특별히 고안된 구문과 기능을 갖는다. 반면에 그루비 자체는 DSL로 부족할 때 필요한 모든 것을 제공한다. 동시에 젠킨스가 제공하는 거의 모든 기능에 접근할 수 있다. Workflow에 도커를 추가하면 파이프라인(또는 일부)을 모든 분기(또는 선택된 것)에 적용할 수 있다. 전체적으로 낮은 수준의 도구와 높은 수준을 결합해 하나의 강력하고 사용하기 쉬운 조합을 만들어냈다.

앤시블을 통해 젠킨스 작업을 생성한 방식은 결코 대단하지 않다. 우리는 Template Project 플러그인 같은 젠킨스 플러그인 중 하나를 사용해 템플릿을 생성할 수 있다. 그러나 이 중 어느 것도 진짜로 대단하진 않으며, 제각기 결함이 있다. 클라우드비즈CloudBees의 젠킨스 엔터프라이즈 에디션은 템플릿과 그 밖의 많은 문제를 해결한 도구를 제공한다. 그러나 지금까지 사용한 모든 예제는 오픈소스 소프트웨어를 기반으로 하며, 이 책의 나머지 부분에도 계속 같은 방식을 적용할 것이다. 그렇다고 유료 솔루션이 투자할 가치가 없다는 뜻은 아니다. 그들은 종종 평가받고 있으며 평가돼야 한다. 여러분이 젠킨스를 사용하기로 결정하고 프로젝트나 조직의 규모가 투자를 보증하는 경우라면 젠킨스 엔터프라이즈 에디션을 평가할 것을 권한다. 오픈소스 버전에 비해 많은 개선이 이뤄졌다.

우리가 마음대로 사용할 수 있는 도구와 배포 단계를 실행하는 비교적 획일적인 방법이 주어졌다면 현재의 솔루션은 우리가 할 수 있는 최선이며, 다음 주제로 이동해 청-녹 배포가 제공하는 이점을 살펴볼 시간이다.

이동하기 전에 이 장에서 사용한 VM을 제거하자.

```
exit
vagrant destroy -f
```

13

청-녹 배포

전통적으로 현재 릴리스를 대체함으로써 새로운 릴리스를 배포한다. 이전 릴리스는 중지되고 그 대신에 새로운 릴리스가 가동된다. 이 접근 방법의 문제는 이전 릴리스가 중지되고 새로운 릴리스가 완전히 작동할 때까지 발생하는 중단 시간이다. 이 프로세스를 얼마나 빨리 수행하는가와는 관계없이 어느 정도 중단 시간이 있게 마련이다. 단지 1밀리초일 수도 있고, 몇 분 또는 극단적인 상황에서는 몇 시간일 수도 있다. 모놀리식 애플리케이션은, 예를 들어 애플리케이션이 초기화될 때까지 상당한 시간을 기다려야 하는 것과 같은 추가적인 문제가 발생한다. 사람들은 이 문제를 다양한 방식으로 해결하려고 노력했으며, 대부분은 청-녹 배포 프로세스blue-green deployment process의 변형을 사용했다. 그 뒤의 아이디어는 간단하다. 언제든 릴리스 중 하나가 실행돼야 하며, 이는 배포 프로세스 동안에 새로운 릴리스와 이전 릴리스를 병렬로 배포해야 한다는 뜻이다. 새로운 릴리스와 이전 릴리스를 청색과 녹색이라고 한다.

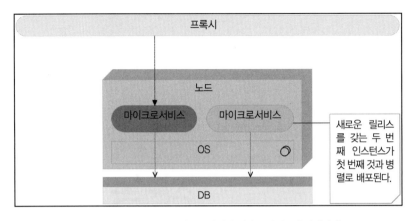

그림 13-1 어느 순간이든 적어도 하나의 서비스 릴리스가 실행된다.

한 색상을 현재 릴리스로 실행하고, 다른 색상을 새로운 릴리스로 가동시켜 완전히 작동하게 되면 현재 릴리스에서 새로운 릴리스로 모든 트래픽을 전환한다. 이러한 전환은 보통 라우터나 프록시 서비스로 이뤄진다.

청–녹 프로세스로 배포 중단 시간을 제거할 수 있을 뿐만 아니라, 배포가 가져올 수 있는 위험을 줄일 수 있다. 생산 노드에 도달하기 전에 소프트웨어를 얼마나 잘 테스트했는지와 관계없이 무언가가 잘못될 가능성은 항상 있다. 그런 일이 발생하면 여전히 현재 버전에 의존해야 한다. 생산 노드의 어떤 특정한 것으로 실패의 합리적인 가능성이 확인될 때까지 새로운 릴리스로 트래픽을 전환해야 할 아무런 이유가 없다. 이것은 보통 통합 테스트가 배포 후, 그리고 '전환'이 이뤄지기 전에 수행됨을 의미한다. 잘못됐음을 확인하고 트래픽이 전환된 후에 실패가 발생한다면 이전 릴리스로 재빨리 도로 전환해 시스템을 이전 상태로 복원해야 한다. 우리는 애플리케이션을 백업이나 또 다른 배포를 함으로써 복원하는 것보다는 훨씬 빠르게 롤백할 수 있다.

청–녹 프로세스와 불변적인 배포(과거의 VM이나 현재의 컨테이너를 통해)를 결합한다면 결과는 훨씬 더 자주 수행될 수 있는 아주 강력하고 안전하며 신뢰할 수 있는 배포 프로세스가 된다. 아키텍처 컨테이너와 결합된 마이크로서비스를 기반으로 한다면 프로시저를 수행하는 2개의 노드가 필요 없으며 두 릴리스를 나란히 실행할 수 있다.

이러한 접근 방법의 중요한 문제점은 데이터베이스다. 두 릴리스를 지원하는 방식으로 데이터베이스 스키마를 업그레이드한 다음에, 배포를 진행해야 하는 경우가 많다. 이러한 데이터베이스 업그레이드로부터 야기되는 문제는 릴리스 사이에 경과되는 시간과 관련된다. 릴리스가 자주 이뤄진다면 데이터베이스 스키마 변경은 작아서 두 릴리스 사이의 호환성을 더 쉽게 유지할 수 있다. 릴리스 사이에 경과되는 시간이 몇 주나 몇 달이라면 데이터베이스 변경이 커서 하위 호환성이 불가능하거나 해야 할 가치가 없어진다. 지속적인 인도나 배포를 목표로 한다면 두 릴리스 사이의 기간은 짧아야 하며, 그렇지 않다면 코드 베이스의 변경이 비교적 적어야 한다.

▌ 청-녹 배포 프로세스

컨테이너로 패키징된 마이크로서비스에 적용될 때 청-녹 배포 프로시저는 다음과 같다.

현재 릴리스(예를 들어, 청색)가 서버에서 실행 중이다. 해당 릴리스의 모든 트래픽은 프록시 서비스를 통해 라우팅된다. 마이크로서비스는 불변적이며 컨테이너로 배포된다.

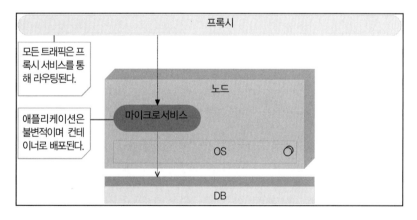

그림 13-2 컨테이너로 배포되는 불변적인 마이크로서비스

새로운 릴리스(예를 들어, 녹색)를 배포할 준비가 되면 현재 릴리스와 병렬로 실행한다. 이렇게 하여 사용자에게 영향을 미치지 않고도 새로운 릴리스를 테스트할 수 있다. 모든 트래픽이 현재 릴리스로 계속해서 전송되기 때문이다.

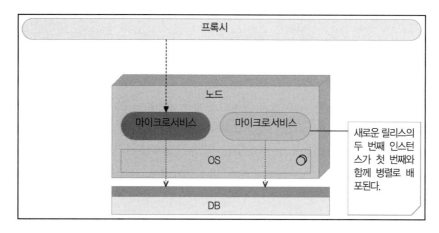

그림 13-3 이전 릴리스와 함께 배포되는 불변적인 마이크로서비스의 새로운 릴리스

새로운 릴리스가 예상대로 작동하면 프록시 서비스 설정을 변경해 트래픽이 새로운 릴리스로 전송되게 한다. 대부분의 프록시 서비스는 기존 요청이 이전 프록시 설정을 사용하는 실행을 종료하게 하여 인터럽트가 발생하지 않도록 한다.

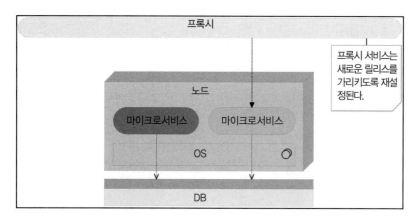

그림 13-4 새로운 릴리스를 가리키도록 설정된 프록시

이전 릴리스로 전송된 모든 요청이 응답을 받으면 이전 버전의 서비스는 제거되거나 또는 실행을 중지할 수 있다. 후자의 옵션이 사용되면 새로운 릴리스가 실패하는 경우에 이전 릴리스를 다시 불러오면 되므로 거의 동시에 롤백할 수 있다.

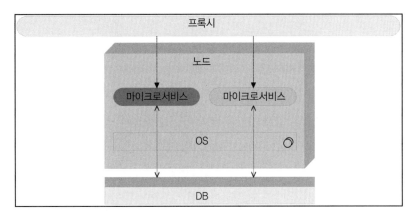

그림 13-5 이전 릴리스가 제거된다.

청-녹 프로세스의 기본적인 로직을 이해했다면 설정해보자. 수작업 명령으로 시작해서 프로세스의 실제적인 부분에 익숙해지면 프로시저를 자동화할 것이다.

마찬가지로 2개의 노드(cd와 prod)를 실행해야 하므로 VM을 생성하고 프로비저닝하자.

```
vagrant up cd prod

vagrant ssh cd

ansible-playbook /vagrant/ansible/prod2.yml \
-i /vagrant/ansible/hosts/prod
```

▌ 청-녹 배포 수작업 실행

우리는 앞에서 달성하려고 했던 것의 맥락에서 전체 청-녹 프로세스를 살펴볼 것이다. 두 릴리스를 병렬로 실행할 뿐만 아니라, 여러 단계를 거치는 동안 모든 것이 완전히 테스트되게 할 것이다. 모든 것이 작동된다는 가정하에 청-녹 프로시저를 따르는 것보다 프로세스를 더 복잡하게 만들 것이다. 대부분의 구현에서는 프록시 서비스를 변경하기 전에 테스트할 필요성을 고려하지 않지만, 우리는 그렇게 할 것이고 더 잘할 것이다. 또 한 가지 주목할 점은 프로세스를 이해할 수 있도록 수작업 단계를 살펴본다는 것이다. 나중에는 우리에게 이미 친숙한 도구를 사용해 모든 것을 자동화할 것이다. 이러한 접근 방법을 선택한 이유는 지속적인 배포와 청-녹 프로세스의 조합 뒤에 있는 복잡성을 이해하기 위해서다. 수작업으로 어떻게 하는지를 엄밀히 이해함으로써, 이 책의 나머지 부분에서 살펴볼 도구의 이점이 사용하지 않았을 때보다 더 큰지 여부를 결정할 정보를 제공할 수 있기 때문이다.

이전 장에서 사용한 도커 컴포즈^{Docker Compose}와 nginx 설정을 다운로드함으로써 시작한다.

```
mkdir books-ms

cd books-ms

wget https://raw.githubusercontent.com/vfarcic\
/books-ms/master/docker-compose.yml

wget https://raw.githubusercontent.com/vfarcic\
/books-ms/master/nginx-includes.conf

wget https://raw.githubusercontent.com/vfarcic\
/books-ms/master/nginx-upstreams-blue.ctmpl

wget https://raw.githubusercontent.com/vfarcic\
/books-ms/master/nginx-upstreams-green.ctmpl
```

모든 설정 파일을 사용할 수 있게 됐으므로 첫 번째 릴리스를 배포하자. 앞에서 살펴본 도구들이 도움이 될 것이다. 우리는 서비스 레지스트리로 컨설Consul을 사용하고, 컨테이너를 등록 및 해제하는 데 레지스트레이터Registrator를, 프록시 서비스로서 nginx, 그리고 설정을 생성하고 nginx를 다시 로드하는 데 컨설 템플릿Consul Template을 사용할 것이다.

청색 릴리스 배포

지금은 books-ms 서비스가 실행되고 있지 않기 때문에 첫 번째 릴리스를 청색(blue)이라고 부를 것이다. 지금 해야 할 일은 우리가 실행하려는 컨테이너 이름에 blue라는 단어를 포함시켜 다음 릴리스와 충돌하지 않게 하는 것이다. 도커 컴포즈를 사용해 컨테이너를 실행할 것이므로, 방금 다운로드한 docker-compose.yml 파일에 정의된 대상을 살펴보자(관련 대상만 표시됨).

```
...
base:
  image: 10.100.198.200:5000/books-ms
  ports:
    - 8080
  environment:
    - SERVICE_NAME=books-ms

app-blue:
  extends:
    service: base
  environment:
    - SERVICE_NAME=books-ms-blue
  links:
    - db:db

app-green:
  extends:
    service: base
```

```
environment:
  - SERVICE_NAME=books-ms-green
links:
  - db:db
...
```

app 대상을 직접 사용할 수 없는데, 이는 2개의 다른 대상(각 색상에 대해 하나씩)을 배포할 것이며 이런 식으로 서로를 재정의하는 것을 피할 수 있기 때문이다. 또한 우리는 컨설에서도 이들을 구별하기 원한다. 따라서 SERVICE_NAME 환경 변수가 고유해야 한다. 이를 위해 app-blue와 app-green이라고 하는 2개의 새로운 대상을 갖는다. 이 대상들은 이전 장들에서 app 대상이 base 서비스에서 확장된 것과 같은 방식으로 base 서비스를 확장한다. 한편으로는 app-blue와 app-green 사이, 그리고 다른 한편으로 base와의 차이점은 (대상 이름 외에도) SERVICE_NAME 환경 변수다.

이제 두 대상이 정의됐으므로 청색 릴리스를 배포할 수 있다.

```
export DOCKER_HOST=tcp://prod:2375

docker-compose pull app-blue

docker-compose up -d app-blue
```

레지스트리에서 최신 버전을 끌어와 서비스의 청색 릴리스로 불러왔다. 안전하게 하기 위해 서비스가 실행 중이고 컨설에 등록되어 있는지 빨리 체크해보자.

```
docker-compose ps

curl prod:8500/v1/catalog/service/books-ms-blue \
    | jq '.'
```

두 명령이 결합되어 다음 결과를 보여준다.

```
    Name               Command          State                         Ports
    --------------------------------------------------------------------------
    booksms_app-blue_1  /run.sh         Up         0.0.0.0:32768->8080/tcp
    booksms_db_1        /entrypoint.sh mongod   Up          27017/tcp
    ...
    [
      {
        "ModifyIndex": 38,
        "CreateIndex": 38,
        "Node": "prod",
        "Address": "10.100.198.201",
        "ServiceID": "prod:booksms_app-blue_1:8080",
        "ServiceName": "books-ms-blue",
        "ServiceTags": [],
        "ServiceAddress": "10.100.198.201",
        "ServicePort": 32768,
        "ServiceEnableTagOverride": false
      }
    ]
```

첫 번째 명령은 app-blue와 db 컨테이너가 실행되고 있음을 보여준다. 두 번째 명령은 컨설에 등록된 books-ms-blue 서비스의 세부사항을 표시한다. 이제 서비스의 첫 번째 릴리스가 실행됐지만 아직 nginx와 통합되지 않았으므로 80 포트를 통해 접근할 수 없다. 서비스에 요청을 보내서 확인할 수 있다.

```
curl -I prod/api/v1/books
```

결과는 다음과 같다.

```
HTTP/1.1 404 Not Found
Server: nginx/1.9.9
```

```
Date: Sun, 03 Jan 2016 20:47:59 GMT
Content-Type: text/html
Content-Length: 168
Connection: keep-alive
```

요청 응답은 404 Not Found 에러 메시지로, 아직 프록시가 설정되지 않았음을 증명한다.

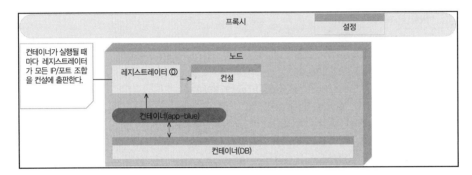

그림 13-6 blue 컨테이너가 배포됨

청색 릴리스 통합

이전과 유사한 방식으로 서비스를 통합할 수 있는데, 유일한 차이점은 컨설에 등록했던 서비스의 대상에 있다.

이전에 다운로드했던 nginx 컨설 템플릿 nginx-upstreams-blue.ctmpl을 살펴보는 것으로 시작하자.

```
upstream books-ms {
    {{range service "books-ms-blue" "any"}}
    server {{.Address}}:{{.Port}};
    {{end}}
}
```

서비스 이름은 books-ms-blue이고 최종 nginx 업스트림 설정을 생성하는 컨설 템플 릿을 실행해 진행할 수 있다.

```
consul-template \
    -consul prod:8500 \
    -template "nginx-upstreams-blue.ctmpl:nginx-upstreams.conf" \
    -once
```

이 명령은 nginx 업스트림 설정 파일을 생성하고 서비스를 다시 로드하는 컨설 템플 릿을 실행한다.

이제 설정 파일이 정확하게 생성됐는지를 체크해보자.

```
cat nginx-upstreams.conf
```

결과는 다음과 같다.

```
upstream books-ms {
    server 10.100.198.201:32769;
}
```

마지막으로, prod 서버에 설정 파일을 복사하고 nginx를 다시 로드하면 된다. 요청이 있다면 비밀번호로 vagrant를 사용하면 된다.

```
scp nginx-includes.conf \
    prod:/data/nginx/includes/books-ms.conf

scp nginx-upstreams.conf \
    prod:/data/nginx/upstreams/books-ms.conf

docker kill -s HUP nginx
```

2개의 설정 파일을 서버에 복사하고 HUP 신호를 보내 nginx를 다시 로드했다.

이제 서비스가 프록시와 통합됐는지를 체크해보자.

```
curl -I prod/api/v1/books
```

결과는 다음과 같다.

```
HTTP/1.1 200 OK
Server: nginx/1.9.9
Date: Sun, 03 Jan 2016 20:51:12 GMT
Content-Type: application/json; charset=UTF-8
Content-Length: 2
Connection: keep-alive
Access-Control-Allow-Origin: *
```

이번에는 응답 코드가 200 OK로, 서비스가 요청에 응답했음을 나타낸다.

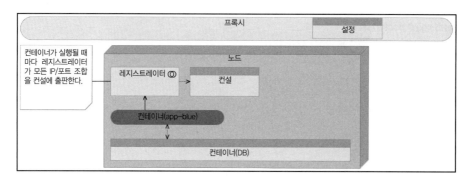

그림 13-7 프록시 서비스와 통합된 blue 컨테이너

첫 번째(청색) 릴리스를 배포함으로써 가장 간단한 사니리오를 완료했다. 곧 보게 되겠지만 두 번째(녹색) 릴리스를 배포하는 과정도 크게 다르지 않다.

312

녹색 릴리스 배포

첫 번째(청색) 릴리스에서 실행했던 것과 같은 단계를 사용함으로써 두 번째(녹색) 릴리스를 배포할 수 있다. 이번에는 books-ms-blue 대상 대신에 books-ms-green을 배포한다는 점이 다르다.

이전 배포와 달리 이번에는 새로운 릴리스(녹색)가 현재 릴리스(청색)와 병렬로 실행될 것이다.

```
docker-compose pull app-green

docker-compose up -d app-green
```

새로운 릴리스가 실행됐다. docker-compose ps 명령을 실행해 확인할 수 있다.

```
docker-compose ps
```

결과는 다음과 같다.

```
    Name              Command          State                Ports
-------------------------------------------------------------------------
booksms_app-blue_1     /run.sh          Up      0.0.0.0:32769->8080/tcp
booksms_app-green_1    /run.sh          Up      0.0.0.0:32770->8080/tcp
booksms_db_1           /entrypoint.sh mongod    Up      27017/tcp
```

결과는 두 서비스(청색과 녹색)가 병렬로 실행되고 있음을 보여준다. 마찬가지로 두 릴리스가 컨설에 등록됐다는 사실을 확인할 수 있다.

```
curl prod:8500/v1/catalog/services \
    | jq '.'
```

결과는 다음과 같다.

```json
{
  "dockerui": [],
  "consul": [],
  "books-ms-green": [],
  "books-ms-blue": []
}
```

이전과 마찬가지로 새로 배포된 서비스의 세부사항을 체크할 수 있다.

```
curl prod:8500/v1/catalog/service/books-ms-green \
    | jq '.'
```

마지막으로, 이전 릴리스가 프록시를 통해 접근 가능함을 확인할 수 있다.

```
curl -I prod/api/v1/books

docker logs nginx
```

마지막 명령의 결과는 다음과 유사하다(간결하게 하기 위해 시간은 생략함).

```
"GET /api/v1/books HTTP/1.1" 200 201 "-" "curl/7.35.0" "-"
10.100.198.201:32769
"GET /api/v1/books HTTP/1.1" 200 201 "-" "curl/7.35.0" "-"
10.100.198.201:32769
```

여러분의 컴퓨터에 배포된 서비스의 포트가 위의 예와 다를 수도 있다는 점에 유의하기 바란다.

nginx 로그 출력은 우리가 한 요청이 청색 릴리스의 포트로 전송됐음을 나타내야 한다. 마지막 요청이 녹색 릴리스를 배포하기 전에 했던 것과 같은 포트로 갔다는 사실을 알 수 있다.

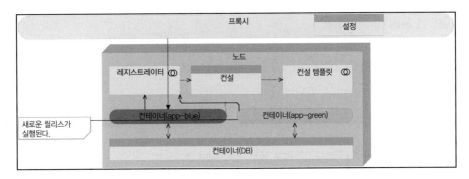

그림 13-8 green 컨테이너는 blue 컨테이너와 병렬로 배포된다.

지금은 2개의 릴리스(청색과 녹색)가 병렬로 실행되며, 프록시 서비스는 아직도 모든 요청을 이전 릴리스(청색)로 전송한다. 다음 단계는 프록시 설정을 변경하기 전에 새로운 릴리스를 테스트하는 것이어야 한다. 자동화 부분에 이를 때까지 테스트를 건너뛰고, nginx와 녹색 릴리스의 통합으로 곧바로 시작한다.

녹색 릴리스 통합

두 번째(녹색) 릴리스를 프록시 서비스와 통합하는 과정은 이미 했던 것과 유사하다.

```
consul-template \
    -consul prod:8500 \
    -template "nginx-upstreams-green.ctmpl:nginx-upstreams.conf" \
    -once

scp nginx-upstreams.conf \
    prod:/data/nginx/upstreams/books-ms.conf

docker kill -s HUP nginx
```

프록시에 요청을 보내서 새로운(녹색) 릴리스를 가리키는지 로그를 검사할 수 있다.

```
curl -I prod/api/v1/books

docker logs nginx
```

nginx 로그는 다음과 유사하다(간결하게 하기 위해 시간은 생략함).

```
"GET /api/v1/books HTTP/1.1" 200 201 "-" "curl/7.35.0" "-"
10.100.198.201:32769
"GET /api/v1/books HTTP/1.1" 200 201 "-" "curl/7.35.0" "-"
10.100.198.201:32769
"GET /api/v1/books HTTP/1.1" 200 201 "-" "curl/7.35.0" "-"
10.100.198.201:32770
```

마지막 요청이 이전에 했던 포트(32769)와는 다른 포트(32770)로 갔음이 분명하다. 우리는 프록시를 청색 릴리스에서 녹색 릴리스로 전환했다. 이 프로세스 동안에 중단 시간이 없는데, 새로운 릴리스가 완전히 실행될 때까지 기다렸다고 프록시를 변경하기 때문이다. 또한 nginx는 아주 지능적이어서 설정 변경을 모든 요청에 적용하는 것이 아니라, 재로드한 후에 한 요청에만 적용한다. 다시 말해 재로드 이전에 시작된 모든 요청은 이전 릴리스를 계속해서 사용하는 반면에, 그 후에 시작된 것은 새로운 릴리스로 보내진다. 우리는 최소의 노력으로 다른 새로운 도구를 사용하지 않고 무중단 시간을 달성하도록 관리했다. 서비스 정보를 저장하고 추출하기 위해 프록시로 nginx와 컨설(레지스트레이터 및 컨설 템플릿과 함께)을 사용했다.

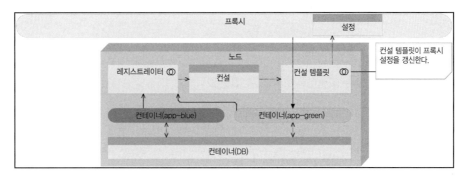

그림 13-9 프록시 서비스와 통합된 green 컨테이너

지금 우리가 한 결과로서 새로운 릴리스가 이전 릴리스와 병렬로 배포됐으며, 프록시가 새로운 릴리스를 가리키도록 변경됐다. 이제 이전 릴리스를 안전하게 제거할 수 있다.

청색 릴리스 제거

릴리스를 제거하는 것은 쉽다. 이전에 여러 번 했듯이, stop 명령을 실행할 때 정확한 대상을 지정하면 된다.

```
docker-compose stop app-blue

docker-compose ps
```

첫 번째 명령은 청색 릴리스를 중지하고, 두 번째는 도커 컴포즈 대상으로 지정된 모든 프로세스를 나열한다. 프로세스를 나열하는 명령의 결과는 다음과 같다.

```
Name                 Command      State                Ports
-----------------------------------------------------------------
booksms_app-blue_1   /run.sh                           Exit 137
booksms_app-green_1  /run.sh      Up       0.0.0.0:32770->8080/tcp
```

```
booksms_db_1    /entrypoint.sh mongod    Up    27017/tcp
```

booksms_app-blue_1의 상태가 Exit 137임을 유의하라. 녹색 릴리스와 데이터베이스 컨테이너만 실행하고 있다.

또한 컨설에 명령을 보내서 같은 것을 확인할 수 있다.

```
curl prod:8500/v1/catalog/services | jq '.'
```

컨설 응답은 다음과 같다.

```
{
  "dockerui": [],
  "consul": [],
  "books-ms-green": []
}
```

레지스트레이터는 청색 릴리스가 제거됐다는 사실을 탐지해 컨설에서 제거했다.

녹색 릴리스가 아직 프록시 서비스와 통합되어 있는지를 검사해야 한다.

```
curl -I prod/api/v1/books
```

예상대로 nginx는 아직 녹색 릴리스에 모든 요청을 보내고, 우리 작업이 완료된다(현재로는). 요약하면 새로운 릴리스를 이전 릴리스와 병렬로 배포했고, 프록시 서비스가 새로운 릴리스를 가리키도록 변경했으며, 이전 릴리스로 호출됐던 모든 요청이 응답을 받으면 이전 릴리스를 제거했다.

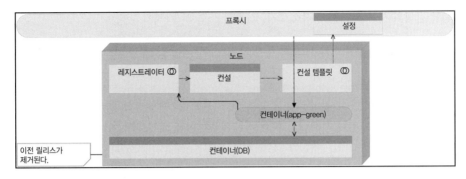

그림 13-10 blue 컨테이너가 제거됨

자동화를 진행하기 전에 이제 남은 일은 어떤 릴리스가 배포됐는지(청색 또는 녹색) 검색하는 더 좋은 방법을 찾는 것이다. 수작업으로 실행하는 동안에는 단순히 컨설에 등록된 도커 프로세스나 서비스를 나열하고 어떤 색상이 실행 중인지를 관찰하면 해당 정보를 쉽게 찾을 수 있다. 자동화된 배포는 조금 다른 접근 방법이 필요하다. 우리는 어떤 릴리스가 실행되고 있는지를 찾아야 한다.

컨테이너를 제거하고 다시 처음부터 시작하자.

```
docker-compose stop

docker-compose rm -f
```

배포된 릴리스 검색과 롤백

다음에 배포할 색상을 아는 한 가지 방법은 배포된 색상을 컨설에 저장하고, 이 정보를 다음 배포에 사용하는 것이다. 다시 말해 두 프로세스, 즉 색상 검색과 색상 등록 프로세스가 있어야 한다.

색상 검색의 사용 사례를 생각해보자. 가능한 조합 세 가지가 있다.

1. 첫 번째 릴리스를 배포하고 있으며 어떤 색상도 레지스트리에 저장되어 있지 않다.
2. 청색 릴리스가 실행되고 있으며 레지스트리에 저장되어 있다.
3. 녹색 릴리스가 실행되고 있으며 레지스트리에 저장되어 있다.

이 조합을 2개로 줄일 수 있다. 청색이 등록되어 있다면 다음 것은 녹색이다. 그렇지 않으면 다음 색상은 청색으로, 현재 색상이 녹색이거나 어떤 색상도 등록되지 않은(서비스가 전혀 배포되지 않았을 때) 두 경우가 모두 해당된다. 이런 전략으로 다음 배시 스크립트를 생성할 수 있다(아직 실행하지 마라).

```bash
#!/usr/bin/env bash

SERVICE_NAME=$1
PROD_SERVER=$2

CURR_COLOR=`curl \
    http://$PROD_SERVER:8500/v1/kv/$SERVICE_NAME/color?raw`

if [ "$CURR_COLOR" == "blue" ]; then
    echo "green"
else
    echo "blue"
fi
```

우리는 같은 서비스를 여러 서비스에 사용할 수 있기 때문에 2개의 인수를 허용한다. 배포하려는 서비스 이름과 대상(생산) 서버다. 다음에는 생산 서버에 컨설을 질의하고 그 결과를 CURR_COLOR 변수에 저장한다. 그다음에는 단순한 if..else 문으로 green이나 blue 문자열을 STDOUT에 보낸다. 이와 같은 스크립트로 서비스 배포에 사용해야 할 색상을 쉽게 검색할 수 있다.

이제 스크립트를 생성하자.

```
echo '#!/usr/bin/env bash

SERVICE_NAME=$1
PROD_SERVER=$2

CURR_COLOR=`curl \
    http://$PROD_SERVER:8500/v1/kv/$SERVICE_NAME/color?raw`

if [ "$CURR_COLOR" == "blue" ]; then
    echo "green"
else
    echo "blue"
fi
' | tee get-color.sh

chmod +x get-color.sh
```

get-color.sh 스크립트를 생성하고 실행 권한을 부여했다. 이제 다음 색상을 검색하는데 사용해 앞에서 실습한 절차를 반복할 수 있다.

```
NEXT_COLOR=`./get-color.sh books-ms prod`

export DOCKER_HOST=tcp://prod:2375

docker-compose pull app-$NEXT_COLOR

docker-compose up -d app-$NEXT_COLOR
```

앞에서 실행한 명령과 비교할 때 유일한 차이점은 blue와 green이란 하드코딩된 색상 값 대신에 NEXT_COLOR 변수를 사용한다는 것이다.

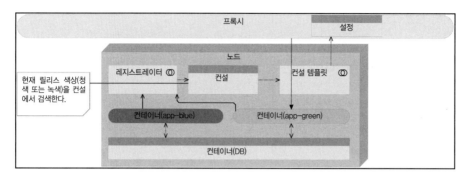

그림 13-11 현재 릴리스의 색상을 컨설에서 검색함

이번 기회에 테스트에 관해 간단하게 토론해보자. 한편으로는 프록시가 새로운 릴리스를 가리키기 전에 가능한 한 많이 테스트하기를 원한다. 다른 한편으로는 아직도 프록시가 변경된 후에 (프록시 변경을 포함한) 모든 것이 예상대로 실행되고 있는지 확인할 수 있는 하나의 테스트 라운드가 더 필요하다. 이 두 유형의 테스트를 사전 통합 테스트pre-integration test와 사후 통합 테스트post-integration test라고 부르기로 하자. 이들의 범위는 사전 배포 테스트에서 다루지 않은 경우로 제한돼야 한다. (비교적 작은) books-ms 서비스의 경우에는 사전 통합 테스트에서 서비스가 데이터베이스와 커뮤니케이션할 수 있는지를 확인하는 것으로 충분하다. 이와 같은 경우에는 프록시 서비스와 통합한 후에 nginx가 정확하게 설정됐는지 체크하기만 하면 된다.

사전 통합 테스트를 시작하자. 우리는 curl을 사용해 테스트를 시뮬레이션할 것이다. 프록시가 아직 새로 배포된 서비스를 가리키도록 변경되지 않았기 때문에 새로 릴리스된 서비스가 어떤 포트를 사용하는지를 찾아내야 한다. 컨설에서 포트를 찾을 수 있으며, get-color.sh와 유사한 스크립트를 생성할 수 있다. 스크립트는 다음과 같은 명령으로 생성될 수 있다.

```
echo '#!/usr/bin/env bash

SERVICE_NAME=$1
PROD_SERVER=$2
```

322

```
COLOR=$3

echo `curl \
  $PROD_SERVER:8500/v1/catalog/service/$SERVICE_NAME-$COLOR \
  | jq ".[0].ServicePort"`
' | tee get-port.sh

chmod +x get-port.sh
```

이번에는 3개의 인수를 갖는 get-port.sh라는 스크립트를 생성했다. 인수는 서비스 이름과 생산 서버의 주소, 그리고 색상이다. 이 3개의 인수로 컨설에서 정보를 질의해 그 결과를 STDOUT에 보낸다.

한번 해보자.

```
NEXT_PORT=`./get-port.sh books-ms prod $NEXT_COLOR`

echo $NEXT_PORT
```

결과는 서비스에 할당된 임의의 도커 포트에 따라서 다를 것이다. 변수 안에 저장된 포트로 프록시와 통합하기 전에 서비스를 테스트할 수 있다.

```
curl -I prod:$NEXT_PORT/api/v1/books
```

서비스가 상태 코드 200 OK를 반환했기 때문에 이전과 유사한 방식으로 통합을 진행할 수 있다. 요청이 있다면 비밀번호로 vagrant를 사용하라.

```
consul-template \
    -consul prod:8500 \
    -template "nginx-upstreams-$NEXT_COLOR.ctmpl:nginx-upstreams.conf" \
    -once
```

```
scp nginx-upstreams.conf \
    prod:/data/nginx/upstreams/books-ms.conf

docker kill -s HUP nginx
```

서비스가 통합됐기 때문에 다시 이번에는 포트 없이 테스트할 수 있다.

```
curl -I prod/api/v1/books
```

마지막으로, 컨테이너 중 하나를 중지해야 한다. 어느 것을 중지하느냐는 테스트 결과
에 따라 다르다. 사전 통합 테스트가 실패한다면 새로운 릴리스를 중단해야 한다. 프
록시에는 아무것도 할 필요가 없다. 이번에는 이전 릴리스로 모든 요청을 아직 보내고
있기 때문이다. 반면에 사후 통합 테스트가 실패하면 새로운 릴리스를 중지해야 할 뿐
만 아니라, 프록시에 변경된 사항도 되돌려서 모든 트래픽이 이전 릴리스로 돌아가게
해야 한다. 이 시점에서 테스트 실패의 경우에 취해야 하는 모든 경로를 살펴보진 않을
것이다. 그것은 곧 살펴볼 자동화를 위해 남겨두기로 한다. 지금은 컨설 레지스트리에
색상을 저장하고 이전 릴리스를 중지하기로 한다.

```
curl -X PUT -d $NEXT_COLOR \
    prod:8500/v1/kv/books-ms/color

CURR_COLOR=`./get-color.sh books-ms prod`

docker-compose stop app-$CURR_COLOR
```

이 명령은 새로운 색상을 레지스트리에 저장하고 이전 릴리스의 색상과 동일한 다음
색상을 얻은 다음, 마지막으로 이전 릴리스를 중지한다. 우리는 처음부터 시작했고 이
것이 첫 번째 릴리스이므로 중지해야 할 이전 릴리스가 없다. 그렇지만 다음에 프로세
스를 실행하면 실제로 이전 릴리스가 중지될 것이다.

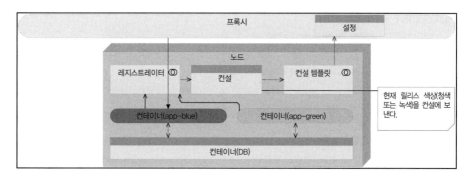

그림 13-12 현재 릴리스의 색상을 컨설에서 보냄

이것으로 청–녹 배포의 수작업 프로세스가 끝났다. 쉽게 자동화할 수 있는 방식으로 수행했다. 앞으로 더 나아가기 전에 모든 명령을 몇 번 더 실행하고 색상이 청색에서 녹색, 녹색에서 청색으로 바뀌는지 살펴보자. 함께 묶은 모든 명령은 다음과 같다.

```
EXT_COLOR=`./get-color.sh books-ms prod`

docker-compose pull app-$NEXT_COLOR

docker-compose up -d app-$NEXT_COLOR

NEXT_PORT=`./get-port.sh books-ms prod $NEXT_COLOR`

consul-template \
    -consul prod:8500 \
    -template "nginx-upstreams-$NEXT_COLOR.ctmpl:nginx-upstreams.conf" \
    -once

scp nginx-upstreams.conf \
    prod:/data/nginx/upstreams/books-ms.conf

docker kill -s HUP nginx

curl -I prod/api/v1/books
```

```
curl -X PUT -d $NEXT_COLOR \
    prod:8500/v1/kv/books-ms/color

CURR_COLOR=`./get-color.sh books-ms prod`

docker-compose stop app-$CURR_COLOR

curl -I prod/api/v1/books

docker-compose ps
```

마지막 명령은 도커 프로세스를 보여준다. 첫 번째 실행 후에 녹색 릴리스가 실행되고, 청색 릴리스가 종료Exited 상태에 있는 것을 보게 될 것이다. 그리고 다음 실행 후에는 청색 릴리스가 실행될 것이고 녹색 릴리스는 종료 상태에 있게 될 것이다. 이렇게 반복된다. 우리는 어떤 중단 시간 없이 새로운 릴리스를 배포하도록 관리했다. 단 하나의 예외는 사후 통합 테스트가 실패하는 경우다. 그러나 그것은 잘못된 설정으로 인해 프록시 서비스 자체가 실패하는 것이 유일한 원인이기 때문에 발생 가능성은 아주 낮다. 프로세스가 곧 완전히 자동화될 것이기 때문에 그런 일은 실제로 일어날 가능성이 낮다. 사후 통합 테스트 실패의 또 다른 이유는 프록시 서비스 자체가 실패하는 경우다. 이러한 가능성을 제거하는 유일한 방법은 프록시 서비스의 여러 인스턴스를 만드는 것이다(이 책의 범위를 벗어난다).

이제 nginx 로그를 살펴보자.

```
docker logs nginx
```

우리가 한 각 요청이 다른 포트로 보내졌음을 알 수 있으며, 이것은 새로운 컨테이너가 실제로 배포되고 새로운 포트에서 실행되고 있음을 의미한다.

이제 이 모든 명령과 실험을 마친 후에 청-녹 배포 프로시저의 자동화 작업을 시작할 준비가 되었다.

가상 머신을 제거하고 모든 것이 정확하게 작동하도록 다시 시작하기로 한다.

```
exit
vagrant destroy -f
```

▌ 젠킨스 워크플로우로 청-녹 배포 자동화

VM을 생성하고 prod 노드를 프로비저닝하고, 우리의 배포 도구인 젠킨스를 시작함
으로써 시작한다.

```
vagrant up cd prod

vagrant ssh cd

ansible-playbook /vagrant/ansible/prod2.yml \
    -i /vagrant/ansible/hosts/prod

ansible-playbook /vagrant/ansible/jenkins-node.yml \
    -i /vagrant/ansible/hosts/prod

ansible-playbook /vagrant/ansible/jenkins.yml \
    -c local
```

모든 것이 설정될 때까지 2~3분이 걸릴 것이므로 그동안 무엇이 어떻게 자동화돼야
하는지 살펴보자. 우리는 이미 젠킨스 Workflow에 익숙하다. 잘해주고 있으므로 이
시점에 도구를 변경할 실제적인 이유가 없다. 이 도구를 사용해 청-녹 배포 프로시저
를 자동화할 것이다. 흐름에는 많은 단계가 있으므로 좀 더 쉽게 프로세스를 소화할 수
있도록, 그리고 동시에 워크플로우 유틸리티 스크립트를 확장할 수 있도록 여러 기능
으로 분할할 것이다. 좀 더 자세한 논의와 이들 기능의 구현은 다음과 같다.

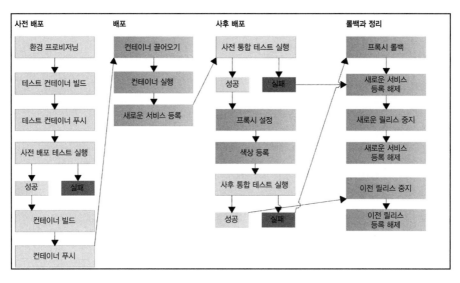

| 사전 배포 | 배포 | 사후 배포 | 롤백과 정리 |

그림 13-13 청-녹 배포 자동화 플로우

청-녹 배포 역할

Multibranch Workflow 젠킨스 작업 books-ms-blue-green을 사용할 텐데, vfarcic/
books-ms 리포지터리의 분기를 필터링해 blue-green이 이름에 있는 것만 포함되게
한다.

첫 번째 실행은 상당히 많은 시간이 걸리기 때문에 분기를 인덱싱해 젠킨스가 하위 프
로젝트를 실행할 수 있게 하고, 그동안 우리는 스크립트를 살펴보자.

젠킨스 Multibranch Workflow 작업 books-ms-blue-green을 연다. Branch Indexing
(분기 인덱싱)을 클릭하고, 왼쪽 메뉴에서 Run Now(지금 실행) 링크를 클릭한다. 분기가
인덱싱되면 젠킨스는 blue-green 분기가 작업 안의 필터 설정과 일치하는 것을 찾고
그 이름으로 하위 프로젝트를 생성한 다음 실행한다. 인덱싱 상태는 화면의 좌측 하단
에 있는 master 노드 실행자에서 볼 수 있다.

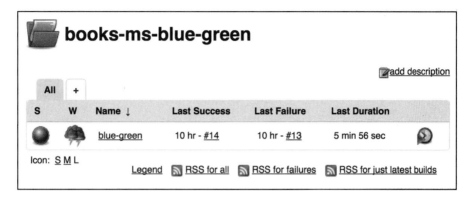

그림 13-14 blue-green 하위 프로젝트를 갖는 젠킨스 Multibranch Workflow 작업 books-ms-blue-green

젠킨스가 빌드를 실행하도록 내버려두고 blue-green 분기 안에 있는 Jenkinsfile을 살펴보자.

```
node("cd") {
    def serviceName = "books-ms"
    def prodIp = "10.100.198.201"
    def proxyIp = "10.100.198.201"
    def proxyNode = "prod"
    def registryIpPort = "10.100.198.200:5000"

    def flow = load "/data/scripts/workflow-util.groovy"

    git url: "https://github.com/vfarcic/${serviceName}.git"
    flow.provision("prod2.yml")
    flow.buildTests(serviceName, registryIpPort)
    flow.runTests(serviceName, "tests", "")
    flow.buildService(serviceName, registryIpPort)

    def currentColor = flow.getCurrentColor(serviceName, prodIp)
    def nextColor = flow.getNextColor(currentColor)

    flow.deployBG(serviceName, prodIp, nextColor)
    flow.runBGPreIntegrationTests(serviceName, prodIp, nextColor)
    flow.updateBGProxy(serviceName, proxyNode, nextColor)
```

```
    flow.runBGPostIntegrationTests(serviceName, prodIp, proxyIp,
proxyNode, currentColor, nextColor)
}
```

파일은 몇 개의 변수 선언으로 시작하고, workflow-util.groovy 스크립트를 로드한 다. 그다음에는 환경을 프로비저닝하고 테스트를 빌드하고 실행하며, 서비스를 빌드하는 함수 호출이 온다. 지금까지는 스크립트가 이전 장에서 살펴봤던 것과 같다.

첫 번째로 새롭게 추가된 부분은 getCurrentColor 및 getNextColor 유틸리티 함수 호출과 이들이 반환하는 값을 currentColor와 nextColor 변수에 저장하는 것이다. 함수는 다음과 같다.

```
def getCurrentColor(serviceName, prodIp) {
    try {
        return sendHttpRequest("http://${prodIp}:8500/v1/
kv/${serviceName}/color?raw")
    } catch(e) {
        return ""
    }
}

def getNextColor(currentColor) {
    if (currentColor == "blue") {
        return "green"
    } else {
        return "blue"
    }
}
```

보다시피, 수작업으로 실행했던 것과 같은 로직을 따른다. 그러나 이번에는 그루비 Groovy로 번역됐다. 현재 색상이 컨설에서 검색되어 배포돼야 하는 다음 색상을 유추하는 데 사용된다.

현재 실행하고 있는 색상과 다음 색상을 알았기 때문에 deployBG를 사용해 새로운 릴리스를 배포할 수 있다. 이 함수는 다음과 같다.

```
def deployBG(serviceName, prodIp, color) {
    stage "Deploy"
    withEnv(["DOCKER_HOST=tcp://${prodIp}:2375"]) {
        sh "docker-compose pull app-${color}"
        sh "docker-compose -p ${serviceName} up -d app-${color}"
    }
}
```

생산 노드에서 실행하는 도커 CLI를 가리키는 DOCKER_HOST 환경 변수를 생성했다. 변수 범위는 중괄호 안에 있는 명령으로 제한된다. 그 안에서 최신 릴리스를 끌어오고 도커 컴포즈를 통해 실행한다. 이전 장에서 살펴봤던 Jenkinsfile 스크립트와 비교할 때 단 하나의 중요한 차이점은 color 변수를 통한 대상의 동적 생성이다. 사용될 대상은 nextColor 함수를 호출하는 데 사용하는 실제 값에 따라 다르다.

스크립트의 이 시점에서 새로운 릴리스가 배포됐지만 아직 프록시 서비스와 통합되지 않았다. 서비스 사용자는 아직 이전 릴리스를 사용할 것이고, 따라서 공개적으로 사용할 수 있게 하기 전에 새로 배포된 버전을 테스트할 수 있는 기회가 있다. 이것을 사전 통합 테스트pre-integration test라고 부를 것이다. workflow-util.groovy 스크립트에 있는 runBGPreIntegrationTests 유틸리티 함수를 호출함으로써 실행할 수 있다.

```
def runBGPreIntegrationTests(serviceName, prodIp, color) {
    stage "Run pre-integration tests"
    def address = getAddress(serviceName, prodIp, color)
    try {
        runTests(serviceName, "integ", "-e DOMAIN=http://${address}")
    } catch(e) {
        stopBG(serviceName, prodIp, color);
        error("Pre-integration tests failed")
    }
}
```

이 함수는 새로 배포된 서비스의 주소를 컨설에서 검색하는 것으로 시작한다. 이것은 getAddress 함수를 호출해 수행된다. workflow-util.groovy 스크립트를 살펴보고 함수의 세부사항을 참조한다. 다음에는 try/catch 블록 안에서 테스트를 실행한다. 새로운 릴리스가 아직 nginx와 통합되지 않아서 80 포트를 통해서는 접근할 수 없으므로, DOMAIN 환경 변수로 릴리스의 address를 전달한다. 테스트 실행이 실패하면 스크립트는 catch 블록으로 이동해 stopBG 함수를 호출하여 새로운 릴리스를 중지한다. 서버가 실행 중이기 때문에(레지스트레이터), 일단 새로운 릴리스가 중지되면 데이터는 컨설에서 제거될 것이다. 끝내기 위해 할 일은 아무것도 없다. 프록시 서비스는 계속 이전 릴리스를 가리키고 있으며, 이 릴리스를 통해 사용자는 계속해서 서비스의 이전 버전을 사용할 것이고 정확하게 동작한다고 판명된다. stopBG 함수의 세부사항을 알고 싶다면 workflow-util.groovy 스크립트를 참조한다.

사전 통합 테스트가 통과되면 updateBGProxy 함수를 호출해 프록시 서비스를 갱신하고 새로운 릴리스가 사용될 수 있게 한다. 이 함수는 다음과 같다.

```
def updateBGProxy(serviceName, proxyNode, color) {
    stage "Update proxy"
    stash includes: 'nginx-*', name: 'nginx'
    node(proxyNode) {
        unstash 'nginx'
        sh "sudo cp nginx-includes.conf /data/nginx/
includes/${serviceName}.conf"
        sh "sudo consul-template \
            -consul localhost:8500 \
            -template \"nginx-upstreams-${color}.ctmpl:/data/nginx/
upstreams/${serviceName}.conf:docker kill -s HUP nginx\" \
            -once"
        sh "curl -X PUT -d ${color} http://localhost:8500/v1/
kv/${serviceName}/color"
    }
}
```

이전 장에서 사용한 updateProxy 함수와 비교할 때 중요한 차이점은 템플릿 이름으로 nginx-upstreams-${color}.ctmpl을 사용한 것이다. 함수에 전달되는 값에 따라서 nginx-upstreams-blue.ctmpl이나 nginx-upstreams-green.ctmpl이 사용될 것이다. 추가적인 지시로 컨설에 새로 배포된 릴리스에 관련된 색상을 저장하도록 요청을 보내는 것이다. 이 함수의 나머지는 updateProxy와 같다.

마지막으로 이제 새로운 릴리스가 배포됐고, 프록시 서비스가 재설정됐으므로, 또 다른 테스트 라운드를 수행해 프록시와의 통합이 실제로 정확한지 확인한다. 이를 위해 workflow-util.groovy 스크립트 안에 있는 runBGPostIntegrationTests 함수를 호출한다.

```
def runBGPostIntegrationTests(serviceName, prodIp, proxyIp, proxyNode,
currentColor, nextColor) {
    stage "Run post-integration tests"
    try {
        runTests(serviceName, "integ", "-e DOMAIN=http://${proxyIp}")
    } catch(e) {
        if (currentColor != "") {
            updateBGProxy(serviceName, proxyNode, currentColor)
        }
        stopBG(serviceName, prodIp, nextColor);
        error("Post-integration tests failed")
    }
    stopBG(serviceName, prodIp, currentColor);
}
```

이번에는 프록시를 가리키는 공개 도메인을 사용해 통합 테스트를 실행함으로써 시작한다. 테스트가 실패하면 updateBGProxy 함수를 호출해 프록시 서비스의 변경을 되돌린다. currentColor를 변수로 전달함으로써 updateBGProxy는 서비스의 이전 버전과 작동하도록 nginx를 재설정할 것이다. 테스트가 실패하는 경우에 두 번째 지시는 nextColor로 stopBG 함수를 호출해 새로운 릴리스를 중지하는 것이다. 반면에 모든 테스트가 성공하면 이전 릴리스를 중지한다.

여러분이 그루비에 익숙하지 않다면 이 스크립트가 다소 압도적이었을 것이다. 그러나 조금만 연습하면 우리 목적상 그루비는 아주 간단하고, 젠킨스 Workflow DSL을 추가하면 많은 일을 더 쉽게 할 수 있다.

Workflow 플러그인이 제한적이라는 점은 주목할 가치가 있다. 보안상의 이유로 일부 그루비 클래스와 함수 호출은 승인이 돼야 하는데, jenkins.yml 앤시블 플레이북을 통해 정의된 프로비저닝과 설정 프로세스의 일부로 이미 해뒀다. 최종 결과를 보고 싶거나 새로운 승인을 받아야 한다면 Manage Jenkins(젠킨스 관리)에 있는 In-process Script Approval(인프로세스 스크립트 승인) 화면을 연다. 처음에는 이러한 보안 제약이 지나쳐 보일 수 있지만, 그 뒤에 있는 근거는 필수적이다. Workflow 스크립트가 젠킨스 플랫폼의 거의 모든 부분에 접근할 수 있기 때문에 그 안에서 아무것이나 실행할 수 있게 할 경우 아주 심각한 결과를 초래할 수 있다. 이러한 이유로 일부 지시는 디폴트로 허용되지만 어떤 것은 승인될 필요가 있다. Workflow 스크립트가 이런 제약사항 때문에 실패한다면 In-process Script Approval 화면에서 새로운 항목이 승인(또는 승인 취소)되기를 기다리고 있는 모습을 볼 수 있을 것이다. 이러한 승인 XML은 /data/jenkins/scriptApproval.xml 파일에 있다.

청-녹 배포 실행

바라건대 지금쯤이면 하위 프로젝트가 실행을 완료했을 것이다. blue-green 하위 프로젝트 콘솔 화면을 열어서 프로세스를 모니터링할 수 있다. 하위 프로젝트의 처음 실행이 완료됐다면 모든 것이 정확하게 실행되는지를 수작업으로 확인할 수 있다. 이번 기회에 우리가 아직 사용하지 않은 몇 가지 ps 인수를 살펴보자. 첫 번째 인수는 --filter로, ps 명령으로 반환되는 컨테이너를 필터링할 때 사용한다. 두 번째는 --format이다. ps 명령의 표준 출력은 아주 길기 때문에 컨테이너 이름만 가져오도록 이 인수를 사용했다.

```
export DOCKER_HOST=tcp://prod:2375

docker ps -a --filter name=books --format "table {{.Names}}"
```

ps 명령의 결과는 다음과 같다.

```
NAMES
booksms_app-blue_1
booksms_db_1
```

blue 릴리스가 연결된 데이터베이스와 함께 배포됐음을 볼 수 있다. 또한 서비스가 컨설에 저장됐다는 사실을 확인할 수 있다.

```
curl prod:8500/v1/catalog/services | jq '.'

curl prod:8500/v1/catalog/service/books-ms-blue | jq '.'
```

두 컨설 요청이 결합된 결과는 다음과 같다.

```
{
  "dockerui": [],
  "consul": [],
  "books-ms-blue": []
}
...
[
  {
    "ModifyIndex": 461,
    "CreateIndex": 461,
    "Node": "prod",
    "Address": "10.100.198.201",
    "ServiceID": "prod:booksms_app-blue_1:8080",
    "ServiceName": "books-ms-blue",
    "ServiceTags": [],
```

```
        "ServiceAddress": "10.100.198.201",
        "ServicePort": 32780,
        "ServiceEnableTagOverride": false
    }
]
```

dockerui와 consul 외에도 books-ms-blue가 서비스로 등록됐다. 두 번째 결과에는 서비스의 세부 정보가 표시된다.

마지막으로 색상이 컨설에 저장됐는지, 그리고 서비스 자체가 실제로 nginx와 통합됐는지를 확인해야 한다.

```
curl prod:8500/v1/kv/books-ms/color?raw

curl -I prod/api/v1/books
```

첫 번째 명령은 blue를 반환하고 프록시를 통한 서비스 요청 상태는 200 OK이다. 모든 것이 정확하게 작동하고 있다.

books-ms-blue-green 작업을 열어서 오른쪽에 있는 Schedule a build for blue-green 아이콘을 클릭해 여러 번 작업을 실행한다.

blue-green 하위 프로젝트 콘솔 화면을 열어서 프로세스를 모니터링할 수 있다(그림 13-15 참조).

수작업 확인을 반복하면 두 번째는 green 릴리스가 실행되고 blue가 중지됨을 알 수 있다. 세 번째 실행하면 색상이 반전되어 blue 릴리스가 실행되고 green이 중지된다. 정확한 색상은 컨설에 저장될 것이며 프록시 서비스는 항상 최신 릴리스로 요청을 전송할 것이다. 그리고 배포 프로세스 동안에 중단 시간은 없을 것이다.

```
● Console Output

Started by user anonymous
Setting origin to https://github.com/vfarcic/books-ms.git
Fetching origin...
 > git rev-parse --is-inside-work-tree # timeout=10
Fetching changes from the remote Git repository
 > git config remote.origin.url https://github.com/vfarcic/books-ms.git # timeout=10
Fetching upstream changes from https://github.com/vfarcic/books-ms.git
 > git --version # timeout=10
 > git -c core.askpass=true fetch --tags --progress https://github.com/vfarcic/books-ms.git
+refs/heads/*:refs/remotes/origin/*
Checking out Revision 9bd4831c78439cdaa7d48abc8fa7ca7df4734cc6 (blue-green)
 > git config core.sparsecheckout # timeout=10
 > git checkout -f 9bd4831c78439cdaa7d48abc8fa7ca7df4734cc6
 > git rev-list 9bd4831c78439cdaa7d48abc8fa7ca7df4734cc6 # timeout=10
[Workflow] Allocate node : Start
Running on cd in /data/jenkins_slaves/cd/workspace/books-ms-blue-green/blue-green
[Workflow] node {
[Workflow] load: Loaded script: /data/scripts/workflow-util.groovy
[Workflow] load {
[Workflow] } //load
[Workflow] echo
CURRENT COLOR: green
[Workflow] echo
NEXT COLOR: blue
[Workflow] git
 > git rev-parse --is-inside-work-tree # timeout=10
Fetching changes from the remote Git repository
 > git config remote.origin.url https://github.com/vfarcic/books-ms.git # timeout=10
Fetching upstream changes from https://github.com/vfarcic/books-ms.git
 > git --version # timeout=10
 > git -c core.askpass=true fetch --tags --progress https://github.com/vfarcic/books-ms.git
+refs/heads/*:refs/remotes/origin/*
 > git rev-parse refs/remotes/origin/master^{commit} # timeout=10
 > git rev-parse refs/remotes/origin/origin/master^{commit} # timeout=10
Checking out Revision 0e10f5d070252e1a7e46ca13aaefac494c3177a2 (refs/remotes/origin/master)
```

그림 13-15 젠킨스 blue-green 하위 프로젝트 콘솔 화면

이 장의 끝에 도달해 있지만 청-녹 배포 실습이 끝난 것은 아니다. 프로시저를 실행하는 방법을 변경하더라도 이 책의 나머지 부분에서 살펴볼 몇 가지 실습의 핵심 부분이 될 것이다. 우리는 무중단 시간 배포를 달성했지만, 무중단 시스템에 도달하기 전에 아직 많은 작업이 남아 있다. 현재 프로세스가 배포 동안에 중단 시간을 만들지 않는다는 사실이 전체 시스템의 내결함성을 뜻하진 않는다.

우리는 중요한 이정표에 도달했지만 극복해야 할 장애가 아직 많이 남아 있다. 그중 하나가 클러스터링과 확장이다. 우리의 솔루션은 단일 서버에서 잘 작동한다. 몇 개 더 또는 10개까지 쉽게 확장할 수 있다. 그러나 서버의 수가 많아지면 클러스터링과 확장성을 더 잘 관리할 수 있는 방법을 찾을 필요성은 그만큼 더 커진다. 이것이 다음 장의 주제다. 그때까지 우리가 사용한 환경을 삭제하고 다시 시작할 수 있게 하자.

```
exit
vagrant destroy -f
```

14

클러스터링과 서비스 확장

시스템을 설계하는 조직은 조직 의사소통 구조의 복사본인 설계를 생산해야 한다.

— M. 콘웨이(Conway)

많은 사람이 확장 가능한 시스템scalable system을 갖고 있다고 말할 것이다. 결국 확장은 쉽다. 서버를 구입하고 웹로직WebLogic(또는 여러분이 사용하는 다른 어떤 괴물 애플리케이션 서버든)을 설치하고 애플리케이션을 배포한다. 그다음에는 여러분이 버튼을 클릭한 후 커피를 마시고 돌아오면 결과가 기다리고 있을 정도로 모든 것이 아주 빨라졌음을 발견할 때까지 몇 주를 기다린다. 무엇을 하고 있는가? 여러분은 확장을 하고 있다. 서버를 몇 대 더 구입하고 여러분의 괴물 애플리케이션 서버를 설치한 다음, 그 위에 여러분의 괴물 애플리케이션을 배포한다. 시스템의 어떤 부분이 병목점일까? 아무도 모른다. 왜 모든 것을 복제할까? 해야만 하기 때문이다. 그러고 나서 더 많은 시간이 지나면 자금이 떨어질 때까지 계속 확장하고, 동시에 같이 일하는 사람들은 미쳐버린다. 오늘날에는 이렇게 접근하지 않는다. 오늘날 확장성은 다음과 같이 많은 면을 다루는 것이라고 이해한다. 탄력성elasticity에 관한 것이다. 트래픽 변동과 비즈니스 성장에 따라서 빠르고 쉽게 확장하고 축소할 수 있는 것이다. 그리고 그 과정에서 파산하지 않아야 한다는 것이다. 거의 모든 회사가 비즈니스 확장을 IT 부서의 책임이라고 생각하지 않는 것이다. 자신들의 괴물을 없애는 것이다.

▌ 확장성

잠깐 한 걸음 물러나 애플리케이션을 확장하려는 이유를 이야기해보자. 주된 이유는 고가용성high availability이다. 왜 고가용성을 원하는가? 어떤 부하에서도 비즈니스가 가동되기를 원하기 때문이다. 부하가 커지면 더 좋다(DDoS 공격이 아니라면). 비즈니스가 성장하고 있다는 뜻이기 때문이다. 고가용성은 사용자를 만족시킨다. 우리 모두는 속도를 원하는데, 사이트 로드가 오래 걸리면 떠나버리는 사람들이 많기 때문이다. 정전을 피하고 싶어 한다. 비즈니스가 운영되지 않는 모든 순간이 금전적인 손실로 이어지기 때문이다. 온라인 상점을 이용할 수 없게 되면 어떨까? 아마도 다른 곳으로 갈 것이다. 처음에는 아닐 수 있고, 두 번째도 아닐 수 있지만, 조만간 지쳐서 다른 곳으로 옮길 것이다. 우리는 모든 것이 빠르고 반응적인 것에 익숙하다. 다른 어떤 것을 시도하기 전에 두 번 생각하지도 않을 수 있는 많은 대안이 있다. 그리고 다른 것이 더 좋아지면… 어느 한 사람의 손실은 다른 사람에게 이익이다. 확장성으로 모든 문제가 해결되는가? 그럴 수는 없다. 애플리케이션의 가용성을 결정하는 요인은 많다. 그러나 확장성은 중요한 부분이며, 이것이 이번 장의 주제다.

확장성scalability이란 무엇인가? 증가된 부하를 우아한 방식으로 처리할 수 있는 능력, 또는 수요가 증가할 때 커질 수 있는 잠재력을 나타내는 시스템의 특성이다. 증가된 볼륨이나 트래픽을 수용할 수 있는 능력이다.

사실 우리가 애플리케이션을 설계하는 방식이 확장 옵션을 결정한다. 애플리케이션이 확장할 수 있도록 설계되어 있지 않다면 확장되지 않는다. 확장성을 갖도록 설계되지 않은 애플리케이션은 확장할 수 없다는 말이 아니다. 모든 것은 확장할 수 있지만, 모든 것이 잘 확장되는 건 아니다.

일반적으로 볼 수 있는 시나리오는 다음과 같다.

우리는 단순한 아키텍처로 시작한다. 로드 밸런서가 있는 경우도 있고 없는 경우도 있다. 몇 개의 애플리케이션 서버와 하나의 데이터베이스를 설치한다. 모든 것이 훌륭하다. 복잡성은 낮고 새로운 기능을 빨리 개발할 수 있다. 운영 비용도 낮고 수입은 높다 (우리가 방금 시작한 것을 고려하면). 그리고 모든 사람이 기뻐하고 동기 부여가 되어 있다.

비즈니스가 성장하고 트래픽이 증가한다. 실패하기 시작하고 성능이 떨어진다. 방화벽이 추가되고 로드 밸런서가 추가로 설치된다. 데이터베이스가 확장되고 더 많은 애플리케이션 서버가 추가된다. 아직 일은 비교적 간단하다. 새로운 과제에 직면했지만 장애는 제때 극복될 수 있다. 복잡성이 증가하더라도 아직은 비교적 쉽게 처리할 수 있다. 다시 말해, 우리가 하는 일은 아직 어느 정도는 같지만 규모가 더 크다. 비즈니스는 잘되고 있지만, 아직은 비교적 작다.

이제 일이 발생한다. 커다란 일이 기다리고 있다. 마케팅 캠페인 중 하나일 수도 있고, 경쟁자에게 부정적인 변화가 있는 것일 수도 있다. 마지막 기능이 정말로 킬러 기능이었을 수도 있다. 이유가 무엇이든 비즈니스는 크게 향상됐다. 이러한 변화로 짧은 시간 동안의 행복이 지나고 나면 고통은 10배로 커진다. 더 많은 데이터베이스를 추가했는데도 충분하지 않은 것 같다. 애플리케이션 서버를 두 배로 늘렸는데도 필요를 충족시키지 못한다. 캐싱을 추가했는데 그것도 답이 아니다. 어떤 것을 증가시켰는데 그 이점은 똑같이 커지지 않는다는 느낌을 받기 시작한다. 비용이 증가되고 수요를 맞출 수 없다. 데이터베이스 복제는 너무 느리다. 새로운 애플리케이션 서버는 더 이상 커다란 차이점을 만들어내지 못한다. 운영 비용은 예상보다 더 빠르게 증가한다. 이런 상황은 비즈니스와 팀에게 상처를 준다. 여러분이 그렇게 자부심을 갖고 있던 아키텍처가 이러한 부하 증가를 감당할 수 없다는 사실을 깨닫기 시작한다. 분할할 수도 없다. 가장 상처를 입히는 것을 확장할 수 없다. 다시 시작할 수도 없다. 가능한 일이라곤 계속해서 증가시키는 것뿐이고 이런 행위의 이점은 줄어든다.

위에서 언급한 이런 상황은 아주 일반적이다. 처음에는 좋았던 것이 수요가 증가할 때도 반드시 필요한 건 아니다. YAGNI^{You ain't going to need it}(필요하지 않아) 원칙의 필요성과 장기적인 비전의 균형을 맞출 필요가 있다. 대기업에 최적화된 시스템으로 시작할 수는 없는데, 너무 비싸고 비즈니스가 작을 때 충분한 이점을 제공하지 못하기 때문이다. 반면에 우리는 비즈니스의 중요한 목적 중 하나에서 초점을 잃을 수 있다. 우리는 첫날부터 확장성을 생각하지 않을 수 없다. 확장 가능한 아키텍처를 설계한다는 것이 수백 대의 서버 클러스터로 시작해야 한다는 뜻은 아니다. 처음부터 크고 복잡한 것을 개발해야 한다는 뜻도 아니다. 작게 시작하지만 커질 때 쉽게 확장할 수 있도록 해야 한다. 마이크로서비스가 이 목적을 달성하는 유일한 방법은 아니지만, 이 문제에 접근할 수 있는 좋은 방법이다. 비용은 개발에만 드는 것이 아니라 운영에도 든다. 운영이 자동화된다면 그 비용은 빠르게 흡수될 수 있고 막대한 투자를 할 필요가 없다. 이미 살펴봤듯이(그리고 이 책의 나머지 부분에서 계속 보게 될 것처럼) 우리가 사용할 수 있는 훌륭한 오픈소스 도구들이 있다. 자동화의 중요한 부분은 이런 투자가 수작업으로 할 때보다 유지보수 비용을 낮춘다는 점이다.

우리는 이미 작은 규모로 마이크로서비스와 배포 자동화에 대해 논의했다. 이제는 이러한 작은 규모를 더 큰 것으로 전환할 때다. 실제적인 부분으로 넘어가기 전에, 확장성에 접근할 수 있는 몇 가지 방법을 살펴보자.

우리는 종종 설계에 의해 제약을 받으며, 애플리케이션의 구축 방식을 선택하는 것이 우리의 선택을 심각하게 제한한다. 여러 가지 확장 방식이 있지만, 축 확장^{Axis Scaling}이 가장 일반적이다.

축 확장

축 확장은 정육면체의 3차원 즉, x축, y축, z축으로 가장 잘 표현될 수 있다. 각 차원은 확장성 유형을 설명한다.

- **x축**: 수평 복제
- **y축**: 기능 분할
- **z축**: 데이터 파티션

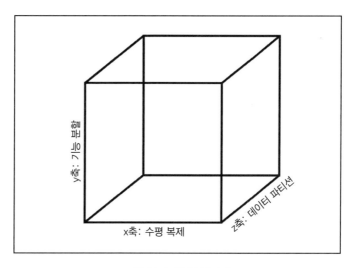

그림 14-1 확장 정육면체

한 번에 한 축씩 살펴보자.

x축 확장

핵심만 이야기하자면 x축 확장은 애플리케이션이나 서비스의 여러 인스턴스를 실행함으로써 수행된다. 대부분의 경우에 트래픽이 모든 인스턴스 사이에 공유되도록 로드밸런서가 맨 위에 있다. x축 확장의 가장 큰 이점은 단순성이다. 동일한 애플리케이션을 여러 서버에 배포하기만 하면 된다. 따라서 가장 보편적으로 사용되는 유형의 확장성이다. 그러나 모놀리식 애플리케이션에 적용될 때 몇 가지 단점이 있다. 거대한 애플리케이션을 사용하려면 대용량 메모리가 요구되는 커다란 캐시가 필요하다. 이러한 애플리케이션이 증가되면 캐시를 포함해 모든 것이 증가된다.

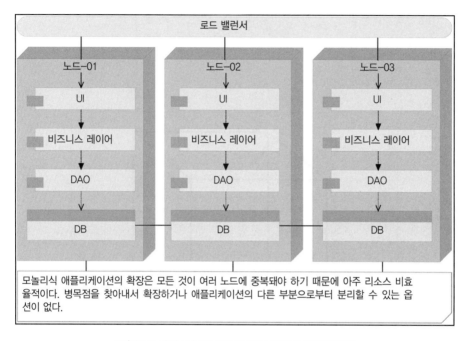

그림 14-2 클러스터 내부에서 확장된 모놀리식 애플리케이션

좀 더 중요한 또 다른 문제는 리소스의 부적절한 사용이다. 성능 문제는 전체 애플리케이션과 거의 관계가 없다. 모든 모듈이 동일하게 영향을 받는 것은 아니지만, 모든 것을 증가시킨다. 이것은 그러한 행위가 필요한 애플리케이션의 일부만 확장하면 더 좋을 수 있다 하더라도 모든 것을 확장한다는 뜻이다. 그럼에도 불구하고 x축 확장은 아키텍처와 상관없이 중요하다. 중요한 차이점은 그러한 확장의 효과다. 마이크로서비스를 사용함으로써 x축 확장의 필요성을 제거하는 것이 아니라, 이 아키텍처로 인해 대안 및 좀 더 전통적인 아키텍처 접근 방법보다 그러한 확장성이 더 효율적이게 한다.

마이크로서비스로 확장성을 미세 조정할 수 있는 옵션을 갖게 된다. 많은 부하를 받는 여러 서비스 인스턴스가 있지만, 그중 몇 개의 인스턴스는 많이 사용되지 않고 리소스도 많이 요구하지 않을 수 있다. 게다가 서비스가 작기 때문에 결코 서비스의 한도에 도달하지 못할 수도 있다. 대형 서버에서 작은 서비스는 확장 필요성이 제기되기 전에 방대한 트래픽을 수신해야 한다. 마이크로서비스의 확장은 종종 성능 문제라기보다는 내결함성과 관련된다. 여러 복사본을 실행해서 이 중 하나가 죽으면 복구가 완료될 때까지 다른 것이 인계받을 수 있기를 원한다.

y축 확장

y축 확장은 애플리케이션을 더 작은 서비스로 분할하는 것이다. 이러한 분할을 수행하는 여러 가지 방법이 있지만, 아마도 마이크로서비스가 최선의 접근 방법일 것이다. 이들이 불변성 및 자기충족성과 결합될 때 실제로 더 좋은 대안은 없다(적어도 y축 확장 측면에서). x축 확장과 달리, y축 확장은 같은 애플리케이션의 여러 인스턴스를 실행함으로써 수행하는 것이 아니라, 클러스터 사이에 분산된 여러 다른 서비스를 갖게 함으로써 수행한다.

z축 확장

z축 확장이 애플리케이션이나 서비스에 적용되는 경우는 드물고, 주로 데이터베이스에 사용된다. 이런 확장 유형의 배후 아이디어는 여러 서버 사이에 데이터를 분산해 이들 각각이 수행되는 데 필요한 작업의 양을 제한하는 것이다. 데이터는 파티션되고 분산되어 각 서버가 데이터의 부분집합만 처리하게 한다. 이러한 분리 유형을 보통 샤딩sharding이라고 하며, 특별히 이런 목적으로 설계된 많은 데이터베이스가 있다. z축 확장의 이점은 I/O와 캐시, 메모리 활용에서 가장 두드러진다.

클러스터링

서버 클러스터는 함께 작업하며 단일 시스템으로 볼 수 있는 일련의 연결된 서버로 구성된다. 보통은 고속 LAN을 통해 연결된다. 클러스터와 단순한 서버 그룹 사이의 가장 큰 차이점은 클러스터가 단일 시스템으로서 역할을 하여 고가용성, 로드 밸런싱, 병렬 프로세싱을 제공한다는 것이다.

개별적으로 관리되는 서버에 애플리케이션이나 서비스를 배포하고 이들을 하나의 단위로서 취급하는 경우에는 리소스 활용성이 최적에 미치지 못한다. 어떤 그룹의 서비스가 서버에 배포되고 리소스를 최대로 활용해야 하는지를 미리 알 수 없다. 더 중요한 것은 리소스 사용량이 변동된다는 점이다. 아침에는 어떤 리소스가 많은 메모리를 필요로 하지만, 오후 동안에는 그 사용량이 낮을 수 있다. 미리 정의된 서버는 최대한 사용성의 균형을 맞추는 탄력성을 허용하지 않는다. 그러한 높은 수준의 역동성이 필요하지는 않더라도 미리 정의된 서버는 무언가가 잘못됐을 때 문제를 야기할 가능성이 높아서 영향을 받는 서비스를 정상적인 노드에 재배포하는 수작업을 하게 만든다.

그림 14-3 미리 정의된 서버에 배포된 컨테이너를 갖는 클러스터

실제 클러스터링은 개별적인 서버 관점에서 생각하는 것을 멈추고 클러스터로 생각하기 시작할 때 수행된다(모든 서버가 하나의 커다란 실체가 된다). 조금 낮은 수준으로 내려가서 설명하는 편이 더 나을 수 있겠다. 애플리케이션을 배포할 때는 필요한 메모리나 CPU가 얼마인지를 지정하는 경향이 있다. 그러나 애플리케이션이 어떤 메모리 슬롯을 사용할지, 또는 어떤 CPU를 활용할지 결정하지는 않는다. 예를 들어, 어떤 애플리케이션이 CPU 4, 5, 7을 사용해야 한다고 지정하지 않는다. 비효율적이고 잠재적으로 위험하기 때문이다. 단지 3개의 CPU가 필요하다고만 결정한다. 같은 접근 방법이 더

상위 수준에서도 적용돼야 한다. 애플리케이션이나 서비스가 어디에 배포되는지가 아니라, 무엇이 필요한지에 신경을 써야 한다. 서비스가 어떤 요구사항을 갖고 있는지를 정의하고, 필요를 충족시킬 수 있는 한 클러스터에 있는 어떤 서버에든 배포하라고 어떤 도구에게 알려줘야 한다. 가장 좋은 방법은(유일한 방법은 아니지만) 전체 클러스터를 하나의 실체로 간주하는 것이다. 서버를 추가하거나 제거함으로써 해당 클러스터의 용량을 증가시키거나 줄일 수 있지만, 무엇을 하든 관계없이 단일 실체여야 한다. 우리는 전략을 정의해 클러스터 안에 어디에든 서비스를 배포할 수 있게 한다. AWS^{Amazon Web} Services나 마이크로소프트 애저^{Microsoft's Azure}, GCP^{Google Cloud Egnine} 같은 클라우드를 사용하는 사람들은 인지하지 못하더라도 이미 이 접근 방법에 익숙하다.

이 장의 나머지 부분에서는 클러스터를 생성하는 방법을 살펴보고, 이러한 목표를 달성하는 데 도움이 될 수 있는 도구를 찾아볼 것이다. 여기서는 로컬로 클러스터를 시뮬레이션하겠지만, 같은 전략을 공용 또는 사설 클라우드와 데이터센터에도 적용할 수 있다.

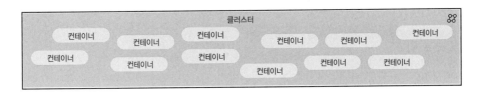

그림 14-4 미리 정의된 전략을 기반으로 서버에 배포된 컨테이너를 갖는 클러스터

도커 클러스터링 도구 비교: 쿠버네티스, 도커 스웜, 메소스

쿠버네티스^{Kubernetes}와 도커 스웜^{Docker Swarm}은 클러스터 안에 컨테이너를 배포하는 데 가장 일반적으로 사용되는 도구다. 둘 다 컨테이너의 클러스터를 관리하고 모든 서버를 하나의 단위로 다루는 데 사용될 수 있는 도우미 플랫폼으로 만들어졌다. 이들의 목적은 어느 정도 비슷하지만 접근 방법은 상당히 다르다.

쿠버네티스

쿠버네티스는 구글이 오랫동안 리눅스 컨테이너를 작업한 경험을 기반으로 한다. 어떤 면에서는 오랫동안 구글이 해왔던 것의 복제품이지만, 이번에는 도커에 적응했다. 이 접근 방법은 여러 면에서 훌륭하다. 가장 중요한 것은 처음부터 이들의 경험을 사용한 다는 점이다. 도커 1.0 버전(또는 그 이전)에서 쿠버네티스를 사용하기 시작했다면 쿠버네티스에 대한 경험은 훌륭했다. 도커 자체가 갖고 있던 많은 문제를 해결했다. 우리는 데이터를 잃어버리지 않고도 컨테이너를 이동할 수 있는 영구적인 볼륨을 마운트할 수 있다. 컨테이너 사이에 네트워크를 생성하기 위해 플란넬flannel을 사용하며, 통합된 로드 밸런서가 있고, 서비스 검색에 etcd를 사용한다. 그러나 쿠버네티스는 비용이 많이 든다. 도커와 비교할 때 다른 CLI와 API, YAML 정의를 사용한다. 다시 말해 도커 CLI를 사용할 수 없고, 도커 컴포즈Docker Compose로 컨테이너를 정의할 수 없다. 처음부터 모든 것을 쿠버네티스로만 해야 한다. 이 도구는 도커용으로 작성되지 않은 듯하다(부분적으로는 사실이다). 쿠버네티스는 클러스터링을 새로운 수준으로 끌어올렸지만, 사용성을 희생해야 하며 학습 곡선이 가파르다.

도커 스웜

태생적으로 도커용 컨테이너인 도커 스웜은 다른 접근 방법을 취한다. 가장 좋은 부분은 표준 도커 API를 노출한다는 것이며, 이는 도커와 커뮤니케이션하는 데 어떤 도구든(Docker CLI, Docker Compose, Dokku, Krane 등) 동일하게 도커 스웜과 잘 작동할 수 있음을 의미한다. 그 자체가 장점이자 동시에 단점이다. 여러분이 선택한 친근한 도구를 사용할 수 있다는 건 좋지만, 같은 이유로 도커 API에 제약을 받게 된다. 도커 API가 어떤 것을 지원하지 않으면, 스웜 API를 통해 해결할 방법이 없으며, 약간의 교묘한 트릭이 수행돼야 한다.

아파치 메소스

클러스터를 관리하는 데 사용할 수 있는 다음 도구는 아파치 메소스^{Apache Mesos}다. 클러스터링 분야의 베테랑인 메소스는 CPU, 메모리, 저장소, 기타 리소스를 머신(물리적 또는 가상적)으로부터 추상화해, 내결함성 및 탄력적인 분산 시스템을 쉽게 구축하고 효율적으로 실행될 수 있게 한다.

메소스는 리눅스 커널과 같은 원리로 만들어졌다. 추상화 수준만 다르다. 메소스 커널은 모든 머신상에서 실행하며, 전체 데이터센터 및 클라우드 환경에 대한 리소스 관리와 스케줄링을 위한 API를 애플리케이션에 제공한다. 쿠버네티스나 도커 스웜과는 달리, 메소스는 컨테이너에 제한되지 않는다. 도커 컨테이너를 포함한 모든 유형의 배포에서 작동할 수 있다.

메소스는 서비스 검색에 주키퍼^{Zookeeper}를 사용한다. 프로세스를 분리하는 데 리눅스 컨테이너를 사용한다. 예를 들어 도커를 사용하지 않고 하둡^{Hadoop}을 배포한다면, 메소스는 원시 컨테이너로서 실행해 도커 컨테이너로서 패키징된 것과 유사한 기능을 제공한다.

메소스는 현재 스웜에는 없는 몇 가지 기능, 주로 더 강력한 스케줄러를 제공한다. 스케줄러 말고도 메소스가 매력적인 이유는 도커와 비 도커 배포에 모두 사용할 수 있기 때문이다. 많은 조직이 도커를 사용하지 않을 수도 있다. 또는 도커와 비 도커 배포에 모두 사용하기로 결정할 수도 있다. 이 경우에 메소스는 정말 좋은 선택이 된다. 2개의 클러스터링 도구, 즉 컨테이너용과 나머지 배포용을 사용하고 싶지 않다면 말이다.

그러나 메소스는 오래됐고 우리가 달성하려는 일에는 너무 크다. 게다가 도커 컨테이너는 나중에 생각한 것이다. 도커를 염두에 두고 플랫폼을 설계한 게 아니라, 나중에 지원을 추가했다. 도커와 메소스를 함께 사용하는 것은 어색하다. 분명히 이 둘은 처음부터 함께 사용되도록 의도된 게 아니다. 스웜과 쿠버네티스의 존재를 감안할 때 도커를 사용하기로 결정한 사람들에게 메소스가 제공할 수 있는 게 아무것도 없다. 도커가 나오기 이전부터 사용하기 시작했던 사람들은 계속 쓸 수도 있다. 처음 시작하는 사람이라면 선택은 쿠버네티스와 도커 스웜 중 하나다.

쿠버네티스와 도커 스웜을 좀 더 자세하게 살펴보고, 메소스는 남겨두기로 한다. 설정과 클러스터에서 컨테이너를 실행하기 위해 제공하는 기능을 기반으로 설명하겠다.

설정

도커 스웜을 설정하는 방법은 쉽고 직접적이며 유연하다. 서비스 검색 도구 중 하나를 설치하고 모든 노드에서 swarm 컨테이너를 실행하면 된다. 배포본 자체가 도커 컨테이너 안에 패키징되어 있기 때문에 운영체제와 상관없이 같은 방식으로 작동한다. swarm 컨테이너를 실행하고 포트를 노출하고 서비스 검색 주소를 알려준다. 이보다 더 쉬울 수는 없다. 서비스 검색 도구 없이 사용할 수도 있다. 그게 좋은지 살펴보고 좀 더 진지하게 사용하고 싶다면 etcd나 컨설, 기타 지원 도구를 추가할 수 있다.

쿠버네티스 설정은 좀 더 복잡하고 혼란스럽다. 설치 명령이 OS와 공급자마다 다르다. 각 OS 또는 호스팅 공급자마다 다른 명령이 제공되며, 각각 별도의 유지관리팀이 있다. 예를 들어, 베이그런트^{Vagrant}를 사용하겠다고 선택하면 페도라^{Fedora}가 정해진다. 그렇다고 해서 베이그런트로 가령 우분투^{Ubuntu}나 코어OS^{CoreOS}를 실행할 수 없다는 뜻은 아니다. 할 수는 있지만 공식 쿠버네티스 시작하기^{Kubernetes Getting Started} 페이지에서 명령을 찾아야 한다. 필요한 것이 무엇이든 커뮤니티에 솔루션이 있을 수도 있다. 그러나 그것을 찾는 데 어느 정도 시간을 들여야 하며, 첫 번째 시도에서 작동하기를 기대해야 한다. 더 큰 문제는 설치가 배시 스크립트에 의존한다는 점이다. 설정 관리가 필수인 시대에 살고 있지 않다면 그 자체가 큰 문제는 아닐 수 있다. 우리는 스크립트를 실행하고 싶지 않은 것이 아니라, 쿠버네티스를 퍼펫^{Puppet}이나 셰프^{Chef}, 앤시블^{Ansible} 정의의 일부로 만들고 싶지 않을 수도 있다. 이것도 극복할 수 있다. 쿠버네티스를 실행하기 위한 앤시블 플레이북을 찾을 수도 있고, 여러분 스스로 작성할 수도 있다. 어떤 이슈도 큰 문제가 아니지만, 스웜과 비교할 때 다소 고통스럽다. 도커와 함께 사용하면 설치 명령을 사용하지 않아야 한다(몇 가지 docker run 인수를 제외하고). 우리는 컨테이너를 실행하기로 했는데, 스웜은 그렇게 할 수 있고 쿠버네티스는 하지 못한다.

어떤 검색 도구가 사용되는지 신경 쓰지 않는 사람도 있겠지만, 나는 스웜의 단순성과 '배터리 포함, 제거 가능'이란 논리를 좋아한다. 모든 것을 즉시 사용할 수 있지만, 다른 것으로도 대체할 수 있는 선택권이 있다. 스웜과 달리, 쿠버네티스는 완고한 도구다. 이미 선택된 것으로 살아야 한다. 쿠버네티스를 사용하기 원한다면 etcd를 사용해야만 한다. etcd가 나쁘다는 뜻이 아니다(정반대다). 그러나 예를 들어 컨설을 더 좋아한다면 상황이 아주 복잡해지는데, 쿠버네티스용과 다른 서비스 검색용을 같이 사용해야 한다. 내가 쿠버네티스를 좋아하지 않는 또 다른 이유는 설정 전에 미리 알아야 할 사항이 있다는 점이다. 모든 노드의 주소와 이들 각 노드의 역할, 클러스터에 있는 미니언^{minion}의 수 등을 알려줘야 한다. 스웜을 사용할 경우에는 그냥 노드를 가동해 네트워크에 가입하라고만 말해주면 된다. 클러스터에 관한 정보가 gossip 프로토콜을 통해 전파되기 때문에 아무것도 미리 설정될 필요가 없다.

설정이 두 도구 사이의 가장 중요한 차이점이 아닐 수도 있다. 어떤 도구를 선택하든 조만간 모든 것이 실행될 테고, 여러분은 그 과정에서 부딪혔던 문제점을 잊어버릴 수 있다. 단순히 설정이 쉽다는 이유로 어떤 한 도구를 선택하지는 말아야 한다고 말할 수도 있다. 충분히 타당하다. 그럼 계속해서 이 도구들로 실행돼야 하는 컨테이너를 정의하는 방법에서의 차이점에 대해 말해보자.

컨테이너 실행

스웜으로 도커를 실행하는 데 필요한 모든 인수를 어떻게 정의할까? 하지 않는다! 실제로는 한다. 그러나 스웜 이전에 이들을 정의했던 방식과는 아주 다른 형식이나 방식으로 하는 것이 아니다. 도커 CLI를 통해 컨테이너를 실행하는 데 익숙하다면 같은 명령을 계속 사용할 수 있다. 도커 컴포즈로 컨테이너를 실행하는 편을 더 선호한다면 스웜 클러스터 안에서 계속해서 사용할 수 있다. 컨테이너를 실행하는 데 사용했던 방식이 무엇이든 간에 스웜으로 동일하게 계속할 수 있지만 규모가 훨씬 클 수 있다.

쿠버네티스는 CLI와 설정을 배워야 한다. 이전에 생성했던 docker-compose.yml 정의를 사용할 수 없다. 쿠버네티스에 동일한 것을 만들어야 한다. 이전에 배웠던 도커 CLI를 사용할 수 없다. 쿠버네티스 CLI를 배워야 하며, 아마도 전체 조직이 마찬가지로 배워야 할 것이다.

클러스터에 배포하기 위해 어떤 도구를 선택하든 도커에 대해 이미 알고 있는 경우가 많다. 여러분은 아마도 실행할 컨테이너의 인수를 정의하는 방법으로 이미 도커 컴포즈에 익숙할 것이다. 몇 시간 정도만 갖고 놀면 도커 CLI 대신에 사용할 수 있을 것이다. 컨테이너를 실행하고 로그에 첨부하고 확장하는 등의 작업을 할 수 있다. 반면에 도커 컴포즈를 좋아하지 않고 모든 것을 도커 CLI를 통해 실행하기를 좋아하는 골수 도커 사용자이거나, 컨테이너를 실행하는 배시 스크립트를 갖고 있을 수도 있다. 어떤 것을 선택하든 도커 스웜으로 작업해야 한다.

쿠버네티스를 채택하는 경우에는 동일한 것의 여러 정의를 가질 준비를 하기 바란다. 쿠버네티스 밖에서 컨테이너를 실행하려면 도커 컴포즈가 필요할 것이다. 개발자는 계속해서 자신의 노트북에서 컨테이너를 실행할 필요가 있을 것이며, 여러분의 스테이징 환경은 대규모 클러스터일 수도 있고 아닐 수도 있다.

다시 말해, 일단 도커를 채택하면 도커 컴포즈나 도커 CLI는 피할 수 없다. 어떤 방식으로든 이들을 사용해야 한다. 쿠버네티스를 사용하기 시작했다면 모든 도커 컴포즈 정의(또는 사용하고 있는 다른 무엇이든)를 쿠버네티스 방식으로 번역하고, 거기에서부터 둘 다 유지해야 한다. 쿠버네티스를 사용하면 모든 것을 중복해야 하기 때문에 유지보수 비용이 높아진다. 그리고 중복된 설정뿐만이 아니다. 클러스터 외부에서 실행하는 명령은 클러스터 내부 명령과 다를 것이다. 여러분이 배웠고 좋아하는 이러한 모든 도커 명령을 클러스터 안에서는 쿠버네티스에 대응되는 것으로 사용해야 한다.

쿠버네티스 사람들이 여러분에게 '이들의 길'을 강요함으로써 여러분의 삶을 비참하게 하려는 것은 아니다. 이러한 커다란 차이점의 이유는 같은 문제를 다루는 데 사용하는 접근 방법에 있어서 스웜과 쿠버네티스가 다르기 때문이다. 스웜 팀은 도커와 API를 맞추기로 했다. 그 결과 (거의) 완전한 호환성을 갖는다. 도커로 할 수 있는 거의 모든 일을 스웜으로 할 수 있다. 다만 훨씬 더 큰 규모에서 할 뿐이다. 새로운 건 아무것도 없다. 설정을 중복할 필요도 없고 배워야 할 새로운 내용도 없다. 도커 CLI를 직접 사용하든 스웜을 통하든 API는 (어느 정도) 동일하다. 이 이야기의 부정적인 면은 어떤 것을 하기 위해 스웜을 좋아하는데 그것이 도커 API의 일부가 아니라면 실망할 수도 있다는 것이다. 이 부분을 단순화하자. 여러분이 도커 API를 사용할 클러스터 안에 컨테이너를 배포할 도구를 찾고 있다면 스웜이 솔루션이다. 반대로 도커의 한계를 극복할 도구가 필요하다면 쿠버네티스를 선택해야 한다. 단순함(스웜) 대 강력함(쿠버네티스)이다. 또는 적어도 최근까지는 그렇다. 그러나 나는 스스로 앞서 뛰고 있다.

대답하지 않은 유일한 질문은 이들의 한계가 무엇이냐는 것이다. 중요한 세 가지는 네트워킹, 영구적인 볼륨, 그리고 하나 이상의 컨테이너 또는 전체 노드가 작동을 멈출 때의 자동 장애 조치였다.

도커 스웜 1.0 릴리스까지는 다른 서버에서 실행하는 컨테이너를 연결할 수 없었다. 아직도 연결할 수 없지만, 이제는 다른 서버에서 실행하는 컨테이너를 연결할 수 있게 하는 다중 호스트 네트워킹multi-host networking이 있다. 아주 강력한 기능이다. 쿠버네티스는 네트워킹을 수행하기 위해 flannel을 사용했다. 그리고 지금 도커 1.9 릴리스 이후로는 도커 CLI의 일부로서 이 기능을 사용할 수 있다.

또 다른 문제는 영구적인 볼륨이다. 도커는 1.9 릴리스에서 이들을 도입했다. 최근까지도 볼륨을 영구화하려면 해당 컨테이너를 볼륨이 있는 서버와 연결했다. 한 서버에서 다른 서버로 볼륨 디렉토리를 복사하는 것과 같은 불쾌한 속임수에 의존하지 않고서는 이동할 수 없었다. 그 자체로도 스웜 같은 도구의 목표에 어긋나는 느린 운영이다. 그 외에도 한 서버에서 다른 서버로 볼륨을 복사할 시간이 있다고 해도 복사할 곳을 알지 못한다. 클러스터링 도구는 전체 데이터센터를 하나의 실체로 취급하기 때문이다. 컨테이너는 가장 적합한 위치(실행되는 컨테이너 최소수, 최대 가용 CPU 또는 메모리 등)에 배포될 것이다. 이제는 도커가 기본적으로 영구적인 볼륨을 지원한다.

마지막으로, 자동 장애 조치는 쿠버네티스가 스웜에 대해 갖고 있는 유일한 기능적 이점이다. 그러나 쿠버네티스가 제공하는 장애 조치 솔루션도 불완전하다. 컨테이너가 다운되면 쿠버네티스는 그것을 감지하고 정상적인 노드에서 다시 시작한다. 문제는 컨테이너나 전체 노드가 아무런 이유 없이 자주 실패한다는 점이다. 단순한 재배포보다 훨씬 더 많은 작업이 필요하다. 누군가가 통지를 받아야 하고 실패하기 이전의 정보를 평가해야 한다. 그 이상이 필요하다면 스웜의 '배터리 포함, 제거 가능' 철학으로 인해 여러분의 솔루션을 구축할 수 있다. 장애 조치와 관련해서 질문은 확장하기 어려운 내장 솔루션(쿠버네티스)이냐 아니면 쉽게 확장될 수 있도록 구축된 솔루션(스웜)이냐 하는 것이다.

네트워킹과 영구적인 볼륨 문제는 오랫동안 쿠버네티스가 지원했던 기능으로, 많은 사람이 스웜보다 쿠버네티스를 선택하는 이유였다. 이 이점은 도커 1.9 릴리스로 사라졌다. 자동 장애 조치는 내장 솔루션의 경우에는 쿠버네티스가 스웜보다 이점을 갖고 있다. 스웜의 경우에는 장애 조치 전략을 스스로 개발해야 한다.

선택

도커 스웜과 쿠버네티스 중에서 선택을 할 때는 다음과 같이 생각해보라. 클러스터링에 관련된 문제를 해결하는 데 있어 도커에 의존하기를 원하는가? 그렇다면 스웜을 선택한다. 도커가 어떤 것을 지원하지 않는다면 스웜도 지원할 것 같지 않다. 도커 API에 의존하기 때문이다. 반대로 도커 한계를 해결하는 도구를 원하는가? 쿠버네티스가 올바른 선택일 것이다. 쿠버네티스는 도커를 기반으로 구축되지 않았지만, 구글의 컨테이너 경험을 기반으로 한다. 독단적으로 자신의 방식대로 일을 하려고 한다.

진짜 질문은 쿠버네티스가 제공하는 이점이 도커를 사용하는 방식과 아주 다르다는 점에 의해 가려진 것은 아닌지 하는 것이다. 또는 도커 자체에 베팅을 하고 이러한 문제를 해결하기를 원하는가? 이 질문들에 대답하기 전에 도커 1.9 릴리스를 살펴보라. 우리는 영속적인 볼륨과 소프트웨어 네트워킹을 갖게 됐다. 또한 unless-stopped 재시작 전략이 원치 않는 실패를 관리할 것이다. 이제 쿠버네티스와 스웜 간에는 세 가지의 작은 차이점이 있다. 사실 요즘에는 쿠버네티스가 스웜보다 이점이 별로 없다. 쿠버네티스가 제공하는 자동 장애 조치는 축복인 동시에 저주이기도 하다. 반면에 스웜은 도커 API를 사용하기 때문에 여러분의 모든 명령과 도커 컴포즈 설정을 그대로 유지할 수 있다. 내 경우엔 개선되고 있는 도커와 그 위에서 실행되는 도커 스웜을 선호하는 편이다. 이 둘 사이의 차이는 작다. 둘 다 생산 준비 상태이지만, 스웜이 설정하기 더 쉽고, 사용하기 쉽다. 클러스터로 이동하기 전에 구축했던 모든 것을 그대로 유지할 수 있다. 클러스터와 비 클러스터 설정에 중복이 없다.

내가 추천하는 것은 도커 스웜이다. 쿠버네티스는 너무 독단적이며 설정하기 어렵고 도커 CLI/API와 너무 다르다. 또한 자동 장애 조치 외에는 도커 1.9 릴리스 이후로 스웜에 비해 정말로 이점이 없다. 그렇다고 쿠버네티스에 스웜이 지원하지 않는 기능이 없다는 뜻은 아니다. 둘의 방향이 다른 기능이다. 그러나 내 생각에 이러한 차이점은 그다지 중요하지 않으며, 각 도커 릴리스마다 그 격차는 점점 더 작아진다. 실제로 많은 유스케이스의 경우에 도커 스웜이 설정하고 배우고 사용하기 쉽지만 전혀 차이가 없다.

이제 도커 스웜을 돌려서 어떻게 하는지 알아보자.

▍ 도커 스웜 둘러보기

도커 스웜을 설정하려면 서비스 검색 도구가 필요하다. 컨설이 잘해주고 있으므로 계속해서 사용하겠다. 훌륭한 도구이고 스웜과도 잘 작동한다. 서버 3개를 설정할 텐데, 하나는 마스터이고, 다른 2개는 클러스터 노드다.

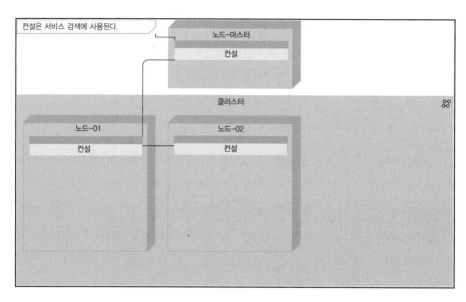

그림 14-5 서비스 검색 도구로 컨설을 사용하는 도커 스웜

스웜은 컨설 인스턴스를 사용해 배포된 노드와 서비스에 대한 정보를 등록하고 가져온다. 새로운 노드를 가동하거나 기존 노드를 중지할 때마다 이 정보가 모든 컨설 인스턴스에 전파되어 도커 스웜에 도달해 컨테이너를 배포할 위치를 알게 될 것이다. 마스터 노드에는 스웜 마스터가 실행될 것이다. 우리는 스웜 API를 사용해 배포할 항목과 요구사항(CPU 수, 메모리 양 등)을 알려줄 것이다. 노드 서버에는 스웜 노드가 배포된다. 스웜 마스터가 컨테이너를 배포하는 지시를 받을 때마다 클러스터의 현재 상황을 평가하여 노드 중 하나에게 지시를 전송해 배포를 수행한다.

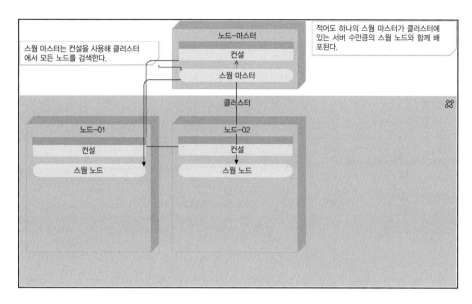

그림 14-6 하나의 마스터와 2개의 노드를 갖는 도커 스웜 클러스터

가장 작은 수의 컨테이너를 실행하는 노드에 컨테이너를 배포하는 확산spread 전략으로 시작할 것이다. 처음에는 노드가 비어 있기 때문에 첫 번째 컨테이너를 배포할 지시가 오면 그 순간에는 둘 다 비어 있기 때문에 스웜 마스터는 노드 중 하나에게 전파할 것이다.

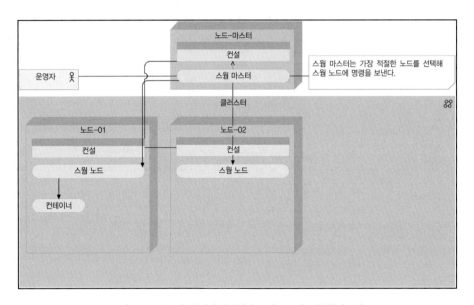

그림 14-7 배포된 첫 번째 컨테이너를 갖는 도커 스웜 클러스터

컨테이너를 배포하라는 두 번째 지시가 오면 첫 번째 스웜 노드가 이미 하나의 컨테이너를 실행하고 있으므로 스웜 마스터는 다른 노드에게 전파한다.

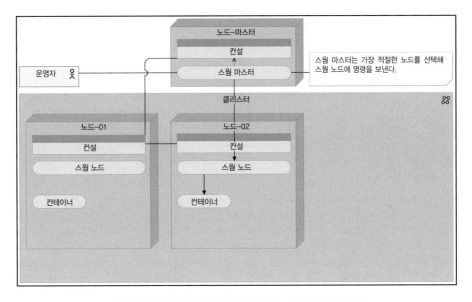

그림 14-8 배포된 두 번째 컨테이너를 갖는 도커 스웜 클러스터

계속해서 컨테이너를 배포하면 어느 시점에서 우리의 작은 클러스터는 포화 상태가 되어 서버가 무너지기 전에 어떤 일이든 해야 할 것이다.

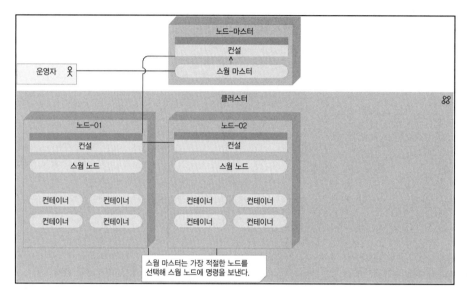

그림 14-9 모든 노드가 가득 찬 도커 스웜 클러스터

클러스터 용량을 증가시키기 위해 해야 할 일은 컨설과 스웜 노드를 갖는 새로운 서버를 가동하는 것이다. 이런 노드가 가동되면 이 정보는 컨설 인스턴스뿐만 아니라 스웜 마스터에게도 전파된다. 이 순간부터 스웜은 모든 새로운 배포에 사용될 수 있도록 계정에 해당 노드를 갖게 된다. 이 서버는 컨테이너가 없고 단순한 확산 전략을 사용하기 때문에 모든 새로운 배포는 다른 것과 동일한 실행되는 노드를 가질 때까지 이 노드에서 수행될 것이다.

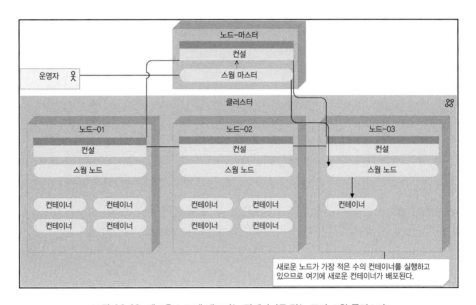

그림 14-10 새로운 노드에 배포되는 컨테이너를 갖는 도커 스웜 클러스터

하나의 노드가 실패로 인해 응답을 멈추는 경우에 반대 시나리오가 관찰될 수 있다. 컨설 클러스터는 자기 멤버 중 하나가 응답하지 않는다는 사실을 감지하면 해당 정보를 클러스터에 전파하고, 따라서 스웜 마스터까지 도달한다. 이 순간부터 모든 새로운 배포는 정상적인 노드 중 하나에 전송된다.

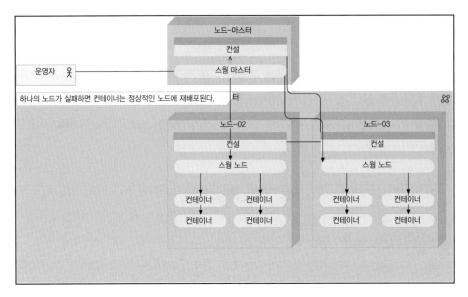

노드-마스터

컨설

운영자

스윔 마스터

하나의 노드가 실패하면 컨테이너는 정상적인 노드에 재배포된다.

터

노드-02

컨설

스윔 노드

컨테이너   컨테이너

컨테이너   컨테이너

노드-03

컨설

스윔 노드

컨테이너   컨테이너

컨테이너   컨테이너

그림 14-11 하나의 노드가 실패하고 컨테이너가 정상적인 노드에 배포되는 도커 스윔 클러스터

지금까지 논의한 간단한 예로 들어가 보자. 나중에 다른 전략과 함께, CPU나 메모리 등 일정한 제약이 설정될 때 스윔이 행동하는 방식을 살펴볼 것이다.

▌ 도커 스윔 설정

도커 스윔이 작동하는 것을 확인하기 위해 우분투 클러스터를 시뮬레이션할 것이다. 우리는 오케스트레이션에 사용할 cd 노드와 스윔 마스터로 사용할 하나의 노드, 그리고 클러스터를 형성할 2개의 노드를 가동할 것이다. 지금부터는 항상 우분투 14.04 LTS^long term support를 사용할 텐데, 오랫동안 안정적이고 지원해왔기 때문이다. 다음 LTS 버전은 15.04 LTS(이 책을 쓰는 시점에는 아직 릴리스되지 않았다)가 될 것이다. 나중에 살펴볼 몇 가지 특징이 이 장 전체에서 비교적 새로운 커널을 필요로 하므로 swarm 노드는 우분투 15.04를 실행할 것이다. Vagrantfile을 열면 스윔 마스터와 노드에 다음 행이 있음을 알게 될 것이다.

```
d.vm.box = "ubuntu/vivid64"
```

vivid64는 우분투 15.04의 코드명이다.

노드를 가동하자.

```
vagrant up cd swarm-master swarm-node-1 swarm-node-2
```

4개의 노드 모두가 가동되어 실행 중이므로 계속해서 스웜 클러스터를 생성할 수 있다. 이전처럼 앤시블을 사용해 프로비저닝을 할 것이다.

```
vagrant ssh cd
ansible-playbook /vagrant/ansible/swarm.yml \
    -i /vagrant/ansible/hosts/prod
```

앤시블이 서버를 프로비저닝하는 동안 시간을 현명하게 사용해서 swarm.yml 플레이북을 검토하자. swarm.yml 파일의 내용은 다음과 같다.

```
- hosts: swarm
  remote_user: vagrant
  serial: 1
  sudo: yes
  vars:
    - debian_version: vivid
    - docker_cfg_dest: /lib/systemd/system/docker.service
    - is_systemd: true
  roles:
    - common
    - docker
    - consul
    - swarm
    - registrator
```

우리는 docker를 설정했다. 이번에는 다른 버전의 우분투를 사용하고 있으므로 그 차이점을 변수로 지정해 정확한 리포지터리가 사용되게 하고(debian_version), 그뿐 아니라 서비스 설정을 재로드해야 한다(is_systemd). 또한 docker_cfg_dest 변수를 지정해 설정 파일이 정확한 위치로 전송되게 해야 한다.

몇 가지 변수가 hosts/prod 파일에 지정된다.

```
[swarm]
10.100.192.200 swarm_master=true consul_extra="-server -bootstrap-expect
1" docker_cfg=docker-swarm-master.service
10.100.192.20[1:2] swarm_master_ip=10.100.192.200 consul_server_
ip=10.100.192.200 docker_cfg=docker-swarm-node.service
```

swarm_master와 swarm_master_ip는 나중에 살펴보겠다. 지금은 이들이 prod 파일에 정의되어 있어서 서버 유형(마스터 또는 노드)을 기반으로 적용(또는 생략)될 수 있다는 사실을 기억해두자. 프로비저닝하는 것이 마스터인지 노드인지에 따라서 도커 설정 파일은 docker-swarm-master.service이거나 docker-swarm-node.service이다.

roles/docker/templates/docker-swarm-master.service에 정의된 마스터 노드 도커 설정의 ExecStart 부분을 살펴보자(나머지는 도커 패키지와 함께 제공되는 표준 노드 구성과 동일하다).

```
ExecStart=/usr/bin/docker daemon -H fd:// \
        --insecure-registry 10.100.198.200:5000 \
        --registry-mirror=http://10.100.198.200:5001 \
        --cluster-store=consul://{{ ip }}:8500/swarm \
        --cluster-advertise={{ ip }}:2375 {{ docker_extra }}
```

비공개 레지스트리가 실행되는 곳(cd 노드에 있는)의 IP/포트에 안전하지 않은 레지스트리를 허용하도록 도커에게 지시한다. 또한 스웜 클러스터 정보가 같은 노드에서 실행되는 컨설에 저장돼야 하며, 2375 포트로 알려줘야 한다고 지정한다.

roles/docker/templates/docker-swarm-node.service에 정의된 노드 설정에는 몇 가지 인수가 더 있다.

```
ExecStart=/usr/bin/docker daemon -H fd:// \
        -H tcp://0.0.0.0:2375 \
        -H unix:///var/run/docker.sock \
        --insecure-registry 10.100.198.200:5000 \
        --registry-mirror=http://10.100.198.200:5001 \
        --cluster-store=consul://{{ ip }}:8500/swarm \
        --cluster-advertise={{ ip }}:2375 {{ docker_extra }}
```

마스터 노드와 같은 인수 외에도, 2375 포트(-H tcp://0.0.0.:2375)뿐만 아니라 소켓을 통해서도(-H unix:///var/run/docker.sock) 커뮤니케이션을 허용한다는 사실을 도커에게 알려주고 있다.

master와 node 설정 둘 다 컨설과 함께 사용될 때 공식적인 도커 스웜 문서에서 추천하는 표준 설정을 따르고 있다.

swarm.yml 플레이북에서 사용된 나머지 역할은 consul, swarm, registrator이다. 컨설과 레지스트레이터 역할들은 이미 사용하고 살펴봤으므로, roles/swarm/tasks/main.yml 파일에 정의된 swarm 역할에 속해 있는 작업만 살펴보자.

```
- name: Swarm node is running
  docker:
    name: swarm-node
    image: swarm
    command: join --advertise={{ ip }}:2375 consul://{{ ip }}:8500/swarm
    env:
      SERVICE_NAME: swarm-node
  when: not swarm_master is defined
  tags: [swarm]

- name: Swarm master is running
```

```
docker:
  name: swarm-master
  image: swarm
  ports: 2375:2375
  command: manage consul://{{ ip }}:8500/swarm
  env:
      SERVICE_NAME: swarm-master
 when: swarm_master is defined
 tags: [swarm]
```

보다시피, 스웜을 실행하는 방법은 아주 간단하다. swarm 컨테이너를 실행하기만 하면
된다. 그리고 마스터인지 노드인지에 따라서 다른 명령을 지정하면 된다. 서버가 스웜
노드이면 명령은 join --advertise={{ ip }}:2375 consul://{{ ip }}:8500/swarm
이다. 평범한 말로 해석하면 클러스터에 가입하고, 2375 포트에서 존재를 알리고, 같
은 서버에서 실행하는 컨설을 사용해 서비스를 검색한다는 뜻이다. 스웜 마스터면 명
령은 더 짧은데, manage consul://{{ ip }}:8500/swarm이다. 이 스웜 컨테이너가 클
러스터를 관리하는 데 사용되며, 스웜 노드와 마찬가지로 컨설을 사용해 서비스를 검
색한다고 지정하기만 하면 된다.

지금쯤이면 앞에서 실행한 플레이북이 완료됐기를 바란다. 완료되지 않았다면 커피
를 마시면서 끝날 때까지 계속 읽자. 우리는 스웜 클러스터가 예상대로 작동하는지를
확인할 것이다.

우리는 아직 cd 노드 안에 있으므로 도커 CLI에게 다른 호스트를 사용한다고 말해줘
야 한다.

export DOCKER_HOST=tcp://10.100.192.200:2375

도커 클라이언트가 cd에서 실행되고 swarm-master 노드를 호스트로 사용하므로 우리
는 원격에서 스웜 클러스터를 제어할 수 있다. 처음에는 클러스터 정보를 확인할 수
있다.

```
docker info
```

결과는 다음과 같다.

```
Containers: 4
Images: 4
Role: primary
Strategy: spread
Filters: health, port, dependency, affinity, constraint
Nodes: 2
 swarm-node-1: 10.100.192.201:2375
  └ Status: Healthy
  └ Containers: 3
  └ Reserved CPUs: 0 / 1
  └ Reserved Memory: 0 B / 1.535 GiB
  └ Labels: executiondriver=native-0.2, kernelversion=3.19.0-42-generic,
operatingsystem=Ubuntu 15.04, storagedriver=devicemapper
 swarm-node-2: 10.100.192.202:2375
  └ Status: Healthy
  └ Containers: 3
  └ Reserved CPUs: 0 / 1
  └ Reserved Memory: 0 B / 1.535 GiB
  └ Labels: executiondriver=native-0.2, kernelversion=3.19.0-42-generic,
operatingsystem=Ubuntu 15.04, storagedriver=devicemapper
CPUs: 2
Total Memory: 3.07 GiB
Name: b358fe59b011
```

멋지지 않은가? 단일 명령으로 전체 클러스터의 개요를 볼 수 있다. 지금은 단 2개의
서버(swarm-node-1과 swarm-node-2)만 있지만, 백 개, 천 개 또는 그 이상이라도 docker
info는 이 모두에 대한 정보를 제공할 것이다. 지금은 4개의 컨테이너가 실행되고 있
는 것과 4개의 이미지를 볼 수 있다. 각 노드가 스웜과 레지스트레이터 컨테이너를 실
행하고 있기 때문에 정확하다. 더 나아가 Role과 Strategy, Filters를 볼 수 있다. 다

음 행은 클러스터를 구성하는 노드가 오고 그 뒤에 이들 각각에 대한 정보가 있다. 각각 몇 개의 컨테이너가 실행되는지(현재 2개), 컨테이너에 어느 정도의 CPU와 메모리가 예약되어 있는지, 각 노드의 레이블은 무엇인지를 볼 수 있다. 마지막으로, 전체 클러스터의 총 CPU와 메모리를 볼 수 있다. `docker info`가 제공하는 모든 것은 정보일뿐만 아니라 스웜 클러스터의 기능이기도 하다. 지금은 이 모든 정보를 검사할 수 있다는 점에 주목하기 바란다. 나중에 활용하는 방법을 살펴볼 것이다.

도커 스웜의 가장 큰 장점은 도커와 같은 API를 공유해 이 책에서 이미 사용한 모든 명령을 사용할 수 있다는 것이다. 차이점은 도커를 단일 서버에서 운영하는 대신에, 스웜으로 전체 클러스터를 운영한다는 것이다. 예를 들어, 전체 스웜 클러스터의 모든 이미지와 프로세스를 나열할 수 있다.

```
docker images

docker ps -a
```

`docker images`와 `docker ps -a`를 실행함으로써 클러스터로 끌어온 이미지 2개와 실행 중인 컨테이너 4개(두 서버에 각각 2개의 컨테이너)가 있음을 알 수 있다. 시각적인 차이점은 실행하는 컨테이너의 이름이 이들을 실행하는 서버 이름에 접두어로 붙는다는 것이다. 예를 들어, registrator 컨테이너는 swarm-node-1/registrator와 swarm-node-2/registrator로 표시된다. 두 명령이 조합된 결과는 다음과 같다.

```
REPOSITORY                TAG          IMAGE ID        CREATED
VIRTUAL SIZE
swarm                     latest       a9975e2cc0a3    4 weeks
ago         17.15 MB
gliderlabs/registrator    latest       d44d11afc6cc    4 months
ago         20.93 MB
...
CONTAINER ID       IMAGE                    COMMAND
```

368

```
CREATED              STATUS            PORTS
NAMES
a2c7d156c99d         gliderlabs/registrator    "/bin/
registrator -ip"    2 hours ago       Up 2 hours
swarm-node-2/registrator
e9b034aa3fc0         swarm                     "/swarm join
--advert"    2 hours ago       Up 2 hours            2375/tcp
swarm-node-2/swarm-node
a685cdb09814         gliderlabs/registrator    "/bin/
registrator -ip"    2 hours ago       Up 2 hours
swarm-node-1/registrator
5991e9bd2a40         swarm                     "/swarm join
--advert"    2 hours ago       Up 2 hours            2375/tcp
swarm-node-1/swarm-node
```

이제 도커 명령이 원격 서버(swarm-master)에서 실행할 때와 동일한 방식으로 작동하고, 전체 클러스터(swarm-node-1과 swarm-node-2)를 제어하는 데 사용될 수 있음을 알았으므로 books-ms 서비스를 배포해보자.

도커 스웜으로 배포하기

전에 했던 것과 같은 배포 프로세스를 반복하기로 한다. 하지만 이번에는 스웜 마스터에 명령을 보낼 것이다.

```
git clone https://github.com/vfarcic/books-ms.git

cd ~/books-ms
```

books-ms 리포지터리를 복제했다. 이제 도커 컴포즈로 서비스를 실행할 수 있다.

```
docker-compose up -d app
```

app 대상이 db와 연결되어 있기 때문에 도커 컴포즈는 둘 다 실행한다. 지금까지는 모든 것이 도커 스웜 없이 같은 명령을 실행했던 것처럼 보인다. 생성한 프로세스를 살펴보자.

```
docker ps --filter name=books --format "table {{.Names}}"
```

결과는 다음과 같다.

```
NAMES
swarm-node-2/booksms_app_1
swarm-node-2/booksms_app_1/booksms_db_1,swarm-node-2/booksms_app_1/
db,swarm-node-2/booksms_app_1/db_1,swarm-node-2/booksms_db_1
```

보다시피, 두 컨테이너는 swarm-node-2에서 실행된다. 여러분은 swarm-node-1일 수도 있다. 우리는 컨테이너를 배포하는 곳을 결정할 수 없다. 스웜이 한다. 추가적인 제약사항을 지정하지 않고 디폴트 전략을 사용하기 때문에, 가장 적은 수의 컨테이너가 실행되는 서버에서 컨테이너를 실행한다. swarm-node-1과 swarm-node-2 둘 다 동일하게 비어 있기(또는 가득 차 있기) 때문에 스웜은 쉽게 선택했고, 이 서버들 중 하나에 컨테이너를 두었다. 이 경우에는 swarm-node-2이다.

방금 수행한 배포의 문제는 두 대상(app과 db)이 연결되어 있다는 점이다. 이런 경우에 도커는 동일한 서버에 두 컨테이너를 두는 것 외에는 다른 선택이 없다. 이런 방식으로 우리가 성취하고자 하는 목표를 무시해버린다. 우리는 컨테이너를 클러스터에 배포하기를 원하며, 곧 알게 되겠지만 쉽게 확장할 수 있다. 두 컨테이너를 같은 서버에서 실행하기 원한다면 적절하게 배포하도록 스웜을 제한할 수 있다. 이 예에서 이 두 컨테이너는 별도의 서버에서 실행하는 게 더 좋을 수 있다. 이 컨테이너들을 배포하기 전에 두 서버가 동일한 수의 실행 중인 컨테이너를 갖는다면 하나는 app에서, 다른 하나는 db에서 실행하는 게 더 적합할 것이다. 이런 방식으로 리소스 사용을 더 효율적으로 분산할 수 있다. 지금은 swarm-node-2가 모든 작업을 수행해야 하며, swarm-node-1은 비어 있다. 가장 먼저 할 일은 연결을 제거하는 것이다.

이제 실행하는 컨테이너를 중지하고 다시 실행하자.

```
docker-compose stop

docker-compose rm -f
```

이것이 스웜이 제공하는 또 다른 이점이다. stop과 rm 명령을 스웜 마스터에게 보내서 컨테이너를 위치시켰다. 지금부터 모든 행위는 스웜 마스터를 통해 전체 클러스터가 각 서버의 특성을 알지 못하는 하나의 단위로 취급한다는 점에서 동일할 것이다.

연결 없이 도커 스웜으로 배포하기

도커 스웜 클러스터에 컨테이너를 배포하기 위해 다른 도커 컴포즈 정의 파일 docker-compose-no-links.yml을 사용할 것이다. 대상은 다음과 같다.

```
app:
  image: 10.100.198.200:5000/books-ms
  ports:
   - 8080

db:
  image: mongo
```

docker-compose.yml과 docker-compose-swarm.yml의 중요한 차이점은 후자가 연결을 사용하지 않는다는 것뿐이다. 곧 살펴보겠지만, 이것은 클러스터 안에서 컨테이너를 자유롭게 분산할 수 있게 한다.

연결 없이 db와 app 컨테이너를 가동한다면 어떤 일이 발생하는지 살펴보자.

```
docker-compose -f docker-compose-no-links.yml up -d db app

docker ps --filter name=books --format "table {{.Names}}"
```

docker ps 명령의 결과는 다음과 같다.

```
NAMES
swarm-node-1/booksms_db_1
swarm-node-2/booksms_app_1
```

보다시피, 이번에는 스웜이 다른 서버에 각 컨테이너를 배포하기로 결정했다. 스웜이 첫 번째 컨테이너를 가동했고, 그 후에는 한 서버가 다른 서버보다 많은 컨테이너를 갖기 때문에 두 번째 컨테이너를 다른 노드에 가동하기로 선택했다.

컨테이너 사이의 연결을 제거함으로써 문제 하나를 해결했지만 또 다른 문제를 야기했다. 이제 우리 컨테이너는 훨씬 효율적으로 분산됐으나, 서로 커뮤니케이션할 수 없다. 프록시 서비스(nginx, HA프록시 등)를 사용해 이 문제를 해결할 수 있다. 그러나 db 대상은 외부 세계에 어떤 포트도 노출하지 못한다. 좋은 방법은 공개적으로 접근할 수 있는 서비스의 포트만 노출하는 것이다. 이런 이유로 app 대상은 8080 포트를 노출하고, db는 어떤 것도 노출하지 않는다. db 대상을 내부적으로만, 그리고 app에서만 사용할 수 있다. 도커 1.9 릴리스 이래 네트워킹networking이란 새로운 기능을 위해 연결은 더 이상 사용되지 않는 것으로 간주된다.

컨테이너를 제거하고 네트워킹을 활성화해 가동하자.

```
docker-compose -f docker-compose-no-links.yml stop

docker-compose -f docker-compose-no-links.yml rm -f
```

도커 스웜과 도커 네트워킹으로 배포하기

이 장을 쓸 시점에 도커 1.9 릴리스가 나왔다. 의심할 여지 없이 1.0 버전 이래 가장 중요한 릴리스다. 오랫동안 기다렸던 두 가지 특징, 즉 다중 호스트 네트워킹과 영구적인 볼륨을 제공했다. 네트워킹은 연결을 사용되지 않게 만들었으며, 여러 호스트 사이에 컨테이너를 연결하는 데 필요한 기능이다. 더 이상 프록시 서비스가 내부적으로 컨테이너를 연결할 필요가 없다. 그렇다고 프록시가 필요 없다는 뜻은 아니다. 그러나 프록시를 서비스에 대한 공개 인터페이스와 논리적인 그룹을 형성하는 컨테이너를 연결하기 위한 네트워킹으로 사용할 수 있다. 새로운 도커 네트워킹과 프록시 서비스는 다른 이점이 있으며, 다른 사용 사례에 사용돼야 한다. 프록시 서비스는 로드 밸런싱을 제공하며, 서비스 접근을 제어한다. 도커 네트워킹은 단일 서비스를 형성하고 동일한 네트워크상에 있도록 별도의 컨테이너를 연결하는 편리한 방법이다. 도커 네트워킹의 전형적인 사용 사례는 데이터베이스에 연결해야 하는 서비스일 것이다. 네트워킹을 통해 이 둘을 연결할 수 있다. 게다가 서비스 자체가 확장되고, 여러 인스턴스를 실행할 필요가 있다. 로드 밸런서와 함께 프록시 서비스는 이러한 요구사항을 충족시켜야 한다. 마지막으로, 다른 서비스가 이 서비스에 접근해야 할 수도 있다. 로드 밸런싱을 활용하기 원하기 때문에 또한 프록시를 통해 접근 가능해야 한다.

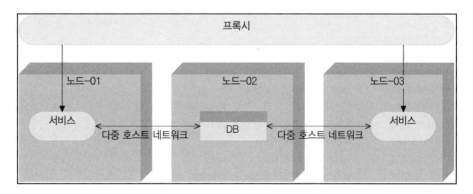

그림 14-12 프록시 및 로드 밸런싱 서비스와 연결된 다중 호스트 네트워킹

그림 14-12는 일반적인 사용 사례 한 가지를 보여준다. 노드-01과 노드-03에서 실행하는 두 인스턴스로 확장된 서비스가 있다. 이 서비스에 대한 모든 커뮤니케이션은 로드 밸런싱과 보안을 담당하는 프록시 서비스를 통해 수행된다. 우리 서비스에 접근하기를 원하는 어떤 서비스든(외부든 내부든) 프록시를 통해야만 한다. 내부적으로 서비스는 데이터베이스를 사용한다. 서비스 인스턴스와 데이터베이스 사이의 커뮤니케이션은 내부적이며 다중 호스트 네트워크를 통해 수행된다. 이러한 설정으로 단일 서비스를 구성하는 컨테이너 사이의 모든 커뮤니케이션은 내부적으로 유지하면서도 클러스터 안에서 쉽게 확장 가능하게 할 수 있다. 다시 말해, 단일 서비스를 구성하는 컨테이너 사이의 모든 커뮤니케이션은 네트워킹을 통해 이뤄지지만, 서비스 사이의 커뮤니케이션은 프록시를 통해 수행된다.

다중 호스트 네트워크를 생성하는 다른 방법도 있다. 우리는 네트워크를 수작업으로 설정할 수 있다.

```
docker network create my-network

docker network ls
```

network ls 명령의 결과는 다음과 같다.

```
NETWORK ID      NAME                    DRIVER
5fc39aac18bf    swarm-node-2/host       host
aa2c17ae2039    swarm-node-2/bridge     bridge
267230c8d144    my-network              overlay
bfc2a0b1694b    swarm-node-2/none       null
b0b1aa45c937    swarm-node-1/none       null
613fc0ba5811    swarm-node-1/host       host
74786f8b833f    swarm-node-1/bridge     bridge
```

네트워크 중 하나가 이전에 생성한 my-network임을 볼 수 있다. 이것은 전체 스웜 클러스터에 걸쳐 있고 --net 인수로 사용할 수 있다.

```
docker run -d --name books-ms-db \
    --net my-network \
    mongo

docker run -d --name books-ms \
    --net my-network \
    -e DB_HOST=books-ms-db \
    -p 8080 \
    10.100.198.200:5000/books-ms
```

하나의 서비스를 구성하는 2개의 컨테이너를 시작했다. books-ms는 데이터베이스 역할을 하는 books-ms-db와 커뮤니케이션하는 API이다. 두 컨테이너가 --net my-network 인수를 가졌으므로 이 둘은 my-network 네트워크에 속한다. 결과적으로 도커는 hosts 파일을 갱신해 각 컨테이너에게 내부 커뮤니케이션에 사용할 수 있는 별칭을 제공한다.

books-ms 컨테이너로 들어가 hosts 파일을 살펴보자.

```
docker exec -it books-ms bash

cat /etc/hosts

exit
```

exec 명령의 결과는 다음과 같다.

```
10.0.0.2    3166318f0f9c
127.0.0.1   localhost
::1 localhost ip6-localhost ip6-loopback
fe00::0 ip6-localnet
ff00::0 ip6-mcastprefix
```

```
ff02::1 ip6-allnodes
ff02::2 ip6-allrouters
10.0.0.2    books-ms-db
10.0.0.2    books-ms-db.my-network
```

hosts 파일에서 재미있는 부분은 마지막 두 항목이다. 도커는 books-ms-db 컨테이너가 books-ms 컨테이너와 같은 네트워크를 사용한다는 사실을 탐지하고, hosts 파일에 books-ms-db.my-network 별칭을 추가했다. 일부 관습이 사용된다면 별도의 컨테이너(이 경우에는 데이터베이스)에 있는 리소스와 커뮤니케이션하는 것과 같은 별칭을 사용하는 방식으로 우리 서비스를 코딩하는 것을 간단하게 할 수 있다.

또한 환경 변수 DB_HOST를 books-ms에 넘겨줬는데, 이것은 데이터베이스를 연결하는데 어떤 호스트를 사용할지를 서비스에 나타낸다. 컨테이너의 환경을 출력함으로써 이것을 볼 수 있다.

```
docker exec -it books-ms env
```

명령의 결과는 다음과 같다.

```
PATH=/usr/local/sbin:/usr/local/bin:/usr/sbin:/usr/bin:/sbin:/bin
HOSTNAME=eb3443a66355
DB_HOST=books-ms-db
DB_DBNAME=books
DB_COLLECTION=books
HOME=/root
```

보다시피, 환경 변수 중 하나가 DB_HOST이고 값은 books-ms-db이다.

현재 도커가 생성한 네트워크의 IP를 가리키는 books-ms-db 호스트 별칭을 생성한 도커 네트워킹이 있다. 또한 값이 books-ms-db인 DB_HOST 환경 변수도 있다. 서비스 코드는 이 변수를 사용해 데이터베이스에 연결할 수 있다.

예상한 바와 같이 도커 컴포즈 사양의 일부로서 network를 지정할 수 있다. 시도하기 전에 두 컨테이너와 네트워크를 제거하자.

```
docker rm -f books-ms books-ms-db

docker network rm my-network
```

이번에는 도커 컴포즈로 컨테이너를 실행할 것이다. docker-compose-swarm.yml 파일 안에서 net 인수를 사용할 것이며, 이런 방식으로 이전에 했던 것과 같은 과정을 반복한다. 대안은 새로운 도커 컴포즈 인수 --x-networking을 사용해 네트워크를 만들게 하는 것이지만, 지금은 실험 단계에 있으며 전적으로 신뢰할 만하지는 않다. 진행하기 전에 docker-compose-swarm.yml 파일 안에 있는 적절한 대상을 빨리 살펴보자.

```
app:
  image: 10.100.198.200:5000/books-ms
  ports:
    - 8080
  net: books-ms
  environment:
    - SERVICE_NAME=books-ms
    - DB_HOST=books-ms-db

db:
  container_name: books-ms-db
  image: mongo
  net: books-ms
  environment:
    - SERVICE_NAME=books-ms-db
```

중요한 차이점은 net 인수를 추가한 것뿐이다. 그 밖의 모든 것은 지금까지 살펴본 많은 대상과 거의 동일하다.

네트워크를 생성하고 도커 컴포즈로 컨테이너를 실행하자.

```
docker network create books-ms

docker-compose -f docker-compose-swarm.yml \
    up -d db app
```

방금 실행한 명령의 결과는 다음과 같다.

```
Creating booksms_app_1
Creating books-ms-db
```

app과 db 서비스를 생성하기 전에 books-ms라는 새로운 네트워크를 생성했다. 네트워크 이름은 docker-compose-swarm.yml 파일에 지정된 net 인수의 값과 같다.

docker network ls 명령을 실행해 생성된 네트워크를 확인할 수 있다.

```
docker network ls
```

결과는 다음과 같다.

```
NETWORK ID        NAME                            DRIVER
6e5f816d4800      swarm-node-1/host               host
aa1ccdaefd70      swarm-node-2/docker_gwbridge    bridge
cd8b1c3d9be5      swarm-node-2/none               null
ebcc040e5c0c      swarm-node-1/bridge             bridge
6768bad8b390      swarm-node-1/docker_gwbridge    bridge
8ebdbd3de5a6      swarm-node-1/none               null
58a585d09bbc      books-ms                        overlay
de4925ea50d1      swarm-node-2/bridge             bridge
2b003ff6e5da      swarm-node-2/host               host
```

보다시피, overlay 네트워크 books-ms가 생성됐다.

또한 컨테이너 안에 있는 hosts 파일이 갱신된 것을 검사할 수 있다.

```
docker exec -it booksms_app_1 bash

cat /etc/hosts

exit
```

결과는 다음과 같다.

```
10.0.0.2    3166318f0f9c
127.0.0.1    localhost
::1 localhost ip6-localhost ip6-loopback
fe00::0 ip6-localnet
ff00::0 ip6-mcastprefix
ff02::1 ip6-allnodes
ff02::2 ip6-allrouters
10.0.0.3    books-ms-db
10.0.0.3    books-ms-db.my-network
```

마지막으로, 스웜이 컨테이너를 분산한 방법을 살펴보자.

```
docker ps --filter name=books --format "table {{.Names}}"
```

결과는 다음과 같다.

```
NAMES
swarm-node-2/books-ms-db
swarm-node-1/booksms_app_1
```

스웜은 app 컨테이너를 swarm-node-1에, db 컨테이너를 swarm-node-2에 배포했다.

마지막으로, books-ms 서비스가 제대로 작동하는지 테스트해보자. 스웜이 어디에 컨테이너를 배포했는지 알 수 없으며, 어느 포트를 노출하는지도 모른다. (아직) 프록시가 없기 때문에 컨설에서 서비스의 IP와 포트를 가져와서 PUT 요청을 보내 다른 컨테이너에 있는 데이터베이스에 데이터를 저장할 것이다. 그리고 마지막으로 GET 요청을 하여 레코드를 가져올 수 있는지 여부를 검사할 것이다. 이 요청이 정확한 서버와 포트로 전송될 수 있게 하는 프록시 서비스가 없으므로 컨설에서 IP와 포트를 가져와야 할 것이다.

```
ADDRESS=`curl \
    10.100.192.200:8500/v1/catalog/service/books-ms \
    | jq -r '.[0].ServiceAddress + ":" + (.[0].ServicePort | tostring)'`

curl -H 'Content-Type: application/json' -X PUT -d \
  '{"_id": 2,
  "title": "My Second Book",
  "author": "John Doe",
  "description": "A bit better book"}' \
  $ADDRESS/api/v1/books | jq '.'

curl $ADDRESS/api/v1/books | jq '.'
The output of the last command is as follows.
[
  {
    "author": "John Doe",
    "title": "My Second Book",
    "_id": 2
  }
]
```

서비스가 다른 노드에 있는 데이터베이스와 커뮤니케이션할 수 없다면 데이터를 저장할 수도, 꺼내올 수도 없다. 별도의 서버에 배포된 컨테이너 사이의 커뮤니케이션이 작동했다! 우리가 한 일은 도커 컴포즈에 추가적인 인수(net)를 사용하고, 서비스 코드가 hosts 파일에서 정보를 활용하게 한 것뿐이다.

도커 네트워킹의 또 다른 이점은 하나의 컨테이너가 작동을 중단할 때 재배포(잠재적으로 별도의 서버에)할 수 있다는 것이며, 서버가 일시적으로 연결 손실을 처리할 수 있다고 가정하면 아무 일도 발생하지 않은 것처럼 계속 사용할 수 있다.

도커 스웜으로 서비스 확장

이미 봤듯이 도커 컴포즈로 확장하는 것은 쉽다. 지금까지 실행한 예제는 단일 서버로 제한됐지만, 도커 스웜을 사용하면 전체 클러스터로 확대해 확장할 수 있다. books-ms의 인스턴스 하나가 실행되고 있으므로 이것을 가령 3개의 인스턴스로 확장해보자.

```
docker-compose -f docker-compose-swarm.yml \
    scale app=3

docker ps --filter name=books \
    --format "table {{.Names}}"
```

ps 명령의 결과는 다음과 같다.

```
NAMES
swarm-node-2/booksms_app_3
swarm-node-1/booksms_app_2
swarm-node-2/books-ms-db
swarm-node-1/booksms_app_1
```

스웜이 컨테이너를 골고루 분산하는 모습을 볼 수 있다. 각 노드는 현재 2개의 컨테이너에서 실행하고 있다. 우리는 도커 스웜에게 books-ms 컨테이너를 3개로 확장하라고 요청했으므로, 이 중 2개는 단독적으로 실행되며, 세 번째는 데이터베이스와 함께 배포됐다. 나중에 도커 스웜 클러스터에 배포를 자동화하는 작업을 할 때 서비스의 모든 인스턴스가 프록시에 적절하게 설정되도록 할 것이다.

나중에 참조할 수 있도록 컨설에 인스턴스의 수를 저장하고 싶을 수 있다. 나중에, 예를 들어 인스턴스의 수를 늘리거나 줄이고 싶다면 쉽게 할 수 있을 것이다.

```
curl -X PUT -d 3 \
    10.100.192.200:8500/v1/kv/books-ms/instances
```

서비스는 쉽게 축소할 수 있다. 예를 들어 하루 중 나중에는 트래픽이 떨어질 수 있으며, 그러면 다른 서비스를 위해 리소스를 해제하고 싶을 수 있다.

```
docker-compose -f docker-compose-swarm.yml \
    scale app=1

curl -X PUT -d 1 \
    10.100.192.200:8500/v1/kv/books-ms/instances

docker ps --filter name=books \
    --format "table {{.Names}}"
```

스웜에게 하나의 인스턴스로 확장을 축소하라고 했으며, 지금은 이 중 3개의 인스턴스가 실행되고 있으므로 스웜은 두세 개의 인스턴스를 제거하고 하나만 실행되도록 시스템에 남겨둔다. docker ps 명령의 실행 결과로 다음과 같이 확인할 수 있다.

```
NAMES
swarm-node-2/books-ms-db
swarm-node-1/booksms_app_1
```

우리는 확장을 축소해 처음으로 돌아가서 각 대상이 하나의 인스턴만 실행하고 있다.

몇 가지 스웜 옵션을 더 살펴보겠다. 진행하기 전에 실행하는 컨테이너를 중지하고 제거한 후, 다시 시작한다.

```
docker-compose stop
```

```
docker-compose rm -f
```

예약된 CPU와 메모리에 따른 컨테이너 스케줄링

지금까지 스웜은 실행 중인 서버 수가 가장 적은 서버에 배포를 스케줄링했다. 이 디폴트 전략은 다른 제약사항이 지정되지 않을 때 적용된다. 모든 컨테이너가 동일하게 리소스에 접근한다는 건 현실적이지 않다. 우리는 컨테이너에 기대하고 있는 것의 힌트를 줌으로써 스웜 배포를 더욱 정교하게 할 수 있다. 예를 들어, 특정한 컨테이너에 필요한 CPU 수를 지정할 수 있다. 한번 돌려보자.

```
docker info
```

이 명령의 결과에서 관련 있는 부분은 다음과 같다.

```
...
Nodes: 2
 swarm-node-1: 10.100.192.201:2375
   └ Containers: 2
   └ Reserved CPUs: 0 / 1
   └ Reserved Memory: 0 B / 1.535 GiB
...
 swarm-node-2: 10.100.192.202:2375
   └ Containers: 2
   └ Reserved CPUs: 0 / 1
   └ Reserved Memory: 0 B / 1.535 GiB
...
```

우리는 이미 각 노드에 2개의 컨테이너(레지스트레이터와 스웜)를 실행하고 있지만 CPU 나 메모리를 예약하지 않았다. 이 컨테이너를 실행할 때 CPU나 메모리가 예약돼야 한 다고 지정하지도 않았다.

몽고DB^{MongoDB}를 하나의 CPU가 예약된 프로세스로 실행해보자. 이것은 단지 힌트이 기 때문에 해당 CPU를 사용 중인 다른 서버에 이미 배포된 다른 컨테이너를 방해하 지 않을 것이다.

```
docker run -d --cpu-shares 1 --name db1 mongo

docker info
```

각 노드에는 단 하나의 CPU만 지정했기 때문에 하나 이상을 할당할 수 있다. docker info 명령의 결과에서 관련 있는 부분은 다음과 같다.

```
...
Nodes: 2
 swarm-node-1: 10.100.192.201:2375
  └ Status: Healthy
  └ Containers: 3
  └ Reserved CPUs: 1 / 1
  └ Reserved Memory: 0 B / 1.535 GiB
...
 swarm-node-2: 10.100.192.202:2375
  └ Status: Healthy
  └ Containers: 2
  └ Reserved CPUs: 0 / 1
  └ Reserved Memory: 0 B / 1.535 GiB
...
```

이번에는 swarm-node-1에 하나의(하나 중에서) CPU가 예약됐다. 해당 노드에 더 이상 의 가용 CPU가 없기 때문에 동일한 제약으로 프로세스를 반복해 하나 이상의 몽고DB

를 가동하면 스웜은 두 번째 노드에 배포할 옵션이 없을 것이다. 한번 해보자.

```
docker run -d --cpu-shares 1 --name db2 mongo

docker info
```

ps 명령의 결과에서 관련 있는 부분은 다음과 같다.

```
...
Nodes: 2
 swarm-node-1: 10.100.192.201:2375
  └ Status: Healthy
  └ Containers: 3
  └ Reserved CPUs: 1 / 1
  └ Reserved Memory: 0 B / 1.535 GiB
...
 swarm-node-2: 10.100.192.202:2375
  └ Status: Healthy
  └ Containers: 3
  └ Reserved CPUs: 1 / 1
  └ Reserved Memory: 0 B / 1.535 GiB
...
```

이번에는 두 노드가 모든 CPU를 예약했다.

우리는 프로세스를 살펴보고 두 DB가 실제로 실행되고 있음을 확인할 수 있다.

```
docker ps --filter name=db --format "table {{.Names}}"
```

결과는 다음과 같다.

```
NAMES
swarm-node-2/db2
swarm-node-1/db1
```

실제로 두 컨테이너가 각 노드에 하나씩 실행되고 있다.

하나의 CPU가 필요한 하나 이상의 컨테이너를 가동하려고 한다면 어떤 일이 발생하는지 살펴보자.

```
docker run -d --cpu-shares 1 --name db3 mongo
```

이번에는 스웜이 다음과 같은 에러 메시지를 반환한다.

```
Error response from daemon: no resources available to schedule container(데몬
```
응답 에러: 컨테이너를 스케줄링할 리소스가 없습니다)

우리는 하나의 CPU를 요구하는 컨테이너의 배포를 요청했으며, 스웜은 이 요구사항을 충족시키는 노드가 없다고 말하고 있다. 다른 컨테이너를 계속해서 살펴보기 전에 단일 서버에서 실행하는 도커에 적용될 때와 마찬가지 방법으로 CPU 공유가 스웜과 동일한 방식으로 작동하지 않는다는 점을 명심하기 바란다. 자세한 내용은 https://docs.docker.com/engine/reference/run/#cpu-share-constraint를 참조하라.

이제 컨테이너를 제거하고 다시 시작하자.

```
docker rm -f db1 db2
```

제약사항으로 메모리를 사용할 수도 있다. 예를 들어, 스웜에게 하나의 CPU와 1GB 메모리를 예약한 컨테이너를 배포하라고 지시할 수 있다.

```
docker run -d --cpu-shares 1 -m 1g --name db1 mongo

docker info
```

`docker info` 명령의 결과는 다음과 같다(관련 있는 부분으로 제한했다).

```
...
Nodes: 2
 swarm-node-1: 10.100.192.201:2375
  └ Status: Healthy
  └ Containers: 3
  └ Reserved CPUs: 1 / 1
  └ Reserved Memory: 1 GiB / 1.535 GiB
...
 swarm-node-2: 10.100.192.202:2375
  └ Status: Healthy
  └ Containers: 2
  └ Reserved CPUs: 0 / 1
  └ Reserved Memory: 0 B / 1.535 GiB
...
```

이번에는 하나의 CPU만 예약됐을 뿐만 아니라, 마찬가지로 거의 모든 메모리도 예약
됐다. CPU 제약사항을 사용할 때는 노드가 각각 하나만 있기 때문에 데모할 수 없었
지만, 더 큰 메모리로 실험하기에 충분한 여유를 갖게 됐다. 예를 들어, 각각 100MB
가 예약된 3개의 몽고DB를 가동할 수 있다.

```
docker run -d -m 100m --name db2 mongo

docker run -d -m 100m --name db3 mongo

docker run -d -m 100m --name db4 mongo

docker info
```

`docker info` 명령의 결과는 다음과 같다(관련 있는 부분으로 제한했다).

```
...
Nodes: 2
 swarm-node-1: 10.100.192.201:2375
  └ Status: Healthy
  └ Containers: 3
  └ Reserved CPUs: 1 / 1
  └ Reserved Memory: 1 GiB / 1.535 GiB
...
 swarm-node-2: 10.100.192.202:2375
  └ Status: Healthy
  └ Containers: 5
  └ Reserved CPUs: 0 / 1
  └ Reserved Memory: 300 MiB / 1.535 GiB
...
```

이 3개의 컨테이너 모두가 swarm-node-2에 배포된 것이 분명하다. 스웜은 두 번째 노드가 swarm-node-1에서 가용 메모리가 부족하다는 사실을 알아차리고 swarm-node-2에 새로운 컨테이너를 배포하기로 결정했다. 이러한 결정은 같은 제약이 사용됐기 때문에 두 번 더 반복된다. 그 결과 이제 swarm-node-2는 이 3개의 컨테이너 모두를 실행하고 300MB 메모리가 예약된다. 실행하는 프로세스를 검사함으로써 이를 확인할 수 있다.

```
docker ps --filter name=db --format "table {{.Names}}"
```

결과는 다음과 같다.

```
NAMES
swarm-node-2/db4
swarm-node-2/db3
swarm-node-2/db2
swarm-node-1/db1
```

스웜에게 컨테이너를 어디에 배포할지 힌트를 줄 수 있는 방법은 그 밖에도 많다. 여기서 모두를 살펴보진 않을 것이다. 전략(https://docs.docker.com/swarm/scheduler/strategy/)과 필터(https://docs.docker.com/swarm/scheduler/filter/)에 관한 도커 문서를 확인해보기 바란다.

이제 도커 스웜 클러스터에 배포 자동화를 시도하기에 충분한 지식을 갖췄다.

더 진행하기 전에, 이제 다음 명령을 실행해 컨테이너를 제거하자.

```
docker rm -f db1 db2 db3 db4
```

도커 스웜과 앤시블로 배포 자동화

이미 젠킨스 Workflow에 익숙하므로, 이 지식을 도커 스웜 배포로 확장하기는 비교적 쉽다.

먼저 젠킨스로 cd 노드를 프로비저닝해야 한다.

```
ansible-playbook /vagrant/ansible/jenkins-node-swarm.yml \
    -i /vagrant/ansible/hosts/prod

ansible-playbook /vagrant/ansible/jenkins.yml \
    -c local
```

두 플레이북이 익숙한 젠킨스 인스턴스를 2개의 노드로 배포했다. 이번에 우리가 실행하는 슬레이브slave는 cd와 swarm-master이다. 다른 작업들 중에서 플레이북은 Multibranch Workflow를 기반으로 books-ms-swarm 작업을 생성했다. 이전에 사용했던 여타 다중 분기 작업과 이것과의 차이점은, 이번에는 swarm으로 지정된 Include branches 필터에 있다.

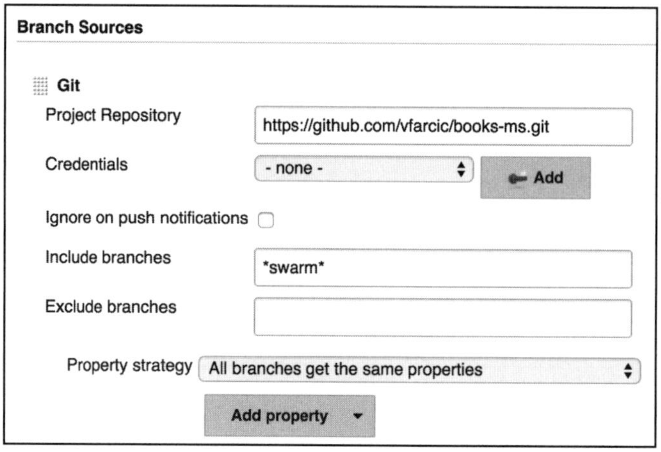

그림 14-13 books-ms-swarm 젠킨스 작업의 설정 화면

분기를 색인하고 작업을 실행하는 동안 books-ms-swarm 분기에 위치한 Jenkinsfile
을 살펴보자.

books-ms-swarm 작업을 열어 **Branch Indexing**(분기 인덱싱)을 클릭한 다음 **Run Now**
(지금 실행)를 클릭했다. 지정된 필터와 일치하는 단 하나의 분기만 있기 때문에 젠킨스
는 swarm이란 하위 프로젝트 하나를 생성할 것이다. 빌드 과정이 궁금하다면 빌드 콘
솔을 열어서 진행을 모니터링할 수 있다.

스웜 배포 플레이북 검토

Jenkinsfile에 정의된 젠킨스 워크플로우의 내용은 다음과 같다.

```
node("cd") {
    def serviceName = "books-ms"
    def prodIp = "10.100.192.200" // 수정됨
    def proxyIp = "10.100.192.200" // 수정됨
    def proxyNode = "swarm-master"
    def registryIpPort = "10.100.198.200:5000"
```

```groovy
    def swarmPlaybook = "swarm.yml" // 수정됨
    def proxyPlaybook = "swarm-proxy.yml" // 추가됨
    def instances = 1 // 추가됨

    def flow = load "/data/scripts/workflow-util.groovy"

    git url: "https://github.com/vfarcic/${serviceName}.git"
    flow.provision(swarmPlaybook) // 수정됨
    flow.provision(proxyPlaybook) // 추가됨
    flow.buildTests(serviceName, registryIpPort)
    flow.runTests(serviceName, "tests", "")
    flow.buildService(serviceName, registryIpPort)

    def currentColor = flow.getCurrentColor(serviceName, prodIp)
    def nextColor = flow.getNextColor(currentColor)

    flow.deploySwarm(serviceName, prodIp, nextColor, instances) // 수정됨
    flow.runBGPreIntegrationTests(serviceName, prodIp, nextColor)
    flow.updateBGProxy(serviceName, proxyNode, nextColor)
    flow.runBGPostIntegrationTests(serviceName, prodIp, proxyIp, proxyNode,
currentColor, nextColor)
}
```

청–녹 분기에 정의된 Jenkinsfile과의 차이점을 알 수 있도록 수정하고, 추가된 행(이전 장의 Jenkinsfile과 비교할 때)에 주석을 추가했다.

prodIp와 proxyIp 변수는 swarm-master 노드를 가리키도록 변경됐다. 이번에는 2개의 앤시블 플레이북을 사용해 클러스터를 프로비저닝하게 했다. swarmPlaybook 변수는 전체 스웜 클러스터를 설정하는 플레이북 이름을 갖고 있으며, proxyPlaybook 변수는 swarm-master 노드에 있는 nginx 프록시 설정을 담당하는 플레이북을 참조한다. 실무 상황에서 스웜 마스터와 프록시 서비스는 분리돼야 하지만, 이 경우에는 여러분 노트북의 리소스를 약간 절약하기 위해 VM을 추가로 선택했다. 마지막으로, 디폴트 값인 1을 갖는 instances 변수가 스크립트에 추가됐다. 이 변수의 사용은 곧 살

펴볼 것이다.

주목할 만한 차이점은 deployBG를 대체하는 deploySwarm 함수의 사용뿐이다. workflow-util.groovy 스크립트에 정의된 하나 이상의 유틸리티 함수로, 내용은 다음과 같다.

```groovy
def deploySwarm(serviceName, swarmIp, color, instances) {
    stage "Deploy"
    withEnv(["DOCKER_HOST=tcp://${swarmIp}:2375"]) {
        sh "docker-compose pull app-${color}"
        try {
            sh "docker network create ${serviceName}"
        } catch (e) {}
        sh "docker-compose -f docker-compose-swarm.yml \
            -p ${serviceName} up -d db"
        sh "docker-compose -f docker-compose-swarm.yml \
            -p ${serviceName} rm -f app-${color}"
        sh "docker-compose -f docker-compose-swarm.yml \
            -p ${serviceName} scale app-${color}=${instances}"
    }
    putInstances(serviceName, swarmIp, instances)
}
```

이전과 마찬가지로 레지스트리에서 최신의 컨테이너를 가져온다. 새로 추가된 것은 도커 네트워크 생성이다. 단 한 번만 생성될 수 있고 이후의 모든 시도는 에러가 발생하기 때문에 sh 명령은 try/catch 블록 안에 두어서 스크립트가 실패하지 않게 한다.

네트워크 생성이 끝나면 db와 app 대상을 배포한다. 이 시나리오에서 항상 단일 인스턴스로 배포되는 DB와 달리, app 대상은 확장될 필요가 있다. 이런 이유로 첫 번째 것은 도커 컴포즈에서 사용할 수 있는 up을 통해 배포되고, 다른 것은 scale 명령으로 배포된다. scale 명령은 instances 변수를 활용해 배포돼야 할 릴리스 복사본의 수를 결정한다. 단순히 Jenkinsfile에 있는 instances 변수를 변경해 이 수를 늘리거나 줄일 수 있다. 변경 내용이 리포지터리에 커밋되면 젠킨스는 새로운 빌드를 실행해 지정된

만큼의 인스턴스를 배포한다.

마지막으로, 단순한 셸 명령을 실행하는 `putInstances` 헬퍼 함수를 호출함으로써 컨설에 인스턴스 수를 저장한다. 지금 당장은 이 정보를 사용하지 않지만 다음 장에서 자가 치유 시스템을 구축할 때 유용할 것이다.

이게 전부다. 청–녹 배포를 단일 서버에서 전체 스웜 클러스터로 확장하기 위해 Jenkinsfile에 적용해야 하는 단지 몇 개의 변경사항이 있다. 도커 스웜과 젠킨스 Workflow 둘 다 작업하기 쉽고 유지 관리하기는 더 쉽지만 더 강력한 기능을 제공한다.

지금쯤이면 아마도 swarm 하위 프로젝트의 빌드가 완료됐을 것이다. 빌드 콘솔 화면에서, 또는 직접 `books-ms-swarm` 작업을 열어서 마지막 빌드의 상태가 청색 공으로 표현되는지를 확인할 수 있다. 성공이 녹색 대신에 청색으로 표현되는 이유가 궁금하다면 https://jenkins.io/blog/2012/03/13/why-does-jenkins-have-blue-balls/에 있는 '젠킨스에 청색 공이 있는 이유^{Why does Jenkins have blue balls?}'를 읽어보기 바란다.

그림 14-14 books-ms-swarm 젠킨스 작업 화면

이제 Jenkinsfile 스크립트 뒤에 무엇이 있는지 이해했고 빌드도 마쳤으므로, 모든 것이 정확하게 작동되는지 수작업으로 확인할 수 있다.

스웜 젠킨스 Workflow 실행

스웜 하위 프로젝트의 첫 번째 실행이 분기 인덱싱을 마친 후에 젠키스에 의해 자동적으로 시작됐다. 전체 프로세스가 정말로 정확하게 실행되는지 다시 확인하는 일만 남았다.

이것이 첫 번째 배포이므로 청색 릴리스는 클러스터 안 어디엔가 실행돼야 한다. 스웜이 컨테이너를 어디에 배포했는지 살펴보자.

```
export DOCKER_HOST=tcp://10.100.192.200:2375

docker ps --filter name=books --format "table {{.Names}}"
```

ps 명령의 결과는 다음과 같다.

```
NAMES
swarm-node-2/booksms_app-blue_1
swarm-node-1/books-ms-db
```

이 경우에 스웜은 books-ms 컨테이너를 swarm-node-2에, 몽고DB를 swarm-node-1에 배포했다. 또한 서비스가 정확하게 컨설에 저장되어 있는지를 확인할 수 있다.

```
curl swarm-master:8500/v1/catalog/service/books-ms-blue \
    | jq '.'

curl swarm-master:8500/v1/kv/books-ms/color?raw

curl swarm-master:8500/v1/kv/books-ms/instances?raw
```

이 세 명령의 결과는 다음과 같다.

```
[
  {
    "ServicePort": 32768,
    "ServiceAddress": "10.100.192.202",
    "ServiceTags": null,
    "ServiceName": "books-ms-blue",
    "ServiceID": "swarm-node-2:booksms_app-blue_1:8080",
    "Address": "10.100.192.202",
    "Node": "swarm-node-2"
  }
]
...
blue
...
1
```

컨설에 따르면 릴리스는 swarm-node-2(10.100.192.202)에 배포됐고 32768 포트를 갖는다. 현재 blue 릴리스가 실행 중이고 하나의 인스턴스만 실행되고 있다.

마지막으로, 몇 가지 요청을 보내서 서비스가 작동하는지 다시 확인할 수 있다.

```
curl -H 'Content-Type: application/json' -X PUT -d \
  '{"_id": 1,
  "title": "My First Book",
  "author": "John Doe",
  "description": "Not a very good book"}' \
  swarm-master/api/v1/books | jq '.'

curl swarm-master/api/v1/books | jq '.'
```

첫 번째 요청은 PUT으로, 책을 저장하기 원한다고 서비스에 신호를 보낸다. 두 번째는 전체 책 목록을 가져온다.

자동화된 프로세스는 처음에는 정확하게 작동하는 것처럼 보인다. 다시 빌드를 실행하고 green 릴리스를 배포할 것이다.

스웜 배포 플레이북 두 번째 실행

이제 다음 릴리스를 배포하자.

스웜 하위 프로젝트를 열고 Build Now(지금 빌드) 링크를 클릭한다. 빌드가 시작되면 콘솔 화면에서 모니터링할 수 있다. 몇 분 후에 빌드는 완료될 것이고 결과를 확인할 수 있다.

```
docker ps -a --filter name=books --format "table {{.Names}}\t{{.Status}}"
```

ps 명령의 결과는 다음과 같다.

```
NAMES                              STATUS
swarm-node-2/booksms_app-green_1   Up 7 minutes
swarm-node-2/booksms_app-blue_1    Exited (137) 15 seconds ago
swarm-node-1/books-ms-db           Up 10 hours
```

green 릴리스를 실행하기 때문에 blue 릴리스는 Exited(종료) 상태다. 컨설에서 현재 실행하는 릴리스에 대한 정보를 볼 수 있다.

```
curl swarm-master:8500/v1/catalog/service/books-ms-green \
    | jq '.'
```

컨설 요청의 응답은 다음과 같다.

```
[
  {
    "ModifyIndex": 3314,
    "CreateIndex": 3314,
    "Node": "swarm-node-2",
    "Address": "10.100.192.202",
    "ServiceID": "swarm-node-2:booksms_app-green_1:8080",
    "ServiceName": "books-ms-green",
    "ServiceTags": [],
    "ServiceAddress": "10.100.192.202",
    "ServicePort": 32770,
    "ServiceEnableTagOverride": false
  }
]
```

이제 서비스를 테스트할 수 있다.

```
curl swarm-master/api/v1/books | jq '.'
```

이미 컨설 UI가 실행되고 있기 때문에 브라우저에서 http://10.100.192.200:8500/ui 주소를 열어서 배포된 서비스의 시각적인 표현을 볼 수 있다.

연습문제로, books-ms 리포지터리를 포크[fork]해 리포지터리를 사용하도록 작업을 수정한다. swarm 분기 안에 있는 Jenkinsfile을 열어서 3개의 서비스 인스턴스를 배포하도록 변경하고 변경사항을 푸시한다. 다시 빌드를 수행하고 완료되면 3개의 인스턴스가 클러스터에 배포된 것을 확인한다.

정리

이것으로 도커 스웜 여행을 마치기로 한다. 이후의 장들에서는 더 사용할 것이다. 다음 주제로 이동하기 전에 VM을 제거하자. 필요할 때 다시 생성할 것이다.

```
exit
vagrant destroy -f
```

우리가 개발한 솔루션은 여전히 문제가 많다. 시스템은 내결함성이 없고 모니터링하기 어렵다. 다음 장에서는 자가 치유 시스템을 생성해 첫 번째 문제를 해결할 것이다.

15

자가 치유 시스템

치유는 용기를 필요로 한다. 우리 모두는 용기를 찾기 위해 조금만 파더라도 얻을 수 있다.

- 토리 에이머스(Tori Amos)

현실을 직시하자. 우리가 생성하는 시스템은 완벽하지 않다. 조만간 우리 애플리케이션은 실패하고, 서비스는 증가된 부하를 처리할 수 없을 것이며, 커밋은 치명적인 버그를 발생시키고, 하드웨어가 고장 나거나 전혀 예상치 못한 일이 일어날 것이다.

예상치 못한 것과 어떻게 싸울 것인가? 대부분은 방탄 시스템을 만들려고 한다. 이전에 아무도 하지 못한 일을 만들려고 한다. 어떤 버그도 없고 결코 실패하지 않는 하드웨어에서 실행되며, 어떤 부하든 처리할 수 있는 시스템을 기대하면서 궁극적인 완벽함을 위해 애쓴다. 하지만 그렇게 완벽한 것은 없다. 어느 누구도 완벽하지 않으며, 결함이 없는 것은 없다. 완벽을 추구하려고 하지 말아야 한다는 뜻이 아니다. 시간과 리소스가 제공된다면 그래야 한다. 그러나 피할 수 없는 일은 받아들이고, 완벽하지는 않지만 실패로부터 회복될 수 있는 시스템을 설계해야 하며, 가능한 미래를 예측할 수 있어야 한다. 최선을 기원해야 하지만, 최악을 준비해야 한다.

소프트웨어 공학 외부에는 탄력적인 시스템의 예가 많지만, 이 중 어느 것도 삶 자체보다 뛰어나진 않다. 그 예로 우리 자신, 즉 인류를 들 수 있다. 우리는 수백만 년에 걸쳐 수행된 작고 점진적인 개선을 기반으로 한 아주 오랜 실험의 결과다. 인체에서 많은 것을 배울 수 있으며, 그 지식을 소프트웨어와 하드웨어에 적용할 수 있다. 우리(인간)가 소유한 매력적인 능력 중 하나가 자가 치유self-healing 능력이다.

인체에는 스스로를 치유하는 놀라운 능력이 있다. 인체의 가장 기본적인 단위는 세포다. 우리 몸 안의 세포들은 우리를 평형 상태로 돌려놓기 위해 노력하고 있다. 각 세포는 자신의 과정을 지속적으로 모니터링하고 조정하며, 원래의 DNA 코드를 따라 스스로 복원하고 신체 내 균형을 유지하기 위해 노력하는 역동적이고 살아 있는 단위다. 세포는 스스로를 치유할 수 있을 뿐만 아니라, 영구적으로 손상되거나 파괴된 세포를 대체할 수 있는 새로운 세포를 만들 수 있다. 대량의 세포가 파괴되더라도 주위에 세포가 복제되어 새로운 세포를 만들어서 파괴된 세포를 빠르게 대체한다. 이 능력은 개개인을 죽음으로부터 자유롭게 하진 못하지만, 아주 탄력적으로 만든다. 우리는 지속적으로 바이러스의 공격을 받는다. 질병에 굴복하기도 하지만, 대부분 승리해낸다. 그러나 우리를 개개인으로 보면 큰 그림을 놓치게 된다. 각자의 삶이 끝나더라도 삶 그 자체는 살아남을 뿐만 아니라 번성하고 성장하며 적응한다.

컴퓨터 시스템을 다양한 유형의 세포로 구성된 인체로 생각해볼 수 있다. 하드웨어 또는 소프트웨어일 수 있다. 소프트웨어 단위일 때 크기가 작을수록 자가 치유, 장애 복구, 증식, 또는 필요할 때 파괴되기가 더 쉽다. 우리는 이러한 작은 단위의 마이크로서비스가 인체에서 관찰되는 것과 비슷한 행위를 하게 할 수 있다. 구축 중인 마이크로서비스 기반 시스템을 자가 치유할 수 있는 방식으로 만들 수 있다. 이는 우리가 탐구하려고 하는 치유가 마이크로서비스에만 적용된다는 뜻이 아니다. 그렇지 않다. 그러나 우리가 탐구한 대부분의 기법과 마찬가지로 자가 치유는 거의 모든 유형의 아키텍처에 적용할 수 있지만, 마이크로서비스와 결합할 때 최상의 결과를 제공한다. 전체 생태계를 형성하는 개인으로 구성된 삶과 마찬가지로, 각 컴퓨터 시스템은 더 큰 무엇인가의 일부다. 훨씬 더 큰 전체를 형성하는 다른 시스템과 통신하고 협력하며 적응한다.

▌ 자가 치유 수준과 유형

소프트웨어 시스템에서 자가 치유라는 용어는 정확하게 작동하지 않고 사람이 개입하지 않아도 정상적인 상태 또는 설계된 상태로 복원하기 위해 필요한 변경을 수행하는 모든 애플리케이션, 서비스 또는 시스템을 표현한다. 자가 치유는 상태를 지속적으로 확인 및 최적화하고 변화하는 조건에 자동으로 적응함으로써 시스템이 의사결정을 내릴 수 있게 하는 것이다. 결함에 대한 수요와 회복에서 변화에 대응할 수 있는 내결함성과 응답성이 뛰어난 시스템을 만드는 것이다.

자가 치유 시스템은 우리가 모니터링하고 있는 리소스의 크기와 유형에 따라 세 단계로 나눌 수 있다. 그 수준은 다음과 같다.

- 애플리케이션 수준
- 시스템 수준
- 하드웨어 수준

이 세 가지 유형을 각각 살펴보자.

애플리케이션 수준 자가 치유

애플리케이션 수준 치유는 애플리케이션 또는 서비스가 내부적으로 치유할 수 있는 능력이다. 전통적으로 우리는 예외를 통해 문제를 포착하는 데 익숙하며, 대부분의 경우 추가 검토를 위해 로깅한다. 그러한 예외가 발생하면, 우리는 그것을 무시하고 아무 일도 일어나지 않았던 것처럼, 앞으로는 최선이기를 바라면서 (로깅 후에) 나아간다. 또 다른 경우에는 특정 유형의 예외가 발생하면 애플리케이션을 중지한다. 데이터베이스 연결이 그 예다. 애플리케이션이 시작될 때 연결되지 않으면 보통 전체 프로세스를 중지한다. 좀 더 경험이 있다면 데이터베이스를 연결하려는 시도를 반복하려고 할 것이다. 바라건대, 이러한 시도는 제한적이어야 한다. 그렇지 않으면 데이터베이스 연결 실패가 일시적이며 그 후에 곧바로 연결되지 않을 경우 무한 루프로 빠질 것이다. 시간이 지남에 따라 애플리케이션 내부의 문제를 해결할 수 있는 더 나은 방법을 갖게 되는데, 그중 하나가 아카^{Akka}다. 관리자용인 아카가 촉진하는 디자인 패턴은 우리가 내부적으로 자가 치유 애플리케이션과 서비스를 생성할 수 있게 한다. 아카만이 아니다. 다른 많은 라이브러리나 프레임워크를 사용해 잠재적으로 재앙적인 상황에서 복구할 수 있는 내결함성 애플리케이션을 만들 수 있다. 우리가 프로그래밍 언어에 관대하려고 노력하고 있기 때문에, 나는 독자 여러분에게 내부적으로 여러분의 애플리케이션을 자가 치유하는 방법을 남겨둘 것이다. 이런 컨텍스트에서 자가 치유는 내부 프로세스를 가리키며, 예를 들어 실패한 프로세스에서의 회복을 제공하지 않는다는 사실을 명심하기 바란다. 또한 마이크로서비스 아키텍처를 채택하면 다양한 언어로 작성된 서비스와 다양한 프레임워크를 사용해 신속하게 서비스를 완료할 수 있다. 스스로를 치유하고 장애로부터 회복할 수 있는 방식으로 설계하는 것은 각 서비스 개발자에게 달려 있다.

두 번째 수준으로 넘어가자.

시스템 수준 자가 치유

내부적으로 적용되는 프로그래밍 언어 및 디자인 패턴에 따라 달라지는 애플리케이션 수준 치유와는 달리, 시스템 수준 자가 치유는 일반화되고 모든 내부 서비스와는 독립적으로 모든 서비스 및 애플리케이션에 적용될 수 있다. 이것은 전체 시스템의 수준에서 우리가 설계할 수 있는 자가 치유의 유형이다. 시스템 수준에서 발생할 수 있는 많은 것들이 있지만, 가장 일반적으로 모니터링되는 두 가지 측면은 프로세스 실패와 응답 시간이다. 프로세스가 실패하면 서비스를 다시 배포하거나 프로세스를 다시 시작해야 한다. 반면에 응답 시간이 적절하지 않은 경우 우리는 응답 시간의 상한 또는 하한에 도달했는지 여부에 따라 확장 또는 축소해야 한다. 프로세스 실패에서 회복만으로는 보통 충분하지 않다. 그러한 행위는 시스템을 원하는 상태로 복구하는 것이지만 아직도 대개는 사람의 개입이 필요하다. 실패의 원인을 조사하거나, 서비스 설계를 수정하거나, 버그를 고칠 필요가 있다. 즉 자가 치유는 종종 실패의 원인을 조사하는 것과 관련이 있다. 시스템이 자동으로 회복되고 우리(사람)는 이러한 실패로부터 배우고자 노력하고 전체적으로 시스템을 개선한다. 이런 이유로 어떤 유형의 통지라도 필요하다. 두 경우 모두(장애 및 증가된 트래픽) 시스템은 자신을 모니터링하고 몇 가지 조치를 취해야 한다.

시스템은 자신을 어떻게 모니터링할까? 컴포넌트의 상태를 어떻게 확인할까? 여러 가지 방법이 있지만 가장 일반적으로 사용되는 두 가지는 TTL과 핑이다.

TTL

TTL time-to-live 검사는 서비스 또는 애플리케이션이 주기적으로 작동하는지 확인하기를 기대한다. TTL 신호를 수신하는 시스템은 주어진 TTL에 대해 마지막으로 알려진 보고된 상태를 추적한다. 해당 상태가 미리 정의된 기간 내에 갱신되지 않으면 모니터링 시스템은 서비스가 실패했으며 지정된 상태로 복원해야 한다고 가정한다. 예를 들어, 정상적인 서비스는 그것이 작동 중임을 알리는 HTTP 요청을 보낼 수 있다. 서비스가 실행 중인 프로세스가 실패하면 요청을 보낼 수 없으며 TTL이 만료되고 대응 조치가 실행될 것이다.

TTL의 주요 문제점은 결합성이다. 애플리케이션과 서비스는 모니터링 시스템에 연결돼야 한다. 우리는 가능한 한 자치적인 방식으로 설계하려고 하기 때문에 TTL을 구현하는 것은 마이크로서비스 안티패턴 중 하나다. 또한 마이크로서비스는 명확한 기능과 단일 목적을 가져야 한다. 이들 내부에 TTL 요청을 구현하면 추가 기능이 추가되고 개발이 복잡해진다.

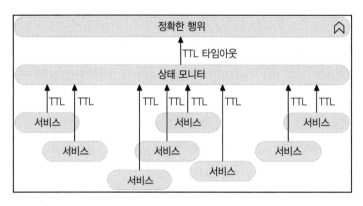

그림 15-1 TTL 시스템 수준 자가 치유

핑

핑ping 뒤에 있는 아이디어는 애플리케이션 또는 서비스의 상태를 외부에서 확인하는 것이다. 모니터링 시스템은 주기적으로 각 서비스를 핑하여 응답이 없거나 응답 내용이 적절하지 않은 경우에 치유 조치를 실행해야 한다. 핑은 여러 가지 형태로 할 수 있다. 서비스가 HTTP API를 노출하는 경우에는 간단한 요청일 수 있다. 원하는 응답은 2XX 범위의 HTTP 상태여야 한다. 다른 경우에 HTTP API가 노출되지 않으면 스크립트나 서비스 상태를 확인할 수 있는 다른 방법으로 핑을 수행할 수 있다.

핑은 TTL과 반대이며, 가능하다면 시스템의 개별 부분 상태를 확인하는 좋은 방법이다. 각 서비스 내부에서 TTL을 구현할 때 발생할 수 있는 반복, 결합성 및 복잡성을 제거한다.

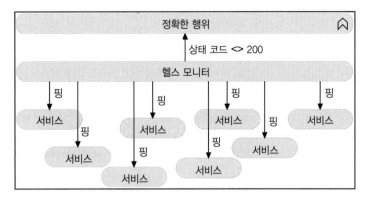

그림 15-2 핑 시스템 수준 자가 치유

하드웨어 수준 자가 치유

사실, 하드웨어 자가 치유 같은 것은 없다. 우리는 자동으로 메모리 고장을 치료하고 고장 난 하드 디스크를 복구하며 CPU의 오작동을 수정하는 프로세스를 가질 수 없다. 이 단계에서 진정한 의미의 치유는 건강하지 않은 노드에서 건강한 노드로의 서비스 재배포다. 시스템 수준에서와 마찬가지로, 주기적으로 다른 하드웨어 컴포넌트의 상태를 확인하고 그에 따라 행동해야 한다. 사실, 하드웨어 수준으로 야기되는 대부분의 치유는 시스템 수준에서 발생한다. 하드웨어가 올바르게 작동하지 않으면 서비스가 실패하고 시스템 수준 치유로 고쳐진다. 하드웨어 수준 치유는 잠시 후에 논의할 예방 유형의 검사와 관련이 있다.

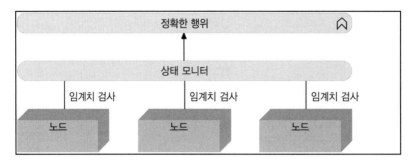

그림 15-3 하드웨어 수준 자가 치유

검사 수준을 기반으로 나누는 것 외에도 조치가 취해지는 순간을 기준으로 나눌 수 있다. 우리는 실패에 대응할 수 있거나 실패를 막을 수 있다.

반응 치유

어떤 종류든 자가 치유 시스템을 구현한 대부분의 조직은 반응 치유에 중점을 둔다. 장애가 감지되면 시스템은 반응해 지정된 상태로 복원된다. 서비스 프로세스가 중지되면 핑은 코드 404(찾을 수 없음)를 반환하고 수정 조치가 취해지고 서비스가 다시 작동한다. 이것은 프로세스가 실패했기 때문에 서비스가 실패했든 또는 전체 노드의 작동이 중지됐든 상관없이 작동한다(정상 노드로 재배포할 수 있는 시스템이 있다고 가정한다). 이것은 치유의 가장 중요한 유형인 동시에 가장 쉬운 구현 방법이다. 모든 검사와 마찬가지로 장애가 발생했을 때 수행해야 하는 작업이 제대로 이뤄지는 한, 그리고 별도의 물리적 노드에 분산된 2개 이상의 인스턴스로 각 서비스가 확장되는 한, 가동 중단 시간이 거의 없어야 한다. 예를 들어, 전체 데이터센터가 전원이 나가서 모든 노드를 중지시킬 수 있기 때문에 그렇게 말하는 것이 결코 아니다. 이러한 위험을 예방하는 비용에 대한 위험을 평가하자는 것이다.

때로는 각기 다른 위치에 2개의 데이터센터가 있는 것이 좋으며, 그렇지 않은 경우가 있다. 그 목적은 어떤 경우는 예방하려고 할 가치가 없다는 사실을 받아들이면서 무정전 시간을 향해 노력하는 것이다.

무정전, 혹은 거의 무정전 시간을 위해 노력하고 있는지 여부에 관계없이 특히 큰 투자를 필요로 하지 않기 때문에 가장 작은 설정을 제외하고는 필수적이어야 한다. 여분의 하드웨어에 투자하는 것일 수도 있고, 별도의 데이터센터에 투자하는 것일 수도 있다. 이러한 결정은 자가 치유와 직접 관련이 없지만 해당 사용 사례에 대해 허용할 수 있는 위험 수준이다. 반응 자가 치유 투자는 주로 이를 수행하는 방법에 대한 지식과 구현하는 시간에 달려 있다. 시간은 그 자체로 투자일 뿐이지만, 우리는 현명하게 그것을 사용할 수 있고 (거의 모든 경우에) 작동할 수 있는 일반적인 솔루션을 만들어 이러한 시스템을 구현하는 데 소요되는 시간을 단축할 수 있다.

예방 치유

예방 치유의 배경은 미래에 발생할 수 있는 문제를 예측하고 그러한 문제를 피하는 방식으로 행동하는 것이다. 우리는 미래를 어떻게 예측할까? 더 정확하게 말하자면, 미래를 예측하기 위해 어떤 데이터를 사용할까?

상대적으로 쉽지만 신뢰성이 떨어지는 미래 예측 방법은 (거의) 실시간 데이터에 기반을 둔다. 예를 들어, 서비스의 상태를 확인하는 데 사용하는 HTTP 요청 중 하나가 500밀리초를 초과해 응답한 경우에 해당 서비스를 확장하기를 원할 수 있다. 그 반대도 가능하다. 같은 예제인데도 응답을 받는 데 100밀리초 미만이 소요될 경우에는 서비스를 제거하고 더 필요할 수도 있는 다른 리소스에 해당 리소스를 다시 할당할 수 있다. 미래를 예측할 때 현재 상태를 고려해야 하는 문제는 가변성이다. 요청과 응답 사이에 시간이 오래 걸리는 경우 확장이 필요하다는 신호일 수 있지만 일시적인 트래픽 증가일 수도 있으며 다음 검사(트래픽 최대치가 사라진 후)는 확장 축소가 필요하다고 추론할 수 있다. 마이크로서비스 아키텍처를 적용하면 작고 이동하기 쉽기 때문에 사소한 문제가 될 수 있다. 확장 및 축소가 쉽다. 모놀리식 애플리케이션이 이 전략을 선택한다면 훨씬 더 문제가 될 수 있다.

이력 데이터를 고려하면 예방 치유는 훨씬 더 신뢰할 만하지만, 동시에 구현하기가 훨씬 복잡하다. 정보(응답 시간, CPU, 메모리 등)가 어딘가에 저장돼야 하며, 가능성을 평가하고 결론을 내리기 위해서는 종종 복잡한 알고리즘을 사용해야 한다. 예를 들어 지난 1시간 동안 메모리 사용이 꾸준히 증가하고 있고, 가령 90% 임계치에 도달했음을 알 수 있다. 이것은 이러한 증가를 야기하는 서비스가 확장돼야 한다는 분명한 징후가 될 것이다. 또한 시스템이 더 긴 시간을 고려할 수 있다면 매주 월요일 트래픽이 급격히 증가하고 긴 응답을 방지하기 위해 서비스를 잘 확장한다고 추론할 수 있다. 예를 들어 서비스가 배포되는 순간부터 메모리 사용이 꾸준히 증가한다는 것은 무엇을 의미하며, 새로운 버전이 출시될 때 갑자기 감소한다는 것은 무엇을 의미할까? 아마도 메모리 누수가 발생하고, 이러한 경우에 특정한 임계치에 도달하면 시스템을 다시 시작할 필요가 있으며, 개발자가 문제를 해결할 수 있기를 바랄 것이다(따라서 통지가 필요하다).

초점을 바꾸어 아키텍처에 대해 논의해보자.

▐ 자가 치유 아키텍처

내부 프로세스와 도구에 상관없이 모든 자가 치유 시스템에는 공통 요소가 있다.

맨 처음에는 클러스터가 있다. 단일 서버에는 내결함성을 부여할 수 없다. 하드웨어에 오류가 발생하면 치유할 수 있는 방법이 없다. 쉽게 사용할 수 있는 대체품이 없다. 따라서 시스템은 클러스터로 시작해야 한다. 2개나 200개의 서버로 구성될 수 있다. 크기는 본질이 아니다. 장애 발생 시 한 하드웨어에서 다른 하드웨어로 이동할 수 있는 기능이 본질이다. 우리는 항상 비용 대비 이점을 평가해야 한다는 사실을 명심하라. 재정적으로 가능하다면 적어도 2개의 물리적 및 지리적으로 분리된 데이터센터를 둘 수 있다. 이 경우 하나에 정전이 있어도 다른 하나는 완전히 작동할 것이다. 그러나 재정적으로 실행 가능한 선택이 아닌 경우가 많다.

그림 15-4 자가 치유 시스템 아키텍처: 모든 것은 클러스터로 시작한다.

일단 클러스터를 가동하면 서비스를 배포할 수 있다. 그러나 오케스트레이터^{orchestrator} 없이 클러스터 내에서 서비스를 관리하는 것은 지루하다. 시간도 많이 걸리고 종종 리소스의 불균형적인 사용으로 끝난다.

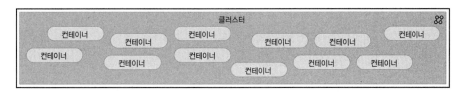

그림 15-5 자가 치유 시스템 아키텍처: 서비스가 클러스터에 배포되지만 리소스 사용이 불균형 상태다.

대부분의 경우에 사람들은 클러스터를 개별적인 서버 집합으로 취급한다. 이것은 오케스트레이션을 훨씬 더 효과적으로 수행하는 데 도움이 되는 도구가 있다는 사실을 안다면 잘못된 것이다. 도커 스웜, 쿠버네티스 또는 아파치 메소스를 사용해 클러스터 내의 오케스트레이션을 해결할 수 있다. 클러스터 오케스트레이션은 우리의 서비스 배포를 용이하게 할 뿐만 아니라, 장애 발생 시에도 정상적인 노드에 신속하게 재배포할 수 있게 하는 방법이다(소프트웨어 또는 하드웨어 특성으로). 프록시를 사용해 실행되는 모든 서비스의 인스턴스가 2개 이상 필요하다는 점을 명심하라. 이러한 상황에서 한 인스턴스가 실패하면 다른 인스턴스가 인수할 수 있으므로 시스템이 실패한 인스턴스를 다시 배포하는 동안 가동 중단 시간을 피할 수 있다.

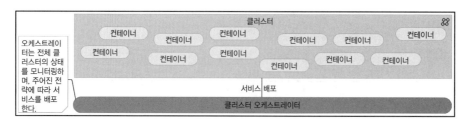

그림 15-6 자가 치유 시스템 아키텍처: 클러스터에 서비스를 배포하기 위해 배포 오케스트레이터가 필요하다.

자가 치유 시스템의 기본은 배포된 서비스 또는 애플리케이션뿐만 아니라, 해당 하드웨어의 상태를 모니터링하는 것이다. 우리가 그들을 감시할 수 있는 유일한 방법은 그들의 존재에 대한 정보를 얻는 것이다. 이 정보는 수작업으로 유지 관리되는 설정 파일부터 전통적인 데이터베이스를 비롯해 컨설, etcd 또는 주키퍼 같은 고가용성 분산 서비스 레지스트리까지 다양한 형태로 제공된다. 어떤 경우에는 서비스 레지스트리를 선택할 수 있는 반면에, 다른 경우에는 클러스터 오케스트레이터의 일부로 제공되기도 한다. 예를 들어, 도커 스웜은 몇 가지 레지스트리로 작업할 수 있는 유연성을 제공하는 반면에 쿠버네티스는 etcd에 묶여 있다.

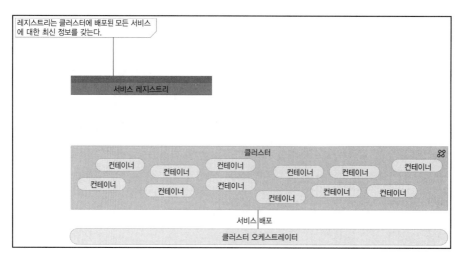

그림 15-7 자가 치유 시스템 아키텍처: 시스템의 상태를 모니터링하는 기본적인 요구는 서비스 레지스트리에 시스템의 정보를 저장하는 것이다.

서비스 레지스트리로 사용하는 도구에 상관없이, 다음 장애물은 선택한 서비스 레지스트리에 정보를 넣는 것이다. 원칙은 간단하다. 새로운 것이 추가되거나 기존 것이 제거될 때마다 하드웨어와 서비스를 모니터링하고 레지스트리를 갱신해야 한다. 그렇게 할 수 있는 도구가 많이 있다. 우리는 이 역할을 꽤 잘 수행하는 레지스트레이터에게 이미 익숙하다. 서비스 레지스트리와 마찬가지로 일부 클러스터 오케스트레이터는 이미 서비스 등록 및 등록 취소 방법을 제공한다. 우리가 어떤 도구를 선택하든 관계없이 주요 요구사항은 클러스터를 모니터링하고 거의 실시간으로 서비스 레지스트리에 정보를 보낼 수 있어야 한다는 것이다.

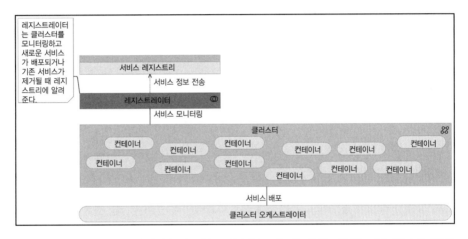

그림 15-8 자가 치유 시스템 아키텍처: 시스템을 모니터링하고 새로운 정보를 저장하는 메커니즘이 없다면 서비스 레지스트리는 쓸모없다.

이제 서비스를 갖는 클러스터가 가동되고 서비스 레지스트리에 시스템에 대한 정보가 있으므로, 비정상을 감지하는 몇 가지 상태 모니터링을 사용할 수 있다. 이러한 도구는 원하는 상태가 무엇인지 알아야 하지만, 또한 어떤 순간에 실제 상황이 무엇인지도 알아야 한다. 컨설 Watches는 이러한 역할을 수행할 수 있지만, 쿠버네티스와 메소스는 이러한 유형의 작업을 위해 자체 도구를 제공한다. 좀 더 전통적인 환경에서, 나기오스Nagios나 아이싱어Icinga(단지 몇 가지만 든다면)는 이러한 역할을 수행할 수 있다.

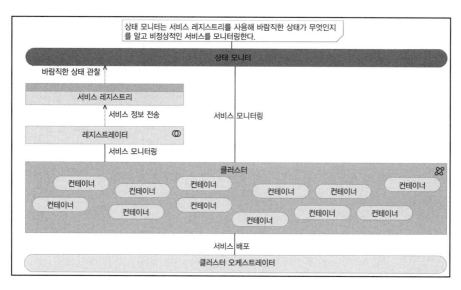

그림 15-9 자가 치유 시스템 아키텍처: 서비스 레지스트리에 적절한 정보가 저장되어 있으면 상태 모니터링 도구는 이 정보를 활용해 바람직한 상태가 유지되는지 확인할 수 있다.

다음 퍼즐 조각은 시정 조치를 실행할 수 있는 도구다. 상태 모니터가 이상을 감지하면 시정 조치를 수행하라는 메시지를 보낸다. 최소한 이러한 시정 작업은 실패한 서비스를 다시 배포할 클러스터 오케스트레이터에게 신호를 보내야 한다. 하드웨어 문제로 인해 장애가 발생한 경우에도 클러스터 오케스트레이터는 서비스를 정상 노드로 재배포해 (일시적으로) 수정한다. 대부분의 경우, 시정 조치는 그렇게 간단하지 않다. 이해당사자에게 통지하고, 일어난 일을 기록하고, 서비스의 이전 버전으로 되돌리는 등의 메커니즘이 있을 수 있다. 우리는 이미 젠킨스를 채택했으며, 상태 모니터에서 메시지를 수신할 수 있는 도구로 사용해 결과적으로 시정 조치를 취하게 하는 데 아주 적당하다.

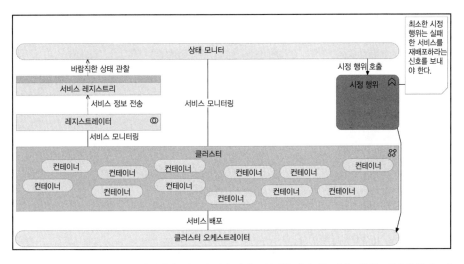

그림 15-10 자가 치유 시스템 아키텍처: 최소한 시정 행위는 실패한 서비스를 재배포하라는 신호를 클러스터 오케스트레이터에게 보내야 한다.

지금은 반응 치유만 다루고 있다. 시스템은 지속적으로 모니터링되고 장애가 감지되면 시정 조치가 취해지고 시스템이 원하는 상태로 복원된다. 한 걸음 더 나아가 예방 치유를 할 수 있을까? 미래를 예측하고 이에 따라 행동할 수 있을까? 가능한 경우도 많지만, 불가능한 경우도 있다. 내일 하드 디스크가 실패할지는 알 수 없다. 오늘 정오에 정전이 일어날지도 예측할 수 없다. 그러나 어떤 경우에는 트래픽이 증가하고 있으며 곧 일부 서비스를 확장할 필요가 있음을 알 수 있다. 우리가 출시하려는 마케팅 캠페인으로 인해 부하가 증가될 것으로 예측할 수 있다. 우리는 실수로부터 배울 수 있으며 특정 상황에서 어떻게 행동해야 하는지 시스템에 알려줄 수 있다. 그러한 일련의 과정의 필수 요소는 우리가 반응 치유를 위해 사용하는 것과 유사하다. 데이터를 저장하는 장소와 그것을 수집하는 프로세스가 필요하다. 비교적 적은 양의 데이터와 분산의 이점을 다루는 서비스 레지스트리와 달리, 예방 치유는 분석 작업을 수행하는 데 필요한 더 큰 저장소와 기능이 필요하다.

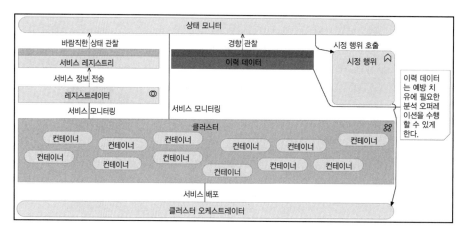

그림 15-11 자가 치유 시스템 아키텍처: 예방 치유는 분석할 이력 데이터가 필요하다.

레지스트레이터 서비스와 마찬가지로 이력 데이터를 보낼 일부 데이터 수집기가 필요하다. 이 데이터는 매우 방대하고 CPU, HD, 네트워크 트래픽, 시스템 및 서비스 로그 등을 포함하지만 이에 국한되지 않는다. 대부분 클러스터 오케스트레이터가 생성한 이벤트를 수신하는 레지스트레이터와 달리, 데이터 수집기는 지속적으로 데이터를 수집하고 입력을 처리하며 이력 데이터로 저장돼야 하는 출력을 생성해야 한다.

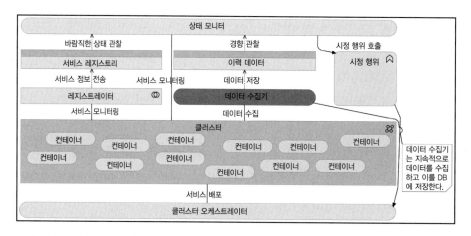

그림 15-12 자가 치유 시스템 아키텍처: 예방 치유는 지속적으로 수집돼야 할 방대한 양의 데이터가 필요하다.

414

우리는 이미 반응 치유에 필요한 도구 중 일부를 사용했다. 도커 스웜은 클러스터 오케스트레이터로 사용했으며, 서비스 발견을 위한 레지스트레이터와 컨설, 그리고 시정 작업을 수행하는 젠킨스를 사용한다. 우리가 사용하지 않은 유일한 도구는 컨설의 두 부분집합인 Checks와 Watches이다. 예방 치유는 새로운 프로세스와 도구에 대한 탐구가 필요하므로 나중을 위해 남겨둘 것이다.

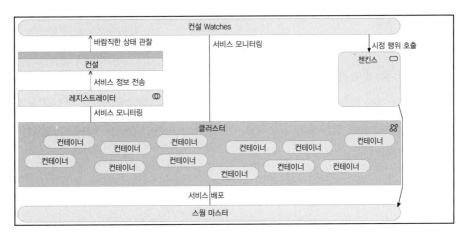

그림 15-13 자가 치유 시스템 아키텍처: 도구 조합

이제 예제 반응 자가 치유 시스템을 설정해보자.

▌ 도커, 컨설, Watches, 젠킨스로 자가 치유

좋은 소식은 반응 치유 시스템을 만드는 데 필요한 모든 도구를 이미 사용해봤다는 것이다. 스웜으로 컨테이너가 건강한 노드(또는 적어도 작동 가능한 노드)에 배포되는지 확인하고, 젠킨스는 치유 프로세스를 수행하고 잠재적으로 통지를 보내는 데 사용한다. 끝으로 컨설은 서비스 정보를 저장할 뿐만 아니라 상태 검사를 수행하고 젠킨스에 요청을 보낼 수 있다. 지금까지 사용하지 않은 유일한 부분은 상태 검사를 수행하도록 프로그래밍할 수 있는 컨설 Watches이다.

컨설이 상태 검사를 수행하는 방법에 대해 주의해야 할 점 중 하나는 나기오스^{Nagios} 및 기타 유사한 도구가 운영하는 전통적인 방식과 다르다는 것이다. 컨설은 가십^{gossip}을 사용해 천둥 무리 문제^{thundering herd problem}[1]를 피하고 상태 변화에 대한 경고만 한다. 항상 그렇듯이 이 장의 나머지 부분에서 사용할 VM을 만드는 것으로 시작하겠다. 익숙한 cd 하나와 swarm 서버 3개(마스터 하나와 노드 2개)의 조합을 만들 것이다.

환경 설정

다음 명령은 이 장에서 사용할 4개의 VM을 생성한다. 우리는 cd 노드를 생성하고 이것을 사용해 다른 노드를 앤시블로 프로비저닝한다. 이 VM은 젠킨스도 호스팅할 것이며, 이는 자가 치유 프로세스의 중요한 부분이 될 것이다. 다른 세 VM은 스웜 클러스터를 형성한다.

```
vagrant up cd swarm-master swarm-node-1 swarm-node-2
```

모든 VM이 작동됐기 때문에 계속 진행해 스웜 클러스터를 설정할 수 있다. 전에 했던 것과 같은 방식으로 클러스터를 프로비저닝하고, 자가 치유에 필요한 변경사항을 논의할 것이다.

```
vagrant ssh cd
ansible-playbook /vagrant/ansible/swarm.yml \
    -i /vagrant/ansible/hosts/prod
```

마지막으로, 젠킨스와 함께 cd 서버를 프로비저닝할 때가 되었다.

---

1 천둥 무리 문제(thundering herd problem)는 이벤트가 발생할 때 해당 이벤트를 기다리는 수많은 프로세스가 깨어나지만 한 번에 단 하나의 프로세스만 처리할 수 있을 때 발생한다. – 옮긴이

```
ansible-playbook /vagrant/ansible/jenkins-node-swarm.yml \
    -i /vagrant/ansible/hosts/prod
ansible-playbook /vagrant/ansible/jenkins.yml \
    --extra-vars "main_job_src=service-healing-config.xml" \
    -c local
```

우리는 전체 클러스터가 작동하는 시점에 도달했으며 젠킨스 서버가 곧 가동될 것이다. 스웜 마스터 하나(swarm-master), 스웜 노드 2개(swarm-node-1과 swarm-node-2) 및 앤시블 서버 하나와 곧 실행할 젠킨스(cd)를 설정했다. 젠킨스 프로비저닝이 실행되는 동안 계속해서 읽기 바란다. 지금 당장은 필요하지 않을 것이다.

하드웨어 모니터링을 위한 컨설 상태 검사 및 감시 설정

컨설에게 서비스나 전체 노드를 주기적으로 검사하라는 지시를 보낼 수 있다. 미리 정의된 검사는 제공되지 않는다. 대신에 스크립트를 실행하거나 HTTP 요청을 수행하거나 우리가 정의한 TTL 신호를 기다린다. 미리 정의된 검사가 없다는 것이 단점처럼 보일 수 있지만, 적합하다고 판단되는 대로 자유롭게 프로세스를 설계할 수 있게 한다. 스크립트를 사용해 검사하는 경우 컨설은 스크립트가 특정 코드로 종료할 것을 기대한다. code 0으로 확인 스크립트를 종료하면 컨설은 모든 것이 올바르게 작동하고 있다고 가정한다. 종료 code 1은 경고이고, 종료 code 2는 오류다.

먼저 하드웨어 검사를 수행할 몇 가지 스크립트를 작성해보자. 가령 df 명령을 사용하면 하드 디스크 사용률 정보를 비교적 간단하게 알 수 있다.

```
df -h
```

사람이 읽을 수 있는 정보를 출력하기 위해 -h 인수를 사용했다. 결과는 다음과 같다.

```
Filesystem      Size  Used Avail Use% Mounted on
udev            997M   12K  997M   1% /dev
tmpfs           201M  440K  200M   1% /run
/dev/sda1        40G  4.6G   34G  13% /
none            4.0K     0  4.0K   0% /sys/fs/cgroup
none            5.0M     0  5.0M   0% /run/lock
none           1001M     0 1001M   0% /run/shm
none            100M     0  100M   0% /run/user
none            465G  118G  347G  26% /vagrant
none            465G  118G  347G  26% /tmp/vagrant-cache
```

여러분의 경우 결과가 약간 다를 수 있음을 명심하기 바란다.

정말로 필요한 건 루트 디렉토리(세 번째 행)에 있는 숫자다. df 명령의 결과를 필터링해 마지막 열에 / 값을 갖는 행만을 표시하게 할 수 있다. 필터가 끝나면 사용된 디스크 공간(5열)의 백분율을 추출해야 한다. 데이터를 추출하는 동안 디스크 크기(2열)와 사용된 공간(3열)을 마찬가지로 얻을 수 있다. 추출된 데이터는 나중에 사용할 수 있도록 변수로 저장해야 한다. 이 모든 것을 달성하기 위해 사용할 수 있는 명령은 다음과 같다.

```
set -- $(df -h | awk '$NF=="/"{print $2" "$3" "$5}')
total=$1
used=$2
used_percent=${3::-1}
```

사용된 공간 백분율을 나타내는 값은 % 기호를 포함하므로 used_percent 변수에 값을 할당하기 전에 마지막 문자를 제거했다. 우리가 생성한 변수가 올바른 값을 포함하고 있는지 간단한 printf 명령으로 다시 확인할 수 있다.

```
printf "Disk Usage: %s/%s (%s%%)\n" $used $total $used_percent
```

마지막 명령의 결과는 다음과 같다.

```
Disk Usage: 4.6G/40G (13%)
```

이제 임계치에 도달하면 1(경고) 또는 2(오류)로 종료하는 것만 남았다. 오류 임계치는 95%로, 경고는 80%로 정의한다. 간단한 if/elif/else 문을 사용하면 된다.

```
if [ $used_percent -gt 95 ]; then
  echo "Should exit with 2"
elif [ $used_percent -gt 80 ]; then
  echo "Should exit with 1"
else
  echo "Should exit with 0"
fi
```

테스트를 목적으로 echo를 넣었다. 우리가 작성한 스크립트는 2, 1 또는 0으로 종료해야 한다.

swarm-master 노드로 이동해 스크립트를 생성하고 테스트해보자.

```
exit
vagrant ssh swarm-master
```

컨설 스크립트가 놓일 디렉토리를 만든다.

```
sudo mkdir -p /data/consul/scripts
```

이제 우리가 실습한 명령으로 스크립트를 만들 수 있다.

```
echo '#!/usr/bin/env bash
set -- $(df -h | awk '"'"'$NF=="/"{print $2" "$3" "$5}'"'"')
total=$1
used=$2
```

```
used_percent=${3::-1}
printf "Disk Usage: %s/%s (%s%%)\n" $used $total $used_percent
if [ $used_percent -gt 95 ]; then
  exit 2
elif [ $used_percent -gt 80 ]; then
  exit 1
else
  exit 0
fi
```

' | sudo tee /data/consul/scripts/disk.sh
sudo chmod +x /data/consul/scripts/disk.sh

이제 한번 해보자. 사용 가능한 디스크 공간이 상당히 많기 때문에 스크립트는 디스크
사용량을 에코하고 0을 반환해야 한다.

/data/consul/scripts/disk.sh

명령의 결과는 다음과 같다.

Disk Usage: 3.3G/39G (9%)

$?로 마지막 명령의 종료 코드를 쉽게 표시할 수 있다.

---

echo $?

---

echo가 0을 반환하고 스크립트가 작동하는 것 같다. 임계치를 현재 디스크 사용량보
다 낮게 수정해 나머지 종료 코드를 테스트할 수 있다. 간단한 연습문제로 여러분께
맡기겠다.

이제 디스크 사용량을 검사하는 스크립트가 있으므로 컨설에 스크립트의 존재를 알려야 한다. 컨설은 검사를 지정하는 데 JSON 형식을 사용한다. 방금 작성한 스크립트를 활용한 정의는 다음과 같다.

```
{
  "checks": [
    {
      "id": "disk",
      "name": "Disk utilization",
      "notes": "Critical 95% util, warning 80% util",
      "script": "/data/consul/scripts/disk.sh",
      "interval": "10s"
    }
  ]
}
```

이 JSON은 컨설에게 disk ID, Disk utilization 이름, Critical 95% util, warning 80% util 노트로 검사가 있음을 알려준다. 이름과 노트는 순전히 시각화 목적으로 사용된다(곧 보게 될 것이다). 다음에는 스크립트의 경로를 /data/consul/scripts/disk.sh로 지정한다. 끝으로, 컨설이 10초마다 스크립트를 실행하라고 말해준다.

이제 JSON 파일을 생성하자.

```
echo '{
  "checks": [
    {
```

```
    "id": "disk",
    "name": "Disk utilization",
    "notes": "Critical 95% util, warning 80% util",
    "script": "/data/consul/scripts/disk.sh",
    "interval": "10s"
  }
 ]
}
```

sudo tee /data/consul/config/consul_check.json

컨설을 시작했을 때(앤시블 플레이북을 통해), 설정 파일이 /data/consul/config/ 디렉토리에 있다고 지정했다. 방금 생성한 파일을 사용하도록 다시 로드해야 한다. 컨설을 다시 로드하는 가장 쉬운 방법은 HUP 신호를 보내는 것이다.

sudo killall -HUP consul

우리는 컨설에 하드 디스크 검사를 생성했다. 10초마다 스크립트를 실행하고 종료 코드에 따라 실행되는 노드(이 경우 swarm-master)의 상태를 확인할 것이다.

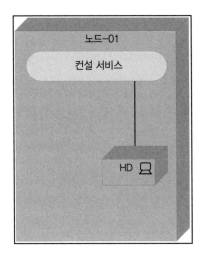

그림 15-14 컨설에서 하드 디스크 검사

브라우저에서 http://10.100.192.200:8500/ui/를 열어 컨설 UI를 살펴보자. UI가 열리면 Nodes(노드) 버튼을 클릭하고, swarm-master 노드를 클릭한다. 그 밖의 정보 중에서 두 가지 검사를 볼 수 있다. 그중 하나가 Serf Health Status(건강 상태 서핑)이다. TTL에 근거한 컨설의 내부 검사다. 컨설 노드 중 하나가 다운된 경우에는 해당 정보가 클러스터 전체로 전파된다. Disk utilization(디스크 사용률)이라는 검사는 방금 생성한 것으로, 상태는 passing(통과)이다.

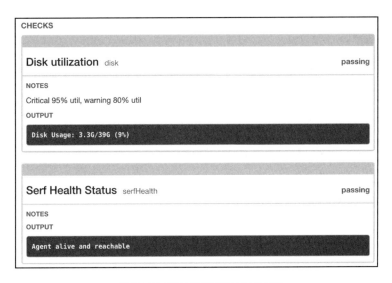

그림 15-15 컨설 UI에서 하드 디스크 검사

컨설에 검사를 추가하는 것이 얼마나 쉬운지 알았으므로 검사가 실패할 때 수행해야 할 작업을 정의해야 한다. 컨설 감시로 한다. 검사와 마찬가지로 컨설은 즉시 사용 가능한 최종 솔루션을 제공하지 않는다. 우리에게 필요한 솔루션을 만들 수 있는 메커니즘을 제공한다.

컨설은 7가지의 감시 유형을 제공한다.

* key: 특정한 KV 쌍 감시

- keyprefix: KV 저장소에서 접두사 감시

- services: 사용 가능한 서비스 목록 감시

- nodes: 노드 목록 감시

- service: 서비스 인스턴스 감시

- checks: 상태 검사 값 감시

- event: 커스텀 사용자 이벤트 감시

각 유형은 특정 상황에서 유용하며, 함께 사용되어 자가 치유, 내결함성 시스템을 구축하기 위한 매우 포괄적인 프레임워크를 제공한다. 우리는 이전에 만든 하드 디스크 검사에 활용할 수 있으므로 검사 유형에 집중할 것이다. 자세한 정보는 감시 설명서를 참조하기 바란다.

컨설 감시자watcher가 실행할 스크립트를 작성하면서 시작할 것이다. manage_watches.sh 스크립트는 다음과 같다(실행하지 마라).

```
#!/usr/bin/env bash

RED="\033[0;31m"
NC="\033[0;0m"

read -r JSON
echo "Consul watch request:"
echo "$JSON"

STATUS_ARRAY=($(echo "$JSON" | jq -r ".[].Status"))
CHECK_ID_ARRAY=($(echo "$JSON" | jq -r ".[].CheckID"))
LENGTH=${#STATUS_ARRAY[*]}

for (( i=0; i<=$(( $LENGTH  -1 )); i++ ))
do
    CHECK_ID=${CHECK_ID_ARRAY[$i]}
    STATUS=${STATUS_ARRAY[$i]}
    echo -e "${RED}Triggering Jenkins job http://10.100.198.200:8080/job/
```

```
hardware-notification/build${NC}"
    curl -X POST http://10.100.198.200:8080/job/hardware-notification/
build \
        --data-urlencode   json="{\"parameter\":  [{\"name\":\"checkId\",
\"value\":\"$CHECK_ID\"}, {\"name\":\"status\", \"value\":\"$STATUS\"}]}"
done
```

출력의 중요한 부분을 빨간색으로 칠하는 데 도움이 되는 RED 및 NC 변수를 정의해 시작했다. 그런 다음 콘설 입력을 읽어 JSON 변수에 저장한다. 그다음에는 JSON의 각 요소에 대한 Status 및 CheckID 값을 갖게 될 STATUS_ARRAY 및 CHECK_ID_ARRAY 배열을 생성한다. 마지막으로, 이 배열을 사용해 각 항목을 반복하고 젠킨스에게 hardware-notification 작업(나중에 살펴본다)을 빌드하기 위해 POST 요청을 보낸다. 요청은 CHECK_ID 및 STATUS 변수 전달에 친숙한 젠킨스 형식을 사용한다. 자세한 내용은 젠킨스 원격 액세스 API를 참조하기 바란다.

이제 스크립트를 생성하자.

```
echo #!/usr/bin/env bash

RED="\033[0;31m"
NC="\033[0;0m"

read -r JSON
echo "Consul watch request:"
echo "$JSON"

STATUS_ARRAY=($(echo "$JSON" | jq -r ".[].Status"))
CHECK_ID_ARRAY=($(echo "$JSON" | jq -r ".[].CheckID"))
LENGTH=${#STATUS_ARRAY[*]}

for (( i=0; i<=$(( $LENGTH  -1 )); i++ ))
do
    CHECK_ID=${CHECK_ID_ARRAY[$i]}
    STATUS=${STATUS_ARRAY[$i]}
```

```
    echo -e "${RED}Triggering Jenkins job http://10.100.198.200:8080/job/
hardware-notification/build${NC}"
    curl -X POST http://10.100.198.200:8080/job/hardware-notification/
build \
        --data-urlencode   json="{\"parameter\":   [{\"name\":\"checkId\",
\"value\":\"$CHECK_ID\"}, {\"name\":\"status\", \"value\":\"$STATUS\"}]}"
done

' | sudo tee /data/consul/scripts/manage_watches.sh

sudo chmod +x /data/consul/scripts/manage_watches.sh
```

이제 우리는 warning 또는 critical 상태의 검사가 있을 때마다 실행될 스크립트가 있
기 때문에 컨설에게 그 존재를 알릴 것이다. 컨설 감시 정의는 다음과 같다.

```
{
  "watches": [
    {
      "type": "checks",
      "state": "warning",
      "handler": "/data/consul/scripts/manage_watches.sh >>/data/consul/
logs/watches.log"
    }, {
      "type": "checks",
      "state": "critical",
      "handler": "/data/consul/scripts/manage_watches.sh >>/data/consul/
logs/watches.log"
    }
  ]
}
```

이 정의는 자기 서술적이다. 2개의 감시를 정의했는데, 둘 다 유형이 checks이다. 첫
번째는 warning의 경우 실행되고, 두 번째는 감시가 critical 상태인 경우에 실행된
다. 두 인스턴스 모두에서 동일한 핸들러인 manage_watches.sh를 지정해 단순하게

관리하려고 한다. 실제 환경에서는 두 상태를 구별하고 다른 작업을 실행해야 한다.

이제 감시 파일을 생성하자.

```
echo '{
  "watches": [
    {
      "type": "checks",
      "state": "warning",
      "handler": "/data/consul/scripts/manage_watches.sh >>/data/consul/
logs/watches.log"
    }, {
      "type": "checks",
      "state": "critical",
      "handler": "/data/consul/scripts/manage_watches.sh >>/data/consul/
logs/watches.log"
    }
  ]
}'
```

sudo tee /data/consul/config/watches.json

계속 진행해 컨설을 다시 로드하기 전에, 젠킨스 작업 hardware-notification을 간단
히 설명해야 한다. 이것은 젠킨스를 프로비저닝할 때 이미 생성됐다. http://10.100.
198.200:8080/job/hardware-notification/configure를 열어 설정을 볼 수 있다. 여
기에는 checkId와 status라는 2개의 매개변수가 포함되어 있다. 각 하드웨어 검사마
다 별도의 작업을 생성하지 않기 위해 이 두 매개변수를 사용하고 있다. 컨설 감시자
가 POST 요청을 보내서 이 작업을 빌드할 때마다 값을 이 두 변수에 전달한다. 빌드 단
계에서는 두 변수의 값을 표준 출력(STDOUT)으로 보내는 echo 명령을 실행하기만 하
면 된다. 실제 상황에서 이 작업은 몇 가지 작업을 수행한다. 예를 들어, 디스크 공간
이 부족하면 사용하지 않는 로그와 임시 파일을 제거할 수 있다. 또 다른 예는 아마존
AWS^{Amazon AWS} 같은 클라우드 서비스 중 하나를 사용하는 경우에 추가 노드를 만드는

것이다. 일부 다른 상황에서는 자동화된 반응이 불가능하다. 어떤 경우에도 이러한 구체적인 행위 외에 이 작업은 잠재적인 문제에 대해 알 수 있도록 일종의 통지(전자 메일, 인스턴트 메시징 등)를 보내야 한다. 이러한 상황이 지역적으로 재현되기 어렵기 때문에, 이 작업의 초기 정의는 그 어떤 것도 하지 않는다. 여러분의 필요에 따라 그것을 확장하도록 남겨둘 것이다.

hardware-notification 젠킨스 작업 수행

checkId 값이 디스크인 경우 로그가 삭제되도록 hardware-notification 젠킨스 작업을 수정한다. 서버에서 모의 로그를 작성하고(touch 명령을 사용해 파일을 작성할 수 있음) 수동으로 작업을 실행한다. 작업 빌드가 완료되면 실제로 로그가 제거됐는지 확인한다.

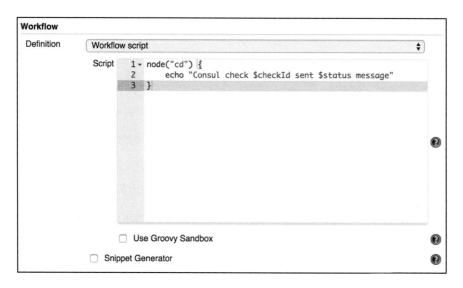

그림 15-16 hardware-notification 젠킨스 작업 설정 화면

지금 당면한 문제는 swarm-master 노드의 하드 디스크가 대부분 비어 있어 방금 설정한 시스템을 테스트할 수 없다는 점이다. disk.sh에 정의된 임계치를 변경해야 할 것이다. 80% 경고 임계치를 2%로 수정하기로 한다. 현재의 HD 사용은 확실하게 그 이상이다.

```
sudo sed -i "s/80/2/" /data/consul/scripts/disk.sh
```

마지막으로, 컨설을 다시 로드해 어떤 일이 일어나는지 살펴보자.

```
sudo killall -HUP consul
```

검사해야 할 첫 번째는 watches.log이다.

```
cat /data/consul/logs/watches.log
```

결과에서 필요한 부분은 다음과 같다.

```
Consul watch request:
[{"Node":"swarm-master","CheckID":"disk","Name":"Disk utilization",
"Status":"warning","Notes":"Critical 95% util, warning 80% util",
"Output":"Disk Usage: 3.3G/39G (9%)\n","ServiceID":"","ServiceName":""}]
Triggering Jenkins job http://10.100.198.200:8080/job/hardware-notification/
build
```

컨설의 검사가 실행될 때까지 몇 초가 걸릴 수 있다. 로그에서 유사한 결과를 받지 못하면 cat 명령을 반복한다.

우리는 JSON에서 컨설이 스크립트에 보내고 hardware-notification 젠킨스 작업을 작성하라는 요청이 전달됐음을 볼 수 있다. 브라우저에서 http://10.100.198.

200:8080/job/hardware-notification/lastBuild/console URL을 열어 이 작업의 젠킨스 콘솔 출력을 살펴볼 수도 있다.

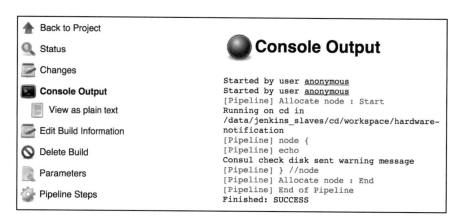

그림 15-17 hardware-notification 젠킨스 작업의 콘솔 출력

현재로서는 하드 디스크 활용에 사용되는 컨설 검사가 하나뿐이므로 적어도 한 번 더 구현해야 한다. 적합한 후보는 메모리다. 일부 하드웨어 확인이 실패할 때 우리가 시정 조치를 취하지 않더라도 컨설에 정보를 갖고 있는 것은 이미 그 자체로서도 매우 유용하다.

이제 우리는 프로세스를 이해하고, 더 잘 수행할 수 있으며, 앤시블을 사용해 모든 것을 설정할 수 있다. 게다가 다른 검사는 swarm-master 노드뿐만 아니라 클러스터의 나머지 부분에서도 설정해야 하며 학습 목적이 아니면 수동으로 수행하지 않으려고 한다.

계속 진행하기 전에 swarm-master 노드를 종료하자.

```
exit
```

430

▌ 하드웨어 모니터링을 위한 컨설 상태 검사 및 감시 자동 설정

이 시점에서는 swarm-master 노드에서만 구성된 하나의 하드웨어 감시자를 갖고 있다. 컨설이 작동하는 방식을 잘 알고 있으므로 앤시블을 사용해 스웜 클러스터의 모든 노드에 하드웨어 모니터링을 배포할 수 있다.

우선 앤시블 플레이북을 실행하고 검사를 설정하는 데 사용된 역할을 살펴볼 것이다.

```
vagrant ssh cd

ansible-playbook /vagrant/ansible/swarm-healing.yml \
    -i /vagrant/ansible/hosts/prod
```

swarm-healing.yml 플레이북은 다음과 같다.

```
- hosts: swarm
  remote_user: vagrant
  serial: 1
  sudo: yes
  vars:
    - debian_version: vivid
    - docker_cfg_dest: /lib/systemd/system/docker.service
    - is_systemd: true
  roles:
    - common
    - docker
    - consul-healing
    - swarm
    - registrator
```

swarm.yml 플레이북과 비교할 때 유일한 차이점은 consul-healing 역할의 사용이다. 그 두 가지 역할(consul과 consul-healing)은 매우 유사하다. 가장 큰 차이점은 후자가 대상 서버에 더 많은 파일(roles/consul-healing/files/consul_check.json, roles/consul-healing/files/disk.sh, roles/consul-healing/files/mem.sh)을 복사한다는 것이다. 우리는 메모리 검사에 사용되는 mem.sh를 제외하고는 수동으로 모든 파일을 이미 만들었으며, disk.sh 스크립트와 비슷한 로직을 따른다. roles/consul-healing/templates/manage_watches.sh, roles/consul-healing/templates/watches.json 파일은 템플릿으로 정의되므로 앤시블 변수를 통해 몇 가지 사항을 커스터마이징할 수 있다. 전체적으로는 대부분 앤시블을 통해 수동 단계를 복제하므로 전체 클러스터의 프로비저닝 및 구성을 자동으로 수행할 수 있다.

http://10.100.192.200:8500/ui/#/dc1/nodes URL을 열고 노드 중 하나를 클릭한다. 실패의 경우에 각각 젠킨스 작업 hardware-notification/ 빌드를 시작할 Disk utilization과 Memory utilization 감시가 있음을 알 수 있다.

하드웨어 리소스를 감시하고 임계치에 도달할 경우 미리 정의된 작업을 수행하는 것은 흥미롭고 유용하지만, 보통 취할 수 있는 시정 조치에 한계가 있다. 예를 들어, 전체 노드가 다운된 경우 우리가 할 수 있는 유일한 일은 대부분의 경우 수작업으로 문제를 조사할 사람에게 통지를 보내는 것이다. 실질적인 혜택은 서비스를 모니터링해 얻을 수 있다.

서비스 모니터링을 위한 컨설 상태 검사 및 감시 설정

서비스 검사 및 감시에 대해 알아보기 전에 books-ms 컨테이너 배포를 시작하자. 이런 방식으로 현명하게 시간을 사용하고 젠킨스가 서비스를 가동하는 동안 그 주제를 살펴볼 것이다.

books-ms 젠킨스 작업에 정의된 분기를 인덱싱하는 것으로 시작하자. 브라우저에서 열어서 왼쪽 메뉴에 있는 Branch Indexing(분기 인덱싱) 링크를 클릭하고 다음에 Run Now(지금 실행)를 클릭한다. 인덱싱이 완료되면 젠킨스는 swarm 분기가 필터와 일치하는지 확인하고, 하위 프로젝트를 만들고, 첫 번째 빌드를 실행한다. 작업이 끝나면 books-ms 서비스를 클러스터에 배포하고 더 많은 자가 치유 기법을 실험할 수 있게 될 것이다. 콘솔 화면에서 빌드 진행 상황을 모니터링할 수 있다.

자가 치유의 첫 번째 단계는 무엇인가가 잘못됐음을 확인하는 것이다. 시스템 수준에서는 배포하는 서비스를 관찰할 수 있으며, 응답하지 않는 경우 일부 시정 작업을 수행한다. 우리는 메모리 및 디스크 검증과 마찬가지로 컨설 검사를 계속 사용할 수 있다. 가장 큰 차이점은 이번에는 script 검사 대신에 http를 사용하는 편이 좋다는 것이다. 컨설은 서비스에 대한 정기적인 요청을 수행하고 이미 설정한 감시에 실패를 전송한다.

우리가 진행하기 전에 무엇을 검사해야 하는지 논의해야 한다. 각 서비스 컨테이너를 검사해야 할까? 데이터베이스 같은 보조 컨테이너를 점검해야 할까? 컨테이너에 대해 전혀 신경 쓰지 않아도 될까? 이들 각 검사는 특정 시나리오에 따라 유용할 수 있다. 우리의 경우에는 좀 더 일반적인 접근 방법을 사용하고 전체적으로 서비스를 모니터링할 것이다. 우리가 각 컨테이너를 따로 모니터링하지 않으면 통제력을 잃게 될까? 그 질문에 대한 답은 우리가 성취하고자 하는 목표에 달려 있다. 우리의 관심사는 무엇인가? 모든 컨테이너가 실행 중인지에 관심이 있는가? 또는 우리의 서비스가 예상대로 작동하고 수행 중인지 여부인가? 우리가 선택해야 한다면, 후자가 더 중요하다고 말하고 싶다. 우리의 서비스가 5개의 인스턴스로 확장되고 2개가 작동을 멈춘 후에도 계속해서 잘 수행되면 우리가 해야 할 일은 없을 것이다. 서비스가 전체적으로 작동하지 않거나 예상대로 작동하지 않는다면 몇 가지 시정 조치를 취해야 한다.

일관성으로부터 혜택을 받으며 한 곳에 위치해야 하는 하드웨어 검사와 달리, 시스템 검사는 서비스마다 다를 수 있다. 서비스를 유지 관리하는 팀과 전체 CD 프로세스를 담당하는 팀 간의 의존성을 피하기 위해 서비스 코드 리포지터리 안에 검사 정의를 보관할 것이다. 그렇게 하면 서비스 팀은 자신이 개발 중인 서비스에 적합한 것으로 생각되는 검사를 정의할 수 있다. 검사의 일부는 변수이므로 컨설 템플릿 형식을 통해 정의할 것이다. 또한 명명 규칙을 사용해 파일에 항상 같은 이름을 사용할 것이다. consul_check.ctmpl은 books-ms 서비스에 대한 검사를 기술하며 다음과 같다.

```json
{
  "service": {
    "name": "books-ms",
    "tags": ["service"],
    "port": 80,
    "address": "{{key "proxy/ip"}}",
    "checks": [{
      "id": "api",
      "name": "HTTP on port 80",
      "http": "http://{{key "proxy/ip"}}/api/v1/books",
      "interval": "10s",
      "timeout": "1s"
    }]
  }
}
```

검사뿐만 아니라 books-ms 서비스, service 태그, 실행하는 포트와 주소도 정의했다. 전체로서 서비스 정의이기 때문에 포트가 80임을 주목하기 바란다. 우리의 경우 배포하는 컨테이너 수와 실행하는 포트 수에 관계없이 프록시를 통해 서비스 전체에 접근할 수 있다. 주소는 proxy/ip 키를 통해 컨설에서 가져온다. 이 서비스는 현재 배포된 색상에 관계없이 동일하게 작동해야 한다.

일단 서비스가 정의되면 검사(이 경우 하나만)를 진행한다. 각 검사에는 정보용으로만 사용되는 ID와 이름이 있다. 핵심 항목은 컨설이 이 서비스에 대해 핑ping을 수행할 주소를 정의하는 http이다. 마지막으로, 핑은 10초마다 수행돼야 하며 타임아웃은 1초가 되어야 한다. 이 템플릿을 어떻게 사용할까? 이 질문에 답하려면 books-ms 저장소의 master 분기에 있는 Jenkinsfile을 살펴봐야 한다.

```
node("cd") {
    def serviceName = "books-ms"
    def prodIp = "10.100.192.200"
    def proxyIp = "10.100.192.200"
    def swarmNode = "swarm-master"
```

```
    def proxyNode = "swarm-master"
    def registryIpPort = "10.100.198.200:5000"
    def swarmPlaybook = "swarm-healing.yml"
    def proxyPlaybook = "swarm-proxy.yml"
    def instances = 1

    def flow = load "/data/scripts/workflow-util.groovy"

    git url: "https://github.com/vfarcic/${serviceName}.git"
    flow.provision(swarmPlaybook)
    flow.provision(proxyPlaybook)
    flow.buildTests(serviceName, registryIpPort)
    flow.runTests(serviceName, "tests", "")
    flow.buildService(serviceName, registryIpPort)

    def currentColor = flow.getCurrentColor(serviceName, prodIp)
    def nextColor = flow.getNextColor(currentColor)

    flow.deploySwarm(serviceName, prodIp, nextColor, instances)
    flow.runBGPreIntegrationTests(serviceName, prodIp, nextColor)
    flow.updateBGProxy(serviceName, proxyNode, nextColor)
    flow.runBGPostIntegrationTests(serviceName, prodIp, proxyIp, proxyNode,
currentColor, nextColor)
    flow.updateChecks(serviceName, swarmNode)
}
```

이전 장에서 사용한 Jenkinsfile과 비교했을 때 유일한 차이점은 roles/jenkins/files/
scripts/workflow-util.groovy 유틸리티 스크립트에서 updateChecks 함수를 호출하
는 마지막 줄이다. 함수는 다음과 같다.

```
def updateChecks(serviceName, swarmNode) {
    stage "Update checks"
    stash includes: 'consul_check.ctmpl', name: 'consul-check'
    node(swarmNode) {
        unstash 'consul-check'
        sh "sudo consul-template -consul localhost:8500 \
```

```
        -template 'consul_check.ctmpl:/data/consul/
config/${serviceName}.json:killall -HUP consul' \
        -once"
    }
}
```

간단히 말해, 이 함수는 consul_check.ctmpl 파일을 swarm-master 노드에 복사하고 컨설 템플릿을 실행한다. 그 결과로 서비스 검사를 수행하는 또 다른 컨설 설정 파일이 생성된다.

검사가 정의됐으므로 roles/consul-healing/templates/manage_watches.sh 스크립트를 면밀히 살펴봐야 한다. 관련 부분은 다음과 같다.

```
if [[ "$CHECK_ID" == "mem" || "$CHECK_ID" == "disk" ]]; then
    echo -e "${RED}Triggering Jenkins job http://{{ jenkins_ip
}}:8080/job/hardware-notification/build${NC}"
    curl -X POST http://{{ jenkins_ip }}:8080/job/hardware-
notification/build \
        --data-urlencode json="{\"parameter\":
[{\"name\":\"checkId\", \"value\":\"$CHECK_ID\"},
{\"name\":\"status\", \"value\":\"$STATUS\"}]}"
else
    echo -e "${RED}Triggering Jenkins job http://{{ jenkins_ip
}}:8080/job/service-redeploy/buildWithParameters?serviceName=${SERVICE_
ID}${NC}"
    curl -X POST http://{{ jenkins_ip }}:8080/job/service-
redeploy/buildWithParameters?serviceName=${SERVICE_ID}
    fi
```

두 가지 유형의 검사(하드웨어 및 서비스)를 수행하는 것을 목표로 하기 때문에 if/else 문을 사용해야 했다. 하드웨어 실패(mem 또는 disk)가 발견되면 젠킨스 작업 hardware-notification에 빌드 요청이 전송된다. 이 부분은 앞에서 작성한 정의와 같다. 다른 한편으로는 다른 유형의 검사가 서비스와 관련되어 있고 요청이 서비스 재배포 작업으로

436

전송된다고 가정한다. 이 경우 books-ms 서비스가 실패하면 컨설은 service-redeploy 작업을 빌드하라는 요청을 보내고 books-ms를 serviceName 매개변수로 전달한다. 다른 작업을 생성한 것과 같은 방식으로 젠킨스에서 이 작업을 생성한다. 가장 큰 차이점은 roles/jenkins/templates/service-redeploy.groovy 스크립트의 사용이다. 내용은 다음과 같다.

```
node("cd") {
    def prodIp = "10.100.192.200"
    def swarmIp = "10.100.192.200"
    def proxyNode = "swarm-master"
    def swarmPlaybook = "swarm-healing.yml"
    def proxyPlaybook = "swarm-proxy.yml"

    def flow = load "/data/scripts/workflow-util.groovy"
    def currentColor = flow.getCurrentColor(serviceName, prodIp)
    def instances = flow.getInstances(serviceName, swarmIp)

    deleteDir()
    git url: "https://github.com/vfarcic/${serviceName}.git"
    try {
        flow.provision(swarmPlaybook)
        flow.provision(proxyPlaybook)
    } catch (e) {}

    flow.deploySwarm(serviceName, prodIp, currentColor, instances)
    flow.updateBGProxy(serviceName, proxyNode, currentColor)
}
```

스크립트가 이전에 사용했던 Jenkinsfile보다 훨씬 짧다는 사실을 알아챘을 것이다. 배포에 사용하는 스크립트와 동일한 스크립트를 재배포하기 위해 쉽게 사용할 수 있으며 최종 결과는 (거의) 같다. 그러나 목표는 다르다. 중요한 요구사항 중 하나는 속도다. 서비스가 실패하면 최대한 많은 시나리오를 고려하면서 가능한 한 빨리 재배포하기를 원한다. 중요한 차이점 중 하나는 재배포 중에 테스트를 실행하지 않는다는 것이다. 모든 테스트가 배포 중에 이미 통과됐거나 서비스가 처음 실행되지 않아 실패할 것이 없다. 게다가 동일한 릴리스에 대해 실행되는 동일한 테스트 집합은 항상 동일한 결과를 산출하거나, 또는 테스트가 불안정하고 신뢰할 수 없으므로 테스트 프로세스의 심각한 실수를 나타낼 것이다. 또한 레지스트리를 빌드하고 푸시하는 것이 누락됐음을 알 수 있다. 우리는 새로운 릴리스를 구축하고 배포하기를 원하지 않는다. 그냥 배포하는 것이다. 가능한 한 빨리 최신 릴리스를 생산에 되돌리기 원한다. 서비스가 실패하기 전과 동일한 상태로 시스템을 복원해야 한다. 이제 재배포 스크립트에서 고의적으로 누락한 부분을 살펴봤으므로 진행하기로 한다.

첫 번째 변경은 실행해야 하는 인스턴스 수를 얻는 방법이다. 지금까지는 서비스 리포지터리에 있는 Jenkinsfile이 배포할 인스턴스 수를 결정했다. Jenkinsfile에 def instances = 1 문을 사용했다. 그러나 이 재배포 작업은 모든 서비스에 사용돼야 하므로 getInstances라는 새로운 함수를 만들어서 컨설에 저장된 번호를 검색해야 했다. 그것은 desired 인스턴스 수를 나타내며 Jenkinsfile에 지정된 값과 일치한다. 이것이 없으면 고정된 수의 컨테이너를 배포하고 잠재적으로 다른 사람의 의도를 파괴할 위험이 있다. 어쩌면 개발자가 두 가지 서비스 인스턴스를 실행하기로 결정했거나, 또는 부하가 너무 크다는 사실을 알고 나서 5개로 확장했을 수도 있다. 이러한 이유 때문에 배포할 인스턴스 수를 파악하고 해당 정보를 잘 활용해야 한다. roles/jenkins/files/scripts/workflow-util.groovy 스크립트에 정의된 getInstances 함수는 다음과 같다.

```
def getInstances(serviceName, swarmIp) {
    return sendHttpRequest("http://${swarmIp}:8500/v1/
kv/${serviceName}/instances?raw")
}
```

이 함수는 컨설에 간단한 요청을 보내고 지정된 서비스의 인스턴스 수를 반환한다.

다음에는 깃허브에서 코드를 복제하기 전에 작업 공간 디렉토리를 삭제한다. 깃 리포지터리가 서비스마다 달라서 깃 리포지터리를 다른 리포지터리 위에 복제할 수 없으므로 파일을 제거해야 한다. 모든 코드가 필요하지는 않지만 몇 개의 설정 파일, 특히 도커 컴포즈와 컨설 설정 파일은 필요하다. 그럼에도 불구하고 모든 것을 복제하면 더 쉽다. 저장소가 큰 경우에는 필요한 파일만 가져오는 편이 좋다.

```
deleteDir()
git url: "https://github.com/vfarcic/${serviceName}.git"
```

이제 필요한 모든 파일(그리고 필요하지 않은 더 많은 파일)이 작업 공간에 있으므로 재배포를 시작할 수 있다. 진행하기 전에 먼저 실패의 원인이 무엇인지 생각해보자. 세 가지 주요 범인을 식별할 수 있다. 노드 중 하나가 작동을 멈췄다. 인프라스트럭처 서비스(스웜, 컨설 등) 중 하나가 작동 중지됐거나, 또는 우리 서비스가 실패했다. 첫 번째 가능성은 무시하고 나중을 위해 남겨둘 것이다. 인프라스트럭처 서비스 중 하나가 작동을 멈추면 앤시블 플레이북을 실행해 해결할 수 있다. 반면에 클러스터가 예상대로 작동하는 경우에 우리가 해야 할 일은 컨테이너에 서비스를 다시 배포하는 것뿐이다.

앤시블을 통한 프로비저닝을 살펴보자. 앤시블 플레이북을 실행하는 스크립트 부분은 다음과 같다.

```
try {
    flow.provision(swarmPlaybook)
    flow.provision(proxyPlaybook)
} catch (e) {}
```

이전의 젠킨스 Workflow 스크립트와 비교할 때 가장 큰 차이점은 이번에는 프로비저닝이 try/catch 블록 안에 있다는 것이다. 그 이유는 노드 실패가 가능하기 때문이다. 이 재배포의 범인이 오작동하는 노드일 경우에 프로비저닝은 실패한다. 스크립트의 나머지 부분이 실행되면 그 자체로는 문제가 되지 않는다. 따라서 스크립트 블록이 try/catch 아래에 있으므로 프로비저닝 결과에 관계없이 스크립트가 계속 실행된다.

결국 노드가 작동하지 않으면 스웜이 서비스를 다른 곳으로 재배포한다(나중에 자세히 설명함). 다음 사용 사례로 이동하자.

```
flow.deploySwarm(serviceName, prodIp, currentColor, instances)
flow.updateBGProxy(serviceName, proxyNode, currentColor)
```

이 두 줄은 Jenkinsfile의 배포 스크립트에서와 같다. 유일하고 미묘한 차이점은 인스턴스의 수는 하드코딩되지 않았지만 이전에 봤듯이 발견됐다는 것이다.

이제 스크립트에서 세 가지 시나리오 중 두 가지를 다뤘다. 인프라스트럭처 또는 서비스 중 하나가 실패하면 시스템이 복구된다. 한번 해보자.

인프라스트럭처 서비스 중 하나를 중지하고 시스템이 원래 상태로 복원되는지 확인한다. 아마 nginx보다 더 나은 후보는 없을 것이다. 그것은 서비스 인프라스트럭처의 일부이며, 이 서비스가 없으면 우리 서비스는 작동하지 않는다.

nginx가 없다면, 우리의 서비스는 80 포트를 통해 접근할 수 없다. 어떤 시점에서든 컨설은 nginx가 실패했다는 사실을 알게 될 것이다. 그 대신에 컨설 검사자가 books-ms 서비스가 작동하지 않음을 감지하고 젠킨스 작업 service-redeploy의 새로운 빌드를 시작한다. 결과적으로 프로비저닝과 재배포가 실행될 것이다. 앤시블 프로비저닝의 일부가 다른 것들 중에서 nginx가 실행 중임을 보장하는 일을 담당한다.

swarm-master 노드에 들어가서 nginx 컨테이너를 중지한다.

```
exit

vagrant ssh swarm-master

docker stop nginx

exit

vagrant ssh cd
```

nginx 프로세스가 종료되면 books-ms 서비스에 접근할 수 없다(최소한 80 포트를 통해 접근할 수 없음). 우리는 HTTP 요청을 보내서 확인할 수 있다. 컨설이 젠킨스를 통해 재배포를 시작할 것임을 염두에 두기 바란다. 따라서 다시 운영되기 전에 서둘러야 한다.

```
curl swarm-master/api/v1/books
```

예상대로 curl은 Connection refused(연결할 수 없음) 에러를 반환한다.

```
curl: (7) Failed to connect to swarm-master port 80: Connection refused
```

컨설 UI를 살펴볼 수도 있다. 서비스 books-ms 검사는 위험 상태여야 한다. swarm-master 링크를 클릭하면 해당 노드에서 실행 중인 모든 서비스와 상태에 대한 자세한 정보를 볼 수 있다. 부수적으로 books-ms는 프록시가 있는 곳이기 때문에 swarm-master 서버에서 실행 중인 것으로 등록된다. 배포된 컨테이너에 특정한 데이터를 포함하는 books-ms-blue 또는 books-ms-green 서비스도 있다.

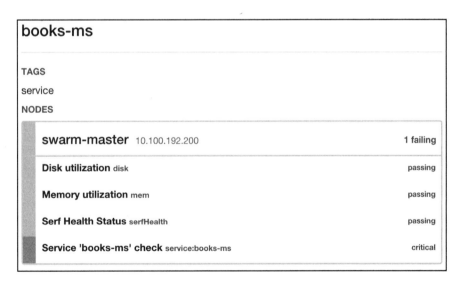

그림 15-18 위험 상태가 있는 컨설 상태 화면

마지막으로, service-redeploy 콘솔 화면을 살펴볼 수 있다. 재배포 프로세스가 진행 중이거나 지금쯤이면 완료돼야 한다.

service-redeploy 작업의 빌드가 완료되면 모든 것을 원래 상태로 복원해야 서비스를 사용할 수 있다.

```
curl -I swarm-master/api/v1/books
```

응답 결과는 다음과 같다.

```
HTTP/1.1 200 OK
Server: nginx/1.9.9
Date: Tue, 19 Jan 2016 21:53:00 GMT
Content-Type: application/json; charset=UTF-8
Content-Length: 2
Connection: keep-alive
Access-Control-Allow-Origin: *
```

프록시 서비스가 실제로 재배포됐으며, 모든 것이 예상대로 작동한다.

인프라스트럭처 서비스 중 하나를 중지하는 대신에 book-ms 인스턴스를 완전히 제거하면 어떻게 될까? 서비스 컨테이너를 제거하고 어떤 일이 발생하는지 살펴보자.

```
export DOCKER_HOST=tcp://swarm-master:2375

docker rm -f $(docker ps --filter name=booksms --format "{{.ID}}")
```

service-redeploy 젠킨스 콘솔 화면을 연다. 컨설이 새 빌드를 시작할 때까지 몇 초가 걸릴 수 있다. 시작한 후에는 빌드가 실행될 때까지 좀 더 기다려야 한다. Finished: Success(완료됨: 성공) 메시지가 나타나면 서비스가 실제로 작동하는지 다시 확인할 수 있다.

```
true[Workflow] stage: Update proxy
Entering stage Update proxy
Proceeding
[Workflow] stash
Stashed 4 file(s)
[Workflow] Allocate node : Start
Running on swarm-master in /data/jenkins_slaves/swarm-master/workspace/service-
redeploy
[Workflow] node {
[Workflow] unstash
[Workflow] sh
[service-redeploy] Running shell script
+ sudo cp nginx-includes.conf /data/nginx/includes/books-ms.conf
[Workflow] sh
[service-redeploy] Running shell script
+ sudo consul-template -consul localhost:8500 -template nginx-upstreams-
blue.ctmpl:/data/nginx/upstreams/books-ms.conf:docker kill -s HUP nginx -once
[Workflow] sh
[service-redeploy] Running shell script
+ curl -X PUT -d blue http://localhost:8500/v1/kv/books-ms/color
  % Total    % Received % Xferd  Average Speed   Time    Time     Time  Current
                                 Dload  Upload   Total   Spent    Left  Speed

  0       0    0       0    0       0      0        0 --:--:-- --:--:-- --:--:--        0
100       8  100       4  100       4    782      782 --:--:-- --:--:-- --:--:--      800
true[Workflow] } //node
[Workflow] Allocate node : End
[Workflow] } //node
[Workflow] Allocate node : End
[Workflow] End of Workflow
Finished: SUCCESS
```

그림 15-19 service-redeploy 빌드 결과

```
docker ps --filter name=books --format "table {{.Names}}"

curl -I swarm-master/api/v1/books
```

두 명령이 결합된 결과는 다음과 같다.

```
NAMES
swarm-node-2/booksms_app-blue_1
swarm-node-1/books-ms-db

...

HTTP/1.1 200 OK
```

```
Server: nginx/1.9.9
Date: Tue, 19 Jan 2016 22:05:50 GMT
Content-Type: application/json; charset=UTF-8
Content-Length: 2
Connection: keep-alive
Access-Control-Allow-Origin: *
```

우리의 서비스는 실제로 프록시를 통해 실행되고 접근할 수 있다. 시스템이 스스로 치유됐다. 스웜 노드에서 거의 모든 프로세스를 중지할 수 있으며, 몇 초 후에 시스템이 이전 상태로 복원된다. 우리가 시도하지 않은 것은 전체 노드를 중지하는 것이다. 그렇게 하기 위해서는 스크립트에 몇 가지 변경이 필요하다. 나중에 이 변경사항을 살펴볼 것이다. 이것은 데모 설정이므로 시스템이 현재 생산 준비가 되었음을 의미하지는 않는다. 다른 한편으로, 그것도 그다지 멀지 않다. 약간 조정하면 시스템에 적용할 수 있다. 몇 가지 통지(전자 메일, 여유 시간 등)를 추가하고 필요에 맞게 프로세스를 조정할 수 있다. 중요한 부분은 프로세스다. 우리가 원하는 것을 이해하고 거기에 도착하는 방법을 알게 되면 나머지는 대개 시간 문제다.

지금 우리의 프로세스는 다음과 같다.

- 컨설은 정기적으로 HTTP 요청을 수행하고, 커스텀 스크립트를 실행하거나 서비스에서 TTL^{time-to-live} 메시지를 기다린다.
- 컨설의 요청이 상태 코드 200을 반환하지 않는 경우에 스크립트는 0이 아닌 종료 코드를 반환하거나 TTL 메시지를 받지 못한 경우에는 컨설이 젠킨스에게 요청을 보낸다.
- 컨설로부터 요청을 받으면 젠킨스는 재배포 프로세스를 시작하고 통지 메시지를 보내는 등의 작업을 수행한다.

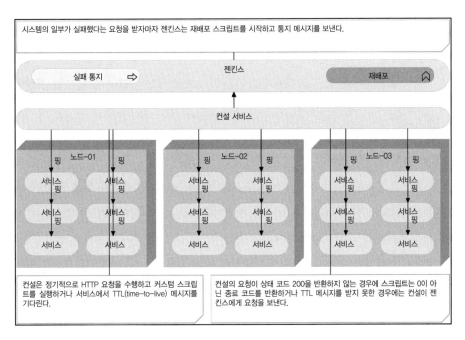

시스템의 일부가 실패했다는 요청을 받자마자 젠킨스는 재배포 스크립트를 시작하고 통지 메시지를 보낸다.

젠킨스

실패 통지 ⇨   재배포 ⌂

컨설 서비스

노드-01
핑   핑
서비스 핑   서비스 핑
서비스 핑   서비스 핑
서비스   서비스

노드-02
핑   핑
서비스 핑   서비스 핑
서비스 핑   서비스 핑
서비스   서비스

노드-03
핑   핑
서비스 핑   서비스 핑
서비스 핑   서비스 핑
서비스   서비스

컨설은 정기적으로 HTTP 요청을 수행하고 커스텀 스크립트를 실행하거나 서비스에서 TTL(time-to-live) 메시지를 기다린다.

컨설의 요청이 상태 코드 200을 반환하지 않는 경우에 스크립트는 0이 아닌 종료 코드를 반환하거나 TTL 메시지를 받지 못한 경우에는 컨설이 젠킨스에게 요청을 보낸다.

그림 15-20 컨설 핑 서비스 검사와 치유

반응 치유의 몇 가지 예를 살펴봤다. 이들은 결코 자신의 시스템을 구축하는 데 필요한 모든 것을 제공할 수 있을 만큼 충분하지는 않았지만, 더 깊이 탐구해야 하는 경로를 제공하고 자신의 필요에 따라 적응할 수 있었다. 이제 우리가 취할 수 있는 예방 조치로 눈을 돌려보자. 예정된 확장 및 확장 축소에 대해 살펴볼 것이다. 예방 치유에 대한 소개로서 좋은 후보인데, 예방 치유가 가장 쉬운 방법일 것이기 때문이다.

▌ 예정된 확장 및 축소를 통한 예방 치유

예방 치유는 그 자체로 거대한 주제이며, 가장 단순한 시나리오에서도 시스템을 분석하고 미래를 예측하는 데 사용할 수 있는 이력 데이터가 필요하다. 현재로서는 데이터나 데이터를 생성할 도구가 없기 때문에 어떤 것도 필요로 하지 않는 아주 간단한 예제부터 시작하겠다.

우리가 살펴볼 시나리오는 다음과 같다. 우리는 온라인 서점에서 일하고 있다. 마케팅 부서는 새해 전날부터 모든 독자에게 할인된 가격으로 책을 구입할 수 있도록 결정했다. 캠페인은 하루 동안 지속될 것이며, 우리는 그것이 큰 관심을 불러일으킬 것으로 기대하고 있다. 기술적인 용어로 말하자면, 1월 첫날 자정부터 시작해 24시간 동안 시스템에 부하가 심할 것이다. 무엇을 해야 할까? 우리는 이미 시스템(또는 가장 영향을 받는 부품)을 확장할 수 있는 프로세스와 도구를 보유하고 있다. 우리가 해야 할 일은 캠페인이 시작되기 전에 선택된 서비스를 확장하고, 끝나면 원래의 상태로 축소하는 것이다. 문제는 아무도 사무실에서 새해 전야를 축하하고 싶어 하지 않는다는 점이다. 젠킨스로 쉽게 해결할 수 있다. 서비스를 확장하고 나중에 축소하는 예정된 작업을 만들 수 있다. 이 문제가 해결되면 또 다른 문제가 등장한다. 얼마나 많은 인스턴스를 확장해야 할까? 숫자를 미리 정의할 수도 있지만, 그런 식으로 하면 실수를 할 위험이 있다. 예를 들어 3개의 인스턴스로 확장하도록 결정했는데(현재는 하나만 있다), 오늘과 캠페인 시작 사이에 어떤 이유로 인해 인스턴스 수가 5개로 늘어날 수 있다. 이런 시나리오에서는 시스템의 용량이 늘어나기는커녕 오히려 줄어들 수가 있다. 즉 예정된 작업이 5에서 3으로 서비스를 축소할 수도 있는 것이다. 해결 방안은 상대적인 값을 사용하는 것이다. 시스템을 3개의 인스턴스로 확장해야 한다고 지정하는 대신에, 인스턴스 수를 2개 더 늘리는 방식으로 시스템을 설정해야 한다. 실행 중인 인스턴스가 하나인 경우에는 프로세스가 2개 더 실행되고 전체 수는 3개로 늘어난다. 반면에 누군가가 이미 서비스를 5개로 확장한 경우 최종 결과는 클러스터 내부에서는 7개의 컨테이너가 실행된다. 캠페인이 끝난 후에도 유사한 로직을 사용할 수가 있는데, 즉 실행 중인 인스턴스의 수를 2개 줄이는 두 번째 예약된 작업을 생성할 수 있다. 3에서 1로, 5에서 3으로. 우리가 그 숫자를 2개 줄이기 때문에 그 순간에 몇 개의 인스턴스가 실행되는지는 중요하지 않다.

이러한 예방 치유 프로세스는 예방 접종의 사용법과 유사하다. 주요 용도는 기존의 감염을 치유하는 것이 아니라, 처음부터 확산되는 것을 예방하는 면역성을 발전시키는 것이다. 같은 방법으로 예기치 않은 방식으로 시스템에 영향을 주는 증가된 부하를 방지하기 위해 확장(그리고 나중에 취소)을 예약한다. 감염된 시스템을 치유하는 대신에 우리는 그 시스템이 나쁜 형태로 변하는 것을 막을 것이다.

그러한 프로세스를 실제로 살펴보자.

 젠킨스 books-ms-scale 설정 화면을 연다. 이 작업 설정은 아주 간단하다. 디폴트 값 2를 갖는 scale이라는 하나의 매개변수가 있다. 빌드를 시작할 때 조정할 수 있다. Build Triggers(빌드 트리거)는 45 23 31 12 값으로 주기적으로 빌드되도록 설정된다. cron 스케줄링을 이미 사용한 경우에는 잘 알고 있을 것이다. 형식은 MINUTE HOUR DOM MONTH DOW이다. 첫 번째 숫자는 분, 두 번째는 시간, 세 번째는 일, 다음은 달과 요일을 나타낸다. 별표(*)는 모든 것으로 번역될 수 있다. 그러므로 우리가 사용하고 있는 값은 45분, 23시, 31일, 12월이다. 즉 새해 전날 15분 전이다. 이것은 캠페인 시작 전에 인스턴스 수를 늘릴 수 있는 충분한 시간이다. 스케줄 형식에 대한 자세한 내용은 Schedule(일정)* 필드 오른쪽에 있는 물음표 아이콘을 클릭한다.

마지막으로, 작업 설정의 세 번째 부분은 다음과 같은 Workflow 스크립트다.

```
node("cd") {
    def serviceName = "books-ms"
    def swarmIp = "10.100.192.200"

    def flow = load "/data/scripts/workflow-util.groovy"
    def instances = flow.getInstances(serviceName, swarmIp).toInteger()
+ scale.toInteger()
    flow.putInstances(serviceName, swarmIp, instances)
    build job: "service-redeploy", parameters: [[$class:
"StringParameterValue", name: "serviceName", value: serviceName]]
}
```

코드를 중복시킬 실제적인 이유가 없으므로 roles/jenkins/files/scripts/workflow-util.groovy 스크립트의 헬퍼 함수를 사용한다.

우리는 실행하고자 하는 인스턴스의 수를 정의함으로써 시작한다. scale 매개변수의 값(디폴트 값은 2)을 서비스가 현재 사용 중인 인스턴스 수에 더하면 된다. 후자는 getInstances 함수를 호출해 얻을 수 있다. 우리는 이미 이 책 전체에서 몇 가지 경우에 활용했다. 그 새로운 값은 putInstances 함수를 통해 컨설에 저장한다. 마지막으로, 필요한 재배포를 수행하는 service-redeploy 작업의 빌드를 실행한다. 요약하면 service-redeploy 작업은 컨설에서 인스턴스 수를 읽기 때문에 service-redeploy 빌드를 호출하기 전에 이 스크립트에서 해야 하는 작업은 컨설에서 scale 값을 변경하는 것이 전부다. 여기서부터 service-redeploy 작업은 컨테이너 수를 확장하는 데 필요한 작업을 수행할 것이다. service-redeploy 작업을 호출함으로써 이미 다른 곳에서 사용된 코드를 중복시키는 것을 피했다.

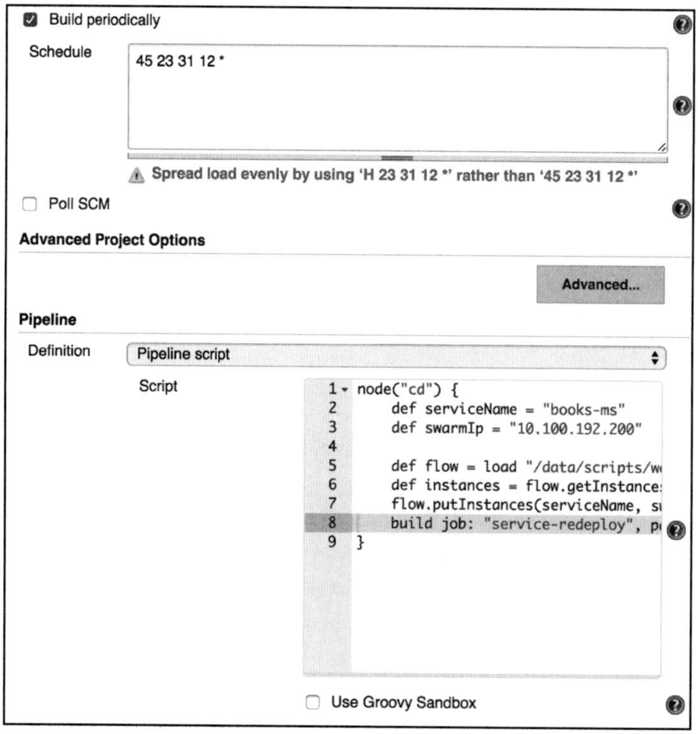

그림 15-21 예정된 확장을 표현하는 books-ms-scale 작업 설정

이제 우리는 두 가지 길을 택할 수 있다. 하나는 새해가 될 때까지 기다렸다가 그 작업이 효과가 있음을 확인하는 것이다. 나는 내 마음대로 여러분에게 인내심이 많지 않다고 간주하고 대안을 선택할 것이다. 수작업으로 작업을 실행할 텐데, 먼저 스웜 클러스터의 현재 상황을 간단하게 살펴보기로 한다.

```
export DOCKER_HOST=tcp://swarm-master:2375

docker ps --filter name=books --format "table {{.Names}}"

curl swarm-master:8500/v1/kv/books-ms/instances?raw
```

명령들이 결합된 결과는 다음과 같다.

```
NAMES
swarm-node-1/booksms_app-blue_1
swarm-node-2/books-ms-db
...
1
```

books-ms 서비스의 인스턴스(booksms_app-blue_1)가 하나만 실행되고 컨설은 books-ms/instances 키로 저장된 값 1을 갖는다.

books-ms-scale 젠킨스 작업을 실행해보자. 모든 것이 예상대로 작동하면 books-ms가 2개 늘어나 합계가 3이 된다. books-ms-scale 빌드 화면을 열고 Build(빌드) 버튼을 클릭한다. books-ms-scale 콘솔 화면을 열어서 진행 상황을 모니터링할 수 있다. 컨설에 새 인스턴스 수를 저장한 후에 service-redeploy 작업 빌드가 호출되는 것을 볼 수 있다. 몇 초 후에 빌드가 완료되며 여러분은 결과를 확인할 수 있다.

```
docker ps --filter name=books --format "table {{.Names}}"

curl swarm-master:8500/v1/kv/books-ms/instances?raw
```

명령들이 결합된 결과는 다음과 같다.

```
NAMES
swarm-node-2/booksms_app-blue_3
swarm-node-1/booksms_app-blue_2
swarm-node-1/booksms_app-blue_1
swarm-node-2/books-ms-db
...
3
```

이번에는 3개의 서비스 인스턴스가 실행되고 있다. 컨설 UI에서 키/값 boos-ms/
instances 화면으로 이동해 동일한 결과를 볼 수 있다.

그림 15-22 컨설 UI 키/값 books-ms/instances 화면

이제 24시간 동안 시스템을 사용할 준비가 되었다. 여러분이 보았듯이 우리는 기한
이 되기 15분 전에 실행하도록 스케줄링을 했다. 빌드의 실행은 불과 몇 초만 걸린다.
service-redeploy 작업의 프로비저닝 부분을 건너뛰면 속도를 향상할 수 있다. 연습
문제로 남겨두겠다.

service-redeploy 작업에 조건 추가

프로비저닝이 선택사항이 되도록 service-redeploy 젠킨스 작업을 수정한다. boolean 값을 허용하는 새 매개변수를 추가하고, if/else 문을 워크플로우 스크립트에 추가한다. 매개변수의 디폴트 값을 true로 설정하고, 다른 것이 지정되지 않았다면 프로비저닝이 항상 수행되게 한다. 끝나면 books-ms-scale 작업 설정으로 전환하고 이것을 수정해 service-redeploy 작업 호출이 프로비저닝을 건너뛰도록 신호를 전달한다.

24시간이 지나 캠페인은 끝났는가? 젠킨스 작업 books-ms-descale이 실행된다. books-ms-scale 작업과 같지만 두 가지 주목할 만한 차이가 있다. scale 매개변수는 -2로 설정되고 1월 2일 자정 15분(15 0 2 1 *)에 실행되도록 예약한다. 우리는 시스템에게 15분의 냉각 시간을 주었다. 워크플로우 스크립트는 동일하다.

books-ms-descale 빌드 화면을 열고 Build(빌드) 버튼을 클릭해 실행한다. 인스턴스 수를 2 줄이고 service-redeploy 작업 빌드를 실행할 것이다. 끝나면 클러스터를 다시 살펴볼 수 있다.

```
docker ps --filter name=books --format "table {{.Names}}"

curl swarm-master:8500/v1/kv/books-ms/instances?raw
```

명령들이 결합된 결과는 다음과 같다.

```
NAMES
swarm-node-1/booksms_app-blue_1
swarm-node-2/books-ms-db
...
1
```

우리는 우리가 시작한 곳으로 돌아왔다. 캠페인이 완료되고 서비스가 세 인스턴스에서 하나로 축소됐다. 컨설의 값도 회복됐다. 이 시스템은 새해 전날 할인 혜택을 누리고자 하는 방문자들의 무리에서 필사적으로 살아남았다. 비즈니스는 우리가 모든 것을 제공할 수 있었기 때문에 행복해한다. 그리고 인생은 늘 그랬듯이 계속된다.

우리는 우리의 목표를 달성하기 위해 다른 수식을 만들 수 있었다. 기존 인스턴스의 수를 곱하기만 하면 될 정도로 간단하다. 이것이 우리에게 좀 더 현실적인 시나리오를 제공할 것이다. 2개의 새 컨테이너를 추가하는 대신에 2를 곱하는 것이다. 이전에 3개의 인스턴스가 실행되고 있었다면, 나중에는 6개의 인스턴스가 실행될 것이다. 상상할 수 있듯이 이러한 공식은 보통 훨씬 더 복잡할 수 있다. 더 중요한 건, 훨씬 더 많은 고려가 필요하다는 점이다. 하나를 실행하는 대신에 50개의 다른 서비스를 실행한다면 동일한 공식을 모두에게 적용하지 않을 것이다. 어떤 것은 많이 확장될 필요가 있으며, 어떤 것은 조금, 그리고 전혀 확장될 필요가 없는 것도 있을 수 있다. 가장 좋은 방법은 어떤 종류든 스트레스 테스트stress test를 사용해 시스템의 어떤 부분에 확장이 필요한지, 그리고 얼마나 확장돼야 하는지 아는 것이다. 제이미터JMeter와 (내가 가장 좋아하는) 개틀링Gatling을 비롯해, 이러한 테스트를 실행할 수 있는 도구는 많다.

이 장의 시작 부분에서 예방 치유는 이력 데이터를 기반으로 한다고 했다. 이것은 매우 빈약하지만 그것을 데모할 수 있는 아주 효율적이고 간단한 방법이다. 이 경우에는 이력 데이터가 우리의 머릿속에 있다. 마케팅 캠페인이 서비스에 대한 부하를 증가시킨다는 사실을 알고 있었기 때문에 잠재적인 문제를 피할 수 있는 방식으로 작업했다. 예방 치유를 만드는 실제적이고 훨씬 더 복잡한 방법은 우리의 기억 이상의 것을 필요로 한다. 데이터를 저장하고 분석할 수 있는 시스템이 필요하다. 이러한 시스템에 대한 요구사항은 다음 장에서 논의할 것이다.

도커 재시작 정책을 통한 반응 치유

도커에 익숙한 사람들은 도커 재시작 정책에 대해 언급하지 않은 이유를 묻고 싶을 것이다. 처음 보기에는 실패한 컨테이너를 회복시키는 데 매우 효과적인 방법인 것 같다.

실제로도 컨테이너를 다시 시작할 시기를 정의하는 가장 쉬운 방법이다. docker run (또는 이와 동등한 도커 컴포즈 정의)에서 --restart 플래그를 사용하면 컨테이너가 종료될 때 다시 시작된다. 다음 표에는 현재 지원되는 재시작 정책이 요약되어 있다.

정책	결과
no	컨테이너가 종료될 때 자동적으로 재시작하지 않는다. 디폴트 값
on-failure[:max-retries]	컨테이너가 0이 아닌 종료 상태로 종료하는 경우에만 재시작한다. 선택적으로 도커 데몬이 시도하는 재시작 시도 횟수를 제한한다.
always	종료 상태와 관계없이 항상 컨테이너를 재시작한다. always가 지정될 때 도커 데몬은 무한정으로 컨테이너를 재시작하려고 할 것이다. 또한 현재 컨테이너의 상태에 관계없이 데모 시작 시에 컨테이너가 항상 시작될 것이다.
unless-stopped	종료 상태와 관계없이 항상 컨테이너를 재시작한다. 하지만 컨테이너가 이전에 중지 상태인 경우에는 데몬 시작 시에 시작하지 않는다.

재시작 정책의 사용 예는 다음과 같다(실행하지 마라).

```
docker run --restart=on-failure:3 mongo
```

이 경우에는 mongo가 최대 세 번 재시작된다. mongo 컨테이너에서 실행되고 있는 프로세스가 0이 아닌 상태로 종료될 때만 재시작이 발생한다. 컨테이너를 중지하면 재시작 정책이 적용되지 않는다.

재시작 정책의 문제점은 심사숙고하지 않은 드문 사례가 너무 많다는 것이다. 컨테이너 내부에서 실행되고 있는 프로세스가 실패한 컨테이너와 직접적으로 관계가 없는 문제로 인해 실패할 수 있다. 예를 들어, 컨테이너 내부의 서비스가 프록시를 통해 데이터베이스에 연결을 시도할 수 있다. 연결을 설정할 수 없는 경우에는 중지되도록 설계됐을 수 있다. 어떤 이유로든 프록시가 있는 노드가 작동하지 않는 경우에 컨테이너를 재시작한 횟수와 상관없이 결과는 항상 동일하다. 시도하는 데는 아무런 문제가 없지만 조만간 누군가가 이 문제를 통지받을 필요가 있다. 시스템을 원하는 상태로 복원하기 위해 프로비저닝 스크립트를 실행해야 할 수도 있다. 클러스터에 더 많은 노드를 추가해야 할 수도 있다. 데이터센터 전체가 작동하지 않을 수도 있다. 원인에 상관없이 재시작 정책이 허용하는 것보다 더 많은 가능한 경로가 있을 수 있다. 이러한 이유로 우리는 모든 상황을 다루기 위해 좀 더 견고한 시스템이 필요하며, 이미 생성하고 있는 중이다. 우리가 수립한 흐름은 단순한 재시작 정책보다 훨씬 강력하며, 도커 재시작 정책으로 해결할 수 있는 것과 동일한 문제를 이미 다루고 있다. 실제로 지금, 우리는 더 많은 경로를 다루고 있다. 도커 스웜으로 컨테이너 오케스트레이션을 수행해 우리 서비스가 클러스터 내부의 가장 적합한 노드에 배포되게 한다. 앤시블을 사용해 지속적으로 (각 배포와 함께) 클러스터를 프로비저닝하여 전체 인프라스트럭처가 올바른 상태인지 확인한다. 서비스 발견을 위해 레지스트레이터 및 컨설 템플릿과 함께 컨설을 사용해 모든 서비스의 레지스트리가 항상 최신 상태인지 확인한다. 마지막으로, 컨설 상태 검사는 우리 클러스터의 상태를 지속적으로 모니터링하고 장애가 발생하면 적절한 시정 조치를 시작하도록 젠킨스에게 요청을 보낸다.

도커의 슬로건인 '배터리 포함, 제거 가능'을 활용하지만, 우리의 필요에 맞게 시스템을 확장하고 있다.

온프레미스와 클라우드 노드의 결합

온프레미스on-premise 서버 또는 클라우드 호스팅을 사용할지 여부는 논의하지 않을 것이다. 둘 다 장단점이 있다. 사용 결정은 개인의 필요에 달려 있다. 게다가 그러한 시도는 14장 '클러스터링과 서비스 확장'에서 더 적합할 것이다. 그러나 적어도 이 장의 시나리오 중 하나의 필요 요건에 아주 적합할 클라우드 호스팅을 선호하는 명확한 사용 사례는 있다.

클라우드 호스팅은 클러스터 용량을 일시적으로 늘릴 필요가 있을 때 빛을 발한다. 좋은 예가 새해 전야 캠페인과 함께 다음과 같은 가상의 시나리오일 것이다. 우리는 하루 동안 용량을 늘릴 필요가 있다. 클라우드에 이미 모든 서버를 호스팅하고 있다면 이 시나리오는 몇 개의 노드를 생성하고 나중에 부하가 이전 크기로 줄어들면 제거해야 한다. 반면에 온프레미스 호스팅을 사용한다면 추가 노드에 대해서만 클라우드 호스팅 계약을 체결할 수 있다. 단기간에만 사용되는 새로운 서버 집합을 구입하는 데는 비용이 많이 든다. 특히 하드웨어 가격뿐만 아니라 유지보수 비용도 고려해야 한다. 이러한 경우 클라우드 노드를 사용하면 사용하는 시간 동안만 비용을 지불하면 된다(나중에 파기한다고 가정). 서비스 프로비저닝 및 배포를 위한 모든 스크립트가 있으므로 해당 노드를 설정하는 데 거의 아무런 노력이 들지 않을 것이다.

 개인적으로는 온프레미스와 클라우드 호스팅의 조합을 선호한다. 온프레미스 서버는 최소 용량에 대한 필요성을 충족시키는 반면, 클라우드 호스팅 노드는 용량을 일시적으로 늘릴 필요가 있을 때마다 생성된다(그리고 제거된다). 이러한 조합은 내 취향일 뿐, 여러분의 사용 사례에는 적용되지 않을 수 있다.

중요한 부분은 이 책에서 배운 모든 내용이 두 상황(온프레미스 또는 클라우드)에 똑같이 적용된다는 점이다. 중요한 차이점 하나는 생산 서버에서 베이그런트^{Vagrant}를 사용하지 말아야 한다는 것이다. 우리는 노트북 컴퓨터에서 신속하게 가상 컴퓨터를 만드는 데에만 사용하고 있다. 베이그런트와 비슷한 방식으로 생산 VM을 만드는 방법을 찾고 있다면 **패커**^{Packer}라는 또 다른 해시코프^{HashiCorp} 제품을 찾아보는 것이 좋다.

▌ 자가 치유 요약

우리가 지금까지 구축한 것은 어떤 면에서 쿠버네티스^{Kubernetes}와 메소스^{Mesos}가 기본적으로 제공하는 것과 가깝다. 그러나 다른 면들에서는 이들의 기능을 넘어선다. 우리가 작업하고 있는 시스템의 진정한 장점은 사용자의 요구에 맞게 세부 조정이 가능하다는 것이다. 그렇다고 쿠버네티스와 메소스를 사용하지 말아야 한다는 뜻은 아니다. 적어도 그것들에 대해 잘 알고는 있어야 한다. 누군가의 말을 당연하게 여겨서는 안 된다(내 말조차도). 시도해보고 자신만의 결론을 내려야 한다. 프로젝트가 있는 만큼 많은 사용 사례가 있으며, 프로젝트들은 각기 다르다. 우리가 구축한 시스템이 좋은 기반을 제공하는 경우도 있지만, 예를 들어 쿠버네티스나 메소스가 더 적합한 경우도 있다. 한 권의 책 안에서 가능한 모든 조합을 자세하게 설명할 수는 없다. 그렇게 하면 관리할 수 없을 만큼 커질 것이다.

대신에 나는 확장성이 뛰어난 시스템을 구축할 수 있는 방법을 선택한다. 우리가 지금까지 사용한 거의 모든 부분을 확장하거나 다른 것으로 대체할 수 있다. 이 접근 방식은 예제를 자신의 필요에 맞게 적용할 수 있는 기회를 제공하며, 동시에 어떤 것이 어떻게 작동하는지뿐만 아니라 왜 우리가 선택했는지도 배우게 된다.

우리는 이 책의 작은 시작으로부터 멀리 왔지만 아직 끝나지는 않았다. 자가 치유 시스템에 대한 탐색은 계속될 것이다. 그러나 먼저 클러스터 내에서 생성된 데이터를 수집하는 다양한 방법에 주의를 기울여야 한다.

자가 치유 주제의 첫 부분이 끝나가고 있으므로, VM을 삭제하고 새로운 장을 시작하기로 한다.

무엇을 해야 할지 알 것이다. 우리가 한 모든 것을 제거하고 다음 장을 새로 시작하자.

```
exit
vagrant halt
```

16

중앙집중식 로깅과 모니터링

내 인생에 많은 혼란이 있었지만, 그것은 정상이 되었다. 여러분은 그것에 익숙해져 있다.
긴장을 풀고, 진정하고, 숨을 깊이 들이쉬며, 어떻게 잘못됐는지 불평하기보다는 일을 할
수 있는 방법을 찾으려고 해야 한다.

- 톰 웰링(Tom Welling)

데브옵스 실습과 도구에 대한 우리의 탐구는 클러스터링과 확장으로 이어졌다. 결과
적으로, 클러스터에 서비스를 쉽고 효율적으로 배포할 수 있는 시스템을 개발했다. 그
결과, 잠재적으로 많은 서버로 구성된 클러스터에서 컨테이너가 계속 증가하고 있다.
단일 서버를 모니터링하는 것은 쉽다. 단일 서버에서 많은 서비스를 모니터링하는 데
는 몇 가지 어려움이 있다. 많은 서버에서 많은 서비스를 모니터링하려면 완전히 새로
운 사고방식과 새로운 도구 집합이 필요하다. 마이크로서비스, 컨테이너 및 클러스터

를 수용하면 배포된 컨테이너 수가 빠르게 증가한다. 클러스터를 구성하는 서버도 마찬가지다. 더 이상 노드에 로그인해 로그를 볼 수 없다. 봐야 할 로그가 너무 많다. 그뿐 아니라 많은 서버에 분산되어 있다. 어제는 단일 서버에 2개의 서비스 인스턴스를 배포했지만, 내일은 8개의 인스턴스를 6개의 서버에 배포할지도 모른다. 모니터링에 대해서도 마찬가지다. 나기오스^{Nagios} 같은 오래된 도구는 실행 중인 서버와 서비스의 지속적인 변경사항을 처리하도록 설계되지 않았다. 우리는 임계치에 도달했을 때 거의 실시간 모니터링 및 대응을 관리하는 다른(새로운 것이 아닌) 접근 방식을 제공하는 컨설을 이미 사용했다. 그러나 그것만으로는 충분하지 않다. 실시간 정보는 무언가가 잘못 됐음을 감지하는 데 중요하지만 실패 원인에 대한 정보는 제공하지 않는다. 서비스가 응답하지 않는다는 사실을 알 수 있지만 그 이유는 알 수 없다.

우리 시스템에 대한 이력 정보가 필요하다. 이 정보는 로그, 하드웨어 사용, 상태 검사 및 기타 여러 가지 형태의 정보일 수 있다. 이력 데이터 저장의 필요성이 새로운 것은 아니며 오랫동안 사용돼왔다. 그러나 정보가 이동하는 방향은 시간이 지남에 따라 변했다. 과거에는 대부분의 솔루션이 중앙집중식 데이터 수집기를 기반으로 했지만, 오늘날에는 서비스와 서버의 매우 동적인 특성으로 인해 데이터 수집기를 분산화하는 경향이 있다.

클러스터 로깅 및 모니터링에 필요한 것은 중앙집중식 파싱 서비스에 정보를 보내는 분산형 데이터 수집기와 데이터 저장소의 조합이다. 온프레미스^{on-premise}에서 클라우드 솔루션에 이르기까지 이 요구사항을 충족시키도록 특별히 고안된 제품이 많이 있다. FluentD, Loggly, GrayLog, Splunk, DataDog는 사용 가능한 솔루션 중 일부에 지나지 않는다. 나는 ELK 스택^{ElasticSearch, LogStash, Kibana}을 통해 개념을 보여주기로 했다. 이 스택은 무료이며 문서화가 잘되고 효율적이며 널리 사용된다는 이점이 있다. 일래스틱서치^{ElasticSearch}는 실시간 검색 및 분석을 위한 최고의 데이터베이스 중 하나로 자리매김했다. 분산, 확장 가능, 가용성이 높으며 정교한 API를 제공한다. 로그스태시^{LogStash}는 데이터 처리를 중앙집중화한다. 커스텀 데이터 형식으로 쉽게 확장할 수 있으며, 거의 모든 필요에 맞는 많은 플러그인을 제공한다. 마지막으로, 키바나^{Kibana}는 일래스틱서치 위에 직관적인 인터페이스가 있는 분석 및 시각화 플랫폼이다. ELK 스택을 사용한다고 해서 여타 솔루션보다 우수하다는 의미는 아니다. 그것은 모두 특정한 사용 사례와 특정한 요구에 따라 다르다. ELK 스택을 사용해 중앙집중식 로깅 및 모니터링 원칙을 설명할 텐데, 일단 이러한 원칙을 이해하면 그렇게 하기로 선택하는 경우에 다른 스택에 적용하는 데 아무런 문제가 없을 것이다.

중앙집중식 로깅의 필요성을 논의하기 전에 우리는 일의 순서를 바꾸어서 도구를 선택했다. 이제 필요성을 논의해보자.

▌ 중앙집중식 로깅의 필요성

대부분의 경우에 로그 메시지는 파일에 기록된다. 그렇다고 파일이 유일한 것이거나 로그를 저장하는 가장 효율적인 방법은 아니다. 그러나 대부분의 팀은 어떤 형식으로든 파일 기반 로그를 사용하고 있으며, 당분간은 여러분의 경우도 마찬가지라고 가정할 것이다.

운이 좋으면 서비스 또는 애플리케이션당 하나의 로그 파일이 있다. 그러나 보통은 서비스가 정보를 출력하는 파일은 여러 개다. 대부분의 경우 로그에 기록되는 내용은 별로 신경 쓰지 않는다. 일이 잘 진행되면 로그를 탐색하는 데 소중한 시간을 할애할 필요가 없다. 로그는 우리가 시간을 보내기 위해 읽는 소설이 아니며, 지식 향상을 위해 읽는 기술 서적도 아니다. 로그는 무언가가 어디에선가 잘못됐을 때 유용한 정보를 제공한다.

상황은 단순한 것처럼 보인다. 우리는 대부분의 시간을 무시하는 정보를 로그에 기록하고, 문제가 발생하면 해당 정보를 참조하고 즉시 문제의 원인을 찾는다. 적어도 그것이 많은 사람이 바라는 바다. 현실은 그보다 훨씬 더 복잡하다. 대부분의 사소한 시스템에서도 디버깅 프로세스는 훨씬 더 복잡하다. 애플리케이션과 서비스는 거의 항상 상호 연결되어 있어서 문제의 원인을 파악하기는 쉽지 않다. 한 애플리케이션에서 나타날 수 있지만 조사를 하면 그 원인이 다른 애플리케이션에 있을 수 있다. 예를 들어, 서비스의 인스턴스를 생성하지 못했을 수도 있다. 로그를 탐색하는 동안 원인이 데이터베이스에 있음을 알 수도 있다. 서비스를 연결할 수 없으므로 서비스를 시작하지 못할 수도 있다. 증상은 나타나지만 원인은 알 수 없는 경우도 있다. 원인을 찾으려면 데이터베이스 로그로 전환해야 한다. 이 간단한 예를 통해 우리는 이미 하나의 로그를 보는 것만으로는 충분하지 않은 시점에 도달했다.

클러스터에서 실행되는 분산 서비스에서는 상황이 기하급수적으로 복잡해진다. 어떤 서비스 인스턴스가 실패했을까? 어떤 서버에서 실행되고 있을까? 요청을 시작한 업스트림 서비스는 무엇일까? 범인이 있는 노드의 메모리 및 하드 디스크 사용량은 어떻게 될까? 짐작할 수 있듯이, 성공적인 원인 발견에 필요한 정보를 찾고 수집하고 필터링하는 일은 보통 매우 복잡하다. 시스템이 커질수록 더 어렵다. 모놀리식 애플리케이션을 사용하더라도 상황을 쉽게 통제할 수 없다. (마이크로)서비스 접근 방식을 채택하면 이러한 문제가 두 배가 된다. 중앙집중식 로깅은 가장 단순하지만 가장 작은 시스템을 제외한 모든 시스템에서 반드시 필요하다. 그 대신 일이 잘못되면 많은 사람이 한 서버에서 다른 서버로 뛰어다니면서 한 파일에서 다른 파일로 건너뛰어야 한다. 마치 머리가 잘린 닭처럼 방향이 없이 말이다. 우리는 로깅이 생성하는 혼돈을 받아들이는 경향이 있으며, 그것을 우리 직업의 일부로 간주한다.

중앙집중식 로깅에서 우리는 무엇을 기대할까? 많은 것이 일어나지만 가장 중요한 건 다음과 같다.

- 데이터를 파싱해 거의 실시간으로 중앙 데이터베이스로 전송하는 방법
- 거의 실시간의 데이터 쿼리 및 분석을 처리할 수 있는 데이터베이스의 용량
- 필터링된 테이블, 대시보드 등을 통한 데이터의 시각적 표현

모든 요구사항(그리고 그 이상)을 충족시킬 수 있는 도구를 이미 선택했다. ELK 스택

LogStash, ElasticSearch, Kibana은 모든 것을 할 수 있다. 앞서 살펴본 다른 모든 도구와 마찬가지로 이 스택은 우리 앞에 놓인 특정한 요구사항을 충족시키기 위해 쉽게 확장될 수 있다.

이제 수행하고자 하는 모호한 아이디어가 있고 이를 위한 도구가 있으므로 우리가 사용할 수 있는 로깅 전략을 살펴볼 것이다. 가장 일반적으로 사용되는 시나리오부터 시작해 점차로 로깅 전략을 정의하는 좀 더 복잡하고 효율적인 방법으로 이동할 것이다.

더 이상 생각만 하지 말고 중앙집중식 로깅을 실험하고 나중에 모니터링하는 데 사용할 환경을 만들기로 하겠다. 3개의 노드를 만든다. cd와 prod VM에는 이미 익숙하다. 첫 번째 VM은 주로 프로비저닝에 사용되며, 두 번째 VM은 생산 서버로 사용된다. logging이라는 새로운 것을 도입할 텐데, 모든 로깅 및 모니터링 도구를 실행하기 위한 생산 서버를 모방한 것이다. 이상적으로는 하나의 생산 서버(prod) 대신에, 가령 스웜 클러스터에 예제를 실행할 것이다. 그러면 우리는 좀 더 생산과 비슷한 설정에서 이점을 볼 수 있다. 그러나 이전 장들에서 단일 노트북에서 실행할 수 있는 한계를 이미 제한했기 때문에 위험을 감수하고 단일 VM을 선택하지 않았다. 즉 모든 예제는 1, 10, 100 또는 1,000개의 서버에 동일하게 적용될 수 있다. 전체 클러스터로 확장하는 데 문제가 없어야 한다.

```
vagrant up cd prod logging
vagrant ssh cd
```

▋ 일래스틱서치에 로그 항목 보내기

logging 서버에 ELK 스택ElasticSearch, LogStash, Kibana을 프로비저닝하는 것으로 시작한다. 계속해서 프로비저닝에 앤시블을 사용해 우리가 선호하는 설정 관리 도구로 바꿀 것이다.

elk.yml 플레이북을 실행하고, 그동안 살펴보자.

```
ansible-playbook /vagrant/ansible/elk.yml \
    -i /vagrant/ansible/hosts/prod \
    --extra-vars "logstash_config=file.conf"
```

플레이북의 정의는 다음과 같다.

```
- hosts: logging
  remote_user: vagrant
  serial: 1
  roles:
    - common
    - docker
    - elasticsearch
    - logstash
    - kibana
```

common과 docker 역할은 여러 번 사용했으니까 건너뛰고 roles/elasticsearch/tasks/
main.yml 파일에 정의된 elasticsearch 작업으로 바로 넘어가자.

```
- name: Container is running
  docker:
    name: elasticsearch
    image: elasticsearch
    state: running
    ports:
      - 9200:9200
    volumes:
      /data/elasticsearch:/usr/share/elasticsearch/data
  tags: [elasticsearch]
```

도커 덕분에 공식적인 elasticsearch 이미지를 실행하기만 하면 된다. 9200 포트를 통해 API를 공개하고 호스트의 데이터를 유지하는 데 사용할 단일 볼륨을 정의한다.

그다음 행은 logstash 역할이다. roles/logstash/tasks/main.yml 파일에 설정된 작업은 다음과 같다.

```yaml
- name: Directory is present
  file:
    path: "{{ item.path }}"
    recurse: yes
    state: directory
    mode: "{{ item.mode }}"
  with_items: directories
  tags: [logstash]

- name: File is copied
  copy:
    src: "{{ item.src }}"
    dest: "{{ item.dest }}"
  with_items: files
  tags: [logstash]

- name: Container is running
  docker:
    name: logstash
    image: logstash
    state: running
    expose:
      - 5044
      - 25826
      - 25826/udp
      - 25827
      - 25827/udp
    ports:
      - 5044:5044
      - 5044:5044/udp
      - 25826:25826
      - 25826:25826/udp
```

```
      - 25827:25827
      - 25827:25827/udp
    volumes:
      - /data/logstash/conf:/conf
      - /data/logstash/logs:/logs
    links:
      - elasticsearch:db
    command: logstash -f /conf/{{ logstash_config }}
  tags: [logstash]
```

elasticsearch 작업보다 훨씬 더 크지만 여전히 아주 간단하다. 디렉토리를 만들고, 이 장에서 사용할 몇 개의 설정 파일을 복사하고, 공식 logstash 이미지를 실행한다. 우리는 몇 개의 시나리오로 실험할 것이므로 다른 포트를 노출하고 정의해야 한다. 역할은 2개의 볼륨을 노출한다. 첫 번째는 설정 파일을 저장하지만, 두 번째 볼륨은 로그를 저장하는 디렉토리로 사용한다. 마지막으로, elasticsearch 컨테이너 링크를 생성하고 변수로 정의된 설정 파일로 logstash를 시작하도록 명령을 지정한다. 플레이북을 실행하기 위해 사용한 명령에는 logstash_config 변수가 file.conf로 지정되어 있다. 간단히 살펴보자.

```
input {
  file {
    path => "/logs/**/*"
  }
}

output {
  stdout {
    codec => rubydebug
  }
  elasticsearch {
    hosts => db
  }
}
```

로그스태시 설정은 input, output, filter라는 세 가지 주요 섹션으로 구성된다. filter는 건너뛰고 나머지 2개에 집중할 것이다.

input(입력) 섹션은 하나 이상의 로그 소스를 정의한다. 이 경우에 입력을 경로가 /logs/**/*로 설정된 파일 플러그인을 통해 처리해야 하도록 정의했다. 하나의 별표 (*)는 모든 파일 또는 디렉토리를 의미하며 2개 연속된 것은 모든 디렉토리 또는 하위 디렉토리에 있는 파일을 의미한다. /logs/**/* 값은 /logs/ 디렉토리 또는 그 하위 디렉토리에 있는 파일이다. 우리가 하나의 입력만 지정했음에도 불구하고 여러 입력이 있을 수 있으며, 보통은 그렇다. 지원되는 모든 입력 플러그인에 대한 자세한 내용은 공식 입력 플러그인 페이지를 참조하기 바란다.

output(출력) 섹션은 입력을 통해 수집된 로그 항목의 대상을 정의한다. 이 경우에는 두 가지를 설정한다. 첫 번째는 rubydebug 코덱을 사용해 모든 것을 표준 출력으로 인쇄할 stdout 출력 플러그인을 사용한다. 결과를 빨리 볼 수 있도록 데모 목적으로만 stdout을 사용한다는 점에 주목하기 바란다. 생산 설정에서는 성능상의 이유로 아마도 제거해야 한다. 두 번째 출력은 더 흥미롭다. 일래스틱서치 출력 플러그인을 사용해 모든 로그 항목을 데이터베이스로 낸다. hosts 변수는 db로 설정된다. logstash와 elasticsearch 컨테이너를 연결했기 때문에 도커는 /etc/hosts 파일에 db 항목을 생성했다. 지원되는 모든 출력 플러그인에 대한 자세한 내용은 https://www.elastic.co/guide/en/logstash/current/output-plugins.html 페이지를 참조하기 바란다.

이 설정 파일은 우리가 시작할 수 있는 가장 간단한 파일 중 하나일 것이다. 작동하는 것을 보기 전에 스택의 마지막 요소를 살펴보겠다. 키바나는 일래스틱서치와 상호작용할 수 있는 사용자 인터페이스를 제공한다. kibana 역할의 작업은 roles/kibana/tasks/main.yml 파일에 정의된다. 여기에는 지금 건너뛰고 컨테이너를 실행하는 부분에만 집중하는 백업 복원 작업이 포함되어 있다.

```
- name: Container is running
  docker:
```

```
    image: kibana
    name: kibana
    links:
      - elasticsearch:elasticsearch
    ports:
      - 5601:5601
  tags: [kibana]
```

ELK 스택의 나머지 부분과 마찬가지로 키바나는 공식 도커 이미지를 갖고 있다. 우리가 해야 할 일은 컨테이너를 elasticsearch에 연결하고 UI에 접근하는 데 사용할 6501 포트를 노출하는 것뿐이다. 곧 키바나가 보일 것이다.

일부 로그 항목을 시뮬레이션하기 전에 ELK 스택이 실행되는 logging 노드로 들어가야 한다.

```
exit

vagrant ssh logging
```

/data/logstash/logs 볼륨이 컨테이너와 공유되고 로그스태시가 그 안에 있는 모든 파일을 모니터링하고 있으므로 단일 항목으로 로그를 만들 수 있다.

```
echo "my first log entry" \
    >/data/logstash/logs/my.log
```

로그스태시 출력을 살펴보고 어떤 일이 발생했는지 살펴보자.

```
docker logs logstash
```

첫 번째 로그 항목이 처리될 때까지 몇 초가 걸릴 수 있으므로 docker logs 명령이 아무것도 반환하지 않으면 다시 실행한다. 동일한 파일에 대한 모든 새로운 항목이 훨씬 빠르게 처리된다.

결과는 다음과 같다.

```
{
      "message" => "my first log entry",
     "@version" => "1",
   "@timestamp" => "2016-02-01T18:01:04.044Z",
         "host" => "logging",
         "path" => "/logs/my.log"
}
```

보다시피, 로그스태시가 my first log entry를 처리하고 몇 가지 정보를 추가했다. 타임스탬프, 호스트 이름 및 로그 파일의 경로가 있다.

항목을 추가해보자.

```
echo "my second log entry" \
    >>/data/logstash/logs/my.log

echo "my third log entry" \
    >>/data/logstash/logs/my.log

docker logs logstash
```

docker logs 명령의 결과는 다음과 같다.

```
{
      "message" => "my first log entry",
     "@version" => "1",
   "@timestamp" => "2016-02-01T18:01:04.044Z",
         "host" => "logging",
         "path" => "/logs/my.log"
```

```
}
{
      "message" => "my second log entry",
     "@version" => "1",
   "@timestamp" => "2016-02-01T18:02:06.141Z",
         "host" => "logging",
         "path" => "/logs/my.log"
}
{
      "message" => "my third log entry",
     "@version" => "1",
   "@timestamp" => "2016-02-01T18:02:06.150Z",
         "host" => "logging",
         "path" => "/logs/my.log"
}
```

예상대로 로그스태시가 3개의 로그 항목을 모두 처리했으며 키바나를 통해 시각화됐다. 브라우저에서 http://10.100.198.202:5601/을 연다. 키바나를 처음 실행하기 때문에 인덱스 패턴을 설정하도록 요청할 것이다. 다행히 이미 인덱스 형식(logstash-*)과 타임스탬프(@timestamp)가 포함된 필드를 파악했다. Create(만들기) 버튼을 클릭하고 상단 메뉴에서 Discover(검색)를 클릭한다.

디폴트로 Discover(검색) 화면에는 지난 15분 동안 일래스틱서치에서 생성된 모든 항목이 표시된다. 나중에 로그를 생성할 때 이 화면에서 제공하는 기능을 살펴볼 것이다. 지금은 로그 항목 중 가장 왼쪽에 있는 화살표를 클릭한다. 로그스태시가 생성하고 일래스틱서치로 보낸 모든 필드가 표시될 것이다. 현재 필터를 사용하지 않기 때문에 이 필드는 전체 로그 항목을 나타내는 message와 로그스태시가 생성한 몇 가지 일반 필드로 제한된다.

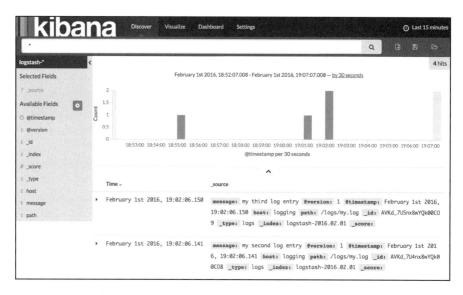

그림 16-1 몇 개의 로그 항목이 있는 키바나 Discover

우리가 사용한 예는 사소한 것이었고, 로그 엔트리처럼 보이지도 않았다. 로그의 복
잡성을 증가시키자. 내가 준비한 몇 가지 항목을 사용할 텐데, 샘플 로그는 /tmp/
apache.log 파일에 있으며 아파치 형식의 몇 가지 로그 항목을 포함한다. 내용은 다
음과 같다.

```
127.0.0.1 - - [11/Dec/2015:00:01:45 -0800] "GET /2016/01/11/the-devops-
2-0-toolkit/ HTTP/1.1" 200 3891 "http://technologyconversations.com"
"Mozilla/5.0 (Macintosh; Intel Mac OS X 10.9; rv:25.0) Gecko/20100101
Firefox/25.0"
127.0.0.1 - - [11/Dec/2015:00:01:57 -0800] "GET /2016/01/18/clustering-
and-scaling-services/ HTTP/1.1" 200 3891 "http://technologyconversations.
com" "Mozilla/5.0 (Macintosh; Intel Mac OS X 10.9; rv:25.0)
Gecko/20100101 Firefox/25.0"
127.0.0.1 - - [11/Dec/2015:00:01:59 -0800] "GET /2016/01/26/self-
healing-systems/ HTTP/1.1" 200 3891 "http://technologyconversations.com"
"Mozilla/5.0 (Macintosh; Intel Mac OS X 10.9; rv:25.0) Gecko/20100101
Firefox/25.0"
```

로그스태시는 /data/logstash/logs/ 디렉토리에 로그 파일이 필요하므로 예제를 복사하자.

```
cat /tmp/apache.log \
    >>/data/logstash/logs/apache.log
```

로그스태시가 생성한 출력을 살펴보자.

```
docker logs logstash
```

로그스태시는 모니터링할 새 파일이 있음을 감지하는 데 몇 초가 걸릴 수 있다. docker logs 결과가 새로운 내용을 표시하지 않으면 명령을 반복한다. 결과는 다음과 유사해야 한다.

```
{
        "message" => "127.0.0.1 - - [11/Dec/2015:00:01:45 -0800] \"GET
/2016/01/11/the-devops-2-0-toolkit/ HTTP/1.1\" 200 3891 \"http://
technologyconversations.com\" \"Mozilla/5.0 (Macintosh; Intel Mac OS X
10.9; rv:25.0) Gecko/20100101 Firefox/25.0\"",
       "@version" => "1",
     "@timestamp" => "2016-02-01T19:06:21.940Z",
           "host" => "logging",
           "path" => "/logs/apache.log"
}
{
        "message" => "127.0.0.1 - - [11/Dec/2015:00:01:57 -0800] \"GET
/2016/01/18/clustering-and-scaling-services/ HTTP/1.1\" 200 3891
\"http://technologyconversations.com\" \"Mozilla/5.0 (Macintosh; Intel
Mac OS X 10.9; rv:25.0) Gecko/20100101 Firefox/25.0\"",
       "@version" => "1",
     "@timestamp" => "2016-02-01T19:06:21.949Z",
           "host" => "logging",
           "path" => "/logs/apache.log"
```

```
}
{
        "message" => "127.0.0.1 - - [11/Dec/2015:00:01:59 -0800]
\"GET /2016/01/26/self-healing-systems/ HTTP/1.1\" 200 3891 \"http://
technologyconversations.com\" \"Mozilla/5.0 (Macintosh; Intel Mac OS X
10.9; rv:25.0) Gecko/20100101 Firefox/25.0\"",
        "@version" => "1",
     "@timestamp" => "2016-02-01T19:06:21.949Z",
            "host" => "logging",
            "path" => "/logs/apache.log"
}
```

같은 데이터는 http://10.100.198.202:5601/에서 실행되는 키바나에서 볼 수 있다.

방금 시작했지만 이미 크게 개선했다. 서버에서 무언가가 실패하면 우리는 어떤 서비스가 실패했는지, 그리고 그 로그가 어디에 있는지 알 필요가 없다. 해당 서버의 모든 로그 항목을 한 곳에서 가져올 수 있다. 개발자, 테스터, 운영자 또는 다른 역할을 하는 누구나 해당 노드에서 실행 중인 키바나를 열어 모든 서비스 및 애플리케이션의 모든 로그를 검사할 수 있다.

아파치 로그의 마지막 예제는 우리가 사용한 첫 번째 예제보다는 좀 더 생산과 유사하다. 그러나 항목은 여전히 하나의 큰 메시지로 저장된다. 일래스틱서치는 거의 모든 형식으로 거의 모든 것을 검색할 수 있지만, 조금만 도와야 하며 이 로그를 여러 필드로 분할해야 한다.

로그 항목 구문 파싱

앞에서 로그스태시 설정은 input, output, filter라는 세 가지 주요 섹션으로 구성된다고 했다. 앞의 예제는 input과 output만 사용했으며, 시간이 세 번째 섹션에 도입됐다. 이미 예제 설정을 준비했으며, roles/logstash/files/file-with-filters.conf 파일에서 찾을 수 있다. 내용은 다음과 같다.

```
input {
  file {
    path => "/logs/**/*"
  }
}

filter {
  grok {
    match => { "message" => "%{COMBINEDAPACHELOG}" }
  }
  date {
    match => [ "timestamp" , "dd/MMM/yyyy:HH:mm:ss Z" ]
  }
}

output {
  stdout {
    codec => rubydebug
  }
  elasticsearch {
    hosts => db
  }
}
```

input과 output 섹션은 이전과 동일하다. 차이점은 filter가 추가된 것이다. 다른 2개와 마찬가지로 하나 이상의 플러그인을 사용할 수 있다. 이 경우에는 grok 필터 플러그인을 사용해야 한다고 지정했다. 다른 이유가 없다면 플러그인에 대한 공식 설명을 통해 플러그인을 사용해보기 바란다.

grok은 현재 **엉성한 비정형 로그 데이터**를 구조화되고 질의 가능한 것으로 구문 분석하는 가장 좋은 방법이다.

grok은 정규 표현식 위에 위치하며, 로그스태시에는 이미 몇 가지 패턴이 있다. https://github.com/logstash-plugins/logstash-patterns-core/blob/master/patterns/grok-patterns 리포지터리에서 찾아볼 수 있다. 우리가 사용한 로그가 이미 포함된 아

파치 형식과 일치하기 때문에 로그스태시가 COMBINEDAPACHELOG 패턴을 사용해 메시지를 구문 분석하게 해야 한다. 나중에 각기 다른 패턴을 결합할 수 있는 방법을 살펴볼 테지만, 지금은 COMBINEDAPACHELOG가 해야 한다.

두 번째 필터는 날짜 플러그인을 통해 정의된다. 로그 항목에서 타임스탬프를 로그스태시 형식으로 변환한다.

자세한 내용은 필터 플러그인을 살펴보기 바란다. 필요에 맞는 것을 하나 이상 찾을 수 있을 것이다.

file.conf를 file-with-filters.conf 파일로 바꾸고, 로그스태시를 다시 시작하고, 어떻게 동작하는지 살펴보자.

```
sudo cp /data/logstash/conf/file-with-filters.conf \
    /data/logstash/conf/file.conf

docker restart logstash
```

새로운 로그스태시 설정으로 몇 가지 아파치 로그 항목을 추가할 수 있다.

```
cat /tmp/apache2.log \
    >>/data/logstash/logs/apache.log

docker logs logstash
```

마지막 항목의 docker logs 결과는 다음과 같다.

```
{
        "message" => "127.0.0.1 - - [12/Dec/2015:00:01:59 -0800]
    \"GET /api/v1/books/_id/5 HTTP/1.1\" 200 3891 \"http://cadenza/xampp/
    navi.php\" \"Mozilla/5.0 (Macintosh; Intel Mac OS X 10.9; rv:25.0)
    Gecko/20100101 Firefox/25.0\"",
```

```
        "@version" => "1",
      "@timestamp" => "2015-12-12T08:01:59.000Z",
            "host" => "logging",
            "path" => "/logs/apache.log",
        "clientip" => "127.0.0.1",
           "ident" => "-",
            "auth" => "-",
       "timestamp" => "12/Dec/2015:00:01:59 -0800",
            "verb" => "GET",
         "request" => "/api/v1/books/_id/5",
     "httpversion" => "1.1",
        "response" => "200",
           "bytes" => "3891",
        "referrer" => "\"http://cadenza/xampp/navi.php\"",
           "agent" => "\"Mozilla/5.0 (Macintosh; Intel Mac OS X 10.9;
 rv:25.0) Gecko/20100101 Firefox/25.0\""
 }
```

보다시피, 메시지는 아직 완전히 그대로 있다. 게다가 이번에는 꽤 많은 추가 필드가 있다. clientip, verb, referrer, agent 및 기타 데이터는 모두 적절하게 분리되어 있다. 이렇게 하면 훨씬 효율적으로 로그를 필터링할 수 있다.

주소 http://10.100.198.202:5601/에서 실행 중인 키바나를 연다. 주목할 것 중 하나는 키바나가 3개의 로그 항목을 구문 분석했지만 결과가 발견되지 않는다고 하는 것이다. 그 이유는 로그 타임스탬프를 로그스태시 형식으로 변환한 두 번째 필터 때문이다. 기본적으로 키바나는 지난 15분 간의 로그를 표시하고 2015년 12월 중에 로그 항목이 작성됐으므로 실제로 15분 이상 경과했다. 화면의 오른쪽 상단에 있는 Last 15 minutes(마지막 15분) 버튼을 클릭하고 Absolute(절댓값)를 선택한 다음 2015년 12월 1일부터 12월 31일까지 범위를 선택한다. 그러면 2015년 12월에 기록된 모든 로그가 제공된다.

Go(이동) 버튼을 클릭하고 방금 로그스태시를 통해 일래스틱서치로 보낸 3개의 로그가 화면에 표시되는지 확인한다. 오른쪽 메뉴에서 사용할 수 있는 많은 새로운 필드를 발견하게 될 것이다. 나중에 키바나 필터를 살펴볼 때 사용할 것이다. 지금 중요한 점은 이번에는 로그 항목을 일래스틱서치로 보내기 전에 구문 분석했다는 것이다.

로그스태시 필터를 사용해 일래스틱서치에 저장된 데이터를 개선했다. 솔루션은 로그가 있는 동일한 서버에 설치된 ELK 스택 전체에 의존하며, 단일 인터페이스(키바나)에서 첨부하기로 결정한 모든 로그를 볼 수 있다. 문제는 솔루션이 단일 서버로 제한된다는 점이다. 예를 들어, 서버가 10대인 경우 10개의 ELK 스택을 설치해야 한다. 그러면 리소스에 상당한 부하가 발생할 수 있다. 일래스틱서치는 메모리가 부족하고 로그스태시는 우리가 떼어주려고 하는 것보다 많은 CPU를 붙잡을 수 있다. 동일하게 중요한 것은 우리가 지금까지 많은 것을 개선했지만, 이상과는 거리가 멀다는 것이다. 관련된 여러 서비스와 애플리케이션을 상호 참조하려고 할 때 어떤 서버가 문제를 일으켰는지, 잠재적으로 하나의 키바나에서 다른 것으로 이동해야 하는지 알 필요가 있다.

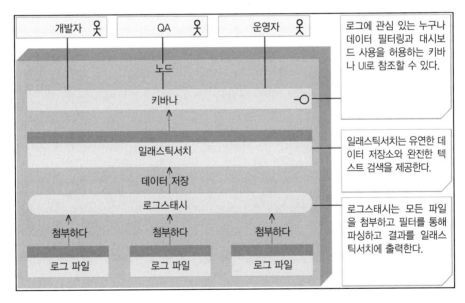

그림 16-2 단일 서버에서 실행되는 ELK 스택

분산 로그 및 중앙집중식 로그 구문 분석 개념을 소개하기 전에 로그스태시 인스턴스를 제거하고 cd 노드로 돌아가자.

```
docker rm -f logstash

exit

vagrant ssh cd
```

중앙 로그스태시 인스턴스로 로그 항목 보내기

우리가 지금까지 한 일은 도움이 되긴 하지만 모든 로그를 한곳에 모으는 문제를 해결하지 못한다. 지금은 단일 서버의 모든 로그가 단일 위치에 있다. 어떻게 바꿀 수 있을까?

한 가지 간단한 해결 방안은 각 서버에 로그스태시를 설치하고 원격 일래스틱서치에 항목을 보내도록 구성하는 것이다. 적어도 그것이 내가 해결했던 대부분의 회사들의 방식이었다. 우리도 똑같이 해야 할까? 대답은 '아니요'다. 우리는 해서는 안 된다. 문제는 로그스태시 자체에 있다. 로그 수집, 구문 분석 및 출력을 위한 훌륭한 솔루션이지만 너무 많은 리소스를 사용한다. 각 서버에 로그스태시를 설치하면 엄청난 낭비가 발생한다. 대신 파일비트Filebeat를 사용할 것이다.

파일비트는 로그 파일용 가벼운 발송인이며 차세대 로그스태시 전송자를 대표한다. 로그스태시와 마찬가지로 로그 파일을 처리한다. 차이점은 첨부하기와 로그 보내기에만 최적화되어 있다는 것이다. 파싱을 하지 않는다. 또 다른 차이점은 고Go로 작성됐다는 것이다. 이 두 가지 사항만으로도 작은 공간으로 리소스를 훨씬 효율적으로 사용할 수 있으므로 메모리 및 CPU 소비가 크게 증가하지 않고 모든 서버에서 안전하게 실행할 수 있다.

파일비트를 실제로 작동하기 전에 로그스태시 설정의 입력 섹션을 변경해야 한다. 새로운 설정은 roles/logstash/files/beats.conf 파일에 있으며 그 내용은 다음과 같다.

```
input {
  beats {
    port => 5044
  }
}

output {
  stdout {
    codec => rubydebug
  }
  elasticsearch {
    hosts => db
  }
}
```

보다시피, 유일한 차이점은 input 섹션에 있다. 5044 포트에서 듣도록 설정된 beats 플러그인을 사용한다. 이 설정을 사용하면 단일 로그스태시 인스턴스를 실행하고 다른 모든 서버가 로그를 이 포트로 보낼 수 있다.

이 설정을 로그스태시에 배포하자.

```
ansible-playbook /vagrant/ansible/elk.yml \
    -i /vagrant/ansible/hosts/prod \
    --extra-vars "logstash_config=beats.conf"
```

로그스태시는 이제 logging 서버에서 실행되고 5044 포트에서 패킷을 수신 대기한다. 파일비트를 계속 진행하기 전에 prod3.yml 플레이북을 간단하게 살펴보자.

```
- hosts: prod
  remote_user: vagrant
  serial: 1
  roles:
    - common
    - docker
    - docker-compose
    - consul
    - registrator
    - consul-template
    - nginx
    - filebeat
```

새로운 추가 기능은 roles/filebeat 역할뿐이다. roles/filebeat/tasks/main.yml 파일에 정의된 작업은 다음과 같다.

```
- name: Download the package
  get_url:
    url: https://download.elastic.co/beats/filebeat/filebeat_1.0.1_amd64.deb
    dest: /tmp/filebeat.deb
  tags: [filebeat]

- name: Install the package
  apt:
    deb: /tmp/filebeat.deb
  tags: [filebeat]

- name: Configuration is present
  template:
    src: filebeat.yml
    dest: /etc/filebeat/filebeat.yml
  tags: [filebeat]

- name: Service is started
  service:
    name: filebeat
```

```
      state: started
  tags: [filebeat]
```

작업은 패키지를 다운로드해 설치하고 설정을 복사한 다음, 마지막으로 서비스를 실행한다. 주목할 가치가 있는 것은 roles/filebeat/templates/filebeat.yml 구성 파일뿐이다.

```
filebeat:
  prospectors:
    -
      paths:
        - "/var/log/**/*.log"

output:
  logstash:
      hosts: ["{{ elk_ip }}:5044"]
```

filebeat 섹션은 로그 파일을 찾고 처리하는 데 사용되는 prospector 목록을 지정한다. 각 prospector 항목은 대시(-)로 시작하고 로그 파일을 찾기 위해 크롤링되는 경로 목록을 포함하는 prospector 관련 설정 옵션을 지정한다. 여기서는 하나의 경로만 /var/log/**/*.log로 설정하고 있다. 시작되면 파일비트는 /var/log/* 디렉토리 또는 그 하위 디렉토리에 있는 .log로 끝나는 모든 파일을 찾는다. 대부분의 우분투 로그가 있는 위치이기 때문에 처리할 로그 항목이 상당히 많을 것이다.

output 섹션은 다양한 대상에 로그 항목을 보내는 데 사용된다. 우리의 경우에는 로그스태시를 유일한 출력으로 지정했다. 현재의 로그스태시 설정에는 필터링이 없으므로 일래스틱서치를 출력으로 설정할 수 있으며, 결과는 동일하지만 부하가 적다. 그러나 앞으로 필터를 추가할 가능성이 높으므로 output은 logstash로 설정됐다.

필터는 축복과 동시에 저주라는 점에 주목하기 바란다. 로그 항목을 관리하기 쉬운 필드로 분리할 수 있는 반면, 로그 형식이 너무 다르면 파서를 작성하는 데 많은 시간을 소비할 수 있다. 특수한 필드 없이 필터를 사용하거나 일래스틱서치 필터링 기능에 의존해야 하는지 여부는 전적으로 여러분에게 달려 있다. 나는 두 가지 방향으로 나아가는 경향이 있다. 로그에 중요한 정보가 포함되어 있는 경우(다음 예에서 볼 수 있듯이) 필터링 로그가 필수다. 로그 항목이 분석 값이 없는 일반 메시지인 경우에 나는 필터링을 생략한다. 약간의 연습을 통해 규칙을 수립할 수 있다. 설정 옵션에 대한 자세한 내용은 https://www.elastic.co/guide/en/beats/filebeat/current/filebeat-configuration-details.html 페이지를 참조하기 바란다.

플레이북을 실행하고 파일비트가 실제로 작동하는지 살펴보자.

```
ansible-playbook /vagrant/ansible/prod3.yml \
    -i /vagrant/ansible/hosts/prod
```

파일비트가 prod 노드에서 실행됐으므로 로깅 서버에서 실행되는 로그스태시가 생성한 로그를 살펴볼 수 있다.

```
docker -H tcp://logging:2375 \
    logs logstash
```

docker logs 명령의 마지막 몇 행은 다음과 같다.

```
...
{
        "message" => "ttyS0 stop/pre-start, process 1301",
       "@version" => "1",
     "@timestamp" => "2016-02-02T14:50:45.557Z",
           "beat" => {
       "hostname" => "prod",
           "name" => "prod"
    },
```

```
       "count" => 1,
      "fields" => nil,
  "input_type" => "log",
      "offset" => 0,
      "source" => "/var/log/upstart/ttyS0.log",
        "type" => "log",
        "host" => "prod"
}
```

파일비트는 prod 노드의 /var/log/ 디렉토리에 있는 모든 로그 항목을 logging 서버에서 실행하고 있는 로그스태시로 보냈다. 별로 어렵지 않게 했으며, 결과적으로 일래스틱서치에 350개 이상의 로그 항목이 저장됐다. 350개의 로그 항목은 자랑할 만한 것은 아니지만 350000개라고 하더라도 여유롭게 처리할 수 있었을 것이다.

로그가 키바나에 도달했는지 확인하자. http://10.100.198.202:5601/을 연다. 항목이 표시되지 않으면 15분 이상 경과했음을 의미하므로 화면의 오른쪽 상단에 있는 time selector(시간 선택기) 버튼을 클릭해 시간을 늘려야 한다.

 일래스틱서치 색인에 새 필드 유형이 추가될 때마다 패턴을 다시 작성해야 한다. Settings(설정) 화면으로 이동해 Create(만들기) 버튼을 클릭하면 된다.

다시 솔루션을 상당히 개선했다. 로그를 분석(로그스태시), 저장(일래스틱서치), 탐색(키바나)하는 중앙 위치가 있다. 우리는 각 서버에서 실행되는 파일비트로 여러 대의 서버에 플러그인할 수 있다. 그것은 로그를 첨부하고 로그스태시에 보낸다.

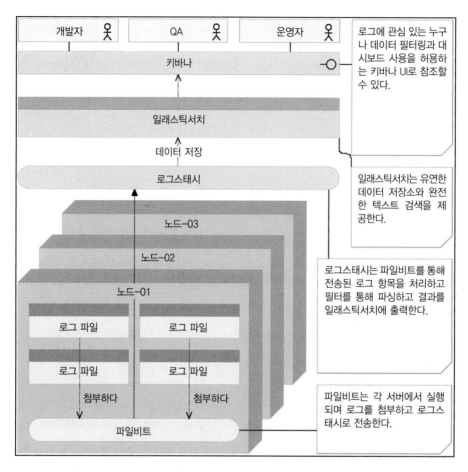

그림 16-3 전체 클러스터에 분산된 파일비트를 갖는 단일 서버에서 실행되는 ELK 스택

분담금을 조금 올리고 우리가 배운 내용을 도커 컨테이너에 적용해보자. 로그스태시 설정을 변경할 것이므로 실행하고 있는 인스턴스를 제거해 이 절을 끝내기로 한다.

```
docker -H tcp://logging:2375 \
    rm -f logstash
```

도커 로그 항목을 중앙 로그스태시 인스턴스로 보내기

우리는 컨테이너를 사용하기 때문에 서비스가 로그를 작성하는 디렉토리를 공유하는 볼륨으로 컨테이너를 실행할 수 있다. 우리도 그렇게 할까? 대답은 '아니요'다. 현재로서는 내가 하나의 잘못된 솔루션에서 다른 솔루션으로 계속 이끌어가고 있다고 생각할 것이다. 내가 실제로 하려는 건, 솔루션을 단계별로 구현하는 동시에 선택할 수 있는 다른 경로를 보여주는 것이다. 내가 선호하는 솔루션을 반드시 여러분이 채택할 필요는 없다. 선택의 폭이 넓을수록 그만큼 더 정보에 입각한 의사결정을 내릴 수 있다.

로그를 파일에 쓰고 로그스태시로 전송하는 주제로 돌아가 보자. 내가 서비스를 패키징하는 방식에 관계없이 모든 로그는 표준 출력 또는 오류(stdout 또는 stderr)로 보내야 한다는 것은 주관적인 견해다. 이 의견에는 실용적인 이유가 많이 있지만, 자세히 설명하진 않겠다. 나는 이미 내 의견과 실천방법이 너무 급진적이라는 이메일을 사람들로부터 많이 받았다(그들 대부분은 15년 이상 전에 세기가 바뀌었다고 응답했다). 나는 일반적인 용어로 로깅 주제에 대한 또 다른 전쟁을 피하려고 노력할 것이다. 서비스가 컨테이너 내에 배포될 때 파일에 로그를 쓰지 않는 이유는 넘어가기로 하자. 그 이유 중 두 가지는 많은 사람이 고수하고 있다. 우선 볼륨을 적게 사용할수록 실행하고 있는 호스트에 따라 컨테이너가 적어지고 컨테이너를 이동(장애가 발생하거나 확장할 때)하기가 더 쉬워진다. 두 번째 이유는 도커의 로깅 드라이버가 로그를 stdout과 stderr로 보낼 것을 기대하기 때문이다. 파일에 로그를 쓰지 않음으로써 서버 또는 특정 로깅 기술과의 결합을 피할 수 있다.

로그 파일이 천국의 은총이라는 혐오 이메일을 보내려 한다면 컨테이너 내부에서 생성될 때 출력 대상을 참조한다는 점에 주목하기 바란다(사용하기 전에 규칙을 적용하더라도).

로그가 있는 컨테이너 디렉토리를 볼륨으로 노출하는 다른 방법은 무엇일까? 도커는 1.6 버전에 로깅 드라이버 기능을 도입했다. 대부분 주목받지 못했지만 이것은 매우 멋진 기능이며 도커 환경에 로그인하기 위한 포괄적인 접근 방법을 만드는 데 큰 도움이 된다. 그 이후로 디폴트 json-file 드라이버 외에도 syslog, journald, gelf, fluentd, splunk, awslogs를 사용할 수 있다. 이 책을 읽을 때 쯤이면 새로운 게 나올 수도 있다.

이제 도커의 로깅 드라이버를 사용하기로 결정했으므로 선택할 수 있는 질문이 생긴다. GELF 드라이버는 로그스태시가 지원하는 Greylog 확장 로그 형식으로 메시지를 작성한다. 컨테이너에 의해 생성된 로그를 저장하는 것이 전부라면 좋은 선택이다. 반면에 컨테이너 내부에서 실행되는 서비스뿐만 아니라 나머지 시스템에서도 생성되는 로그를 원할 경우에는 JournalD 또는 syslog를 선택할 수 있다. 이와 같은 경우에는 컨테이너 내부뿐만 아니라 전체 OS 수준에서 일어나는 모든 것에 대한 진정한 (거의) 완벽한 정보를 얻을 수 있다. 후자 옵션(JournalD 또는 syslog)은 일래스틱서치(사용 가능한 메모리가 많을수록 메모리 사용량이 많음)에 사용할 수 있는 메모리가 많을 때 바람직하며, 이것이 우리가 더 살펴볼 내용이다. 일래스틱서치가 많은 메모리를 필요로 한다는 사실에 겁먹지 말기를 바란다. 오래된 데이터를 영리하게 정리하면 쉽게 완화할 수 있다. JournalD가 syslog보다 더 좋거나 더 나쁜 솔루션인지에 대한 논란은 건너뛸 것이다. 그냥 syslog를 사용하라. 같은 원리 집합이 두 가지 모두에 적용되기 때문에 어떤 것이 당신의 취향인지는 중요하지 않다.

이번에는 roles/logstash/files/syslog.conf 파일을 로그스태시 설정으로 사용한다. 섹션을 하나씩 차례로 살펴보자.

```
input {
  syslog {
    type => syslog
    port => 25826
  }
}
```

input 섹션은 스스로를 설명하고 있다. 우리는 두 가지 설정에 syslog 플러그인을 사용하고 있다. 첫 번째는 이 입력에 의해 처리되는 모든 이벤트에 type 필드를 추가한

다. syslog에서 나오는 로그와 다른 방법을 통해 생성된 로그를 구별하는 데 도움이
된다. port 설정은 로그스태시가 syslog 이벤트를 25826에서 들어야 함을 나타낸다.

설정 파일의 filter 섹션은 좀 더 복잡하다. 나는 주로 필터를 통해 할 수 있는 일의 일
부를 보여줄 수 있는 방법으로 사용하기로 결정했다.

```
filter {
  if "docker/" in [program] {
    mutate {
      add_field => {
        "container_id" => "%{program}"
      }
    }
    mutate {
      gsub => [
        "container_id", "docker/", ""
      ]
    }
    mutate {
      update => [
        "program", "docker"
      ]
    }
  }
  if [container_id] == "nginx" {
    grok {
      match => [ "message" , "%{COMBINEDAPACHELOG}
%{HOSTPORT:upstream_address} %{NOTSPACE:upstream_response_time}"]
    }
    mutate {
      convert => ["upstream_response_time", "float"]
    }
  }
}
```

if 문으로 시작한다. 도커는 docker/[CONTAINER_ID] 형식으로 설정된 program 필드의 값으로 syslog에 로그를 보낼 것이다. 도커에서 오는 로그 항목과 다른 방법을 통해 생성된 항목을 구별하기 위해 이 사실을 활용하고 있다. if 문 내부에서는 몇 가지 돌연변이를 수행하고 있다. 첫 번째는 container_id라는 새 필드를 추가하는 것인데, 지금은 program 필드와 동일한 값을 갖는다. 두 번째 돌연변이는 해당 값에서 docker/ 부분을 제거해 컨테이너 ID만 남겨두는 것이다. 마지막으로, program 필드의 값을 docker로 변경한다.

돌연변이 전후의 변수와 그 값은 다음과 같다.

변수명	이전 값	이후 값
program	docker/[CONTAINER_ID]	docker
containder_id	/	[CONTAINER_ID]

두 번째 조건 부분은 container_id가 nginx로 설정됐는지 확인하는 것으로 시작한다. 그럴 경우 이미 작동하는 것을 본 COMBINEDAPACHELOG 패턴을 사용해 메시지를 구문 분석하고 upstream_address 및 upstream_response_time이라는 2개의 새로운 필드에 추가한다. 이 두 필드는 모두 미리 정의된 grok 패턴인 HOSTPORT와 NOTSPACE를 사용한다. 더 깊이 들어가서 이 패턴들을 면밀히 살펴보려면 https://github.com/logstash-plugins/logstash-pattern-blob/master/patterns/grok-patterns 리포지터리를 참조하기 바란다. 정규 표현식에 익숙하다면 이해하기 쉬울 것이다(RegEx에 익숙하다면).

그렇지 않다면 선언된 이름으로(적어도 정규 표현식을 배울 때까지) 필요한 표현식을 찾을 수 있다. RegEx는 텍스트 파싱에 아주 강력한 언어지만 동시에 익히기가 아주 어렵다.

내 아내는 꽤 많은 정규 표현식을 필요로 했던 프로젝트를 작업할 때 머리카락이 회색으로 변했다고 주장했는데, 우리가 동의하는 몇 안 되는 것 중 하나다.

마지막으로, nginx 내부의 변형은 upstream_response_time 필드를 string(디폴트 값)

에서 float로 변환한다. 나중에 이 정보를 사용할 것이며 숫자여야 한다.

설정 파일의 세 번째이자 마지막 섹션은 output이다.

```
output {
  stdout {
    codec => rubydebug
  }
  elasticsearch {
    hosts => db
  }
}
```

이전과 동일하다. 필터링된 로그 항목을 표준 출력과 일래스틱서치로 보낸다.

이제 우리가 설정 파일을 이해했거나, 최소한 이해한 척하면서 앤시블 플레이북 elk.
yml을 통해 로그스태시를 한 번 더 배포할 수 있다.

```
ansible-playbook /vagrant/ansible/elk.yml \
    -i /vagrant/ansible/hosts/prod \
    --extra-vars "logstash_config=syslog.conf"
```

이제 로그스태시를 실행하고 syslog를 입력으로 사용하도록 설정했다. 현재 실행하고
있는 nginx 인스턴스를 제거하고 도커 로그 드라이버를 syslog로 설정해 다시 실행하
자. 그동안 우리는 syslog로 prod 노드를 프로비저닝할 것이다. 우리가 사용할 prod4.
yml 플레이북은 다음과 같다.

```
- hosts: prod
  remote_user: vagrant
  serial: 1
  vars:
    - log_to_syslog: yes
  roles:
```

```
    - common
    - docker
    - docker-compose
    - consul
    - registrator
    - consul-template
    - nginx
    - rsyslog
```

보다시피, 이 플레이북은 prod 서버를 프로비저닝하기 위해 사용한 것과 유사하다. 차이점은 log_to_syslog 변수와 rsyslog 역할을 추가한 것이다.

roles/nginx/tasks/main.yml 파일에 정의된 nginx 작업 관련 부분은 다음과 같다.

```
- name: Container is running
  docker:
    image: nginx
    name: nginx
    state: running
    ports: "{{ ports }}"
    volumes: "{{ volumes }}"
    log_driver: syslog
    log_opt:
      syslog-tag: nginx
  when: log_to_syslog is defined
  tags: [nginx]
```

차이점은 log_driver 및 log_opt 선언이 추가된 것이다. 첫 번째는 도커 로그 드라이버를 syslog로 설정한다. log_opt는 드라이버에 의존하는 추가 로깅 옵션을 지정하는 데 사용할 수 있다. 이 경우에는 tag를 지정한다. 이것이 없으면 도커는 컨테이너 ID를 사용해 syslog로 보낸 로그를 식별한다. 즉 일래스틱서치를 질의하면 nginx 항목을 찾기가 훨씬 쉬워진다.

roles/rsyslog/tasks/main.yml 파일에 정의된 rsyslog 작업은 다음과 같다.

```
- name: Packages are present
  apt:
    name: "{{ item }}"
    state: latest
    install_recommends: no
  with_items:
    - rsyslog
    - logrotate
  tags: [rsyslog]

- name: Config file is present
  template:
    src: 10-logstash.conf
    dest: /etc/rsyslog.d/10-logstash.conf
  register: config_result
  tags: [rsyslog]

- name: Service is restarted
  shell: service rsyslog restart
  when: config_result.changed
  tags: [rsyslog]
```

rsyslog 및 logrotate 패키지가 설치됐는지 확인하고 10-logstash.conf 설정 파일을 복사한 다음에 서비스를 다시 시작한다. roles/rsyslog/templates/10-logstash.conf 템플릿은 다음과 같다.

```
*.* @@{{ elk_ip }}:25826
```

이 파일은 앤시블 템플릿으로, {{ elk_ip }}는 IP로 대체된다. 설정은 간단하다. syslog로 보낸 모든 내용은 지정된 IP 및 포트에서 실행하고 있는 로그스태시로 다시 전송된다.

이제 우리는 현재 실행하고 있는 nginx 컨테이너를 제거하고 플레이북을 실행할 준비
가 되었다.

```
docker -H tcp://prod:2375 \
    rm -f nginx

ansible-playbook /vagrant/ansible/prod4.yml \
    -i /vagrant/ansible/hosts/prod
```

로그스태시로 전송된 내용을 살펴보자.

```
docker -H tcp://logging:2375 \
    logs logstash
```

시스템에서 생성한 syslog 항목을 확인해야 한다. 그중 하나는 다음과 같이 보일 수
있다.

```
{
           "message" => "[55784.504413] docker0: port 3(veth4024c56)
entered forwarding state\n",
          "@version" => "1",
        "@timestamp" => "2016-02-02T21:58:23.000Z",
              "type" => "syslog",
              "host" => "10.100.198.201",
          "priority" => 6,
         "timestamp" => "Feb  2 21:58:23",
         "logsource" => "prod",
           "program" => "kernel",
          "severity" => 6,
          "facility" => 0,
    "facility_label" => "kernel",
    "severity_label" => "Informational"
}
```

490

http://10.100.198.202:5601/에서 실행하고 있는 키바나를 통해 동일한 데이터를 살펴볼 수도 있다.

컨테이너에 패키징된 서비스를 배포할 때 어떤 일이 일어나는지 알아보자. 먼저 books-ms 서비스를 실행할 prod 노드로 들어간다.

```
exit

vagrant ssh prod

git clone https://github.com/vfarcic/books-ms.git

cd books-ms
```

books-ms 서비스를 배포하기 전에 docker-compose-logging.yml 파일을 살펴보자.

```
app:
  image: 10.100.198.200:5000/books-ms
  ports:
    - 8080 links:
    - db:db
  environment:
    - SERVICE_NAME=books-ms
  log_driver: syslog
  log_opt:
    syslog-tag: books-ms

db:
  image: mongo
  log_driver: syslog
  log_opt:
    syslog-tag: books-ms
```

보다시피, 앤시블로 nginx를 프로비저닝하는 데 사용한 것과 동일한 로직을 따른다.

유일한 차이점은 이 경우 도커 컴포즈 설정이라는 것이다. 같은 log_driver와 log_opt 키가 있다.

이제 도커 컴포즈 설정에 추가해야 하는 변경사항을 이해했으므로 다음과 같이 서비스를 배포할 수 있다.

```
docker-compose -p books-ms \
    -f docker-compose-logging.yml \
    up -d app
```

도커 프로세스를 나열하고 필터링해 실제로 실행되는지 확인하자.

```
docker ps --filter name=booksms
```

서비스가 실행됐으므로 syslog 로깅 드라이버로 로그 항목이 실제로 로그스태시에 전송됐는지 확인해야 한다.

```
docker -H tcp://logging:2375 \
    logs logstash
```

결과의 일부는 다음과 같다.

```
{
        "message" => "[INFO] [02/03/2016 13:28:35.869] [routingSystem-
akka.actor.default-dispatcher-5] [akka://routingSystem/user/IO-HTTP/
listener-0] Bound to /0.0.0.0:8080\n",
       "@version" => "1",
     "@timestamp" => "2016-02-03T13:28:35.000Z",
           "type" => "syslog",
           "host" => "10.100.198.201",
       "priority" => 30,
      "timestamp" => "Feb  3 13:28:35",
```

```
        "logsource" => "prod",
          "program" => "docker",
              "pid" => "11677",
         "severity" => 6,
         "facility" => 3,
   "facility_label" => "system",
   "severity_label" => "Informational",
     "container_id" => "books-ms"
}
```

실제로 서비스 로그는 로그스태시로 전송된다. 로그스태시 필터는 우리가 지시한 것을 수행했다. program 필드는 docker/books-ms에서 docker로 변형됐으며, container_id라는 새로운 필드가 생성됐다. container_id가 nginx인 경우에만 message 파싱을 정의했으므로 그대로 있다.

message 파싱이 실제로 nginx에서 오는 로그 항목에 대해 올바르게 작동하는지 확인하자. 프록시에 몇 가지 요청을 해야 하기 때문에 먼저 올바르게 설정해야 한다.

```
cp nginx-includes.conf \
    /data/nginx/includes/books-ms.conf

consul-template \
    -consul localhost:8500 \
    -template "nginx-upstreams.ctmpl:\
/data/nginx/upstreams/books-ms.conf:\
docker kill -s HUP nginx" \
    -once
```

이미 nginx 설정과 컨설 템플릿을 사용해봤으므로 이 명령에 대한 설명은 필요하지 않다.

이제 서비스가 실행하고 있고 통합되어 로그스태시에 로그를 보내고 있기 때문에 몇 가지 요청을 하여 nginx 로그 항목을 생성하자.

```
curl -I localhost/api/v1/books

curl -H 'Content-Type: application/json' -X PUT -d \
    "{\"_id\": 1,
    \"title\": \"My First Book\",
    \"author\": \"John Doe\",
    \"description\": \"Not a very good book\"}" \
    localhost/api/v1/books | jq '.'

curl http://prod/api/v1/books | jq '.'
```

로그스태시가 이번에 받은 것을 살펴보자.

```
docker -H tcp://logging:2375 \
    logs logstash
```

docker logs 명령의 결과 중 일부분은 다음과 같다.

```
{
                "message" => "172.17.0.1 - - [03/Feb/2016:13:37:12
+0000] \"GET /api/v1/books HTTP/1.1\" 200 269 \"-\" \"curl/7.35.0\"
10.100.198.201:32768 0.091 \n",
                "@version" => "1",
              "@timestamp" => "2016-02-03T13:37:12.000Z",
                    "type" => "syslog",
                    "host" => "10.100.198.201",
                "priority" => 30,
               "timestamp" => [
        [0] "Feb  3 13:37:12",
        [1] "03/Feb/2016:13:37:12 +0000"
    ],
               "logsource" => "prod",
                 "program" => "docker",
                     "pid" => "11677",
                "severity" => 6,
                "facility" => 3,
```

```
         "facility_label" => "system",
         "severity_label" => "Informational",
           "container_id" => "nginx",
                "clientip" => "172.17.0.1",
                   "ident" => "-",
                    "auth" => "-",
                    "verb" => "GET",
                 "request" => "/api/v1/books",
             "httpversion" => "1.1",
                "response" => "200",
                   "bytes" => "269",
                "referrer" => "\"-\"",
                   "agent" => "\"curl/7.35.0\"",
        "upstream_address" => "10.100.198.201:32768",
  "upstream_response_time" => 0.091
}
```

이번에는 컨테이너에서 오는 로그를 저장할 뿐만 아니라 파싱도 했다. nginx 로그를 파싱하는 주된 이유는 upstream_response_time 필드에 있다. 왜 그런지 짐작할 수 있는가? 이 분야의 사용법에 대해 생각하면서 키바나의 Discover(검색) 화면의 몇 가지 기능을 자세히 살펴보자.

우리는 아주 많은 로그를 생성했으므로 키바나 필터를 사용할 수 있다. http://10.100. 198.202:5601/을 연다. 오른쪽 상단의 버튼을 클릭해 가령 24시간으로 시간을 변경한다. 그러면 우리가 생성한 몇 개의 로그를 갖고 놀 수 있는 충분한 시간을 갖게 된다. 필터링을 이동하기 전에 Settings(설정) 화면으로 이동해 Create(만들기)를 클릭한다. 그러면 새로운 필드로 색인 패턴이 새로 고쳐진다. 끝나면 Discover(검색) 화면으로 돌아간다.

왼쪽 메뉴부터 시작하자. 주어진 기간과 일치하는 모든 로그에서 발견된 모든 필드를 포함한다. 해당 필드 중 하나를 클릭하면 보유하고 있는 값 목록이 제공된다. 예를 들어, container_id는 books-ms와 nginx를 포함한다. 그 값 옆에는 돋보기 아이콘이 있다. 더하기 기호가 있는 항목을 사용해 해당 값을 포함하는 항목만 필터링할 수 있다.

마찬가지로, 빼기 기호가 있는 아이콘을 사용해 레코드를 제외할 수 있다. nginx 옆에 있는 더하기 기호가 있는 아이콘을 클릭한다. 보다시피, nginx에서 오는 로그 항목만 표시된다. 적용된 필터의 결과는 위의 가로 막대에 있다. 필터 중 하나(이 경우 container_id: "nginx")를 가리키면 추가 옵션을 사용해 필터를 사용, 중지, 고정, 해제, 전환, 토글할 수 있다.

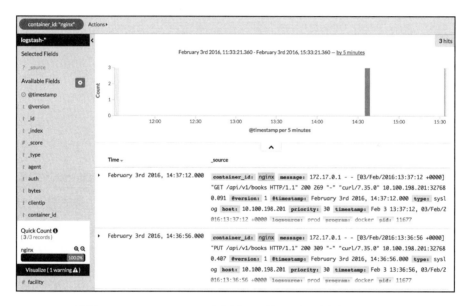

그림 16-4 container_id nginx로 필터링된 로그 항목을 갖는 키바나 Discover 화면

메인 프레임의 맨 위에는 지정된 기간 동안 로그 수가 분산된 그래프가 있다. 아래에는 로그 항목이 있는 테이블이 있다. 디폴트로 Time과 *_source* 열을 표시한다. 행의 왼쪽에 있는 화살표 아이콘을 클릭하면 행을 확장해 해당 로그 항목에서 사용 가능한 모든 필드를 표시한다. 로그스태시가 생성한 데이터와 설정을 통해 파싱한 데이터의 조합이다. 각 필드에는 왼쪽 메뉴에 있는 것과 같은 아이콘이 있다.

이들을 통해 값 필터링filter for value 또는 값 제거 필터링filter out value을 할 수 있다. 세 번째 버튼은 2개의 열이 있는 단일 행 표 모양의 아이콘으로 표시되며, 표의 해당 열을 토글^{toggle that column in table}하는 데 사용할 수 있다. 디폴트 열은 별로 유용하지 않으므로 지루하다고 하지 말고 logsource, request, verb, upstream_address, upstream_response_time을 토글한다. 필드를 숨기려면 화살표를 다시 클릭한다. 우리는 방금 nginx에서 온 정보 중 가장 중요한 부분을 보여주는 좋은 테이블을 얻었다. 요청이 이뤄진 서버(logsource), 요청 주소(request), 요청 유형(verb), 응답 수신에 걸린 시간(upstream_response_time), 요청이 프록싱된 위치(upstream_address)를 볼 수 있다. 우리가 생성한 검색^{search}이 유용하다고 판단되면 화면의 오른쪽 상단에 있는 **Save Search**(검색 저장) 버튼을 클릭해 저장할 수 있다.

그 옆에는 **Load Saved Search**(저장된 검색 로드) 버튼이 있다.

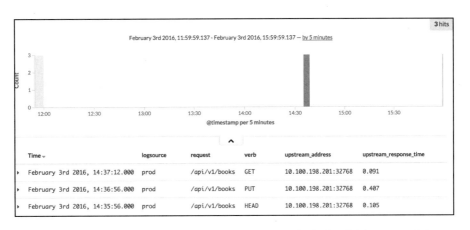

그림 16-5 container_id nginx와 커스텀 열로 필터링된 로그 항목을 갖는 키바나 Discover 화면

Visualize(시각화)와 **Dashboard**(대시보드) 화면은 잠시 후에 살펴볼 것이다.

지금까지의 작업 흐름을 요약해보자.

- 컨테이너는 도커의 로깅 드라이버가 syslog로 설정된 상태로 배포된다. 이러한 설정으로 도커는 표준 출력이나 에러(stdout/stderr)로 전송된 모든 것을 syslog로 전송한다.

- 다른 방법을 통해 배포된 컨테이너 또는 프로세스의 모든 로그 항목은 syslog 에서 로그스태시로 전송된다.
- 로그스태시는 syslog 이벤트를 수신하고 필터와 변형을 적용한 다음 일래스 틱서치로 다시 보낸다.
- 특정 로그 항목을 찾는 것이 쉽고 업무 시간 중에는 대처하기가 더 쉽기 때문 에 모두 행복해한다.

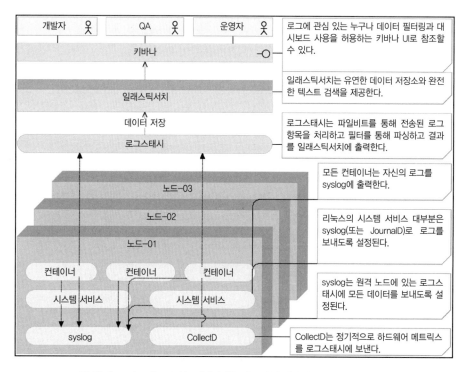

그림 16-6 syslog에 로깅하는 컨테이너를 갖는 단일 서버에서 실행되는 ELK 스택

▌소프트웨어 데이터 기반 자가 치유

우리가 nginx를 통해 로깅하는 응답 시간을 유용하게 사용하자. 데이터는 일래스틱 서치에 저장됐기 때문에 API 사용에 대한 간단한 예를 살펴볼 수 있다. 예를 들어, logstash 인덱스에 저장된 모든 항목을 검색할 수 있다.

```
curl 'http://logging:9200/logstash-*/_search' \
    | jq '.'
```

일래스틱서치는 총 레코드 수와 같은 몇 가지 추가 정보와 함께 처음 10개 항목(디폴트 페이지 크기)을 반환했다. 모든 항목을 검색하는 것은 별로 사용하지 않으므로 범위를 좁혀보자. 예를 들어, container_id 값으로 nginx가 갖고 있는 모든 레코드를 요청할 수 있다.

```
curl 'http://logging:9200/logstash-*/_search?q=container_id:nginx' \
    | jq '.'
```

결과는 로그스태시 로그에서 본 것과 동일한 세 가지 항목이다. 다시 말하지만, 이들을 별로 사용하지 않는다. 생산 시스템이라면 수천 개의 결과를 얻을 수 있다(여러 페이지에 분산되어).

이번에는 정말로 유용한 일을 해보자. 데이터를 분석하고, 예를 들어 nginx 로그에서 평균 응답 시간을 검색한다.

```
curl 'http://logging:9200/logstash-*/_search?q=container_id:nginx' \
    -d '{
  "size": 0,
  "aggs": {
    "average_response_time": {
      "avg": {
        "field": "upstream_response_time"
```

```
      }
    }
  }
}' | jq '.'
```

마지막 명령의 결과는 다음과 같다.

```
{
  "aggregations": {
    "average_response_time": {
      "value": 0.20166666666666666
    }
  },
  "hits": {
    "hits": [],
    "max_score": 0,
    "total": 3
  },
  "_shards": {
    "failed": 0,
    "successful": 10,
    "total": 10
  },
  "timed_out": false,
  "took": 26
}
```

이 요청과 같은 것으로 자가 치유 시스템을 확장하고, 예를 들어 지난 한 시간 동안 서비스의 평균 응답 시간을 검색할 수 있다. 응답이 평균적으로 느리다면 서비스를 확장할 수 있다. 마찬가지로 응답이 빠르면 우리는 축소할 수 있다.

결과를 필터링해 nginx가 /api/v1/books(서비스 주소)에 요청하고 지난 1시간 동안 생성한 요청만 검색하게 하자. 데이터가 필터링되면 모든 결과를 집계하고 upstream_response_time 필드의 평균값을 얻는다.

여러분이 nginx를 통해 서비스에 요청을 보낸 이후 1시간 이상이 지났다고 하자. 그렇다면 우리가 만들려는 필터와 일치하는 레코드가 없기 때문에 결과 값이 null이 된다. 우리는 가령 수백 개의 새로운 요청을 만들도록 쉽게 고칠 수 있다.

```
for i in {1..100}; do
  curl http://prod/api/v1/books | jq '.'
done
```

최근 데이터가 생겼으므로 일래스틱서치에 평균 응답 시간을 알려달라고 요청할 수 있다.

```
curl 'http://logging:9200/logstash-*/_search' \
    -d '{
  "size": 0,
  "aggs": { "last_hour": {
    "filter": {
      "bool": { "must": [ {
        "query": { "match": {
          "container_id": {
            "query": "nginx",
            "type": "phrase"
          }
        } }
      }, {
        "query": { "match": {
          "request": {
            "query": "/api/v1/books",
            "type": "phrase"
          }
        } }
      }, {
        "range": { "@timestamp": {
          "gte": "now-1h",
          "lte": "now"
        } }
```

```
        } ] }
    },
    "aggs": {
      "average_response_time": {
        "avg": {
          "field": "upstream_response_time"
        }
      }
    }
  }
} }
}' | jq '.'
```

백그라운드에서 사용된 일래스틱서치 API와 루씬^{Lucene} 엔진은 너무 방대해서, 이것을 설명하는 것은 이 책의 범위를 벗어난다. 자세한 정보는 https://www.elastic.co/guide/ko/elasticsearch/reference/current/docs.html 페이지에서 확인할 수 있다.

요청의 결과는 사례마다 다르다. 내 결과는 다음과 같다.

```
{
  "aggregations": {
    "last_hour": {
      "average_response_time": {
        "value": 0.005744897959183675
      },
      "doc_count": 98
    }
  },
  "hits": {
    "hits": [],
    "max_score": 0,
    "total": 413
  },
  "_shards": {
    "failed": 0,
    "successful": 10,
    "total": 10
```

```
    },
    "timed_out": false,
    "took": 11
}
```

이제 이 응답 시간을 취할 수 있으며, 우리가 설정한 규칙에 따라 확장, 축소 또는 아무 작업도 수행하지 않을 수 있다. 자가 치유 시스템을 확장하기 위한 모든 요소를 갖췄다. 우리는 일래스틱서치에 응답 시간을 저장하는 프로세스와 데이터 분석을 위한 API를 갖고 있다. 우리는 하나 이상의 컨설 감시를 생성할 수 있다. 이 컨설 감시는 주기적으로 API에 질의를 하고, 조치가 필요하다면 젠킨스에게 질병 확산을 막기 위해 요청을 보낸다. 나는 몇 가지를 연습문제로 남겨두겠다.

 연습문제: 응답 시간이 너무 긴 경우 서비스 확장
생성된 일래스틱서치 요청을 사용할 새 컨설 감시를 생성하고, 평균 응답 시간이 너무 길면 젠킨스 작업을 호출해 서비스를 확장한다. 마찬가지로, 응답 시간이 너무 짧고 2개 이상의 인스턴스가 실행 중이라면(2개 미만의 경우는 작동 중지 위험이 있음) 서비스를 제거한다.

더 많은 복잡성을 도입하지 않으면서도 다른 유형의 미래 예측을 시도할 수 있다. 예를 들어, 전날을 관찰함으로써 미래를 예측할 수 있다.

 연습문제: 과거를 관찰해 미래를 예측한다
다른 분석으로 이전 연습문제의 프로세스를 반복한다.
변수

- T: 현재 시간
- AVG1: 전날의 T와 T + 1h 사이의 평균 트래픽
- AVG2 : 전날의 T + 1h와 T + 2h 사이의 평균 트래픽

우리는 전날만을 기반으로 분석할 필요가 없다. 지난주, 지난달 또는 지난해 같은 날을 평가할 수 있다. 매월 1일마다 트래픽이 증가하는가? 작년 크리스마스에 무슨 일이 있었던가? 사람들은 여름 방학 이후에 우리 가게를 방문할까? 우리에게는 그 질문에 답할 수 있는 데이터가 있을 뿐만 아니라, 분석을 시스템에 통합하고 주기적으로 실행할 수 있다.

어떤 분석은 컨설 감시로 실행하는 편이 더 좋은 반면, 또 어떤 분석은 젠킨스가 더 좋다. 정기적으로 동일한 빈도로 실행해야 하는 작업은 컨설의 좋은 사용 사례다. 이들이 젠킨스에서 쉽게 실행될 수 있지만, 컨설이 더 가볍고 리소스를 적게 사용한다. 1시간마다 또는 5분마다가 그 예다. 반면에 컨설에게는 적절한 스케줄러가 없다. 특정 순간에 분석을 실행하려면 젠킨스와 cron과 유사한 스케줄러가 더 적합하다. 예를 들어 매일 자정에, 매월 첫날에, 크리스마스 2주 전에 등이다. 주어진 각 사례에 대해 두 도구를 모두 평가하고 더 적합한 것을 선택해야 한다. 대안은 젠킨스에서 모든 분석을 실행하고 한 곳에서 모든 것을 갖는 이점을 갖는 것이다. 그런 다음 다시 완전히 다른 도구 집합을 선택할 수 있다. 선택은 여러분의 몫이다. 우리가 달성하고자 하는 프로세스와 목표를 이해하는 것이 중요하다.

나는 자가 치유 프로세스로 사용할 수 있는 한 가지 예를 제시했을 뿐이다. 응답 시간 분석만 할 필요는 없다. 수집할 수 있는 데이터를 보고 유용한 것과 그렇지 않은 것을 결정하고 다른 유형의 데이터를 처리하면 된다. 필요한 것은 모두 모으지만 그 이상은 아니다. 여러분이 생각할 수 있는 것을 모두 사용하지 않은 채 저장하는 함정에 빠지지 마라. 이것은 메모리, CPU, 하드 디스크 공간의 낭비다. 주기적으로 데이터를 정리하는 프로세스를 설정하는 것을 잊지 마라. 1년 전부터의 모든 로그가 필요하지는 않다.

지옥이다. 아마도 한 달이 넘은 대부분의 로그도 필요하지 않을 것이다. 30일 이내에 문제가 발견되지 않으면 아무런 문제가 없을 가능성이 높다. 있다 하더라도 더 이상 실행되지 않는 이전 릴리스와 관련이 있다. 이 책을 읽은 후 몇 개월 동안 릴리스 주기가 지속되고 그 기간을 단축할 계획이 없다면 비참하게도 내 잘못이다. 이 사실을 확인하는 이메일을 보내지는 마라. 나를 우울하게 만들 뿐이니.

이 장의 주요 주제(로깅 및 모니터링)에서 잠깐 벗어났다. 이 책은 주로 실습 예제를 토대로 작성됐기 때문에 작업할 데이터 없이 이력 응답 시간 기반의 자가 치유를 설명할 수는 없다. 따라서 이 논의가 여기에 추가됐다. 이 장의 나머지 부분에서는 15장 '자가 치유 시스템'에 속하는 주제로 한 번 더 여행할 것이다. 이제 로깅 및 모니터링으로 돌아가자.

클러스터의 과거와 현재 상태를 나타내는 모든 정보를 갖고 있기 때문에, 우리는 할 수 있다. 이것은 내가 여러분, 즉 사랑하는 독자 여러분이 눈을 굴리면서 소프트웨어 로그가 클러스터에 관한 완전한 정보를 구성하지 못한다고 중얼거리는 것을 상상하는 순간이다. 하드웨어 데이터(메트릭스)와 함께 소프트웨어(로그)만이 클러스터에 대한 완전한 정보에 가까울 수 있다. 그리고 다시, 나의 상상력은 실제를 나타내지 않을 수도 있다(그리고 보통은 그렇다). 여러분이 눈을 굴리지 않을 수도 있고, 또는 하드웨어가 누락됐다는 사실을 알아차리지도 못할 수 있다.

그렇다면 내가 쓴 것에 세심한 주의를 기울이지 않고, 숙면을 취하거나 적어도 커피를 마셨어야 한다. 사실 우리는 컨설에 하드웨어 정보를 갖고 있지만 그것은 현재 상태일 뿐이다. 그 데이터를 분석하거나 경향을 보고 어떤 일이 왜 일어났는지를 발견하거나 미래를 예측할 수는 없다. 여러분이 아직 깨어 있다면 하드웨어 상태를 기록하는 방법을 살펴보자.

다음 단계로 넘어가기 전에 현재 실행하고 있는 로그스태시 인스턴스를 제거하고 prod 노드를 종료한다.

```
docker -H tcp://logging:2375 \
    rm -f logstash

exit
```

하드웨어 상태 로깅

컴퓨터에서 작업하는 법을 배우기 시작할 때 가장 먼저 가르쳐주는 것 중 하나는 소프트웨어가 하드웨어에서 실행된다는 것이다. 소프트웨어는 하드웨어 없이는 실행할 수 없고, 하드웨어는 소프트웨어 없이는 쓸모가 없다. 서로 의존적이기 때문에 시스템에 대한 정보를 수집하려는 시도는 두 가지 모두를 포함해야 한다. 우리는 소프트웨어 데이터를 수집하는 몇 가지 방법을 살펴봤으므로, 다음 단계는 하드웨어로 비슷한 결과를 얻으려고 시도하는 것이다.

실행하고 있는 시스템에 대한 통계를 수집하고 해당 정보를 로그스태시로 전송할 수 있는 유연성을 갖춘 도구가 필요하다. 이러한 도구를 찾아 배포하면 과거 및 현재의 성능 병목 현상을 찾고 향후 시스템 요구사항을 예측하기 위해 제공하는 통계를 시작할 수 있다. 로그스태시는 해당 도구에서 받은 정보를 일래스틱서치로 전송하므로 성능 분석 및 용량 계획을 수행할 수 있는 수식을 만들 수 있다.

그러한 도구 중 하나가 CollectD이다. C로 작성된 무료 오픈소스 프로젝트로, 고성능이며 호환성이 뛰어나다. 수십만 개의 데이터 집합을 쉽게 처리할 수 있으며, 90개 이상의 플러그인이 제공된다.

다행히도 로그스태시에는 UDP 포트를 통해 이벤트를 수신하는 데 사용할 수 있는 CollectD 입력 플러그인이 있다. 우리는 roles/logstash/files/syslog-collectd.conf (https://github.com/vfarcic/ms-lifecycle/blob/master/ansible/roles/logstash/files/syslog-collectd.conf)를 사용해 CollectD 입력을 받도록 로그스태시를 구성한다. 이것은 추가 입력 정의를 갖는 roles/logstash/files/syslog.conf(https://github.com/vfarcic/ms-lifecycle/blob/master/ansible/roles/logstash/files/syslog.conf)의 복사본이다. input 섹션을 살펴보자.

```
input {
  syslog {
    type => syslog
    port => 25826
  }
  udp {
    port => 25827
    buffer_size => 1452
    codec => collectd { }
    type => collectd
  }
}
```

보다시피 UDP 25827 포트에서 듣고 있으며, 버퍼 크기를 설정하며 collectd 코덱을 사용해야 한다고 정의하는 새로운 입력을 추가하고, type이라는 새로운 필드를 추가한 것이 전부다. 우리는 type 필드의 값으로 collectd에서 오는 로그와 syslog 로그를 구별할 수 있다.

로그스태시를 사용해 logging 서버를 프로비저닝할 플레이북을 실행하고 syslog와 collectd 입력을 모두 허용하도록 설정하자.

```
vagrant ssh cd

ansible-playbook /vagrant/ansible/elk.yml \
    -i /vagrant/ansible/hosts/prod \
    --extra-vars "logstash_config=syslog-collectd.conf restore_backup=true"
```

restore_backup 변수를 사용한다는 사실을 알아차렸을 것이다. kibana 작업 중 하나는 곧 논의될 키바나 대시보드^{Kibana Dashboards} 정의로 일래스틱서치 백업을 복원하는 것이다. 백업은 taskrabbit에 의해 elasticsearch-dump라고 하는 멋진 도구를 포함하는 vfarcic/elastic-dump 컨테이너를 통해 복원된다. 일래스틱서치 백업을 만들고 복원하는 데 사용될 수 있다.

로그스태시가 CollectD 입력을 받아들이도록 설정됐으므로, 이제 prod 서버로 주의를 돌려서 CollectD를 설치한다. 전에 사용했던 도구 외에, collectd 역할을 포함하고 있는 prod5.yml 플레이북을 사용할 것이다. 작업은 roles/collectd/tasks/main.yml(https://github.com/vfarcic/ms-lifecycle/tree/master/ansible/roles/collectd/tasks/main.yml) 파일에 정의되어 있다. 그 내용은 다음과 같다.

```
- name: Packages are installed
  apt:
    name: "{{ item }}"
  with_items: packages
  tags: ["collectd"]

- name: Configuration is copied
  template:
    src: collectd.conf
    dest: /etc/collectd/collectd.conf
  register: config_result
  tags: ["collectd"]

- name: Service is restarted
  service:
    name: collectd
    state: restarted
  when: config_result|changed
  tags: ["collectd"]
```

지금쯤이면 당신은 자신을 앤시블 전문가라고 생각해야 하며, 역할에 대한 설명이 필요하지 않아야 한다. 주석을 달 수 있는 것은 CollectD 구성을 나타내는 roles/collectd/files/collectd.conf 템플릿뿐이다. 간단히 살펴보자.

508

```
Hostname "{{ ansible_hostname }}"
FQDNLookup false

LoadPlugin cpu
LoadPlugin df
LoadPlugin interface
LoadPlugin network
LoadPlugin memory
LoadPlugin swap

<Plugin df>
        Device "/dev/sda1"
        MountPoint "/"
        FSType "ext4"
        ReportReserved "true"
</Plugin>

<Plugin interface>
        Interface "eth1"
        IgnoreSelected false
</Plugin>

<Plugin network>
        Server "{{ elk_ip }}" "25827"
</Plugin>

<Include "/etc/collectd/collectd.conf.d">
        Filter ".conf"
</Include>
```

먼저 앤시블 변수 ansible_hostname을 통해 호스트 이름을 정의하고, 사용하는 플러그인의 로드를 정의한다. 그들의 이름은 자기 설명적이다. 마지막으로, 플러그인 중 일부는 추가 설정을 갖는다. 설정 형식과 사용할 수 있는 모든 플러그인 및 설정에 대한 자세한 내용은 https://collectd.org/documentation.shtml 문서를 참조하기 바란다.

플레이북을 실행해보자.

```
ansible-playbook /vagrant/ansible/prod5.yml \
    -i /vagrant/ansible/hosts/prod
```

이제 CollectD가 실행하고 있기 때문에 몇 초 후면 로그스태시 로그를 살펴볼 수 있다.

```
docker -H tcp://logging:2375 \
    logs logstash
```

몇 가지 항목은 다음과 같다.

```
{
              "host" => "prod",
        "@timestamp" => "2016-02-04T18:06:48.843Z",
            "plugin" => "memory",
      "collectd_type" => "memory",
      "type_instance" => "used",
             "value" => 356433920.0,
          "@version" => "1",
              "type" => "collectd"
}
{
              "host" => "prod",
        "@timestamp" => "2016-02-04T18:06:48.843Z",
            "plugin" => "memory",
      "collectd_type" => "memory",
      "type_instance" => "buffered",
             "value" => 31326208.0,
          "@version" => "1",
              "type" => "collectd"
}
{
              "host" => "prod",
        "@timestamp" => "2016-02-04T18:06:48.843Z",
```

510

```
          "plugin" => "memory",
   "collectd_type" => "memory",
   "type_instance" => "cached",
            "value" => 524840960.0,
         "@version" => "1",
             "type" => "collectd"
}
{
             "host" => "prod",
       "@timestamp" => "2016-02-04T18:06:48.843Z",
           "plugin" => "memory",
    "collectd_type" => "memory",
    "type_instance" => "free",
            "value" => 129638400.0,
         "@version" => "1",
             "type" => "collectd"
}
```

그 결과에서 CollectD가 메모리에 대한 정보를 보냈음을 알 수 있다. 첫 번째 항목은 used를 포함하고, 두 번째는 buffered, 세 번째는 cached, 마지막 네 번째는 free 메모리를 나타낸다. 유사한 항목을 다른 플러그인에서 볼 수 있다. CollectD는 주기적으로 프로세스를 반복함으로써 이력 및 실시간에 가까운 경향 및 문제를 분석할 수 있다.

CollectD가 새로운 필드를 생성했기 때문에 http://10.100.198.202:5601/을 열어 Settings(설정) 화면으로 이동한 다음 Create(만들기) 버튼을 클릭해 색인 패턴을 다시 생성한다.

키바나의 소프트웨어 로그 Discover(검색) 화면을 방문해야 하는 이유는 많지만, CollectD 메트릭스에 이 정보를 사용하는 사람은 있다 해도 소수에 불과하므로 대시보드에 집중할 것이다. 이미 말했듯이, 이 화면에서 하드웨어 데이터를 보지 않더라도 시각화에 필요한 검색을 만들어야 한다. collectd에서 모든 레코드를 가져온 예제 검색은 memory 플러그인을 통해 prod 호스트에서 만들어졌으며, 다음과 같다.

```
type: "collectd" AND host: "prod" AND plugin: "memory"
```

이 행은 Discover(검색) 화면의 search(검색) 필드에 작성(또는 붙여넣기)할 수 있으며, 해당 필터와 화면의 오른쪽 상단 구석에 설정된 시간과 일치하는 모든 데이터를 반환한다. 우리가 이미 복원한 백업에는 화면의 오른쪽 상단 구석에 있는 Open Saved Search(저장된 검색 열기) 버튼을 통해 열릴 수 있는 몇 개의 저장된 검색이 이미 포함되어 있다. 이러한 검색으로 시각화를 진행할 수 있다. 그 예로 prod-df 저장된 검색을 연다.

키바나 대시보드는 하나 이상의 시각화로 구성된다. Visualize(시각화) 버튼을 클릭해 접근할 수 있다. Visualize 화면을 열면 새로운 시각화를 생성하기 위해 선택할 수 있는 다양한 유형의 그래프가 표시된다. 여러분은 내가 준비한 몇 가지 시각화를 사용해 백업을 복원했으므로 화면 하단에 있는 open a saved visualization(저장된 시각화 열기) 섹션에서 클릭해 로드할 수 있다. 이 화면은 처음에만 나타나며, 그다음부터는 화면의 오른쪽 상단에 있는 Load Saved Visualization(저장된 시각화 로드) 버튼을 사용해 동일한 작업을 수행할 수 있다. 계속 진행해 키바나 시각화를 조금만 더 가지고 놀자. 완료되면 대시보드로 이동할 것이다.

대시보드는 상단 메뉴에서 열 수 있다. 우리가 복원한 백업은 하나가 포함되어 있으므로, 이것을 사용해 CollectD를 실제로 작동하는 모습을 보자. Dashboard(대시보드) 버튼을 클릭하고 Load Saved Dashboard(저장된 대시보드 로드) 아이콘을 클릭한 다음, prod 대시보드를 선택한다. 이것은 prod VM 내에 하나의(유일한) CPU(prod-cpu-0), 하드 디스크(prod-df) 및 메모리(prod-memory) 사용의 시각화를 표시한다. CollectD는 우리가 사용했던 것보다 더 많은 플러그인을 제공한다. 더 많은 정보가 들어오면 이 대시보드를 훨씬 더 화려하게 만들 수는 있지만, 그렇다고 유용하다는 뜻은 아니다.

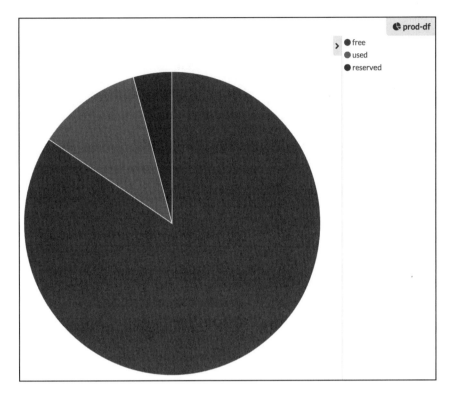

그림 16-7 하드 디스크 사용의 키바나 시각화

그러나 우리가 생성한 대시보드에는 많은 활동은 없지만 클러스터 상태를 모니터링하는 데 필수적인 도구로 어떻게 변형될 수 있는지 여러분은 아마도 상상할 수 있을 것이다. 각 서버에 대해 별도의 대시보드가 있을 수 있으며 전체 클러스터용이 있을 수 있다.

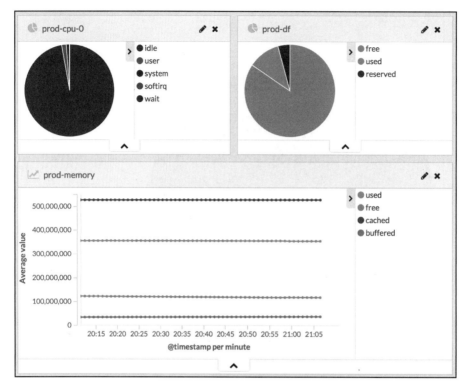

그림 16-8 시간 경과에 따른 CPU, 하드 디스크, 메모리 사용량이 포함된 키바나 대시보드

이것이 미래의 하드웨어 모니터링 대시보드의 기본이다. 하드웨어 정보로 (대시보드를 보는 것 외에) 다른 무엇을 할 수 있을까?

하드웨어 데이터 기반 자가 치유

자가 치유를 위해 하드웨어 데이터를 사용하는 것은 소프트웨어 정보만큼이나 중요하다. 이제 둘 다 갖게 됐으므로 시스템을 확장할 수 있다. 그러한 시스템에 필요한 모든 도구와 실천방법을 이미 수행했기 때문에 하드웨어 컨텍스트에서 이를 수행할 필요가 없다. 대신에 여러분에게 몇 가지 아이디어를 줄 것이다.

컨설은 이미 하드웨어 활용을 모니터링하고 있다. 일래스틱서치의 이력 데이터를 사

514

용해 경고 임계치에 도달했는지(예: 80%)뿐만 아니라, 위험 임계치(예: 90%)에 도달했는지 예측할 수 있다. 데이터를 분석해, 예를 들어 지난 30일 동안 디스크 사용률이 평균 0.5% 증가했음을 알 수 있다. 이것은 디스크가 임계 상태에 도달할 때까지 20일이 걸렸음을 의미한다. 우리는 경고 임계치에 도달하더라도 그것이 일회성 거래였고 사용 가능한 공간이 더 이상 축소되지 않는다는 결론을 도출할 수 있다.

소프트웨어와 하드웨어 메트릭스를 결합할 수 있다. 소프트웨어 데이터만으로 트래픽이 증가하는 피크 시간에는 하드웨어를 추가함으로써 서비스를 확장해야 한다고 결론지을 수 있으며, 하드웨어를 추가함으로써 그러한 부하를 지원할 수 없는 네트워크에 실제적으로 문제가 있다는 사실을 알고 난 후에 그런 의견을 변경할 수도 있다.

우리가 생성할 수 있는 분석 조합은 무한하며, 우리가 생성할 수식의 수는 시간과 경험에 따라 커질 것이다. 하나의 문을 통과할 때마다 다른 문이 열린다.

정리

이번 장은 내가 가장 좋아하는 장이다. 이 장은 우리가 책에서 배운 대부분의 실천방법들을 웅장한 피날레로 결합한다. 서버에서 발생하는 거의 모든 것이 로그스태시로 전송되고 거기에서 일래스틱서치로 전송된다. 소프트웨어나 하드웨어일 수도 있고, 시스템 프로그램이나 우리가 배포한 것일 수도 있다. 그리고 그것은 단 하나의 서버가 아니다. 간단한 rsyslog 및 collectd 설정이 모든 노드에 적용됐기 때문에 전체 클러스터가 (거의) 모든 로그 및 이벤트를 전송하게 된다. 누가 무엇을 했는지, 시작한 프로세스와 중단된 프로세스도 알 수 있다. 추가된 것과 제거된 것을 알게 된다. 서버의 CPU 사용량이 적을 때 경고 메시지를 받게 된다. 어떤 것은 디스크가 꽉 찼다는 내용일 수도 있다. 우리가 배포하거나 제거하는 모든 서비스에 대한 정보를 얻을 수 있다. 컨테이너를 확장할 때와 축소할 때를 알 수 있다.

다음 그림을 통해 설명할 수 있는 로깅 및 모니터링 시스템을 만들었다.

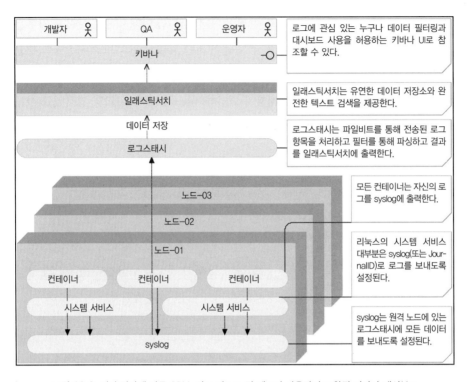

		로그에 관심 있는 누구나 데이터 필터링과 대시보드 사용을 허용하는 키바나 UI로 참조할 수 있다.
키바나		
일래스틱서치		일래스틱서치는 유연한 데이터 저장소와 완전한 텍스트 검색을 제공한다.
데이터 저장		
로그스태시		로그스태시는 파일비트를 통해 전송된 로그 항목을 처리하고 필터를 통해 파싱하고 결과를 일래스틱서치에 출력한다.
노드-03		모든 컨테이너는 자신의 로그를 syslog에 출력한다.
노드-02		리눅스의 시스템 서비스 대부분은 syslog(또는 JournalD)로 로그를 보내도록 설정된다.
노드-01		
컨테이너, 시스템 서비스, syslog		syslog는 원격 노드에 있는 로그스태시에 모든 데이터를 보내도록 설정된다.

그림 16-9 시간 경과에 따른 CPU, 하드 디스크 및 메모리 사용량이 포함된 키바나 대시보드

모든 것을 안다는 건 가치 있는 목표이며, 우리가 설계한 시스템으로 이를 성취하기 위해 여러분은 한 걸음 더 나아간다. 과거와 현재에 대해 아는 모든 것 위에서 미래를 알기 위한 첫걸음을 내디뎠다. 이 장의 내용을 15장 '자가 치유 시스템'에서 배운 내용과 결합하면 시스템이 장애로부터 회복할 수 있고, 대부분의 경우에 질병이 처음부터 발생하는 것을 방지할 수 있다.

청소하고 끝내자.

```
exit
vagrant destroy -f
```

17

끝내기

당신은 규칙에 따라 걷는 법을 배우지 않는다. 하면서 배우고 실패하면서 배운다.

– 리처스 브랜스(Richard Branson)

보통은 책 끝부분에서 요약하는 것이 관계다. 나는 그 전통을 깨뜨릴 것이다. 우리는 많은 실습과 도구를 거쳤고 그것들을 요약하는 데는 꽤 많은 페이지가 필요할 것이다. 어쨌든 이 시점에서 여러분이 배운 내용에 대한 요약이 필요하다면, 내가 원하는 만큼 많이 배우지 못했음을 의미할 것이다. 결과적으로 나는 실패했다고 느껴 우울해지면서, 또 다른 책을 쓰고 싶지 않을 것이다.

이 책은 결코 포괄적인 요리책이 되려는 의도가 없었다. 도커로 할 수 있는 모든 일을 설명하진 않았다. 앤시블 뒤에 있는 모든 힘을 보여주지도 못했다. 사실 어떤 도구도 훌륭한 세부사항을 설명하지 못했다. 그러한 접근 방법을 취하려면 각각에 대해 별도의 책을 헌정해야 할 것이다. 이미 세상은 요리책으로 가득 차 있다. 나는 다른 것을 쓰고 싶었다. 다른 실천방법과 도구 사이의 점들을 연결하는 책을 쓰고 싶었다. 우리가 적용한 프로세스의 배경에 대한 로직을 보여주고 싶었다. 그러나 나는 매우 실용적인 사람이기 때문에, 로직과 프로세스를 배우는 내 방식은 많은 연습과 헌신을 필요로 한다. 그런 이유로 이 책은 많은 실습 예제로 가득 차 있다. 실제로 해봄으로써 배우는 게 최선의 접근법이라고 생각한 내 목표가 달성됐기를 바란다. 나는 여러분이 알지 못했을 수도 있는 문을 열었기를 기대한다. 그렇지 않으면 여러분은 어떻게 나아가야 하는지 모를 것이다.

여기서 우리의 여행을 끝내지 말고, 좀 더 직접적인 방식으로 계속하자. 디스커스^{Disqus} 채널 'The DevOps 2.0 Toolkit'을 사용해 책의 모든 점을 토론해보자. 어딘가에 갇히게 되거나, 무언가를 파악하지 못하거나, 내 의견(또는 모든 내용)에 동의하지 않으면 채널에 게시하라. 나는 오늘 마지막 문장을 쓰는 동안 그 채널을 만들었다. 문제는 아무도 빈 곳에 처음으로 뭔가를 게시하고 싶어 하지 않는다는 것이다. 나는 여러분이 첫 번째 사람이 되기를 바란다. 다른 사람들은 우리의 토론을 통해 이익을 얻을 수 있다. 일대일 대화를 더 선호한다면 viktor@farcic.com으로 이메일을 보내거나, 행아웃^{HangOuts}이나 스카이프^{Skype}(내 사용자 이름은 vfarcic이다)를 통해 연락해주기 바란다.

도서 업데이트에 대한 알림을 받으려면 메일링 리스트(http://technologyconversations. us13.list-manage1.com/subscribe?u=a7c76fdff8ed9499bd43a66cf&id=94858868c7)에 가입하기 바란다.

언젠가 새로운 책을 쓰기 시작할 용기가 생길 때까지 내 블로그 www.Technology Conversations.com에 글쓰기를 계속할 것이다. 『The DevOps 3.0 Toolkit』일 수도 있고, 완전히 다른 무언가일 가능성도 많다. 시간이 말해줄 것이다.

계속 배우고, 계속 탐구하고, 계속 일하는 방식을 개선하라. 그것이 우리 사업 분야에서 앞으로 나아갈 수 있는 유일한 길이다.

좋은 밤, 행운을 빈다.

부록

도커 플로우

도커 플로우Docker Flow는 사용하기 쉬운 지속적인 배포 플로우를 생성하기 위한 프로젝트다. 도커 엔진Docker Engine, 도커 컴포즈Docker Compose, 컨설Consul 및 레지스트레이터Registrator에 의존한다. 이들 각 도구는 가치가 입증됐으며 모든 도커 배포에 권장된다. 이 책을 다 읽었다면 우리가 살펴볼 프로세스뿐만 아니라 이 도구들에 익숙해야 한다.

이 프로젝트의 목표는 현재 도커 생태계에는 없는 기능과 프로세스를 추가하는 것이다. 현재 이 프로젝트는 청-녹 배포, 상대적 확장, 프록시 서비스 검색 및 재설정 문제를 해결한다. 많은 기능이 곧 추가될 것이다.

현재 기능 목록은 다음과 같다.

- 청-녹 배포
- 상대적 확장

- 프록시 재설정

최신 릴리스는 https://github.com/vfarcic/docker-flow/releases/tag/v1.0.2에서 확인할 수 있다.

▌ 배경

이 책의 예제를 작성하는 것뿐만 아니라 다른 고객과 함께 작업하면서, 나는 다른 맛을 내는 같은 스크립트를 작성하고 있다는 사실을 깨달았다. 배시[Bash], 젠킨스 파이프라인[Jenkins Pipeline], 고[Go]의 일부 등등. 그래서 이 책을 쓰자마자 우리가 살펴본 많은 실습을 포함하는 프로젝트를 시작하기로 결정했다. 결과는 도커 플로우 프로젝트다.

표준 설정

먼저 일반적인 스웜 클러스터 설정을 살펴보고 클러스터 오케스트레이터로 사용할 때 발생할 수 있는 문제점에 대해 논의한다. 도커 스웜에 이미 익숙하다면 이번 절을 건너뛰고 '문제' 절로 바로 넘어갈 수 있다.

최소한 스웜 클러스터 내의 각 노드에는 도커 엔진과 스웜 컨테이너가 실행되고 있어야 한다. 이후 컨테이너는 노드로 작동해야 한다. 클러스터의 맨 위에는 적어도 하나의 스웜 컨테이너가 마스터로 실행돼야 하며, 모든 스웜 노드는 자신의 존재를 게시해야 한다.

스웜 마스터와 노드의 조합은 대부분의 경우 최소한의 설정으로 충분하지 않다. 클러스터의 최적 활용은 우리가 더 이상 통제할 수 없음을 의미한다. 스웜이 있다. 어떤 노드가 컨테이너를 실행하는 데 가장 적합한 노드인지 결정한다. 이 선택은 실행 중인 컨테이너의 수가 가장 적은 노드와 같이 간단하거나, 사용 가능한 CPU 및 메모리의 양, 하드 디스크의 유형, 선호도 등을 포함하는 좀 더 복잡한 계산을 기반으로 할 수 있다.

사실 우리가 선택한 전략에 상관없이 컨테이너가 어디에서 실행될지 알 수 없다. 또한 서비스에서 노출해야 하는 포트를 지정해서는 안 된다. '하드코딩된' 포트는 서비스를 확장할 수 있는 능력을 저하시키고 충돌을 일으킬 수 있다. 결국 2개의 개별 프로세스가 동일한 포트를 수신할 수 없다. 간단히 말해, 우리가 스웜을 채택하면 IP와 서비스 포트가 알려지지 않을 것이다. 따라서 스웜 클러스터를 설정하는 다음 단계는 배포된 서비스를 감지하고 정보를 쉽게 사용할 수 있도록 분산된 레지스트리에 정보를 저장하는 메커니즘을 만드는 것이다.

레지스트레이터는 도커 엔진 이벤트를 모니터링하고 배포되거나 중지된 컨테이너에 대한 정보를 서비스 레지스트리에 보내는 데 사용할 수 있는 도구 중 하나다. 우리가 사용할 수 있는 여러 가지 서비스 레지스트리가 있지만, 컨설이 현재 가장 좋은 것으로 입증됐다. 자세한 내용은 8장 '서비스 검색: 분산 서비스의 핵심'을 읽어보기 바란다.

레지스트레이터와 컨설을 통해 스웜 클러스터 내에서 실행되는 모든 서비스에 대한 정보를 얻을 수 있다. 논의한 설정 다이어그램은 다음과 같다.

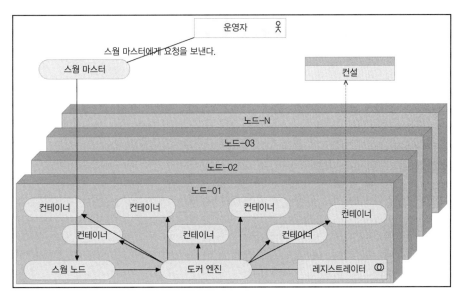

기본 서비스 검색 기능을 갖춘 스웜 클러스터

작은 클러스터를 제외하고는 여러 개의 스웜 마스터와 컨설 인스턴스를 가지므로 이 중 하나가 실패하는 경우에도 정보의 손실이나 중단 시간을 막을 수 있다.

이러한 설정에서 컨테이너를 배포하는 프로세스는 다음과 같다.

- 운영자는 하나 또는 여러 개의 컨테이너로 설정된 서비스를 배포하기 위해 스웜 마스터에 요청을 보낸다. 이 요청은 스웜 마스터의 IP와 포트로 DOCKER_HOST 환경 변수를 정의해 도커 CLI를 통해 전송할 수 있다.
- 요청이 전송된 기준(CPU, 메모리, 선호도 등)에 따라 스웜 마스터는 컨테이너를 실행할 위치를 결정하고 선택된 스웜 노드에 요청을 전송한다.
- 스웜 노드는 컨테이너를 실행(또는 중지)하라는 요청을 받으면 로컬 도커 엔진을 호출한다. 그러면 로컬 도커 엔진이 원하는 컨테이너를 실행(또는 중지)하고 결과를 이벤트로 게시한다.
- 레지스트레이터는 도커 엔진을 모니터링하고 새로운 이벤트를 감지하면 정보를 컨설에게 보낸다.
- 클러스터 내부에서 실행되는 컨테이너에 관한 데이터에 관심이 있는 사람은 누구나 컨설에게 요청할 수 있다.

이 프로세스는 이전에 클러스터를 운영하는 방식과 비교했을 때 커다란 개선이 이뤄졌지만 완전히 완료되지 않았으며 해결해야 할 몇 가지 문제가 발생한다.

문제

이 장에서는 세 가지 주요 문제에 초점을 맞춘다. 좀 더 정확하게는, 앞서 설명한 설정에서 누락된 기능이다.

무중단 배포

새로운 릴리스를 끌어올 때 docker-compose up을 실행하면 이전 릴리스를 실행하는 컨테이너가 중지되고 대신 새로운 릴리스를 실행한다. 이러한 접근 방식의 문제점은 중단 시간이다. 이전 릴리스를 중지하고 새 릴리스를 실행하는 사이에는 작동 중지 시간이 있다. 1밀리초 또는 1분인지 여부에 관계없이 새 컨테이너를 시작해야 하며 내부의 서비스를 초기화해야 한다.

상태 검사로 프록시를 설정해 이 문제를 해결할 수 있다. 그러나 여전히 서비스의 여러 인스턴스를 실행해야 한다(꼭 해야 하는 것처럼). 이 프로세스는 한 인스턴스를 중지하고 새 릴리스를 가져오는 것이다. 해당 인스턴스의 중단 시간 동안 프록시는 다른 인스턴스 중 하나에 요청을 전송한다. 그런 다음 첫 번째 인스턴스가 새 릴리스를 실행하고 그 내부의 서비스가 초기화될 때 우리는 다른 인스턴스와의 프로세스를 계속 반복한다. 이 프로세스는 매우 복잡해져 도커 컴포즈의 scale 명령을 사용할 수 없게 된다.

더 나은 솔루션은 청-록 배포 프로세스를 사용해 새 릴리스를 배포하는 것이다. 익숙하지 않다면 13장 '청-녹 배포'를 읽어보기 바란다. 요컨대 이 프로세스는 새 릴리스를 이전 버전과 병렬로 배포한다. 이 과정에서 프록시는 모든 요청을 이전 릴리스로 계속 보내야 한다. 배포가 완료되고 컨테이너 내부의 서비스가 초기화되면 모든 요청을 새 릴리스로 보내고 이전 버전을 중지할 수 있도록 프록시를 다시 설정해야 한다. 이와 같은 프로세스를 통해 중단 시간을 피할 수 있다. 문제는 스웜이 청-녹 배포를 지원하지 않는다는 것이다.

상대적인 번호를 사용한 컨테이너 확장

도커 컴포즈는 고정된 번호로 서비스를 확장하는 것을 매우 쉽게 만든다. 얼마나 많은 컨테이너 인스턴스를 실행하고 마법이 펼쳐지는지 지켜볼 수 있다. 도커 스웜과 결합하면 클러스터 내부의 컨테이너를 쉽게 관리할 수 있다. 이미 실행 중인 인스턴스 수에 따라 도커 컴포즈는 실행 중인 컨테이너 수를 늘리거나 줄여 원하는 결과를 얻는다.

문제는 도커 컴포즈가 항상 고정된 숫자를 매개변수로 기대한다는 점이다. 이것은 생산 배포를 처리할 때 매우 제한적일 수 있다. 많은 경우에 이미 얼마나 많은 인스턴스가 실행 중인지 알고 싶지 않지만 용량을 늘리거나 줄이기 위한 신호를 보내야 한다. 예를 들어, 트래픽이 증가하면 3개 인스턴스로 용량을 늘려야 할 수 있다. 마찬가지로, 일부 서비스에 대한 수요가 감소하면 실행 중인 인스턴스의 수를 몇 가지 요인으로 줄이고 다른 서비스와 프로세스의 리소스를 해제할 수 있다. 이러한 필요성은 우리가 자치적이고 자동화된 15장 '자가 치유 시스템'으로 이동해 인간의 상호작용이 최소한으로 줄어들 때 더욱 분명해진다.

상대적인 확장이 결여된 상황에서 도커 컴포즈는 새 컨테이너가 배포될 때 실행 중인 동일한 수의 인스턴스를 유지 관리하는 방법을 알지 못한다.

새 릴리스 테스트 이후 프록시 재설정

프록시의 동적 재설정에 대한 필요성으로 우리는 마이크로서비스 아키텍처를 채택한다. 컨테이너를 사용하면 컨테이너를 불변적인 엔티티로 패키징할 수 있고 스웜을 사용해 클러스터 내부에 배포할 수 있다. 스웜 같은 클러스터 오케스트레이터와 컨테이너를 통한 불변성 채택의 결과로 마이크로서비스의 관심과 채택이 크게 증가했으며 배포 빈도가 증가했다. 드물게 배포해야 하는 모놀리식 애플리케이션과 달리 이제는 자주 배포할 수 있다. 지속적인 배포를 채택하지 않더라도(각 커밋은 생산으로 넘어간다) 마이크로서비스를 좀 더 자주 배포할 수 있다. 일주일에 한 번이나 하루에 한 번 또는 하루에 여러 번일 수 있다. 빈번하지 않더라도 새 릴리스가 배포될 때마다 프록시를 다시 설정해야 할 필요성이 높다. 스웜은 클러스터 내부의 컨테이너를 실행하고 요청을 모든 인스턴스로 전송하도록 프록시를 재설정해야 한다. 새로운 릴리스의 재설정은 동적이어야 한다. 즉 서비스 레지스트리에서 정보를 검색하고 프록시의 설정을 변경한 다음, 마지막으로 다시 로드하는 프로세스가 있어야 함을 의미한다.

이 문제에 대해 일반적으로 사용되는 여러 가지 방법이 있다.

명백한 이유로 수동 프록시 재설정을 폐기해야 한다. 잦은 배포는 운영자가 수동으로 설정을 변경할 시간이 없음을 의미한다. 시간이 본질이 아니더라도 수동 재설정은 프로세스에 '인적 요소'를 추가해 실수를 하는 것으로 알려져 있다.

도커 이벤트 또는 레지스트리 항목을 모니터링하고 새 컨테이너를 실행하거나 이전 컨테이너를 중지할 때마다 프록시를 다시 설정하는 도구가 많다. 이러한 도구의 문제점은 새로운 릴리스를 테스트할 충분한 시간을 주지 못한다는 것이다. 버그가 있거나 기능이 완전히 완료되지 않은 경우 사용자는 고통을 겪게 된다. 프록시 재설정은 일련의 테스트를 실행하고 새 릴리스의 유효성을 검사한 후에만 수행해야 한다.

컨설 템플릿 또는 ConfD 같은 도구를 배포 스크립트에 사용할 수 있다. 두 가지 모두 훌륭하고 잘 작동하지만 실제로 배포 프로세스에 통합되기 전에 상당한 배관 작업이 필요하다.

문제 해결

도커 플로우는 우리가 논의한 문제를 해결하는 프로젝트다. 이 솔루션의 목표는 현재 도커의 생태계에서 사용할 수 없는 기능을 제공하는 것이다. 생태계 기능을 대체하지는 않지만 생태계 기능을 기반으로 한다.

도커 플로우 둘러보기

다음 예제는 도커 스웜 클러스터를 시뮬레이션하기 위해 베이그런트^{Vagrant}를 사용한다. 그렇다고 해서 도커 플로우가 베이그런트에만 사용된다는 의미는 아니다. 단일 도커 엔진 또는 다른 방식으로 설정된 스웜 클러스터와 함께 사용할 수도 있다.

도커 머신^{Docker Machine}(리눅스 및 맥 OS에서 테스트됨)을 기반으로 하는 비슷한 예제를 보려면 프로젝트(https://github.com/vfarcic/docker-flow)를 읽어보기 바란다.

설정

예제로 들어가기 전에 베이그런트가 설치되어 있는지 확인한다. 우리가 실행하려고 하는 앤시블 플레이북은 모든 도구가 올바르게 프로비저닝됐는지 확인하기 때문에 다른 것은 필요하지 않다.

vfarcic/docker-flow 리포지터리에서 코드를 복제한다.

```
git clone https://github.com/vfarcic/docker-flow.git

cd docker-flow
```

코드가 다운로드되면 베이그런트를 실행하고 이 장에서 사용할 클러스터를 생성할 수 있다.

```
vagrant plugin install vagrant-cachier

vagrant up master node-1 node-2 proxy
```

VM을 만들고 프로비저닝하면 이 장의 '표준 설정' 절에서 설명한 것과 동일하게 설정된다. master 서버는 스웜 마스터를 포함하고 노드 1과 2는 클러스터를 형성한다. 각 노드는 레지스트레이터가 proxy 서버에서 실행 중인 컨설 인스턴스를 가리키게 한다.

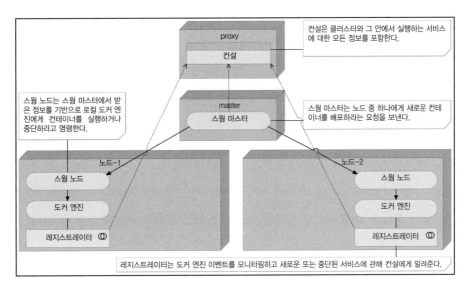

베이그런트를 통한 스웜 클러스터 설정

이 설정은 데모용이다. 생산 환경에서 동일한 원칙을 적용해야 하지만, 여러 스웜 마스터 및 컨설 인스턴스가 하나의 장애가 발생할 경우 잠재적인 중단 시간을 피하는 것을 목표로 해야 한다.

vagrant up 명령이 완료되면 proxy VM에 들어가서 도커 플로우가 작동하는 모습을 볼 수 있다.

```
vagrant ssh proxy
```

우리는 proxy 머신에서 모든 예제를 실행한다. 그러나 생산 환경에서는 별도의 컴퓨터 (노트북 포함)에서 배포 명령을 실행해야 한다.

docker-flow 바이너리의 최신 릴리스가 다운로드되어 사용할 준비가 되었으며, /books-ms 디렉토리에는 다음 예제에서 사용할 docker-compose.yml 파일이 포함되어 있다.

디렉토리로 들어가자.

```
cd /books-ms
```

배포 후 프록시 재설정

도커 플로우에는 컨설 인스턴스의 주소와 프록시가 실행되는 노드에 대한 정보가 필요하다. 필요한 정보를 제공하는 세 가지 방법이 있다. 우리는 docker-flow.yml 파일 내부에 인수를 환경 변수 또는 명령행 인자로 정의할 수 있다. 이 예에서는 세 가지 입력 방법을 모두 사용해 이들이 익숙해지면 필요한 조합을 선택할 수 있다.

환경 변수를 통해 프록시 및 컨설 데이터를 정의하는 것으로 시작하자.

```
export FLOW_PROXY_HOST=proxy

export FLOW_CONSUL_ADDRESS=http://10.100.198.200:8500

export FLOW_PROXY_DOCKER_HOST=tcp://proxy:2375

export DOCKER_HOST=tcp://master:2375

export BOOKS_MS_VERSION=":latest"
```

FLOW_PROXY_HOST 변수는 프록시가 실행 중인 호스트의 IP이며, FLOW_CONSUL_ADDRESS는 컨설 API의 전체 주소를 나타낸다. FLOW_PROXY_DOCKER_HOST는 프록시 컨테이너가 실행 중인(또는 실행될 예정인) 서버에서 실행하고 있는 도커 엔진의 호스트다. 마지막 변수(DOCKER_HOST)는 스웜 마스터의 주소다. 도커 플로우는 여러 서버에서 동시에 작업을 수행할 수 있도록 설계됐으므로 작업을 수행하는 데 필요한 모든 정보를 제공해야 한다. 살펴보고 있는 예제에서 컨테이너를 스웜 클러스터에 배포하고 컨설 인스턴스를 사용해 정보를 저장 및 검색하고 새 서비스가 배포될 때마다 프록시를 다시 설정한다.

마지막으로, 환경 변수 BOOKS_MS_VERSION을 latest로 설정한다. docker-compose.
yml은 어떤 버전을 실행할지 결정한다.

이제 샘플 서비스의 첫 번째 릴리스를 배포할 준비가 되었다.

```
docker-flow \
    --blue-green \
    --target=app \
    --service-path="/api/v1/books" \
    --side-target=db \
    --flow=deploy --flow=proxy
```

docker-flow에 청-녹 배포 프로세스를 사용하도록 지시했으며 대상(docker-compose.
yml에 정의됨)은 app이다. 또한 이 서비스가 api/v1/books에 API를 제공하고 부가(또는
보조) 대상 db가 필요하다고 지정했다. 마지막으로, --flow 인수를 통해 대상을 배포하
고 프록시를 재설정하기를 원한다고 지정했다. 그 단일 명령에서 많은 일이 발생했으
므로 그 결과를 더 자세하게 살펴볼 것이다.

우리 서버를 살펴보고 어떤 일이 발생했는지 확인해보자. 스웜 클러스터에서 시작할
것이다.

```
docker ps --format "table {{.Names}}\t{{.Image}}"
```

ps 명령의 출력은 다음과 같다.

```
NAMES                            IMAGE
node-2/dockerflow_app-blue_1     vfarcic/books-ms
node-1/books-ms-db               mongo
...
```

도커 플로우는 books-ms-db라는 보조 대상과 함께 주요 대상 app을 실행한다. 두 대상은 docker-compose.yml에 정의되어 있다. 컨테이너 이름은 여러 가지 요인에 따라 달라서 어떤 것은 도커 컴포즈 프로젝트(디폴트 값은 app 대상인 경우 현재 디렉토리)다. 또는 container_name 인수를 통해(예: db 대상의 경우) docker-compose.yml 내부에 지정할 수 있다. 첫 번째 차이점은 도커 플로우가 컨테이너 이름에 청색을 추가한다는 것이다. 그 뒤에 있는 이유는 --blue-green 인수에 있다. 이 인수가 있는 경우 도커 플로우는 청-녹 프로세스를 사용해 기본 대상을 실행한다. 이것이 첫 번째 배포이기 때문에 도커 플로우는 청색으로 결정했다. 이 프로세스에 익숙하지 않다면 13장 '청-녹 배포'를 읽어보기 바란다.

proxy 노드도 살펴보자.

```
export DOCKER_HOST=tcp://proxy:2375

docker ps --format "table {{.Names}}\t{{.Image}}"
```

ps 명령의 출력은 다음과 같다.

```
NAMES                IMAGE
docker-flow-proxy    vfarcic/docker-flow-proxy
consul               progrium/consul
```

도커 플로우가 해당 노드에 프록시가 없음을 감지하고 실행했다. docker-flow-proxy 컨테이너에는 새로운 서비스가 실행될 때마다 재설정되는 커스텀 코드를 갖는 HA프록시^{HAProxy}를 포함한다. '도커 플로우: 프록시'에 대한 자세한 내용은 프로젝트(https://github.com/vfarcic/docker-flow-proxy)를 참조하기 바란다

우리는 스웜에게 클러스터 내부에 서비스를 배포하도록 지시했기 때문에 어떤 서버가 선택될지 미리 알 수 없었다. 이 특별한 경우에는 우리의 서비스가 노드-2 내부에서

실행됐다. 또한 충돌 가능성을 피하고 쉽게 조정할 수 있도록 서비스에서 공개할 포트를 지정하지 않았다. 즉 서비스의 IP와 포트가 미리 정의되지 않았다. 도커 플로우는 '도커 플로우: 프록시'를 실행하고 컨테이너가 실행된 후에 수집된 정보로 자체를 다시 설정하도록 지시해 이를 해결한다. 새롭게 배포된 서비스에 HTTP 요청을 전송해 프록시 재설정이 실제로 성공했는지 확인할 수 있다.

```
curl -I proxy/api/v1/books
```

curl 명령의 출력은 다음과 같다.

```
HTTP/1.1 200 OK
Server: spray-can/1.3.1
Date: Thu, 07 Apr 2016 19:23:34 GMT
Access-Control-Allow-Origin: *
Content-Type: application/json; charset=UTF-8
Content-Length: 2
```

이벤트의 흐름은 다음과 같다.

1. 도커 플로우는 컨설을 검사해 다음에 배포될 릴리스(청색 또는 녹색)를 찾아야 한다. 이 배포가 첫 번째 배포여서 실행 중인 릴리스가 없으므로 청색으로 배포하기로 결정했다.

2. 도커 플로우는 청색 릴리스를 스웜 마스터에 배포하라는 요청을 보냈다. 스웜 마스터는 노드-2에서 컨테이너를 실행하기로 결정했다. 레지스트레이터는 도커 엔진에 의해 생성된 새로운 이벤트를 감지하고 컨설에 서비스 정보를 등록했다. 비슷하게 부가 목표 db를 배포하기 위해 요청이 전송됐다.

3. 도커 플로우가 컨설로부터 서비스 정보를 검색했다.

4. 도커 플로우는 프록시를 호스팅해야 하는 서버를 검사해 해당 프록시가 실행되고 있지 않다는 사실을 알고 배포했다.

5. 도커 플로우가 서비스 정보로 HA프록시를 업데이트했다.

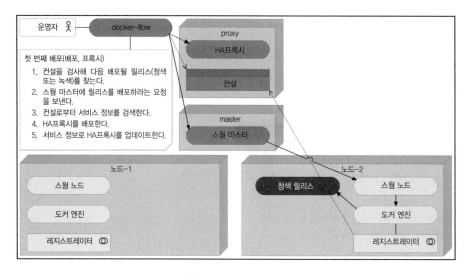

도커 플로우를 통한 첫 번째 배포

우리의 서비스가 스웜에 의해 선택된 서버 중 하나에서 실행 중이며 임의의 포트를 노출하고 있다고 하더라도 프록시가 재설정됐고 사용자는 고정 IP 및 포트 없이 더 정확하게 접근할 수 있다(표준 HTTP 포트 80 또는 HTTPS 포트 443).

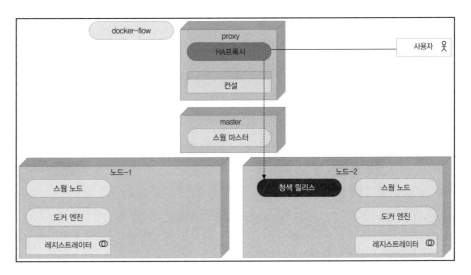

사용자는 프록시를 통해 서비스에 접근할 수 있다.

두 번째 릴리스가 배포될 때 어떤 일이 발생하는지 살펴보자.

무중단 새 릴리스 배포

얼마 후 개발자는 새로운 커밋을 푸시할 것이고, 우리는 새로운 서비스 릴리스를 배포하려고 한다. 우리는 중단 시간을 원하지 않으므로 청-녹 프로세스를 계속 사용할 것이다. 현재 출시된 버전은 청색이므로 새 버전은 녹색으로 표시된다. 새로운 릴리스(녹색)를 이전 버전(청색)과 병렬로 실행해 중단 시간을 피하고 완전히 실행된 후 모든 요청을 새 릴리스로 보내도록 프록시를 재설정한다. 프록시가 재설정된 후에만 이전 릴리스가 실행을 멈추고 사용 중인 리소스가 해제돼야 한다. 같은 `docker-flow` 명령을 실행해 모든 것을 수행할 수 있다. 그러나 이번에는 이미 이전에 사용했던 인수가 있는 docker-flow.yml 파일을 사용한다.

docker-flow.yml의 내용은 다음과 같다.

```
target: app
side_targets:
  - db
blue_green: true
service_path:
  - /api/v1/books
```

새 릴리스를 실행하자.

```
export DOCKER_HOST=tcp://master:2375

docker-flow \
    --flow=deploy --flow=proxy --flow=stop-old
```

이전과 마찬가지로 도커 프로세스를 살펴보고 그 결과를 보자.

```
docker ps -a --format "table {{.Names}}\t{{.Image}}\t{{.Status}}"
```

ps 명령의 출력은 다음과 같다.

```
NAMES                        IMAGE              STATUS
node-1/booksms_app-green_1   vfarcic/books-ms   Up 33 seconds
node-2/booksms_app-blue_1    vfarcic/books-ms   Exited (137) 22
seconds ago
node-1/books-ms-db           mongo              Up 41 minutes
...
```

결과에서 새 릴리스(녹색)가 실행 중이고 이전 릴리스(청색)가 중지됐음을 알 수 있다. 이전 릴리스가 중지되고 완전히 제거되지 않은 이유는 나중에 문제가 발견될 경우 신속하게 롤백할 잠재적인 필요성 때문이다.

프록시가 재설정됐는지 확인하자.

```
curl -I proxy/api/v1/books
```

curl 명령의 출력은 다음과 같다.

```
HTTP/1.1 200 OK
Server: spray-can/1.3.1
Date: Thu, 07 Apr 2016 19:45:07 GMT
Access-Control-Allow-Origin: *
Content-Type: application/json; charset=UTF-8
Content-Length: 2
```

이벤트 흐름은 다음과 같다.

1. 도커 플로우는 컨설을 검사해 다음 배포할 릴리스(청색 또는 녹색)를 찾아야 한다. 이전 릴리스가 청색이었기 때문에 녹색으로 배포하기로 결정했다.
2. 도커 플로우는 스웜 마스터에 요청해 녹색 릴리스를 배포하고 노드-1에서 컨테이너를 실행하기로 결정했다. 레지스트레이터는 도커 엔진에 의해 생성된 새로운 이벤트를 감지하고 컨설에 서비스 정보를 등록했다.
3. 도커 플로우가 컨설로부터 서비스 정보를 검색했다.
4. 도커 플로우가 서비스 정보로 HA프록시를 업데이트했다.
5. 도커 플로우가 이전 릴리스를 중지했다.

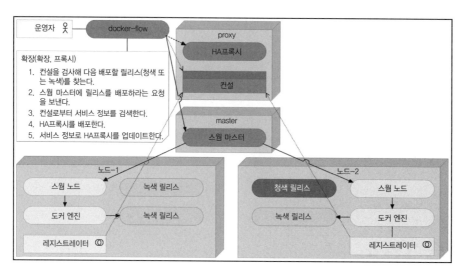

도커 플로우를 통한 두 번째 배포

흐름의 처음 세 단계에서 HA프록시는 모든 요청을 이전 릴리스로 계속 보냈다. 결과적으로 사용자는 배포가 진행 중이라는 사실을 알지 못했다.

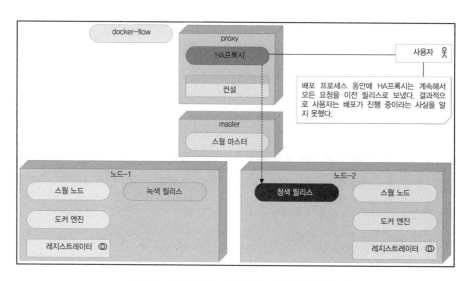

배포하는 동안 사용자는 이전 릴리스와 계속 상호작용한다.

538

배포가 완료된 후에야 HA프록시가 재설정되고 사용자는 새 릴리스로 전송된다. 결과적으로, 배포로 인한 중단 시간이 발생하지 않았다.

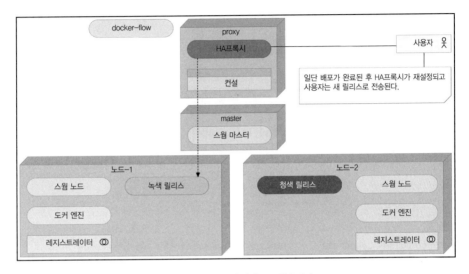

배포 후 사용자는 새 릴리스로 전송된다.

이제 새로운 릴리스를 배포하는 안전한 방법을 얻었으므로 상대적인 확장으로 넘어가자.

서비스 확장

도커 컴포즈가 제공하는 가장 큰 이점 중 하나는 확장이다. 그것을 사용해 여러 인스턴스로 확장할 수 있다. 그러나 절대적인 확장만 허용한다. 도커 컴포즈에게 상대적인 확장에 적용하도록 지시할 수는 없다. 따라서 일부 프로세스의 자동화가 어려워진다. 예를 들어, 트래픽이 증가해 인스턴스 수를 2개 늘려야 할 수 있다. 이러한 시나리오에서 자동화 스크립트는 현재 실행 중인 인스턴스의 수를 얻고, 원하는 숫자로 가도록 간단한 수학 계산을 하고 결과를 도커 컴포즈로 전달해야 한다. 무엇보다 프록시는 여전히 재설정돼야 한다. 도커 플로우 덕분에 이 프로세스가 훨씬 쉬워졌다.

실행해보자.

```
docker-flow \
    --scale="+2" \
    --flow=scale --flow=proxy
```

확장 결과는 현재 실행 중인 도커 프로세스의 목록을 나열해 확인할 수 있다.

```
docker ps --format "table {{.Names}}\t{{.Image}}\t{{.Status}}"
```

ps 명령의 출력은 다음과 같다.

NAMES	IMAGE	STATUS
node-2/booksms_app-green_2	vfarcic/books-ms:latest	Up 5 seconds
node-1/booksms_app-green_3	vfarcic/books-ms:latest	Up 6 seconds
node-1/booksms_app-green_1	vfarcic/books-ms:latest	Up 40 minutes
node-1/books-ms-db	mongo	Up 53 minutes

인스턴스 수가 2개 증가했다. 이전에는 하나의 인스턴스만 실행 중이었지만 지금은 3개가 있다.

마찬가지로 프록시도 재설정됐으며, 이제부터는 3개의 인스턴스에 모든 요청을 로드 밸런싱한다.

이벤트 흐름은 다음과 같다.

1. 도커 플로우는 컨설을 검사해 현재 실행 중인 인스턴스 수를 확인한다.
2. 하나의 인스턴스만 실행 중이기 때문에 이 수를 2만큼 늘리라고 지정했으므로 도커 플로우가 스웜 마스터에 요청을 보내서 녹색 릴리스를 3으로 확장하고 노드-1에서 하나의 컨테이너를, 노드-2에서는 나머지 컨테이너를 실행하기로 결정했다. 레지스트레이터는 도커 엔진에 의해 생성된 새로운 이벤트

를 감지하고 컨설에 2개의 새로운 인스턴스를 등록했다.

3. 도커 플로우가 컨설로부터 서비스 정보를 검색했다.

4. 도커 플로우는 HA프록시를 서비스 정보로 업데이트하고, 3개의 인스턴스 모두에서 로드 밸런싱을 수행하도록 설정한다.

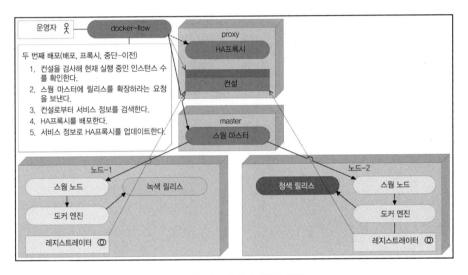

도커 플로우를 통한 상대적인 확장

사용자 관점에서 현재 릴리스의 응답을 계속 수신하지만 이번에는 요청이 서비스의 모든 인스턴스 사이에 로드 밸런싱된다. 결과적으로 서비스 성능이 향상된다.

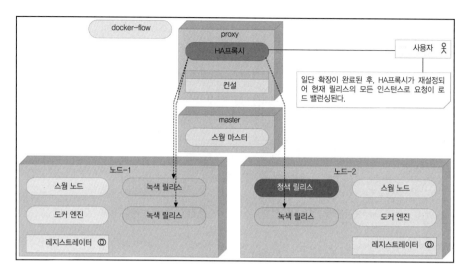

일단 확장이 완료된 후, HA프록시가 재설정되어 현재 릴리스의 모든 인스턴스로 요청이 로드 밸런싱된다.

사용자 요청은 서비스의 모든 인스턴스에 로드 밸런싱된다.

같은 방법을 사용해 --scale 인수의 값 앞에 빼기 기호(-)를 붙임으로써 인스턴스 수를 축소할 수 있다. 같은 예제에서 트래픽이 정상으로 돌아오면 다음 명령을 실행해 인스턴스 수를 원래의 크기로 축소할 수 있다.

```
docker-flow \
    --scale="-1" \
    --flow=scale --flow=proxy
```

생산 배포 테스트

지금까지 실행한 프록시 예제의 주요 단점은 프록시를 다시 설정하기 전에는 릴리스를 확인할 수 없다는 것이다. 이상적으로는 청-녹 프로세스를 사용해 새 릴리스를 이전 버전과 병렬로 배포하고, 모든 것이 예상대로 작동하는지 확인하는 일련의 테스트를 실행하고, 마지막으로 모든 테스트가 성공적으로 수행된 경우에만 프록시를 다시 설정해야 한다. docker-flow를 두 번 실행함으로써 이것을 쉽게 수행할 수 있다.

많은 도구가 무중단 시간 배포를 제공하는 것을 목표로 하지만, 일부 도구만 프록시가 재설정되기 전에 일련의 테스트가 실행돼야 한다는 점을 고려한다.

먼저 새 버전을 배포해야 한다.

```
docker-flow \
    --flow=deploy
```

도커 프로세스의 목록을 나열하자.

```
docker ps --format "table {{.Names}}\t{{.Status}}\t{{.Ports}}"
```

ps 명령의 출력은 다음과 같다.

```
node-1/booksms_app-blue_2     Up 8 minutes        10.100.192.201:32773-
>8080/tcp
node-2/booksms_app-blue_1     Up 8 minutes        10.100.192.202:32771-
>8080/tcp
node-2/booksms_app-green_2    Up About an hour    10.100.192.202:32770-
>8080/tcp
node-1/booksms_app-green_1    Up 2 hours          10.100.192.201:32771-
>8080/tcp
node-1/books-ms-db            Up 2 hours          27017/tcp
```

지금 새 릴리스(청색)가 이전 릴리스(녹색)와 병렬로 실행된다. --flow=proxy 인수를 지정하지 않았으므로 프록시는 변경되지 않고 이전 릴리스의 모든 인스턴스로 전송된다. 이것이 의미하는 바는, 서비스를 사용하는 사용자는 이전 릴리스를 계속 볼 수 있지만 우리는 테스트할 기회가 있다는 것이다. 통합, 기능 또는 다른 유형의 테스트를 실행하고 새로운 릴리스가 실제로 우리가 가진 기대를 충족시키는지 확인할 수 있다. 생산 환경에서의 테스트가 다른 환경(예: 스테이징)에서의 테스트를 배제하지는 않지만, 이 접근 방법은 사용자가 사용할 환경과 동일한 환경에서 소프트웨어의 유효성을 검증할 수 있는 동시에 그 과정 동안에 그들에게 영향을 미치지 않는다는 점에서 좀 더 높은 수준의 신뢰를 제공한다(그들은 여전히 새로운 릴리스의 존재를 잊어버리고 있다).

 배포해야 할 인스턴스의 수를 지정하지는 않았지만 도커 플로우는 새로운 릴리스를 배포하고 이전과 동일한 인스턴스 수로 확장했다.

이벤트 흐름은 다음과 같다.

1. 도커 플로우는 컨설을 검사해 현재 릴리스의 색상과 현재 실행 중인 인스턴스의 수를 확인한다.

2. 이전 릴리스의 두 인스턴스(녹색)가 실행 중이므로 그 수를 변경하겠다고 지정하지 않았으므로 도커 플로우가 스웜 마스터에 요청해 새 릴리스(청색)를 배포하고 두 인스턴스로 확장한다.

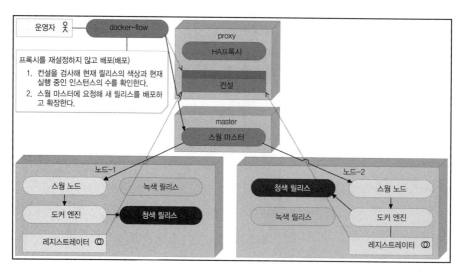

프록시를 재설정하지 않고 배포

사용자 관점에서 볼 때 프록시를 재설정하도록 지정하지 않았으므로 이전 릴리스의 응답을 계속 수신한다.

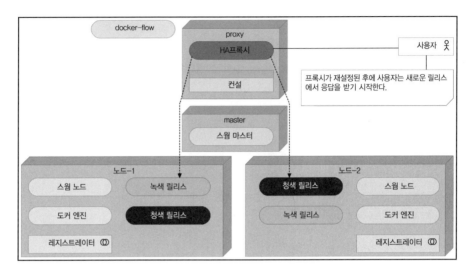

사용자 요청은 여전히 이전 릴리스로 전송된다.

이 순간부터 새 릴리스에 대해 생산 환경에서 테스트를 실행할 수 있다. 서버에 과부하(예: 스트레스 테스트)가 없다고 가정하면 테스트는 사용자에게 영향을 주지 않고 언제든지 실행될 수 있다.

테스트 실행이 끝나면 취할 수 있는 두 가지 경로가 있다. 테스트 중 하나가 실패하면 새 릴리스를 중지하고 문제를 해결할 수 있다. 프록시가 모든 요청을 이전 릴리스로 전송하고 있기 때문에, 사용자는 실패의 영향을 받지 않을 것이며, 우리는 문제 해결을 위해 시간을 할애할 수 있다. 반면에 모든 테스트가 성공적이면 프록시를 다시 설정하고 이전 릴리스를 중지하는 나머지 흐름을 실행할 수 있다.

```
docker-flow \
    --flow=proxy --flow=stop-old
```

명령이 프록시를 재설정하고 이전 릴리스를 중지했다.

이벤트 흐름은 다음과 같다.

1. 도커 플로우는 컨설을 검사해 현재 릴리스의 색상과 실행 중인 인스턴스의 수를 확인한다.

2. 도커 플로우가 서비스 정보로 프록시를 업데이트했다.

3. 도커 플로우가 이전 릴리스를 중지했다.

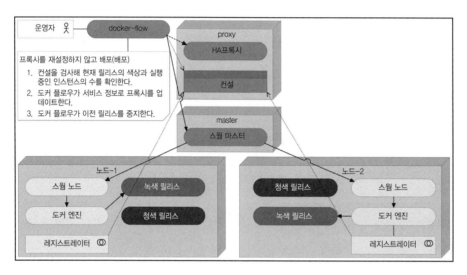

배포 없이 프록시 재설정

사용자의 관점에서 볼 때 새 요청은 모두 새 릴리스로 전송된다.

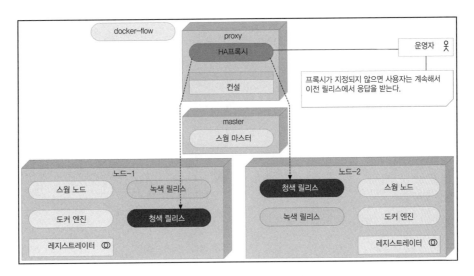

사용자 요청이 새 릴리스로 전송된다.

이것으로 도커 플로우가 제공하는 기능을 살펴보는 것을 끝내기로 한다. 자세한 내용은 '사용Usage' 절(http://proxy.dockerflow.com/usage/)을 참조하기 바란다.

찾아보기

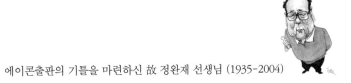

에이콘출판의 기틀을 마련하신 故 정완재 선생님 (1935-2004)

데브옵스 2.0 툴킷

컨테이너화된 마이크로서비스로 지속적인 배포 파이프라인 자동화하기

발 행 | 2017년 8월 30일

지은이 | 빅토르 파르시트
옮긴이 | 전병선

펴낸이 | 권 성 준
편집장 | 황 영 주
편 집 | 이 지 은
디자인 | 박 주 란

에이콘출판주식회사
서울특별시 양천구 국회대로 287 (목동)
전화 02-2653-7600, 팩스 02-2653-0433
www.acornpub.co.kr / editor@acornpub.co.kr

한국어판 © 에이콘출판주식회사, 2017, Printed in Korea.
ISBN 979-11-6175-038-5
ISBN 978-89-6077-210-6 (세트)
http://www.acornpub.co.kr/book/devops-2.0-toolkit

이 도서의 국립중앙도서관 출판시도서목록(CIP)은 서지정보유통지원시스템 홈페이지(http://seoji.nl.go.kr)와
국가자료공동목록시스템(http://www.nl.go.kr/kolisnet)에서 이용하실 수 있습니다.(CIP제어번호: CIP2017020507)

책값은 뒤표지에 있습니다.